Letzte Tage in Ostpreußen

Letzte Tage in Ostpreußen

Erinnerungen an Flucht und Vertreibung

Herausgegeben von
Herbert Reinoß

Langen Müller

Schutzumschlagmotive
Vorne: Der Königsberger Dom (Foto: Helga Schmidt-Glassner, Stuttgart)
Hinten: Nidden, der »Italienblick« (Foto: Dargel/Bavaria, Gauting)

Bildnachweis
Archiv für Kunst und Geschichte, Berlin: 5 unten; Bavaria-Verlag, Gauting: 8 unten (Dietrich Hans Teuffen), 16 (H. Adrian); Bilderdienst Süddeutscher Verlag, München: 3 oben, 3, 4 unten (C. Henrich), 5 oben, 6 oben, 6 unten (C. Henrich), 7 oben, 7 unten, 8 oben, 10 oben, 11 oben, 11 unten, 12 unten (C. Henrich), 13 oben (C. Henrich), 13 unten (C. Henrich), 14 oben, 14 unten (C. Henrich), 15; Ullstein Bilderdienst, Berlin: 1 oben, 1 unten, 2, 4 oben, 9, 10 unten, 12 oben (Ullstein E. A.)

© 1983 by Albert Langen · Georg Müller Verlag GmbH, München · Wien
Alle Rechte vorbehalten
Schutzumschlaggestaltung: Christel Aumann, München
Herstellung: Franz Nellissen
Satz: Fotosatz Otto Gutfreund, Darmstadt
Gesetzt aus 11/13 Pkt. Palatino auf Linotron 202
Druck und Binden: Mohndruck Graphische Betriebe GmbH, Gütersloh
Printed in Germany 1983
ISBN: 3-7844-1996-8

Inhalt

Vorwort: Erinnerungen an die letzten Tage in Ostpreußen 7

I Flucht

MARION GRÄFIN DÖNHOFF
Nach Osten fuhr keiner mehr 25

SUPERINTENDENT PAUL BERNECKER
Flüchtlinge im Raum Heiligenbeil 50

ELSE-MARIE SCHLEWSKI
Letzte Tage in Allenstein und Flucht nach Dänemark 60

HERBERT REINOSS
Achtundreißig Jahre danach: Was blieb in Erinnerung? 75

II Der Untergang der Hauptstadt Königsberg

GENERAL OTTO LASCH
Endkampf und Kapitulation Königsbergs 113

HANS GRAF VON LEHNDORFF
Königsberg unter den Russen 9. bis 24. April 1945 144

III Unter Russen und Polen

Tagebuch-Aufzeichnungen einer Mutter 189

L. STERNBERG
Überrollung des Trecks und Rückkehr in die Heimat 201

JOACHIM PALAPIES
Flucht als Vierzehnjähriger 209

HEINZ PALAPIES
Zurück nach Ostpreußen 215

UDO UND SIEGFRIED GOERGES
Unser – und nicht nur unser – grausamer Abschied 218

GERDA BAMBOLAT
Ein Brief der Erinnerung 233

WALTER JEGUTZKI
Bericht aus schwerer Zeit 237

E. B.
Unter Russen und Polen 251

B. L.
Unter russischer Herrschaft in Gumbinnen und Umgebung 256

ERICH ZASTRAU
Unter Russen und Polen und späte Ausreise in die Bundesrepublik 263

IV Verschleppung und Vertreibung

PFARRER GERHARD FITTKAU
Verschleppung nach Rußland 277

HILDEGARD RAUSCHENBACH
Verschleppt nach Sibirien 280

ANNA BODSCHWINNA
Ausweisung aus dem Kreis Mohrungen 287

HILDEGARD AMINDE
Vertreibung aus Ostpreußen 293

V Die Tragödie Ostpreußens in der Geschichtsschreibung

HERBERT MICHAELIS
Die letzte und schrecklichste Phase des Krieges 299

GÜNTER BÖDDEKER
Nemmersdorf 301

MAJOR DIECKERT/GENERAL GROSSMANN
Flüchtlingselend 306

ARNO SURMINSKI
Der Schrecken hat viele Namen 320

Anhang: Zu den Beiträgen und ihren Quellen 333

Vorwort

Erinnerungen an die letzten Tage in Ostpreußen

1

Juni 1980. An einem sonnigen Nachmittag erreichen meine Frau und ich das mächtige Odertal bei Frankfurt – und dort demonstriert uns eine Grenzstation am Ostufer des Stroms mit den üblichen Kontrollen, daß wir nun polnisches Hoheitsgebiet betreten. Und wir fahren dann noch Hunderte von Kilometern über Posen, Thorn, Allenstein, ehe wir zu einem Dorf bei Lyck kommen, das heute im Osten(!) dieses Polen liegt und auf den Straßenschildern Rydzewo genannt wird...

Aber an diesem so schön um die Osthälfte eines Sees gelegenen Ort (der allerdings fast ganz unterging) suche ich Reste eines Hauses, eines Hofes, auf dem ich 1935 als Deutscher unter lauter Deutschen geboren wurde. Stehe ich am See unterhalb des völlig verwilderten Hofgeländes, erinnere mich: Hier gab es früher ein Brett auf Pfählen übers Wasser, hier angelten wir, badeten, und im Winter liefen wir von hier aus Schlittschuh; und drüben am andern Ufer: das war unser Rodelberg... Und ich laufe dann vom Hofgelände »aufs Feld« (wie wir früher sagten): zu den Acker- und Wiesenstücken, die mein Vater bewirtschaftet hat, wo ich bei der Getreideernte »weiterfahren« durfte und beim Kartoffelernten half. Ich habe vor mir die kleine Wiese, auf der unser Pferd graste und die beiden Kühe. Und später stehe ich vor der Schule, die nun nicht mehr bewohnt wird, andeutungsweise schon ein ruinöses Gebäude ist, blicke über den von Unkraut völlig überwachsenen Schulhof: Hier bin ich doch jahrelang zur Schule gegangen, zuerst zu einem älteren, schwergewichtigen Lehrer namens Hein, dann zu dem liebenswürdigen Fräulein Spieß...

Ich erinnere mich hier an so viele Einzelheiten mit der Genauigkeit eines Eidetikers, und finde so vieles fast unverändert wieder... und

zugleich erscheint mir das alles schmerzhaft unwirklich, in manchem fast nicht recht vorstellbar... Leben denn hier nicht seit langem Polen, spielen am See nicht Kinder, die deutlich hörbar polnisch sprechen? Aber dies ist doch mein Geburtsort, und in meinem Ausweis steht sein Name in meiner Kindheit: Schwarzberge...
Was für eine Katastrophe hat sich ereignet? Die die eine Welt ganz auszulöschen versuchte, um eine andre an ihre Stelle zu setzen?
Wie radikal diese Veränderung sein soll, das teilt sich mir auf den beiden Friedhöfen mit, die ich dann aufsuche, weil auf ihnen meine Vorfahren liegen. Den Friedhof außerhalb des Dorfes Schwarzberge, auf dem ich 1943 die Beerdigung der Großmutter väterlicherseits erlebte, läßt man verwildern zu einem Urwald. Gräber sind in dem Dickicht aus Gestrüpp und Unkraut unter den alten Bäumen aus deutscher Zeit kaum noch auszumachen; ich sehe ein schiefstehendes, verrostetes Metallkreuz, ein umgestürztes aus Holz – das ist alles. Die Gräber der Familie noch finden zu wollen: Es erscheint mir hoffnungslos.
Noch deprimierender finde ich den Zustand des alten Satticker Friedhofs (aus Satticken im Kreis Treuburg kommt meine Mutter). Durch ihn führt, ihn entwürdigend, heute ein Weg für Ackerwagen und Landmaschinen: hart an Grabstellen entlang, die längst zu verfallen begonnen haben, von Gestrüpp und Unkraut auch hier halb überwuchert sind. Ich empfinde das als etwas sehr Ungehöriges...
Ich denke: Daß man uns das Land der Kindheit und der Vorfahren wegnahm, kann von niemandem, dem Menschenrechte etwas bedeuten, anders als Unrecht genannt werden. Aber daß man offensichtlich auch das Andenken an unsere Toten ganz auslöschen will, ja daß man es mancherorts geradezu schändlich behandelt, und dies auch noch vierzig Jahre nach jenem Inferno, das das deutsche Ostpreußen zerstören sollte: Das ist ebenfalls erschütternd.

2

Dies ist ein Buch des schmerzlichen Abschiednehmens von der Heimat, die gerade die Ostpreußen so sehr geliebt haben wie selten ein Volksstamm seine Heimat liebt. Die einen verließen sie fliehend (und was dann in den Dörfern und Städten geschah, rechtfertigte jede Flucht); oder sie wurden nach schlimmen Tagen des Gequält- und Erniedrigt- und Ausgeraubtwerdens aus ihr vertrieben, und wohl nirgendwo in der »geordneten und humanen Weise«, wie es das Potsdamer Abkommen verfügte, sondern meistens wie Gesindel; oder sie blieben noch viele Jahre und verließen sie dann doch als Spätaussiedler, denn sie lebten nicht mehr unter Menschen ihres Volkes.
Es ist ein Buch der Klage, denn niemand nahm ohne Not Abschied. Es will nichts weiter als einige exemplarische Erinnerungen an den Untergang des deutschen Ostpreußen wiedergeben. Es ist kein politisches Buch und schon gar kein tagespolitisches. Und ich als sein Herausgeber wünsche mir, daß die Achtung vor dem Leid derer, die damals in den Strudel eines erbarmungslosen Geschehens gerieten, das sie ruinierte und viele von ihnen umbrachte, es aus den Streitigkeiten des Alltags heraushält.
»Die Leiden der ostdeutschen Bevölkerung unter den hereinbrechenden sowjetischen Truppen und auf der Flucht vor ihnen übersteigen jedes aussprechbare Maß.« So der Historiker Karl Dietrich Erdmann in Gebhardts »Handbuch der deutschen Geschichte«. Tatsächlich sind diese Leiden in vielen Einzelheiten wie als Ganzes kaum beschreibbar. Hier gilt in besonderer Weise: Wer »ich« sagen kann, also das selbst Erlebte und Beobachtete wiedergibt, dessen Erzählung überzeugt am ehesten. Das macht den hohen Wert der Augenzeugen-Berichte aus, wie sie in diesem Band gesammelt sind.
Diejenigen, die rechtzeitig flohen und dem Feind entgingen, waren trotz aller Strapazen der Flucht noch die Glücklichsten in einer nur Unglück bringenden Zeit. Viele aber kamen nicht mehr fort oder wollten nicht fort oder wurden auf verstopften winterlichen Straßen von der Roten Armee eingeholt und sahen sich zahllosen Mißhandlungen ausgesetzt. Für diese Untaten gibt es unendlich viele in den

wesentlichen Punkten übereinstimmende Berichte, so daß seit Jahrzehnten niemand von intellektueller Redlichkeit an ihnen zweifeln kann. Und so sind sie auch in die großen Werke über die deutsche Geschichte in unserem Jahrhundert eingegangen und können dort nachgelesen werden. (Ein Beispiel für eine solche Darstellung in einem renommierten mehrbändigen Werk, dem von Leo Just herausgegebenen »Handbuch der deutschen Geschichte«, habe ich in den vorliegenden Sammelband aufgenommen.)

Es müssen hier die vielen willkürlichen Erschießungen von Zivilisten erwähnt werden und vor allem die massenhaften Vergewaltigungen der Frauen, die auch Greisinnen und halben Kindern nicht erspart blieben. Es gibt kaum einen Tatzeugen-Bericht aus jener Zeit, der nicht davon spricht: als dem denkbar Gemeinsten, das ein Sieger einem Besiegten antun kann. Zwar sind nach den ersten heftigen Anklagen diese Schändungen offiziellerseits von der UdSSR bestritten worden mit der stereotypen Wendung, der Rotarmist habe nicht gegen Zivilisten gekämpft. Doch die bekanntgewordenen Aufrufe für die Truppen, zum Beispiel jener besonders scheußliche Ehrenburg zugeschriebene, und die Berichte auch von russischen Soldaten (zum Beispiel der Kopolews über die Eroberung Allensteins) sprechen eine andere Sprache. Auch Stalin gab sich diesbezüglich ungezwungener als seine amtlichen Organe: Milovan Djilas gegenüber hat er die Vergewaltigungen durchaus nicht bestritten, glaubte sie aber als »Soldatenspaß« verharmlosen zu können. Man muß es in dieser Deutlichkeit sagen: Das Schicksal der Ostpreußen, die damals in die Hände von Russen und Polen fielen, gehört in der Regel mit zum Erschütterndsten, was uns deutsche Geschichte über deutsche Menschen erzählt. Viele Berichte schildern eine so fürchterliche Sieger-Rache, daß man weit zurückgehen muß, um ähnliche Schreckensbilder zu finden. An die Schilderungen Grimmelshausens aus dem Dreißigjährigen Krieg ist erinnert worden; oder man denkt an die Landsknechts-Grausamkeiten des Sacco di Roma, über die Michael Freund schreibt: »Den Herren Roms, die sich als etwas Besseres gefühlt hatten, sollte gezeigt werden, wie die Glorie der Welt vergeht; in ihrer Gegenwart wurden ihre Frauen und Töchter vergewaltigt... Man genoß es, wie die Menschen zu Tieren wurden...«

Hatten nicht auch die Nationalsozialisten die Deutschen zu etwas viel Besserem als ihre östlichen Nachbarn erklärt? Wurde nicht vor allem dadurch (und das rücksichtslose Praktizieren dieser Vorstellung) abgrundtiefer Haß erzeugt?
Man hat nicht zu Unrecht von jenen Monaten 1945 im Osten als von einer Zeit gesprochen, in der sogar das Mitleid geächtet war.
Und die Berichte von Landsleuten gedenken jener, die die Hölle nicht überlebt haben. Walter Jegutzki zum Beispiel erwähnt »die verscharrten Leichen derer«, die damals »die Qualen nicht überstanden«: »Keine Grabkreuze zeigen an, wo diese Mitmenschen ruhen, die die Rechnung des verlorenen Krieges bezahlen mußten.« Oft wurden sie nicht einmal begraben: verwesten neben einer Straße, einer Bahnlinie. Manche ertrugen auch die Erniedrigungen, die Seelennöte nicht mehr, nahmen sich selbst das Leben.
Diese Opfer sind in vielen Fällen nicht registriert, ja nicht einmal gezählt worden. Die Lebensgeschichten vieler Ostpreußen endeten damals erbarmungslos unbeachtet, kein Angehöriger bekam Nachricht, konnte vor ein Grab treten.
Etwa jeder vierte Ostpreuße hat jene Zeit, da der Mensch so sehr des Menschen Wolf war, nicht überlebt. Von etwa zweieinhalb Millionen sind über 600 000 »durch Kriegseinwirkung und Vertreibung« umgekommen (nach: »Dokumentation der Vertreibung der Deutschen aus Ost-Mitteleuropa«, »dtv-Lexikon«, usw.).
Diesen Toten, um deren Andenken unter den Deutschen des Westens es immer noch nicht zum Besten bestellt ist, gilt es ein angemessenes Denkmal zu setzen; wenigstens diese Erhöhung im Gedächtnis sind ihnen all jene schuldig, die damals einigermaßen unbeschadet durch die Zeit unserer tiefsten Niederlage kamen. Auch die Bedenkenlosigkeit, mit der die meisten Deutschen westlich von Oder und Elbe diese Opfer in der Regel übergingen, zeigt an, wie wenig wir gegen Ende des Zweiten Weltkriegs so etwas wie »eine nationale Solidarität aus Schuldgemeinschaft und Toleranz« (Röttger) entwickelt haben. Jene Haltung mancher Westdeutscher, die sich zu keiner Zeit um ein angemessenes Verständnis der Schicksale von Flüchtlingen und Vertriebenen bemüht haben, aber rasch bei der Hand waren, wenn es darum ging, jede anklagende Erinnerung an das Leiden der Menschen des Ostens abzuqualifizieren, ja nicht

selten »ironisch« herabzuziehen, kann nicht deutlich genug als das verurteilt werden, was sie tatsächlich ist: eine erhebliche seelische und geistige Beschränktheit.

Eine Reihe von Erlebnis-Berichten gibt anschaulich jene Zeit wieder, in der jeder Deutsche unter Russen und Polen rechtlos war. Und wie viele sind damals nach Rußland verschleppt worden und kamen nicht wieder? Eine gewiß einfache Frau, Bäuerin aus dem Kreis Bartenstein, faßte die für viele kaum erträglichen Wochen und Monate in einen unvergleichlichen Satz: »In den schlaflosen Nächten steht mir die Verzweiflung wie Dornenhecken um mein Bett«.

Daß jene, die damals vergewaltigten, quälten, mordeten, raubten, in den Berichten immer mit ins Bild kommen, ist nicht denen übelzunehmen, die von den Untaten Zeugnis geben. Diese Selbstverständlichkeit ist leider für viele immer noch nicht selbstverständlich. Anders gesagt: Sollte es Russen und Polen stören, daß hier zahlreiche ihrer Landsleute in einem sehr schlechten Licht erscheinen, so sollten sie diese Übeltäter aus ihren Völkern dafür verantwortlich machen, nicht womöglich die Berichterstatter attackieren wollen.

In der Reihe derer, die Schuld haben am Leiden der Flüchtlinge wie der nicht rechtzeitig Fortgekommenen, stehen jedoch vornean jene Deutschen, die damals die führenden Parteistellungen innehatten und eine rechtzeitige Flucht nicht nur nicht organisiert haben, sondern sie sogar streng verboten. Sie sind verantwortlich zu machen für das spätere Chaos auf den winterlichen Straßen, das Elend in den dann überfüllten Hafenstädten, für die Hunderttausende von Toten und Verkrüppelten infolge allzu großer Strapazen und der den Feinden gegebenen Möglichkeit, die ostpreußischen Menschen überhaupt in ihre Gewalt zu bekommen. (Sind diese Verantwortlichen eigentlich dafür bestraft worden?)

Von Russen und Polen ist in diesem Buch der Ostpreußen wie gesagt nur zwangsläufig die Rede. Die Untaten jener, die damals schuldig wurden, zu bewältigen: Das soll Aufgabe ihrer Landsleute bleiben. So wie wir Deutschen uns seit etwa vierzig Jahren bemühen, Verbrecher jener Zeit aus unseren Reihen zu überführen und abzuurteilen. Man wird ihren Beitrag für eine humanere Zukunft in unserem alten Europa auch daran messen, inwieweit sie diese Aufgabe angingen und angehen.

Denkt man an die damaligen Opfer, so kann man jedenfalls für eine Haltung, die den Eindruck zu erwecken versucht, damals sei eigentlich doch nichts Böses passiert, ja die sogar die Erwähnung von Untaten Verleumdung nennt, keinerlei Verständnis aufbringen.
Die Aufzählung der Leiden der Flüchtlinge und Vertriebenen wäre unvollständig ohne die Erinnerung an ihren vielfach bezeugten beschämenden Empfang durch die Deutschen des Westens. In der Regel hat man die dem Unheil Entronnenen wie eine lästige unterste Kaste behandelt, ähnlich wie in späteren Jahren Gastarbeiter. Die aus Ostpreußen vertriebene Hildegard Aminde: »... wir sollten erst in Potsdam ausgeladen werden. Dort wollten sie uns aber nicht haben. Nirgends wollten sie uns haben. Menschen starben in dem Zug...«

3

Nach diesem Blick auf die Entartungen in jener wölfischen Zeit ist zu fragen: Wie konnte es dazu kommen?
Sieht man nur auf die Zeit, die sich in den Berichten dieses Bandes spiegelt, so müßte man sagen: Russen und Polen sind in unsere Heimat eingefallen, haben viele von uns gequält, nicht wenige umgebracht, eine ganze Reihe verschleppt, die Übriggebliebenen eines Tages davongejagt – was für Nachbarn!
Aber das wäre unhistorisch gedacht. Eine solche Woge des Hasses und der Rachsucht wie die damalige ist ohne eine Vorgeschichte nicht erklärbar. Und so ist nach dieser Vorgeschichte zu fragen – aber auch danach, ob man über soviel Schreckliches hinwegkommen kann um einer besseren Zukunft willen.
Sucht man nach einem Urheber der Katastrophe, so drängt sich vor allem ein Name auf: Hitler. Erst später kommen andere ins Bild: Stalin, und zum Beispiel auch Churchill.
Noch 1966 sagte der langjährige Sowjet-Botschafter Andrej Smirnow in Bonn: »Sie könnten heute noch in Königsberg und Breslau sitzen – wenn Sie wollten auch in Wien; aber Sie haben Ihr Reich verspielt.«
Hitler hat es verspielt, als er 1939 mit dem Einmarsch in Polen den Zweiten Weltkrieg begann – ohne den die Ostpreußen heute noch in

ihrer Heimat Ostpreußen leben würden wie davor in sieben Jahrhunderten.

Aus der Einführung in die große »Dokumentation der Vertreibung der Deutschen aus Ost-Mitteleuropa«: Die »radikalen Maßnahmen der nationalsozialistischen Unterdrückungspolitik, die auf die Vernichtung der polnischen Oberschicht und die Herabdrückung des polnischen Volkes in ein Fellachendasein zielten«, hätten den »leidenschaftlichen Haß aller Polen und einen ebenso leidenschaftlichen Vergeltungsdrang« geweckt, der dann »auf Unrecht neues, nicht geringeres Unheil häufte und einzelne Gruppen eines leicht erregbaren Volkes zu entsetzlichen Gewalttaten verleitete«.

Etwa zwei Jahre nach dem Polenkrieg begann der deutsche Ostfeldzug, in dessen Verlauf Rußland von Brest-Litowsk bis Stalingrad schwer in Mitleidenschaft gezogen wurde. »Hitlers Theorie vom ›östlichen Untermenschen‹ und sein Ziel, die gesamte westliche UdSSR... als Riesenkolonialraum auszubeuten und umzugestalten, seine damit verknüpften Germanisierungspläne und Siedlungsplanungen können zwar nirgends vollkommen verwirklicht werden, führen aber schon bei den Vorbereitungsmaßnahmen zur Vernichtung von Hunderttausenden von Menschen« (Großer »Ploetz«). Von den 55 Millionen Toten des Zweiten Weltkriegs entfielen allein auf die Sowjetunion etwa 20 Millionen (zum Vergleich: auf Deutschland – gegen sämtliche Gegner – etwa 4 Millionen). Die Zahl der getöteten Zivilisten betrug im Falle der Sowjetunion etwa 7 Millionen. (Diese Zahlen nach »Brockhaus Enzyklopädie«.) Tote darf man niemals gegeneinander aufrechnen; aber nach solchen erschreckenden Zahlen kann man sich vorstellen, daß viele der Russen, die 1944/45 in Deutschland einfielen, Verwandte verloren hatten und für eine Propaganda empfänglich waren, die ihnen die Deutschen als eine einzige hochmütige Mörderbande hinstellte.

Freilich sollte man niemals die eigene Untat mit einer voraufgegangenen anderen begründen dürfen; und man kann das schon gar nicht, wenn man mit dem Anspruch auftritt, die Welt aus einer höheren moralischen Position heraus von einem Gewaltregime befreien zu wollen – oder man wird sich Hinweise auf die Diskrepanz zwischen erklärter Absicht und praktizierter Wirklichkeit gefallen lassen müssen.

Nicht nur für die persönliche Geschichte der einzelnen Ostpreußen, auch für die deutsche, ja für die europäische Geschichte war, was damals im Osten Mitteleuropas geschah, ein unerhörtes Ereignis in vielerlei Hinsicht. Zu den »großen Katastrophen der abendländischen Geschichte« rechnet Alfred M. de Zayas Flucht und Vertreibung aus den deutschen Ostprovinzen, »vor allem aus Ostpreußen«. Seit dem 13. Jahrhundert haben die Deutschen dort gelebt, Dörfer und Städte gebaut, Kultur geschaffen – die Willkür der Sieger: eines Stalin, eines Churchill, eines Roosevelt, löschte das aus.
Besonders betroffen macht immer noch die Haltung Churchills, der u. a. am 15. 12. 1944 (die meisten Ostpreußen waren damals noch zu Hause) im Unterhaus erklärte: »Man wird reinen Tisch machen. Mich beunruhigen diese großen Umsiedlungen nicht, die unter modernen Verhältnissen besser als je zuvor durchgeführt werden können.« Welch eine Kälte angesichts von Menschen und ihrer jahrhundertealten Heimat! Herr Churchill jedenfalls schlief ruhig...
Rothfels nannte das, was damals in den vierziger Jahren geschah – durch alle Beteiligten – eine »Niederlage der abendländischen Gesittung«.
Auch Heinrich Jaenecke, der 1981 ein den Polen sehr wohlwollendes Buch über dieses Volk schrieb, in dem er es das meistgeschundene Europas nennt, bezeichnet den Verlust Ostpreußens, Pommerns und Schlesiens als »eine Katastrophe«; und er nennt das »die massivste kollektive Vergeltung«, die sich denken läßt: die Vertriebenen haben »den Pauschalpreis für Hitlers wahnsinnige Ostpolitik« bezahlt, »für den wahnwitzigen Versuch, ein großes europäisches Volk auf den Status von Arbeitssklaven zurückzupeitschen«.
Gerhard Linne schrieb über die »Überführung«, die angeblich in der zitierten geordneten und humanen Weise erfolgen sollte, daß sie für die Betroffenen des Ostens zu »Massenaustreibungen mit unsäglichem Leid« wurde.
Sehen wir einen Augenblick lang vom Nordteil Ostpreußens ab, den Rußland sich einverleibt hat: Polen war danach rasch mit einer »historischen« Begründung dafür bei der Hand, daß man den verhaßten Deutschen einen so großen Teil ihres Territoriums weggenommen habe: Man sei in altes polnisches Land zurückgekehrt, habe diese Gebiete »befreit«, die einem einst von den seit jeher schon

bösen Deutschen geraubt worden seien. Der polnische Literaturhistoriker Jan Jozef Lipski, der in einem Aufsatz 1981 dafür eintrat, das Verhältnis von Deutschen und Polen endlich einmal »von Lügen« zu reinigen, versichert dazu, daß heute »fast jeder Pole (auch der gebildete!)« diese Version glaubt.

Lipski selbst aber widerlegt sie dann mit so überzeugender Sachlichkeit, daß dem fast nichts hinzuzufügen ist. Das ist deshalb so beachtenswert, weil nur mit einer solchen Aufrichtigkeit eine wirkliche »Normalisierung« des Verhältnisses zwischen Polen, Russen, Deutschen zu erreichen ist. Die offizielle polnische Version dagegen ist unzutreffend.

Am ehesten könnte sie in Ostpreußen noch für das Ermland gelten: Diese katholische Region kam bekanntlich im 2. Thorner Frieden unter polnische Oberhoheit und 1772 von Polen zu Preußen. Doch auch dieses Gebiet war in der großen Mehrheit volksmäßig immer deutsch. Der Großteil Ostpreußens war zu keiner Zeit polnisch. Als im 13. Jahrhundert der Deutsche Orden dem Ruf des Herzogs Konrad von Masowien folgte und das Land des späteren Ostpreußen zu erobern begann, lebten dort die noch heidnischen Pruzzen (Prußen), ein baltischer Volksstamm; sie waren keine Polen.

Und was die Nachkommen der masowischen Kolonisten betrifft, mit denen Masuren vor allem im 15./16. Jahrhundert zu einem erheblichen Teil besiedelt worden ist: die Deutschen selbst, so Albrecht von Hohenzollern, haben sie ins Land geholt. Und im übrigen zeigte die 1920 durchgeführte Volksabstimmung überdeutlich, daß die Nachkommen jener Einwanderer aus Masowien von einer »Befreiung« durch Polen nichts hielten: 99,3 Prozent der Masuren entschieden sich für den Verbleib beim deutschen Ostpreußen.

Nach dieser Klarstellung ist es schon nicht mehr nötig, die unsinnige Vorstellung abzutun, man könne überhaupt nach Jahrhunderten Gebiete »wiedergewinnen«, die einem in grauer Vorzeit gehört haben. Dazu noch einmal Jaenecke: Wenn »alle Nationen zu den Grenzen ihrer Feudalherrn aus dem frühen Mittelalter zurückkehrten, könnte sich der Kontinent in die Luft sprengen«.

Russen und Polen müssen also damit leben, daß sie irgendwelche aus der mittelalterlichen Geschichte abzuleitenden Rechte auf Ostpreußen nicht besitzen, daß nur Sieger-Willkür ihnen diese deutsche

Provinz auslieferte – bis zu einer Friedensregelung, hieß es im Potsdamer Abkommen.

Die gegenwärtige Situation wird mit einer Formulierung des Verbands Deutscher Historiker aus dem Jahr 81 umrissen, die (aus Anlaß der Verhaftung einiger polnischer Geschichtswissenschaftler) von der »so schweren Geschichte zwischen unsern Völkern« spricht und von der »gegenwärtigen Verständigung und Zusammenarbeit«.

Allerdings kann man nur dann auf ein gutes Resultat des eingeleiteten Prozesses der Verständigung hoffen, wenn sich beide Seiten mit der gleichen Ernsthaftigkeit und Intensität um sie bemühen. Und dazu zählt auch: an die eigenen Taten (und Untaten) dieselben Maßstäbe anzulegen wie an die des früheren Gegners. Die Fortsetzung alter unhaltbarer Behauptungen und Vorurteile wird jedenfalls immer ein nicht unerhebliches Hindernis bleiben.

4

Man gestatte mir, dem Herausgeber, einige persönliche Anmerkungen.

Weshalb ich dieses Buch überhaupt zusammengestellt habe? Denn dies sei ja offen eingestanden: Ich näherte mich jener Zeit der Flucht und der Scheußlichkeiten nicht gerade leichten Herzens in dieser Ausführlichkeit. Zu bedrückend, zu menschenunwürdig war damals so vieles, als daß man sich damit noch einmal monatelang beschäftigen möchte. Und zu sehr, ja zu erbittert liegt auch heute noch, etwa vierzig Jahre später, vieles im Streit der Meinungen und Wertungen zwischen uns und den damaligen Feinden aus dem Osten.

Andererseits bietet das Menschenalter (wie man früher anschaulich sagte), das seit 1945 vergangen ist, allmählich die Chance, daß sich die an dem Geschehen beteiligten Parteien endlich sachlich nähern, um offen über sie zu reden. Irgendwann einmal muß das ja geschehen; niemand kann hoffen, ein so gravierendes historisches Ereignis ohne wirkliche Aufarbeitung hinter sich bringen zu können.

Ein Herausgeber eines solchen Buches, der 1945 zehn Jahre alt war und an irgendwelchen Aktionen gegen die Nachbarn im Osten mit Sicherheit nicht beteiligt, mag da im Vorteil sein.

Als ein Deutscher aus Masuren sehe ich mich ohnehin in keiner schlechten Mittler-Position. Max Töppen schrieb 1870 in dem Standardwerk »Geschichte Masurens«: »Masuren breitet sich auf der Grenze deutschen und slawischen Volkslebens aus. Früh unter deutsche Herrschaft gestellt und früh von Polen bevölkert, weist es in seiner ganzen Geschichte den Gegensatz und die Versöhnung beider Nationalitäten aus...«

Auch ich habe, wie viele Menschen jener Landschaft (Ernst Wiechert hat, zum Beispiel, auf sich bezogen darüber geschrieben), Vorfahren wohl aus mehreren Völkern. Die Großmutter mütterlicherseits kam aus einer Familie Salzburger Emigranten; der Großvater aber hieß Nowotsch, und es wurde bei uns gemutmaßt, ob dies nicht ein russischer Name sei. Mein eigener Familienname soll eine östliche Verballhornung eines nicht seltenen norddeutschen Namens sein; und die Großmutter väterlicherseits hieß Czirno, war sicher Nachfahrin masowischer Einwanderer und sprach lieber masurisch, eine Sprache, deren »Grundstock... das Polnische« war (Ambrassat).

Darüber hinaus: Die Beobachtungen in meiner masurischen Kindheit und die mir durch meinen Vater vermittelten Erfahrungen ließen mich trotz des schlimmen Endes des deutschen Ostpreußen nicht zu jemandem werden, der sagt: *die* Polen, *die* Russen, und der in allen Menschen dieser Völker Peiniger der Deutschen sähe. Mein Vater, der fließend russisch sprach und im Krieg als Dolmetscher eingesetzt wurde, hat trotz der höchst negativen Erfahrungen mit den Russen in Ostpreußen und dann in Gefangenschaft von ihnen sachlich gesprochen und von einzelnen, denen er näher begegnet war, mit viel Verständnis. Und ich selbst denke noch heute in Dankbarkeit an jenen Jan Palmowski zurück, der als Pole 1939 in deutsche Gefangenschaft geriet und bis 1945 auf unserm Hof arbeiten mußte, dabei stets hilfsbereit war und neben uns Kindern fast wie ein gutmütiger Onkel lebte. Er ging 1945 mit uns auf die Flucht und wollte sie sogar noch fortsetzen, als wir in höchster Russengefahr unsern Wagen verließen.

Damit will ich sagen: Ich habe erhebliche Gründe, jenen Berichten zu glauben, die nicht nur von üblen Erfahrungen mit Russen und Polen

sprechen, sondern auch den Mut einzelner russischer und polnischer Soldaten und Zivilisten erwähnen, die sich dem Rachefeldzug gegen die Deutschen nicht anschlossen, ja entgegenstellten. Ein prominentes Beispiel kennen wir in Lew Kopolew. Und wir Deutschen wissen ja aus eigener Beobachtung, wie unangenehm es für jemanden werden kann, der nicht mitmacht oder sogar opponiert, wenn die Parole gegen ein Volk oder Teile eines Volkes ausgegeben wird. Leichter hat es dann allemal, wer mit im Strom schwimmt.
Ich habe es also einfacher als viele Landsleute, deren Erfahrungen erheblich unangenehmer sind, einer Überwindung der schrecklichen Vergangenheit das Wort zu reden. Und tue das. Es gehört ja seit der »Charta der Heimatvertriebenen« zur guten Tradition, über die bitteren Erfahrungen hinauszugehen: schon 1950, noch nahe den Ereignissen bei Kriegsende, wurde unüberhörbar der Verzicht auf Rache und Vergeltung formuliert.
Eins allerdings stört mich im Verhalten der östlichen Nachbarn sehr: Daß man sich nicht zu einem klaren Eingeständnis der eigenen Verfehlungen um 1945 durchringt, immer nur von den voraufgegangenen deutschen spricht. Mit wieviel Erleichterung im Interesse einer besseren Zukunft nähme man ein eindeutiges, bedauerndes Wort auf! Wenn erst einmal auch von der anderen Seite reiner Tisch gemacht wäre: Um wieviel freier könnte man danach miteinander reden!
So wie wahre Freundschaft zwischen einzelnen erst möglich ist, wenn man Belastendes aus der Vergangenheit beiseite geräumt hat, so auch Freundschaft zwischen Völkern erst nach einer solchen kompromißlosen Bereinigung.
Jedenfalls lasse man die Hunderttausende Flüchtlinge und Vertriebener aus dem Osten endlich ungestört aussprechen, was sie erlebt und erlitten haben, ohne ihnen – aus was für Gründen auch immer – schon die Andeutung des Erlittenen übelzunehmen. Man hat ihnen soviel angetan, so viel genommen; man kann darüber hinaus keinesfalls auch noch erwarten, daß sie dazu schweigen. Altbundespräsident Scheel hat darauf bezogen ein deutliches Wort gesagt, das die alten Nachbarn im Osten (aber auch mancher unverständige Deutsche) sehr ernst nehmen sollten: »Kein Mensch läßt seine Leiden gern Lügen schimpfen«.

Wir Deutschen des Ostens werden uns jedenfalls nicht verbieten lassen, davon zu berichten, was man uns antat. So wie Russen und Polen selbstverständlich von ihren Erleiden berichten.

Das Buch entstand um der Lebenden willen, von denen so viele zu Erniedrigten und Beleidigten wurden. Eine von ihnen, Elma Abramowski, schrieb 1983 ihrer Freundin Gerda Bambolat: »Es ist nur schade, daß unsere Schicksale *so verschwiegen werden.*« Nun: Dieser Band berichtet von ihnen.

Und es entstand um jener willen, die damals das Leben verloren. Es gehört zu den unverzichtbaren Gepflogenheiten menschlichen Anstands, daß man das schreckliche Ende der Opfer nicht bagatellisiert, sondern im Gedächtnis behält und wo auch immer mutig daran erinnert. Denn wenn wir unsre Toten nicht mehr beklagen, wenn wir aufhören, Mord in jedem Fall Mord zu nennen, gleichgültig, wer ihn beging: Wenn wir keinen Mut mehr für ein strenges Festhalten an humanen, an ethischen Grundsätzen aufbringen, für einen solchen Rigorismus um einer besseren Zukunft willen, dann müßten wir die Hoffnung aufgeben, daß die Menschheit allmählich vielleicht doch noch zu jener Solidargemeinschaft zusammenwächst, die die Kriege und die Ungerechtigkeiten überwindet, von der die großen Menschheitsveränderer träumten. Ohne diese Hoffnung aber wären Gegenwart und Zukunft von einer schier unerträglichen Trostlosigkeit.

Damit ist gesagt, daß ein Buch so unmenschlicher Leiden über das Interesse an den Lebenden und an den toten Opfern hinausgeht. Nach all den Untaten, von denen berichtet wird, erhebt sich keine Frage so sehr wie diese: Was können wir aus solchen furchtbaren Geschehnissen für die Zukunft lernen? Was können wir tun, damit sie sich in unserm Leben und in dem unsrer Nachkommen niemals wiederholen? Wie Arno Surminski bin ich der festen Überzeugung, daß die gründliche Aufarbeitung dessen, was 1945 im deutschen Osten geschah, auch der Friedensforschung dient. Schiefe Nachsichtigkeiten, halbe Kompromisse darf es dabei nicht geben.

Die mitunter vorgebrachte These, Bücher wie dieses bezeugten eher eine gewisse Neigung zu Unversöhnlichkeit, wird durch die Wiederholung kein bißchen zutreffender. Auf ein von mir herausgegebenes Sammelwerk wäre sie völlig fehl am Platz.

Soweit es hier überhaupt um meine Meinung geht, ist es die eines nur der historischen Wahrheit verpflichteten, weltanschaulich unabhängigen Menschen.

5

Schließlich zwei notwendige Marginalien.
Die erste: Für die Einzelaussagen kann, wie sollte es anders sein, nur der jeweilige Berichterstatter sich verbürgen, niemand sonst (es sei denn, jemand hätte dasselbe Ereignis beobachtet), also auch der Herausgeber nicht. Doch was in den hier wiedergegebenen Texten erzählt wird, steht im wesentlichen übereinstimmend in zahlreichen weiteren, zum Beispiel in jeweils einigen der zitierten umfangreichen »Dokumentation«, so daß sie also mit einem vielfach belegten und beschworenen Gesamtbild übereinstimmen.
In einigen der hier wiedergegebenen Berichte stehen scharfe Urteile über die damaligen Feinde, die zu Peinigern wurden. Ein Herausgeber hat zu akzeptieren, daß die Augenzeugen es so sahen, aus ihrem Entsetzen heraus. Wer Niederträchtigkeiten erlebt hat, von dem kann man nicht erwarten, daß ihm die »Objektivität« eines Registrators gelingt.
Die zweite ist ein Geständnis: Es gibt einige schon vor Jahrzehnten gedruckte Berichte über so scheußliche Ausschreitungen der Sieger, daß ich sie in dieses Buch, das wie gesagt vor allem eins des schmerzlichen Abschieds ist, nicht aufgenommen habe. Zum Beispiel eine fast klinisch exakte Schilderung einer Frau, in welchem Zustand sich ihr Körper nach einer Reihe von Vergewaltigungen befand. Ich sah es nicht als meine Aufgabe an, Höhepunkte barbarischen Verhaltens zu sammeln. Und ich denke, daß es nach einem Menschenalter auch für den Leser, der damals Schlimmes erlebt hat, Grenzen gibt, vor denen das Sicherinnernwollen lieber haltmacht.
Ich schloß mein Vorwort zu dem Sammelband »Ostpreußen – Porträt einer Heimat« mit dem Haffner-Wort, irgendwer müsse angesichts der Greuel der Vergangenheit »die Seelengröße aufbringen, zu sagen: Es ist genug.« Ich wiederhole dieses Wort angesichts der hier vorliegenden noch erschütternderen Sammlung.

Und ich wiederhole vor einer Anthologie, die tief hineingeht in die schlimmsten Tage der Deutschen in Ostpreußen, mein Plädoyer für den Mut zur Aufrichtigkeit, den Mut zur gemeinsamen Diskussion der vorhandenen Probleme mit den Gegnern von gestern, den Mut zum Versuch einvernehmlicher Unternehmungen, ja sogar der Freundschaft. Denn ich sehe keinen zweiten brauchbaren Weg.

Herbert Reinoß

I

Flucht

Marion Gräfin Dönhoff

Nach Osten fuhr keiner mehr

Es war 3 Uhr morgens. Den genauen Tag weiß ich nicht mehr, denn jene Tage waren ein einziges Chaos, das sich der kalendarischen Ordnung entzog. Aber daß es 3 Uhr morgens war, weiß ich, weil ich aus irgendeinem, vielleicht einem dokumentarischen Bedürfnis oder auch nur aus Ratlosigkeit nach der Uhr sah.
Seit Tagen war ich in der großen Kolonne der Flüchtlinge, die sich von Ost nach West wälzte, mitgeritten. Hier in der Stadt Marienburg nun war der Strom offenbar umgeleitet worden, jedenfalls befand ich mich plötzlich vollkommen allein vor der großen Brücke. War dieser gigantische Auszug von Schlitten, Pferdewagen, Treckern, Fußgängern und Menschen mit Handwagen, der die ganze Breite der endlosen Chausseen Ostpreußens einnahm und der langsam, aber unaufhaltsam dahinquoll wie Lava im Tal, schon gespenstisch genug, so war die plötzliche Verlassenheit fast noch erschreckender.
Vor mir lag die lange Eisenbahnbrücke über die Nogat. Altmodische hohe Eisenverstrebungen, von einer einzigen im Winde schwankenden Hängelampe schwach erleuchtet und zu grotesken Schatten verzerrt. Einen Moment parierte ich mein Pferd, und ehe dessen Schritt auf dem klappernden Bretterbelag alle anderen Geräusche übertönte, hörte ich ein merkwürdig rhythmisches, kurzes Klopfen, so als ginge ein dreibeiniges Wesen schwer auf einen Stock gestützt ganz langsam über den hallenden Bretterboden. Zunächst konnte ich nicht recht ausmachen, um was es sich handelte, aber sehr bald sah ich drei Gestalten in Uniform vor mir, die sich langsam und schweigend über die Brücke schleppten: Einer ging an Krücken, einer am Stock, der dritte hatte einen großen Verband um den Kopf, und der linke Ärmel seines Mantels hing schlaff herunter.
Man habe es allen Insassen des Lazaretts freigestellt, sich aus eigener Kraft zu retten, sagten sie, aber von etwa tausend Verwundeten

hätten nur sie drei diese »Kraft« aufgebracht, alle anderen seien nach tagelangen Transporten in ungeheizten Zügen ohne Essen und ärztliche Versorgung viel zu kaputt und apathisch, um diesem verzweifelten Rat zu folgen. Rat? Eigene Kraft? Die russischen Panzer waren höchstens noch 30 Kilometer, vielleicht auch nur 20 Kilometer von uns entfernt; diese Drei aber waren nicht imstande, mehr als zwei Kilometer in der Stunde zurückzulegen. Überdies herrschten 20 bis 25 Grad Kälte – wie lange also würde es dauern, bis der Frost sich in die frischen Wunden hineinfraß?
Hunderttausende deutscher Soldaten waren in diesen letzten sechs Monaten elendiglich umgekommen, verreckt, zusammengeschossen oder einfach erschlagen worden – und diese drei würden das gleiche Schicksal haben, gleichgültig, ob sie nun im Lazarett geblieben wären, oder ob sie sich entschlossen hatten, noch ein paar Kilometer weiter nach Westen zu marschieren. Die einzig offene Frage schien mir, ob ihr Schicksal sie schon heute oder erst morgen ereilen würde.
Mein Gott, wie wenige in unserem Lande hatten sich das Ende so vorgestellt. Das Ende eines Volkes, das ausgezogen war, die Fleischtöpfe Europas zu erobern und die Nachbarn im Osten zu unterwerfen. Denn das war doch das Ziel, jene sollten für immer die Sklaven sein, diese wollten für immer die Herrenschicht stellen.
Noch bis vor wenigen Monaten war immer von neuem versichert worden, kein Fußbreit deutschen Landes werde je dem Feinde preisgegeben werden. Aber als die Russen schließlich die ostpreußische Grenze überschritten hatten, da hieß es, jetzt müsse sich die Bevölkerung wie ein Mann erheben; der Führer, der seine Wunderwaffe eigentlich erst im nächsten Jahr hätte einsetzen wollen, um Rußland dann endgültig zu vernichten, wolle sich entschließen, sie schon jetzt vorzeitig zur Anwendung zu bringen. Der Endsieg sei nur eine Frage des Willens. So die Führung. Und die Wirklichkeit?
Für mich war dies das Ende Ostpreußens: drei todkranke Soldaten, die sich über die Nogat-Brücke nach Westpreußen hineinschleppten. Und eine Reiterin, deren Vorfahren vor 700 Jahren von West nach Ost in die große Wildnis jenseits dieses Flusses gezogen waren und die nun wieder nach Westen zurückritt – 700 Jahre Geschichte ausgelöscht.

Wie gesagt, ich weiß nicht mehr genau, an welchem Tag dies geschah, aber es war irgendwann in der zweiten Hälfte des Januar 1945. Mitte Januar war die russische Offensive losgebrochen gegen eine Front, die dünn und zerbrechlich war wie das Eis im Frühjahr. Es gab deutsche Divisionen, die nur noch aus ein paar hundert Mann bestanden. Es gab Panzereinheiten, die ein Drittel ihrer Fahrzeuge sprengten, um auf diese Weise Treibstoff für die restlichen Panzer zu gewinnen. Und es gab in der Führung niemanden – nicht einen einzigen der doch in hundert Schlachten bewährten Generale –, der den Mut gehabt hätte, Hitlers dilettantische Strategie vom Tisch zu fegen und die Führung selbst in die Hand zu nehmen, um wenigstens dieses sinnlose Sterben zu verhindern.
Guderian, der Chef des Generalstabs, hatte, seit die erste große russische Offensive im Juli 1944 bis Memel und bis nach Trakehnen in Ostpreußen durchgestoßen war, Hitler immer wieder um Erlaubnis gebeten, die 30 Divisionen, die noch in Kurland standen, zurücknehmen zu dürfen. Vergeblich. Dreihunderttausend Mann, zu denen die Verbindung abgerissen war, die selber als weit vorspringender »Balkon« in ständig wachsender Gefahr lebten, wären in diesem Moment in Ostpreußen von unschätzbarem Wert gewesen. Eine Frontbegradigung hätte – und dies war der Plan des keineswegs optimistischen Generalstabschefs – es möglich gemacht, wenigstens die Zivilbevölkerung aus den unmittelbar gefährdeten Gebieten herauszubekommen, solange die Front noch hielt. Aber Hitler hatte immer wieder erklärt, er brauche die Divisionen in Kurland, um von dort aus im Frühjahr die große Offensive nach Rußland hinein zu eröffnen, überdies bänden sie in der Zwischenzeit dort, wo sie sich befänden, starke russische Kräfte. So blieben sie dort, wo sie niemandem nutzten und wo sie jederzeit vernichtet werden konnten.
Dabei hatten die Russen schon im Juli 1944, als sie von Witebsk bis zur Rollbahn und hinter die deutsche Front durchstießen, gezeigt, daß es keine Offensive nach Osten mehr geben würde. Damals hatten sie den deutschen Truppen den Rückzug über die Beresina abgeschnitten; das kostete 300 000 deutschen Soldaten das Leben, die in den Wäldern östlich von Minsk vernichtet wurden, während gleichzeitig etwa sechs Divisionen in Witebsk, Orscha und anderen befestigten Orten des Kampfgebietes niedergemacht wurden.

Alles hätte also darangesetzt werden müssen, eine neue rückwärtige Verteidigungslinie aufzubauen, aber Hitler hing weiter seinen Illusionen über neue Offensiven nach und geißelte als Defätismus alle Maßnahmen, die der wirklichen Lage Rechnung getragen hätten. Ja, er hatte sich im Dezember 1944 sogar entschlossen, aus den längst viel zu dünn besetzten Stellungen im Osten Divisionen abzuziehen, um im Westen die spektakuläre Ardennen-Offensive starten zu können – ein Unternehmen, das alle Fachleute unter diesen Umständen als baren Unsinn betrachteten und das auch sehr bald zusammenbrach.

So kam es denn, daß Illusionen, die mit dem Argument begründet wurden, »es kann doch nicht sein, daß alles umsonst war«, zum Anlaß wurden, jegliche Evakuierung der Zivilbevölkerung zu verbieten – weder Kinder noch Gepäck durften weggeschickt werden. Und so kam es, daß jene chaotische Situation heraufbeschworen wurde, in deren Strudel auch ich geriet. Nämlich das Ineinanderfluten von drei großen Wellen: das Zurückströmen einer geschlagenen Armee, die planlose Flucht der Zivilbevölkerung und das Hereinbrechen eines zu äußerster – vergeltender – Grausamkeit entschlossenen Feindes.

Kurz zuvor, also Mitte Januar 1945, war bei mir in Quittainen ein Vertreter der Kreisleitung von Pr. Holland – unserer zuständigen Kreisstadt – erschienen und hatte mir einen schweren Verweis der Gauleitung in Königsberg übermittelt: wenn ich weiter defätistische Vorbereitungen zur Flucht träfe, müßte ich mich auf harte Maßnahmen gefaßt machen. Jene Vorbereitungen zur Flucht bestanden darin, daß ich auf allen Gütern Gestelle aus leichten Latten hatte anfertigen und Strohmatten flechten lassen, die eine schützende Dachkonstruktion für die Leiterwagen abgeben sollten. Obgleich dies in aller Heimlichkeit geschehen war, hatte irgendein Spitzel der Partei diese seltsamen Gebilde auf einer Scheunentenne gesehen und diese seine Entdeckung sofort weitergemeldet.

Den ganzen Sommer über hatten wir studieren können, wie man sich am zweckmäßigsten für die Flucht ausrüstet. Seit dem Frühjahr war der Strom nicht abgerissen. So wie der Sturm über See sich dadurch ankündigt, daß die Wasservögel zum schützenden Hafen fliegen und landeinwärts ziehen, so schob die langsam vorrückende russische Welle ein buntes Gemisch von Flüchtenden vor sich her – längst ehe wir selbst uns auf den Weg machen mußten.

Die ersten waren weißrussische Bauern mit kleinen Pferden und leichten Wagen gewesen, auf denen meist nur ein paar Habseligkeiten und die kleinsten Kinder verstaut waren. Die ganze übrige Familie lief neben und hinter dem Wagen her. Der Bauer mit hoher Pelzmütze ging dem Gefährt voraus oder führte das Pferd.

Einige Monate später folgten Litauer, dann die Memelländer, und schließlich kamen die ersten Ostpreußen aus den östlichen Kreisen. Damals gab es auf allen Gütern und bei vielen Dörfern Plätze, die für diese Durchziehenden eingerichtet waren. Weidegärten, wo sie ausspannen, abkochen und ihre Pferde frei laufen lassen konnten. Der Ausnahmezustand war zum Normalzustand geworden – nicht einmal die neugierigen Dorfkinder betrachteten diese wandernde Völkerschau mehr mit viel Interesse.

Mir war aufgefallen, daß die Wagen gewöhnlich entweder zu wenig Schutz hatten oder die Dachkonstruktion durch riesige Teppiche so schwer belastet wurde, daß die Leute nicht genug Gepäck mitnehmen konnten. Eben darum die Strohmatten und das Lattengestell.

Am Tage, nachdem der Parteifunktionär mich verwarnt und offiziell verkündet hatte, es sei keinerlei Veranlassung zur Beunruhigung gegeben, traf abends beim Bürgermeister die Order ein, sämtliche Männer, die noch nicht von der Wehrmacht »erfaßt« seien, hätten sich noch in selbiger Nacht zum Volkssturm zu begeben. Außer ein paar uk-gestellten Leuten, also solchen, die für den Betrieb unabkömmlich waren, betraf diese Order wirklich nur die mehr als Sechzigjährigen und einige Invaliden.

So hob denn ein großes Wehklagen im Dorf an. Da kamen sie herangehumpelt, der lahme Marx, der halbblinde Kather, der alte Hinz, begleitet von ihren weinenden Frauen. Sie erhielten beim Bürgermeister italienische Gewehre und jeder abgezählt 18 Patronen, mehr gab es nicht. Und dann zogen sie hinaus in die eisige Winternacht ihrem nur allzu gewissen Schicksal entgegen.

Die Aufgabe dieser Volkssturmmänner sollte es sein, die Befestigungen, die der Gauleiter Koch während des Sommers hatte errichten lassen, zu besetzen. Erich Koch war, genau wie die anderen Gauleiter der östlichen Gaue (Danzig, Posen, Stettin, Breslau) nach dem

20. Juli von Hitler zum Reichsverteidigungskommissar ernannt worden. Als solcher hatte er denn auch sofort alles an sich gerissen. Er weigerte sich, das Volksaufgebot der militärischen Führung zu unterstellen, setzte vielmehr an die entscheidenden Stellen seine Parteifunktionäre. Mit großer Energie und ebenso großem Dilettantismus stürzte er sich auf ein selbstentworfenes Programm von Schanzarbeiten und Befestigungen. Dabei kam es sehr rasch zu Kompetenzstreitigkeiten mit General Reinhard, der die im Osten anschließende Heeresgruppe Mitte kommandierte. Gauleiter Koch ließ nämlich die sogenannten Befestigungen, die bis zum Januar 1945 zum großen Teil schon wieder in sich zusammengefallen waren, dort anlegen, wo im Juli 1944 die Front zum Stehen gekommen war. General Reinhard aber wollte, daß sie nicht dicht hinter der Front, sondern mitten in Ostpreußen errichtet würden. Der Gauleiter aber hielt dies für Defätismus, und darum unterblieb es.

Unsere braven Quittainer Leute zogen nun also in die tief verschneiten und halb eingestürzten Kochschen Panzergräben, übrigens war unsere Gegend die einzige, in der sie überhaupt je besetzt wurden. Und die verzweifelten Frauen hatten ganz recht gehabt: unser eigner Aufbruch ging vonstatten, ohne daß wir auch nur gehört hatten, ob es den Männern gelungen war, jene Stellungen noch zu erreichen – so sehr überstürzten sich die Ereignisse.

Zwei Tage später, es muß also der 21. oder 22. Januar gewesen sein, hatte ich mich frühmorgens aufgemacht. Ich ritt von einem Hof zum anderen, um nach dem Rechten zu sehen. Überall gab es Sorgen: In Lägs war der uk-gestellte Treckerführer eingezogen worden, in Skollmen der Inspektor. Auf vielen Höfen wurden wahllos Pferde requiriert, und überall begannen die Gefangenen – die letzten Arbeitskräfte – unruhig zu werden. Die Franzosen hatten Angst angesichts der allgemeinen Auflösung und fragten sich, wie sie wohl je heimkommen würden, und die Russen wußten genau, daß die sowjetischen Funktionäre sie als Saboteure behandeln würden, weil sie überlebt und für den Feind gearbeitet hatten, anstatt ihm die Kehle zu durchschneiden.

Gegen Abend, es war schon dunkel, rief ich von unterwegs noch einmal die Kreisleitung in Pr. Holland an, die zu jener Zeit jede Eisenbahnfahrt genehmigen mußte. Ich bat darum, mir eine Fahrkar-

te auszustellen, da ich am nächsten Morgen früh um 6 Uhr nach Königsberg fahren wolle, um in Friedrichstein, dem zweiten Besitz, für den ich mit zu sorgen hatte, nach dem Rechten zu sehen. Sekundenlang schwieg die Stimme auf der anderen Seite, dann hörte ich die Worte: »Ja, wissen Sie denn gar nicht, daß der Kreis bis Mitternacht geräumt sein muß?«
»Keine Ahnung«, antwortete ich ohne Überraschung und doch auch wieder überrascht, »wo sind denn die Russen?«
»Keine Ahnung«, antwortete er.
»Ja, und auf welche Weise, und wohin sollen wir?«
Auf diese Frage antwortete die Stimme, die bisher nie müde geworden war zu beteuern, die Behörden sorgten für alles, es gäbe daher keinen Grund zur Beunruhigung: »Das ist uns ganz egal, zu Lande, zu Wasser oder durch die Luft...«
Ich ließ die Leute im Inspektorhaus zusammenrufen und erklärte ihnen, was uns allen jetzt bevorstand. Sie waren vollständig konsterniert. Man hatte ihnen so viel vom Endsieg erzählt und davon, daß »der Führer« es nie zulassen werde, daß auch nur ein Fußbreit ostpreußischen Bodens verlorenginge, daß sie diese Nachricht einfach nicht fassen konnten. Ich gab ihnen genaue Vorschriften, wieviel, vielmehr wie wenig jeder auf die Wagen laden dürfe, schärfte ihnen ein, um welche Zeit wir uns in der Nacht an der Rogehner Straßenkreuzung treffen wollten, und übertrug die Verantwortung für das Ganze dem Kämmerer.
Alle weinten, und als mein Blick auf Frau Durittke fiel, kamen auch mir die Tränen. Frau Durittke war die Frau des Treckerführers. Eine selbstbewußte und zugleich bescheidene, großartige Frau. Sie besorgte die Schweine und war stolz darauf, daß sie nie einen Arbeitstag gefehlt hatte – seit vielen Jahren. Sie und ihr Mann hatten ihr ganzes Leben lang immer nur gearbeitet, damit die Kinder es einmal besser haben sollten. Der jüngere Sohn war in Frankreich gefallen, der ältere war Unteroffizier – ein prächtiger, gerader, zuverlässiger Bursche, auf den jede Armee der Welt stolz hätte sein können: Eines Tages würde er mit Sicherheit Offizier werden, und dann hätte sich alle Plackerei gelohnt.
Aber nicht dieser Tag kam, sondern es war ein Tag im Herbst 1944 gekommen, an dem ich Frau Durittke über den Hof gehen sah, in

jeder Hand einen Eimer. Die fast schöne Frau sah alt aus, geistesabwesend, ein Gespenst ihrer selbst. »Um Gottes Willen, Frau Durittke, was ist passiert?« Sie sah mich mit starren, toten Augen an, stellte die Eimer hin – und plötzlich hing sie an meinem Hals und schluchzte und schluchzte: »Der Karl ist gefallen, heute kam die Nachricht. Nun ist alles zu Ende. Nun war alles umsonst – das ganze Leben.«

Jetzt, vier Monate später, sah ich Frau Durittke vor mir sitzen: Ihr Mann war zwei Tage vorher mit dem Volkssturm abmarschiert, die beiden Jungen waren gefallen. Warum sollte sie noch flüchten? Und wohin eigentlich?

Ja wozu, so fragte auch ich mich. Ich trieb die verwirrte Versammlung zur Eile an, ging rasch hinaus, stieg auf mein Pferd und ritt die 7 Kilometer zurück zur Zentrale nach Quittainen. Der Schnee knirschte unter den Hufen, und die Straße spiegelte im Mondlicht; es mußten mindestens 15 Grad unter Null sein.

In Quittainen war Oberinspektor Klatt bereits benachrichtigt worden. Ich fand ihn in seinem Büro sitzend und düster vor sich hinblickend, während der Ortsgruppenleiter vor ihm stand und heftig auf ihn einredete. Es ging um die Flüchtlinge. Wir hatten seit dem Herbst über 400 Flüchtlinge aus der Goldaper Gegend in der Begüterung aufgenommen. Sie waren zu Haus aufgebrochen, kurz bevor die Russen im Oktober Goldap einnahmen, und gen Westen getreckt. Als es dann den deutschen Truppen im November gelang, Goldap und Nemmersdorf zurückzuerobern, waren sie mit ihrem Treck bei uns untergezogen und warteten seither auf das, was weiter geschehen würde. Damals gelangten übrigens zum ersten Mal dokumentarische Berichte über das, was sich abspielte, wenn die Russen einen Ort eroberten, an die Öffentlichkeit.

Man war in jenen Jahren so daran gewöhnt, daß alles, was durch offizielle Stellen veröffentlicht oder mitgeteilt wurde, gelogen war, daß ich zunächst auch die Bilder von Nemmersdorf für gefälscht hielt. Später stellte sich aber heraus, daß dies nicht der Fall war. Tatsächlich waren nackte Frauen in gekreuzigter Stellung ans Scheunentor genagelt, 12jährige Mädchen vergewaltigt worden. In Nemmersdorf fand man später insgesamt 62 Frauen und Kinder erschlagen in ihren Wohnungen auf. An den Bildern, auf denen man tote Frauen mit abgerissenen Kleidern in den Straßen und auf Dunghaufen liegen sah, war nichts gestellt.

Diese Goldaper Flüchtlinge hatten also den Winter bei uns verbracht und unsere Futterbestände kräftig reduziert. Mich besorgte das wenig, denn ich wußte ja, daß wir selbst sie nicht mehr aufbrauchen würden. Die Parteileitung aber schien dies zu beunruhigen, und so war einer dieser gescheiten Dummköpfe darauf verfallen, ausgerechnet Anfang Januar – man hörte schon das Donnern der Geschütze bei uns – die Männer mit den Pferden nach dem 250 Kilometer entfernten Goldap zurückzuschicken, damit das Futter dort an Ort und Stelle verwertet würde. So saßen wir nun also mit 380 Frauen und Kindern da, die ihre Wagen von neuem bepackten, sie aber nicht bewegen konnten, weil die Männer mit den Pferden weggeschickt und inzwischen wahrscheinlich längst von der russischen Front überrollt worden waren.

Um diese Situation, die zwangsläufig eintreten mußte, abzuwenden, hatte ich den Bürgermeistern der Gegend zwei Tage zuvor vorgeschlagen, wir sollten den Goldapern unsere Trecker zur Verfügung stellen, ihre Wagen dahinterhängen und sie so rasch wie möglich losschicken, damit wir sie erst einmal aus dem Wege hätten. Aber die Bürgermeister hatten tausend Bedenken: wir würden, so meinten sie, die Trecker zur Frühjahrsbestellung brauchen, und wer weiß, ob sie ordnungsgemäß zurückkämen... So war dieser Plan nicht zur Ausführung gelangt.

Nun also stand der Ortsgruppenleiter vor uns und erklärte, seine Weisung sei, dafür zu sorgen, daß wir die Flüchtlinge mitnähmen – was natürlich vollkommen ausgeschlossen war. Nur über seine Leiche, so sagte er, würden wir ohne sie aufbrechen. Oberinspektor Klatt, ein großer, schwerer Mann mit roten Backen und blondem, in der Mitte gescheiteltem Haar, galt in der ganzen Gegend als hervorragender Fachmann. Überall wurde er als Sachverständiger herangezogen. Zu gern hätten die Nazis ihn als einen der ihren reklamiert und zum Kreisbauernführer gemacht. Zweimal war er in ebenso schmeichelhafter wie nachdrücklicher Weise von ihnen aufgefordert worden, der Partei beizutreten, aber er hatte beide Male einen Grund gefunden, abzulehnen. Sein Kommentar: »Ich will mit diesen Halunken nuscht zu tun haben.« Jetzt erhob er sich, warf dem Funktionär, der im Zivilleben unser Krugwirt war, einen vernichtenden Blick zu und würdigte ihn keines weiteren Wortes.

Und dann liefen wir beide immer abwechselnd durch das nächtliche Dorf und beschworen die Leute, nur das Allernotwendigste mitzunehmen. Aber unsere Ratschläge und Weisungen gingen unter in dem allgemeinen Chaos, dem auch all meine Vorbereitungen zum Opfer fielen. Bei mir lag seit Monaten eine Art »Mob-Plan« im Schreibtisch. Da war genau verzeichnet, wer von den noch vorhandenen Männern auf welchem Gut welchen Wagen fahren sollte. Was jede Familie maximal mitnehmen dürfe und was als Minimum unbedingt erforderlich schien. Ich hatte heimlich Meßtischblatt-Karten vervielfältigen lassen, auf denen alle Landwege und die Fähren über Nogat und Weichsel verzeichnet waren. Jedes Gut sollte mehrere solcher Karten mit auf den Weg bekommen, denn, das war klar, es würde schwierig sein, über die Flüsse zu kommen, deren Brücken dann vermutlich längst von der einen oder von der anderen Seite der Front zerstört sein würden.

Alle diese Vorbereitungen wurden nun einfach über den Haufen geworfen. Das Chaos war so groß, daß es vollkommen sinnlos gewesen wäre, angesichts der allgemeinen Kopflosigkeit und Verzweiflung diese Pläne überhaupt noch hervorholen zu wollen. Auch war es gar nicht mehr möglich, mit den anderen Gütern Verbindung aufzunehmen, um, wie vorgesehen, alle gemeinsam loszutrecken. Würden wir die andern unterwegs treffen? Würde man überhaupt irgend jemand je wiedersehen? Ich muß noch einmal – zum letzten Mal – hier die Namen der Gutshöfe niederschreiben, alle diese schönen Namen, die nun keiner mehr nennt, damit sie wenigstens irgendwo verzeichnet sind: Quittainen, Comthurhof, Pergusen, Weinings, Hartwigs, Mäken, Skolmen, Lägs, Amalienhof, Schönau, Gr. Thierbach, Kl. Thierbach, Nauten, Canditten, Einhöfen.

Man hatte sich damals so daran gewöhnt, mit dem Krieg und den Absurditäten der Nazis zu leben, daß man, ohne es eigentlich recht zu merken, auf zwei verschiedenen Ebenen dachte und handelte. Zwei Ebenen, die sich ständig ineinander verschoben, obgleich eine eigentlich die andere ausschloß. So wußte ich zwar seit Jahren (nicht erst seit Ausbruch des Krieges, sondern seit ich in Frankfurt studierte, damals, als jener die Macht ergriff), daß Ostpreußen eines Tages verloren sein würde. Und doch lebte man so, als ob ... als ob alles so weiterginge, als ob alles darauf ankäme, den Besitz wohlbehalten und verbessert an die nächste Generation weiterzureichen. Bei jedem Haus, jeder Scheune, die wir bauten, bei jeder neuen Maschine, die angeschafft wurde, pflegten wir Geschwister untereinander zu sagen: »Die Russen werden sich freuen.« Obgleich man also von der Sinn- und Zukunftslosigkeit des Ganzen überzeugt war, wurde die Gegenwart genauso wichtig genommen wie je. Man konnte außer sich geraten über einen unzweckmäßig ausgeführten Bau, eine unkorrekte Abrechnung, ein schlecht bestelltes Feld.

Seit Monaten wußten wir, daß der endgültige Abschied nun unmittelbar bevorstand. Aber als drei Tage vor dem Aufbruch meine Schwester mit Mann und Schwiegersohn, die für einen kurzen Urlaub zu Hause waren, aus der Nachbarschaft herüberkamen, da wurden die Schlitten angespannt, und wir fuhren auf Jagd. Einen ganzen Nachmittag lang glitten wir lautlos durch den frisch verschneiten Wald, spürten die Dickungen ab, fuhren durch den hohen Bestand von einem Revier zum anderen. Überall frische Fährten: Damwild, Hasen, ein starker Keiler. Nur um den Keiler ging es an diesem Nachmittag, so als wäre dies eine Jagd wie eh und je. Und als schließlich ein Damspießer »angeschweißt« worden war, wurde eine stundenlange sachgerechte Suche veranstaltet. Zu dieser Zeit verbluteten Zehntausende deutscher und russischer Soldaten im Schnee und Eis dieses erbarmungslosen Winters.

Eine sehr wichtige Neuigkeit erfuhr ich an diesem Tage – und nichts war so entscheidend in jener Zeit wie »im Bilde zu sein« ... Bis zum 20. Juli war ich im fernen Ostpreußen über die Lage meist besser orientiert gewesen als wahrscheinlich große Teile der Führung, die zwischen eigener Propaganda und Realität, zwischen Illusion und Wirklichkeit längst nicht mehr zu unterscheiden vermochten. Aber nach dem 20. Juli, an dem alle Freunde verhaftet worden waren und ich in große Schwierigkeiten geriet, fehlten mir einfach die Nachrichten.

An jenem Tage also brachte die Verwandtschaft folgende Neuigkeit mit: »Der Führer« hatte die drei wichtigsten Leute in der Operationsabteilung – die wir zufällig alle drei persönlich kannten – verhaften lassen. Und zwar hatte sich das so abgespielt: Mitte Januar war die russische Offensive als eine Art Zangenbewegung losgegangen. Die nördliche Stoßrichtung zielte auf Ostpreußen, und es gelang den Russen, innerhalb von 8 Tagen von Ostrolenka über Allenstein bis ans Frische Haff durchzustoßen, wo die Panzerspitze am 21. Januar anlangte und die Provinz vom übrigen Deutschland abschnitt; der südliche Teil der Zange hatte sich schon am 12. Januar an der Baranow-Front Richtung Warschau in Bewegung gesetzt.

In diesen Tagen des totalen Zusammenbruchs der Ostfront, in denen niemand ein klares Bild der Lage hatte, erhielt Oberstleutnant von Christen, der in der Operationsabteilung in Zossen saß, aus Krakau die Meldung, Warschau sei gefallen. Er gab den Wortlaut an Oberstleutnant von Knesebeck, den IA der Operationsabteilung, weiter, und dieser erstattete Oberst von Bonin, dem Chef der Abteilung, Meldung. Diese Nachricht war nun aber den wirklichen Ereignissen vorausgeeilt – erst zwei Tage später sollte Warschau fallen. Als Hitler die Boninsche Meldung erfuhr und mit Hilfe eines zweiten Telefongesprächs feststellte, daß sie unzutreffend war, ließ er die drei zufällig Beteiligten verhaften und beraubte damit die Operationsabteilung ihres Kopfes – mitten in der ebenso entscheidenden wie verzweifelten Endphase.

Diese Geschichte zu erfahren, die natürlich nirgends zu lesen war, erschien mir in der Tat sehr wichtig, zeigt sie doch, daß das Ende nicht mehr fern sein konnte. Wer den Chef seiner Operationsabteilung mitten in der Krise wegen Defätismus verhaften ließ, weil jener eine ordnungsgemäß empfangene Meldung weitergegeben hatte, der mußte doch wohl selbst das Gefühl haben, daß das Ende nahe sei.

Diese merkwürdige Mentalität der Nationalsozialisten: das Unmögliche zu wollen, die fehlenden Kräfte durch Illusionen zu ersetzen und jeden, der diese Illusionen teilte, als Verräter zu behandeln, diese Methode hatte gerade in jenen Januartagen erstaunliche Blüten getrieben. Als die Not am größten war und die irrsinnige oberste Führung ihre Quittung augenfällig präsentiert bekam, begann der »größte Feldherr aller Zeiten« wild um sich zu schlagen, Soldaten wurden erschossen und Generale abgesetzt. In jenen verzweifelt kritischen Januartagen, in denen viele hunderttausend Deutsche – Soldaten und Zivilisten – umkamen, hat Hitler einen Heerführer nach dem anderen ausgewechselt: Generaloberst Reinhard, Oberbefehlshaber der Heeresgruppe Nord, wurde durch Generaloberst Rendulic ersetzt, Generaloberst Harpe, Oberbefehlshaber der Heeresgruppe A, durch General Schörner. Abgesetzt wurden ferner General Hossbach, Oberbefehlshaber der 4. Armee, und General Mattern. Heinrich Himmler schließlich, der nie etwas mit Strategie zu tun gehabt hatte, wurde am 23. Januar zum Oberbefehlshaber der neugeschaffenen »Heeresgruppe Weichsel« ernannt, die freilich mehr auf dem Papier als in Wirklichkeit existierte.

Doch zurück zu unserem Aufbruch und der Flucht. Auch ich hatte schnell, was mir am unentbehrlichsten schien, in einen Rucksack zusammengepackt: etwas Kleidung und ein paar Photographien und Papiere. Eine Satteltasche mit Waschsachen, Verbandzeug und meinem alten spanischen Kruzifix lag ohnehin, fertig gepackt, stets griffbereit. Trudchen, meine Köchin, hatte schnell noch Abendbrot gemacht, das wir gemeinsam verzehrten, auch die beiden Sekretärinnen stießen dazu. Fräulein Markowski, die ältere, sehr tüchtige, war eine begeisterte Anhängerin des Führers, die jahrelang jede Sondermeldung bejubelt hatte – jetzt war sie sehr still, aber ich bin überzeugt, daß sie sich fragte, ob nicht doch die Ungläubigen und »Verräter« an diesem Debakel schuld seien. Für sie hat sich diese Frage wahrscheinlich nie geklärt, denn die arme Person ist nach Danzig geraten und hat dort die Gustloff bestiegen, die am 30. Januar vor Stolp von russischen U-Booten torpediert, mit 6000 Flüchtlingen und Soldaten an Bord unterging. Die Gustloff war eines der vier zu Transportern umgebauten ehemaligen Passagierschiffe, die damals vor Danzig lagen und die nach Lübeck beordert wurden, als Dönitz den Befehl zur Räumung der Danziger Bucht erteilte. Sie hatten die Weisung, bei dieser Gelegenheit so viele Flüchtlinge wie irgend möglich in den Westen mitzunehmen. Das gleiche Schicksal ereilte den 17 000 Tonnen großen ehemaligen Luxusdampfer »General Steuben«, der, Kopf an Kopf mit Verwundeten belegt, auf dem Wege von Pillau nach dem Westen eine Woche später ebenfalls sank.

Wir aßen also noch rasch zusammen: wer weiß, wann man wieder etwas bekommen würde... Dann standen wir auf, ließen Speisen und Silber auf dem Tisch zurück und gingen zum letzten Mal durch die Haustür, ohne sie zu verschließen. Es war Mitternacht.

Draußen hatte sich inzwischen der Treck formiert. Ich lief in den Stall, machte mein Reitpferd fertig, von dem ich wußte, daß es allen Strapazen gewachsen sein würde, und trug dem Kutscher auf, meine sehr geliebte Draulitter Schimmelstute an seinen Wagen anzuhängen. Aber der Alte hat diesen Auftrag in seiner Aufregung vergessen, und so blieb sie zusammen mit allen anderen Tieren zurück.

Bis Pr. Holland waren es von Quittainen nur 11 Kilometer. Eine gute Stunde Fahrzeit, so rechneten wir normalerweise. An diesem Tag brauchten wir sechs Stunden. Die Straßen glichen spiegelblankem Eis, die Pferde rutschten, das Coupé, in das wir zwei Kranke verladen hatten, stand dauernd quer zur Fahrtrichtung. Aus allen Nebenstraßen kamen sie gequollen und verstopften die Kreuzungen, und einen Kilometer vor der Stadt kam alles endgültig zum Stillstand. Wir standen über zwei Stunden, ohne auch nur einen Zentimeter vorzurücken. Schließlich ritt ich in den Ort, um einmal zu sehen, was dort eigentlich los sei. Auch interessierte mich sehr, was wohl die braunen Funktionäre, die noch vor drei Tagen alle Fluchtvorbereitungen für Defätismus gehalten hatten und schwer hatten bestrafen wollen, jetzt wohl täten.

Ich wand mich durch die Fülle der Wagen und Menschen hindurch zur Kreisleitung der NSDAP. Alle Türen standen offen, verkohltes Papier wirbelte in der Zugluft umher. Auf dem Boden lagen Akten. Alle Zimmer waren leer. »Die sind natürlich als erste weg, die Schweine«, sagte ein Bauer, der gleich mir dort herumstöberte. Ja, sie waren weg. Und bald würden sie gottlob alle weg sein. Aber welch ein Preis! Wie vieles wäre uns erspart geblieben, wenn die Tat vom 20. Juli – vor sechs Monaten – geglückt wäre, so mußte ich denken.

Die Stadt wirkte wie eine blockierte Drehscheibe: von zwei Seiten waren die Trecks hereingefahren, hatten das Ganze verstopft, und nun ging es weder vor noch zurück. Ich ging zur Post, und siehe da, die gute alte Post funktionierte noch. Während draußen das Chaos an ihre Mauern brandete und die »Führer« das Weite gesucht hatten, saßen die alten Angestellten auf ihren Plätzen.

Ich konnte sogar noch mit Friedrichstein telefonieren, das 120 Kilometer weiter östlich, jenseits Königsberg, lag. Dort war die Situation

noch normal, von jener abnormen Normalität, die unser Leben schon so lange charakterisierte. Jedenfalls hatten sie dort noch keinen Räumungsbefehl erhalten. Übrigens sollten sie auch nie einen bekommen. Für sie war es ohnehin zu spät. Gerade zu der Zeit, als ich telefonierte, stieß die russische Panzerspitze 25 Kilometer vor uns von Süden zum Frischen Haff durch. Ostpreußen war abgeschnitten, und für die, die nicht wie wir in den westlichen Grenzkreisen saßen, erübrigte sich daher der Räumungsbefehl. Ihnen blieb nur noch der Weg über das zugefrorene Haff.
Als ich nach zwei Stunden wieder bei unserem Treck anlangte, waren alle schon total durchgefroren und verzweifelt. Es waren 20 Grad Kälte. Auch Herr Klatt hielt dieses Unternehmen für völlig zwecklos. »Wenn wir doch unter die Russen fallen, dann schon lieber zu Haus« – das war so etwa die Formel, auf die sich alle geeinigt hatten. Und noch etwas anderes hatten sie alle miteinander inzwischen beschlossen: daß ich versuchen sollte, mit meinem Pferd nach Westen durchzukommen, denn mich würden die Russen bestimmt erschießen, während sie selber nun eben in Zukunft für die Russen die Kühe melken und die Scheunen ausdreschen würden. Wie irrig die Vorstellung war, daß den Arbeitern nichts geschehen würde, ahnten weder sie noch ich damals.
Kein großer Abschied. Ich bestieg rasch meinen Fuchs, überlegte nur einen Moment, ob ich das Handpferd zum Wechseln mitnehmen sollte: eine derbe, gut gezogene, schwarzbraune, vierjährige Stute. Während ich noch überlegte, trat ein Soldat auf mich zu. Er hatte merkwürdigerweise einen Sattel unter dem Arm und fragte, ob er das Pferd reiten dürfe. Also machten wir uns gemeinsam auf den Weg.
Wir sprachen kaum ein Wort miteinander – jeder hatte seine eigenen Gedanken und Sorgen. Den ganzen Tag über ritten wir und hatten dabei immer das Gefühl, in einer »Schlange« zu stehen: vor uns, hinter uns, neben uns Leute, Pferde, Wagen. Hin und wieder sah man ein bekanntes Gesicht oder las den Namen eines bekannten Gutes auf einer kleinen Tafel, die an einem Wagen baumelte. Hinter dem Städtchen Pr. Holland begegneten wir kleinen Handwerkern und Ladenbesitzern, die sich mit einem Handwagen aufgemacht hatten, in dem die Großmutter saß oder auf dem sie ihre Habe

untergebracht hatten. Mein Gott, was für Bilder. Und wo wollten eigentlich all diese Menschen hin? Wollten sie sich wirklich hunderte, vielleicht tausend Kilometer in dieser Weise fortbewegen?

Es war längst Nacht. Wir saßen seit mehr als zehn Stunden auf den Pferden und waren noch immer nicht in Elbing. Das Vorwärtskommen wurde immer schwieriger, weil jetzt in unsere Ost-West-Bewegung von Südosten flüchtende Trosse hineinstießen: niedrige Wagen mit Panje-Pferden bespannt, die Munition und Gerät beförderten; später auch Panzer, die alle Flüchtlingsfahrzeuge erbarmungslos in die Chausseegräben drängten, wo dann viele umstürzten und zerbrachen.

Plötzlich hielt uns ein Offizier an, der in der Mitte der Straße stand: wie ein Fels mitten im Fluß, und nach flüchtenden Soldaten Ausschau hielt. Er hatte trotz der Dunkelheit erkannt, daß mein Begleiter Uniform trug. »Was, Urlaub? Das gibts nicht mehr.« Auch meine Bemühungen, ihn zu überreden, waren völlig vergebens. Der Soldat mußte absteigen, verschwand im Dunkeln, und ich stand plötzlich da mit meinem Handpferd, das sich wie ein Kalb, das zum Schlächter geführt werden soll, ziehen ließ. Gar nicht daran zu denken, daß ich mich tagelang so würde fortbewegen können. Ich war recht ratlos: stehenbleiben konnte man nicht, vorwärts wollte die Stute nicht. Da hörte ich plötzlich in der Dunkelheit meinen Namen rufen, blickte in das Menschengewühl und sah drei Quittainer, darunter Georg, den 15jährigen Sohn unseres Forstmeisters. Sie hatten sich per Rad aufgemacht. Was für ein Glück: Org mußte sein Rad an einen Chausseebaum stellen und erklomm die Schwarzbraune.

Wir hatten ausgemacht, alle vier zusammen Rast zu machen auf einem Hof, den ich kannte, kurz vor Elbing. Dort trafen wir uns. Die Besitzer waren schon weg und Militär im Hause. Nach ein paar Stunden Ruhe wurde es mir ungemütlich: die von Südosten kommenden Trosse waren so sehr eilig gewesen. Es war zwei Uhr morgens. Ich weckte die anderen, schraubte den beiden Pferden neue, scharfe Stollen unter, ohne die man sich bei dieser Glätte gar nicht fortbewegen konnte, und ging zu dem Telefonisten, den ich beim Ankommen in einer improvisierten Schreibstube hatte sitzen sehen, um etwas über die Lage zu erfahren. »Was, Sie sind noch hier? Sie müssen sofort weg. Wir haben eben Befehl bekommen, die

Brücke zu sprengen. Machen Sie rasch, daß Sie noch drüberkommen.«

Wieder eisig kalt. Und wieder »die Schlange«, in die wir uns einreihten. Und nach 18 Stunden wieder ein paar Stunden Schlaf, aus dem ich durch eine Stimme geweckt wurde, die laut und monoton rief: »Alle raus, die Russen sind in...«. Wir hatten dieses Dorf, dessen Name mir entfallen ist, als letztes passiert, ich wußte also, daß es nur 3 Kilometer entfernt war. Es war der Bürgermeister, dem das Haus gehörte, und der eben diese Nachricht bekommen hatte. Ich weckte Org, und wir versuchten gemeinsam, die Soldaten wach zu bekommen, die im Vorraum auf dem Fußboden schliefen. Vollkommen vergeblich.

Ganz langsam, im Zeitlupentempo – so als sollten die Bilder sich noch einmal fest einprägen – zog ostpreußische Landschaft wie die Kulisse eines surrealistischen Films an uns vorüber. Elbing, Marienburg, mit dessen Geschichte meine Familie mehrfach verbunden war, und dann Dirschau. Dirschau sah aus wie eine gigantische Bühne für eine Freilichtaufführung von Wallensteins Lager: Menschen über Menschen in den wunderlichsten Kostümen. Hier und da Feuer, an denen abgekocht wurde. Der Kanonendonner war jetzt schon ganz nah, manchmal schienen alle Häuser zu wackeln. Wir krochen am Rande der Stadt in einem Hof unter. Während der eine auf einem Sofa schlief, mußte der andere im Stall bei den Pferden wachen – denn ein Pferd war in diesen Zeiten ein Königreich wert. Aber es war keine rechte Ruhe, die ganze Zeit zogen Leute durch das Haus, nahmen ein Kissen mit oder ein Handtuch, öffneten ein Weckglas, auch wir hatten hier in der Vorratskammer zum erstenmal wieder richtig gegessen.

Mich kroch plötzlich der ganze Jammer der Menschheit an, und ich begann zu bereuen, daß ich nicht mit unseren Leuten zusammen nach Hause zurückgekehrt war. Der Gedanke, zu versuchen, jenen Entschluß zu revidieren, vielleicht jetzt noch von diesem laufenden Band abzuspringen, erschien mit plötzlich faszinierend: Wenn Züge noch hin und wieder voll nach Westen gingen – würden nicht vielleicht andere leer nach Osten fahren? Vielleicht könnte ich nach Königsberg und von dort nach Friedrichstein. Ich ging zum Bahnhof. Auch hier wieder Tausende von Menschen. Natürlich kein Schalter offen, keine Auskunft, nichts. Schließlich fand ich einen Beamten: »Was, nach Königsberg?« Er sah mich an, als wollte ich zum Mond reisen, und schüttelte den Kopf. – Nein, nach Osten fuhr keiner mehr.

In Dirschau waren mir meine pelzgefütterten Handschuhe gestohlen worden – wahrscheinlich hatte ich sie irgendwo einen Moment aus der Hand gelegt und dann nicht gleich wieder an sie gedacht. Das war ein harter Schlag mit ungeahnten Konsequenzen. Gar nicht daran zu denken, irgendwoher ein anderes Paar zu beschaffen. Und gar nicht daran zu denken, bei 20 Grad Kälte ohne Handschuhe zu reiten. Merkwürdige Zeiten, in denen das Überleben davon abhängt, ob man Handschuhe hat oder nicht. Da ich zwei Paar Skisocken übereinander angezogen hatte, ließ ich ein Paar zu Handschuhen avancieren. Aber der Wind pfiff durch das gestrickte Zeug wie durch ein Sieb.

Auf unserer Karte hatten wir festgestellt, daß es durchaus möglich sein müßte, auf Landwegen westwärts vorzudringen und auf diese Weise aus dem Flüchtlingsstrom herauszukommen, der sich mit einer Geschwindigkeit von nur zwei, höchstens drei Kilometern in der Stunde fortbewegte. Oft stand man innerhalb einer Stunde mehr, als man in Bewegung war. Das passierte immer dann, wenn ein Ort vor uns lag, Seitenstraßen einmündeten, oder Wagen zusammengebrochen waren. Den Versuch, in solchen Fällen mit unseren Pferden einfach auf den Acker auszuweichen, hatten wir sehr bald aufgeben müssen, die Schneeverwehungen waren zu groß.

Landwege – eine geradezu erlösende Vorstellung. Weg von dieser Landschaft des Jammers und der Verzweiflung. Erst ging es auch ganz gut, aber die Länge brachte die Last. Vor allem für die Pferde, die immer wieder bis an den Bauch in Schneewehen gerieten. Es wurde immer dunkler. Dörfer gab es hier im Kaschubischen Land, einem Teil des ehemaligen polnischen Korridors, offenbar nicht, nur einzelne Gehöfte, deren Bewohner kein Deutsch verstanden. Und schließlich war plötzlich auch kein Weg mehr zu sehen. Org war sehr verzweifelt. Der Arme hatte fürchterliche Reitschmerzen, weil er das Reiten nicht gewohnt war, auch hatte er sich beide Ohren angefroren – bei mir waren an jeder Hand zwei Finger steif, die in den nächsten Tagen aufbrachen und arg schmerzten.

Wir mußten unbedingt einen Gutshof finden, schon um richtig abfuttern zu können. Ich stieg ab und betrat eine jener ziemlich armseligen Katen. Die Familie saß bei einer Petroleumlampe und löffelte Milchsuppe. Sie sahen mich alle ganz entsetzt an, hielten mich wohl für den ersten Vorboten der Kriegsfurie. Die Verständigung war schwierig, aber soviel bekam ich doch heraus, daß etwa 3 Kilometer entfernt ein großes Gut sei. Schließlich nahm der rührende Mann sogar die Stallaterne und marschierte uns voran über den Hügel bis zur nächsten Kate, und von dort brachte sein Nachbar uns über den nächsten Hügel, und dann sah man auch schon den Weg und das Gut.

Das Gut gehörte einem Herrn Schnee. Hafer gab es über Erwarten reichlich – als Schlafstätte aber wie gewöhnlich nur den Fußboden der Wohnstube, wo schon etwa 20 Personen, offenbar alles Leute aus dem »Korridor« und dem Warthegau, die sich größtenteils untereinander kannten, zusammengefunden hatten. Sie sprachen viel von ihren Erinnerungen nach dem Ersten Weltkrieg, bei denen es offenbar nicht an polnischen Greueln gefehlt hatte. Nachdem ich mich mit einem Beitrag über deutsche Greuel reichlich unbeliebt gemacht hatte, schlief ich rasch ein.

Meine Hoffnung, im Hause Schnee würde sich vielleicht ein Paar Handschuhe auftreiben lassen, war leider trügerisch. Sie hatten schon alles Entbehrliche abgegeben. Aber ich bekam eine dicke Gardine zugeteilt, Nadel und Faden, und war nun einen halben Tag damit beschäftigt, mir Handschuhe zu nähen. Und Org bekam glücklicherweise eine Pelzmütze, außen weiß und innen Fell. Glücklicherweise, denn die Tage, die nun kamen, waren schlimmer als alles, was wir bisher erlebt hatten.

Das Thermometer war noch weiter gesunken, und dazu hatte sich – was bei großer Kälte eigentlich selten vorkommt – ein orkanartiger Ostwind aufgemacht. Als wir endlich, fertig ausgerüstet, den Hof verließen und einen geschützten Hohlweg hochritten, sahen wir in der Ferne jenseits eines Feldes wieder den großen Heerwurm auf der Landstraße vor uns. Es schneite nicht, aber die ganze Luft wirbelte von Schnee. Wie durch einen dicken weißen Schleier sah man die unglücklichen Menschen langsam, ganz langsam vorwärts kriechen, die Mäntel vom Winde vorwärtsgepeitscht, viele Dachkonstruktionen der Treckwagen waren zusammengebrochen. Wir reihten uns ein in diesen Gespensterzug und sahen die ersten Toten am Weg liegen. Niemand hatte die Kraft, die Zeit oder die Möglichkeit, sie zu begraben.

Und so ging es tagelang – wochenlang. Von rechts und links stießen immer neue Fahrzeuge, immer mehr Menschen hinzu. Und nicht nur hier im Nordosten; schon seit dem vergangenen Herbst die gleichen Bilder im Südosten Deutschlands: Trecks und wieder Trecks. Aus Bessarabien, dem Banat, aus Siebenbürgen und der Batschka, aus uralten deutschen Siedlungsgebieten wälzten sich diese Elendszüge westwärts. Hinter ihnen brannte die Heimat, und wer sich entschlossen hatte zu bleiben, den hatte sein Schicksal längst ereilt. 700 Jahre Geschichte auch dort ausgelöscht.

Viele dieser Bilder werde ich nie vergessen. Irgendwo unterwegs – ich glaube zwischen Bütow und Berent – war eine Stelle, wo man 3 Kilometer voraus und 3 Kilometer zurück die schnurgerade Chaussee überblicken konnte. Auf diesen 6 Kilometern sah ich keinen Quadratmeter Straße, nur Wagen, Pferde, Menschen und Elend. Niemand sprach. Man hörte nur das Knirschen der allmählich trocken werdenden Räder.

Ein anderes Bild: Es war wohl noch in Ostpreußen, da kamen eines Tages drei Panzer, die behangen waren mit Flüchtlingen – Frauen und Kinder, die Säcke und Koffer bei sich hatten, Zivil und Militär –, diese Verschmelzung von Normalem und Unnormalem, von Zerstören- und Überlebenwollen, hatte ich noch nie gesehen. Es sah gespenstisch aus. Sie hielten aus irgendeinem Grunde einen Moment an. Ein Bauer sagte: »Ihr solltet lieber die Russen aufhalten, anstatt uns von der Straße zu drängen.« Einer der Soldaten, ein wilder Kerl, dem das schwarz-weiß-rote Band aus dem Knopfloch flatterte, schrie ihn an: »Wir haben genug von dieser Scheiße!«

Und einmal, wir kamen gerade ein bißchen besser voran und waren an vielen Wagen vorbeigeritten, sahen wir plötzlich nur noch französische Gefangene. Es waren Hunderte und aber Hunderte, vielleicht Tausende. Viele hatten unter ihre Pappköfferchen zwei Holzleisten als Kufen genagelt und zogen ihr Gepäck an einem Bindfaden hinter sich her. Sie sprachen kein Wort. Man hörte nur das kratzende, scharrende Geräusch der Kästen und Koffer. Und rundherum endlo-

se Schnee-Einsamkeit wie beim Rückzug der Grande Armée vor 130 Jahren.
Und noch ein unvergeßlicher Eindruck: Wir waren seit etwa 14 Tagen unterwegs, da kamen wir eines Abends in Varzin an, einem großen Besitz im Kreise Rummelsburg, den der Kanzler Bismarck aus seiner Dotation nach 1866 erworben hatte: prachtvolle große Wälder, eine vorbildlich geleitete Landwirtschaft.
Nogat und Weichsel lagen hinter und, und ich hatte geglaubt, daß man hier erst einmal würde verweilen können. Endlich ankommen – ein erlösender Gedanke. Wir ritten durch das Parktor den etwas ansteigenden Weg zum Schloß hinauf. Oben vor dem Hauptportal stand ein Trecker und zwei große Gummiwagen, hoch bepackt mit Kisten. Also sind schon andere Trecks hier eingekehrt, dachte ich: hoffentlich ist noch Platz im Hause. Aber zu meiner größten Überraschung erfuhr ich, daß dies kein ostpreußisches Fluchtgepäck war, sondern vielmehr des Bismarcksche Archiv, das evakuiert werden sollte. Also auch hier Aufbruch. Und ich hatte immer geglaubt, hinter der Weichsel gäbe es Ruhe.
Damals lebte noch die Schwiegertochter des Kanzlers, eine kleine, feingliedrige, höchst amüsante uralte Dame, die in ihrer Jugend oft Anlaß zu mancherlei Stirnrunzeln gewesen war: Sie hatte Jagden geritten, Zigarren geraucht und sich durch Witz und Schlagfertigkeit ausgezeichnet.
Und sie war auch jetzt noch ungemein fesselnd, so fesselnd, daß ich mich nicht entschließen konnte – was durchaus geboten schien –, am nächsten Tage weiterzuziehen. Also blieben wir zwei Tage. Zwei denkwürdige Tage. Draußen zogen die Flüchtlinge langsam durch das Land, und immer, wenn die letzten vorüber waren, schlossen sich Einheimische an und wurden selbst zu Flüchtlingen. Auch hier war man gerade an diesem Wendepunkt angelangt. Der Trecker, den wir hatten stehen sehen, war bereits ohne die alte Gräfin losgefahren, die nicht dazu zu bewegen war, Varzin zu verlassen. Alle Warnungen und Vorstellungen fruchteten nichts. Sie war sich ganz klar darüber, daß sie den Einmarsch der Russen nicht überleben würde. Sie wollte ihn auch nicht erleben und darum hatte sie im Park ein Grab ausheben lassen (weil dazu nachher niemand mehr Zeit haben würde).

Sie wollte in Varzin bleiben und sich bis zum letzten Moment an der Heimat freuen. Und das tat sie mit großer Grandezza. In ihrer Umgebung war alles wie immer. Der alte Diener, der auch nicht weg wollte, servierte bei Tisch. Es gab einen herrlichen Rotwein nach dem anderen – Jahrgänge, von denen man sonst nur in Ehrfurcht träumt. Mit keinem Wort wurde das, was draußen geschah und was noch bevorstand, erwähnt. Sie erzählte lebhaft und nuanciert von alten Zeiten, von ihrem Schwiegervater, vom kaiserlichen Hof und von der Zeit, da ihr Mann, Bill Bismarck, Oberpräsident von Ostpreußen gewesen war.

Als ich dann schließlich Abschied nahm und wir weiterritten, sah ich mich auf halbem Wege zum Gartentor noch einmal um. Sie stand gedankenverloren in der Haustür und winkte noch einmal mit einem sehr kleinen Taschentuch. Ich glaube, sie lächelte sogar – genau konnte ich es nicht sehen.

Wenige Tage später, es war auch in Pommern, etwas abseits der großen Straße, gegen Abend kamen wir wieder auf einem Gutshof an. Ich stieg ab, ging die Freitreppe hinauf und klingelte, während Org im Dämmerlicht die beiden Pferde hielt. Die Besitzer hatten die beiden Gestalten und ihre Pferde offenbar durch ein Fenster beobachtet. Ich trug eine hohe schwarze Pelzmütze und einen Pelz, der mit grau-grünem Tuch bezogen war und von einem Gürtel zusammengehalten wurde. Mag sein, daß er ein wenig wie ein Offiziersmantel wirkte. Es war übrigens mein alter Fahrpelz, den ich mit Hilfe eines Taschenmessers in einen Reitpelz verwandelt hatte, das heißt, ich hatte ihn kurzerhand vom Saum bis zum Gürtel hinauf aufgeschlitzt.

Es dauerte merkwürdig lang, bis die Tür geöffnet wurde. Der Hausherr öffnete sie selbst. Sehr bleich, sehr konzentriert. Ich sagte, wer ich sei: immer noch Schweigen, keine Aufforderung, hereinzukommen. Dann drehte er sich plötzlich um und rief ins Treppenhaus hinauf: »Es sind nicht die Russen!« Und dann strömte die erleichterte Familie zusammen, und wir tauschten Gerüchte aus – denn Nachrichten hatten weder sie noch ich.

Das Haus war voller Flüchtlinge: Verwandte, Bekannte, zufällig Hereingeschneite wie wir. Es war eine lange Tafel am Abend, erleuchtet von ein paar Kerzen – elektrisches Licht gab es nicht mehr.

Der Hausherr sprach mit großem Ernst das Tischgebet. Er saß an der Spitze des Tisches und teilte mit einer gewissen Feierlichkeit die Suppe aus. Die Wehmut des Abschieds schwang in allem mit, in jeder Geste, in jedem Wort, auch im Schweigen.

Waren östlich der Weichsel die Häuser und Scheunen, in denen wir für ein paar Stunden oder eine Nacht Unterkunft fanden, stets schon verlassen, so war im Gegensatz dazu in Pommern alles noch intakt – was man damals so »intakt« nannte. Aber die Einheimischen fürchteten, es könnte auch ihnen eines Tages so gehen wie uns – obgleich es mir ganz unvorstellbar erschien, daß auch die Pommern würden flüchten müssen.

Wie nahe die Stunde auch ihres Schicksals gerückt war, ahnten an jenem Abend weder sie noch ich. Es war Mitte Februar. Am 26. Februar trat General Schukow zum Angriff auf Pommern an. Am 28. Februar waren seine Panzer – Flüchtlinge und Einheimische niederwalzend – bereits in Köslin und Schlawe. Von den deutschen Panzern, die sie aufhalten sollten, hatte jeder noch zehn Granaten. Die Besatzungen waren todmüde und kämpften ohne Hoffnung. Gegen einen deutschen Panzer standen zehn russische.

Manch einer in Pommern hatte uns fast ein wenig neidisch zum Abschied gewinkt. Manch einer hätte gern wenigstens die Kinder und jungen Mädchen und ein paar Wertsachen mit uns auf den Weg geschickt. Aber auch hier wieder das gleiche: Es war streng verboten. Und Leute, die aus vermeintlichem Patriotismus denunzierten, gab es überall, darum wagte niemand, dem Verbot zuwiderzuhandeln. Noch nie hat der Führer eines Volkes so gründlich das Geschäft des Gegners betrieben, noch nie hat ein oberster Kriegsherr seine Soldaten durch so dilettantisches Führen selbst zu Hunderttausenden in den Tod getrieben: noch nie hat derjenige, der behauptete, Landesvater zu sein, sein Volk eigenhändig an die Schlachtbank geschmiedet und jedes Entrinnen verhindert. Er, der meinte, der deutsche Lebensraum sei zu klein, er, der ausgezogen war, ihn zu erweitern, hatte Millionen Deutscher ihrer vielhundertjährigen Heimat beraubt und Deutschland auf ein Minimum reduziert. Lange ehe der Krieg ausbrach, gab es in Berlin einen Witz, bei dem Stalin von seinem Gauleiter Hitler sprach.

An der Oder versuchten deutsche Truppen, das Eis zu sprengen, um auf diese Weise so etwas wie eine Panzersperre zu errichten. Es ging nicht. Dann versuchte man es mit Sägen, so wie es in meiner Kindheit überall auf dem Lande geschah, wenn »Eis gemacht wurde«, das dann in Kellern oder Mieten für den Sommer konserviert wurde. Aber auch das gelang nicht – bei fast 30 Grad Kälte froren die Stücke immer wieder zusammen, ehe man sie noch herausziehen konnte.

Als wir endlich kurz vor Stettin gelangt waren, schoß es so stark und, wie mir schien, so nah, daß ich nicht versuchen wollte, durch diese Mausefalle hindurchzugelangen – wir beschlossen, was viele Trecks taten, ganz herauf an die Küste und über die Inseln Usedom und Wollin zu reiten und dann durch Vorpommern und die Uckermark.

Einmal schlossen wir uns drei Offizieren an, die sich in der Gegend auskannten und auf Nebenstraßen zu einem Ziel strebten, in dessen Nähe auch ich gelangen wollte, weil ich dort einen Teil meiner Familie zu finden hoffte. Endlich den großen Treckstraßen entronnen. Unsere Pferde, durch die anderen animiert, schafften in drei Tagen 150 Kilometer. Aber als wir schließlich spät abends auf dem Gut in der Uckermark ankamen, stellte sich heraus, daß 800 polnische Offiziere in dieser Nacht dort Station machten und alle Gebäude, Haus, Ställe und Scheunen, belegt waren. Diese Unglücklichen hatten Jahre in irgendeinem großen Gefangenenlager zugebracht, und ein Teil von ihnen war jetzt beim Abtransport von den Russen überrollt worden. 1200 polnische Offiziere waren dabei geschnappt worden. Die restlichen Kameraden schienen sich düstere Vorstellungen von deren Schicksal zu machen, denn ihr einziges Sinnen und Trachten ging dahin, nach Westen zu entkommen. Wer alles in diesen Strudel des Untergangs mit hineingezogen wurde!

Selten hatte ich auf einen Moment so zugelebt wie auf das Wiedersehen mit meiner Schwägerin und den Kindern. Auch freute ich mich seit Wochen darauf, endlich einmal baden und andere Sachen anziehen zu können, denn meinen Rucksack hatte ich schon am zweiten Tag nach dem Aufbruch preisgegeben – weil er zu hinderlich gewesen war. Aber nun stellte sich heraus, daß die Familie seit drei Tagen weg war. Aufgebrochen, geflüchtet. Ich konnte es gar nicht fassen, daß man in der Gegend von Prenzlau flüchten mußte. Und wo würden eigentlich alle diese Menschen bleiben? Wovon würden sie leben?

Also ging es wieder weiter – »ankommen«, das war offenbar eine Vokabel, die man aus seinem Wortschatz streichen mußte. Es ging weiter durch die Mark, durch Mecklenburg, Niedersachsen nach Westfalen. Drei große Flüsse, die einmal unser östliches Deutschland charakterisierten, hatte ich überquert: Weichsel, Oder und Elbe. Bei Vollmond war ich aufgebrochen, inzwischen war Neumond, wieder Vollmond und wieder Neumond geworden.

Im tiefsten Winter war ich zu Haus vom Hof geritten, als ich schließlich bei Metternichs in Vinsebeck in Westfalen ankam, war es Frühling. Die Vögel sangen. Hinter den Drillmaschinen staubte der trockne Acker. Alles rüstete sich zu neuem Beginn. Sollte das Leben wirklich weitergehen – so, als sei nichts passiert?

Aus: Marion Gräfin Dönhoff, Namen, die keiner mehr nennt. Ostpreußen – Menschen und Geschichte. Düsseldorf/Köln 1962.

Superintendent Paul Bernecker

Flüchtlinge im Raum Heiligenbeil

Im August 1944 fanden die ersten Einbrüche der Russen in die Grenzbezirke der Provinz Ostpreußen statt, was die Räumung eines Teiles der Provinz, vor allem des Memelgebietes und der Kreise Tilsit, Ragnit, Pillkallen, Stallupönen und Goldap zur Folge hatte. Da ich, seit 1937 aus Ostpreußen ausgewiesen, später, nach meiner Entlassung aus dem Militärdienst Anfang 1944, von der Gestapo Erlaubnis erhielt, in den Regierungsbezirk Gumbinnen zurückzukehren, verwaltete ich im Norden Ostpreußens das Kirchspiel Aulowönen. Von hier konnte ich die ersten Beobachtungen über die Räumung machen.
Anfang August 1944 stand eine gewaltige Übermacht der Russen an der ostpreußischen Grenze, jeden Augenblick bereit, die deutsche Front einzudrücken. Durch Einsatz einiger hervorragender Divisionen wurde aber der Russe, bis auf kleine Einbrüche bei Memel und Goldap, noch aufgehalten. Von sachkundiger Stelle wurde dem Gauleiter Koch im August 1944 ein Plan zur Räumung Ostpreußens von der Zivilbevölkerung und eine Umlagerung der kostbaren Bestände an Getreide, Vieh, Pferden usw. unterbreitet, wobei militärische Bewegungen keineswegs gestört werden sollten, doch wurde dieser Plan abgelehnt mit dem Bemerken: »Wer noch einmal von Räumung spricht, gilt als Verräter.« So ging die Provinz mit sehenden Augen ins Verderben.
Ende August 1944 langten die ersten Flüchtlingsströme aus dem Gebiet Tilsit-Ragnit in Aulowönen, Kreis Insterburg, an. Täglich zogen ca. 10 000 Menschen mit Wagen, Vieh und Pferden durch die Dörfer. Das Wetter begünstigte die Flucht, da im Freien übernachtet werden konnte, auch bestand noch keine Gefahr durch Flugzeuge. An manchen Tagen wurden Herden bis zu 5000 Stück hochklassigen Rindviehs durch die Dörfer getrieben bis zu den großen Wiesen bei Insterburg und Georgenburg. Hier hatte sich schon eine Herde von

ca. 40 000 Stück wertvollster ostpreußischer Viehbestände zusammengefunden, es konnten täglich jedoch nur etwa 1000 Stück abtransportiert werden. Es war ein Jammer, das Sterben des Viehs mitzuerleben. Der größte Teil der Tiere mußte ungemolken bleiben, da nicht genügend Menschen vorhanden waren dafür. Das verursachte den Kühen ungeheure Schmerzen, und das unheimliche Brüllen der Tiere war weithin vernehmbar.

Der Strom der Flüchtlinge, die in Richtung Süden der Provinz weiterzogen, hörte nun nicht mehr auf. Im Pfarrhaus und Wirtschaftshof des Kirchspiels Aulowönen übernachteten jede Nacht einige hundert Menschen mit ihrer mitgeführten Habe bzw. ihren Planwagen. Nun wurde von der Behörde weitere Räumung angeordnet, doch waren viele Bauern nicht zu bewegen, ihre Scholle zu verlassen. Die Chausee Insterburg–Skaisgirren war nach Norden die Räumungsgrenze, so daß das von mir verwaltete Kirchspiel zu einer Hälfte nach Kreis Mohrungen, im Süden Ostpreußens, evakuiert wurde. Es war etwa September/Oktober 1944. Ungefähr ¾ der betroffenen Bevölkerung folgte der Aufforderung. In Mohrungen angekommen, mußten die Besitzer ihre Gespanne wieder zurückschicken und die Felder mit der Herbstsaat bestellen.

November 1944 setzten dann größere Beunruhigungen durch russische Flieger ein, auch begannen Fliegerangriffe auf Tilsit.

Am 13. Januar 1945 setzte der Generalangriff an der Grenze mit Trommelfeuer und Durchbruch von Panzern ein. Am 14. Januar hielt ich den letzten Gottesdienst in der Kirche zu Aulowönen. Der Räumungsbefehl für den Rest des Kirchspiels mit ca. 22 Dörfern und 3000 Menschen wurde nicht gegeben, obwohl schon deutsche Truppen aufgelöst zurückfluteten und einzelne Formationen Aulowönen räumten. Die Panzer der Russen hatten bis Skaisgirren-Georgenburg durchgestoßen und die ganze Front in Tiefe bis zu 50 km zum Wanken gebracht.

Am 18. Januar 1945 begann ein furchtbares Durcheinander. In wenigen Stunden mußte alles geräumt werden, da dem Russen keine deutschen Truppen mehr gegenüberstanden. An manchen Abschnitten wollten die Soldaten nicht mehr kämpfen, sie warfen die Gewehre fort und ergriffen die Flucht. Erst hinter ihnen flüchtete die Bevölkerung, die schon da schweren Blutzoll zahlen mußte. Ein kleinerer Teil wurde von den Russen überrannt, die andern auf der Straße bis Wehlau und Tapiau eingeholt und zum Teil vernichtet; man kann dabei an ⅓ der Restbevölkerung Aulowönens denken. – Die Flüchtenden wählten die verschiedensten Wege, um nur erst über den Pregel bei Norkitten, Wehlau und Tapiau zu kommen. Allgemeine Richtung war Bartenstein, Preußisch-Eylau und Königsberg. Die Hoffnung, daß die Russen an den Flußläufen von Pregel und Deime aufgehalten werden würden, trog leider. So entkamen nur diejenigen, die mit aller Kraft unermüdlich und ohne Aufenthalt Tag und Nacht nach dem Westen strebten, alle nur mit dem notwendigsten Proviant und den unentbehrlichsten Dingen bepackt.

Mir selbst gelang es, am 20. Januar 1945 nach Liebstadt zu kommen, wo ich am 21. noch der dorthin evakuierten Aulowöner Gemeinde einen Gottesdienst hielt und einzelne Glieder besuchte. Doch bereits im Laufe des Tages zogen auch hier flüchtende Kolonnen von Militär und Zivil durch, die unter allen Umständen noch am 21. Januar die Nogat erreichen wollten. Am selben Tage hatten aber die Russen bei Elbing die Provinz Ostpreußen bereits abgeschnürt, und niemand konnte mehr über Land nach dem Westen gelangen. In der Nacht vom 21. zum 22. Januar mußte die Bevölkerung auch aus Liebstadt heraus, da der Russe ganz in der Nähe war. Militärfahrzeuge nahmen einen Teil der Menschen mit, die anderen versuchten, in Richtung Wormditt, Mehlsack, Braunsberg das Haff zu erreichen. Die Flucht fand in starkem Schneegestöber statt. Ein großer Teil der Bevölkerung der in der Mitte Ostpreußens gelegenen Kreise wurde bei der Flucht von den Russen überholt und erlitt schwere Verluste.

Mir gelang es, zu Fuß bis Wormditt zu kommen, dort fand ich ein Militärauto, das nach Mehlsack fuhr und mich dorthin mitnahm. Von hier ging endlich noch ein letzter Zug nach Braunsberg. Dort traf man schon auf zurückkehrende Züge aus Richtung Elbing, die nicht mehr durchgekommen waren nach dem Westen und nun wieder nach Königsberg geleitet wurden. Ich gelangte von Braunsberg noch nach Heiligenbeil, wo ich mich vom 22. Januar bis zum 21. Februar 1945 trotz Verbotes der Gestapo aufhielt. Hier begann nun ein unbeschreibliches Durcheinander, zumal der Flüchtlingsstrom aus der ganzen Provinz sich hier staute, und Braunsberg und Heiligenbeil die beiden einzigen Stellen waren, über die es aus der Provinz heraus über das gefrorene Haff noch eine Möglichkeit gab, über Danzig ins Reich zu kommen. Schwere Panzer hatten die Wege inzwischen stellenweise grundlos gemacht. Auf den Wegen und in den Gräben sah man vielfach alt gewordenes Fleisch und totes Geflügel liegen, das die Flüchtlinge nicht länger halten konnten, auch Kisten mit Waschpulver, Zucker, Kolonialwaren, Hausrat usw. lagen herum, da viel ihre Treckwagen damit zu sehr überlastet hatten und die Pferde auf die Dauer nicht mehr die Kraft hatten, diese Lasten zu ziehen. Manche hatten sogar 1–2 Kühe mitzunehmen versucht, mußten sie schließlich aber doch laufen lassen. Kühe, Schweine und Geflügel blieben überall auf den verlassenen Gehöften zurück, dazu ungeheure Mengen von Getreide. Der Russe machte große Beute.

Der 22. Januar 1945 war für die Provinz Ostpreußen und ihre Bevölkerung ein Tag von einschneidender Bedeutung, da mit dem Vorstoß russischer Panzereinheiten nach Elbing die Abschnürung der Provinz völlig wurde und der riesige Flüchtlingsstrom, der die Weichsel zu erreichen suchte, nun kehrtmachen mußte, um über den einzigen Ausweg, das Haff, zu entkommen. Diese Möglichkeit wurde immer mehr eingeschränkt durch das Vordringen der Russen von Elbing bis Frauenburg, das Ende Januar erreicht war. Am Sonntag, dem 21. Januar 1945, waren noch einige D-Züge von Königsberg abgegangen, die von Zehntausenden von Menschen gestürmt worden waren, die aber zum größten Teil zurückbleiben mußten. Diese D-Züge standen 4 Tage lang auf der Strecke Heiligenbeil–Braunsberg–Elbing, vollgepfercht mit Menschen, die trotz Kälte – es waren ca. 15 Grad minus – diese Züge nicht verließen, weil sie die Hoffnung hatten, mit ihnen aus Ostpreußen herauszukommen. In Heiligenbeil selbst starben während dieser 4 Tage 7 Menschen im D-Zug. Schließlich mußte dieser Zug wieder nach Königsberg zurückgeleitet werden, da ein Herauskommen aus der Provinz nicht mehr möglich war.

Inzwischen trafen starke Flüchtlingsströme aus ganz Ostpreußen in Heiligenbeil ein. Die Wagenkolonnen, die aus 4 Richtungen kamen, standen manchmal stunden- ja tagelang auf ein und derselben Stelle, weil sich dem Übergang über das Haffeis Schwierigkeiten entgegengestellt hatten. Die Naziregierung hatte z. B., um aus Elbing noch einige Torpedoboote herauszuführen, durch Eisbrecher von Elbing bis Pillau die damals tragfähige Eisdecke zu einer Fahrrinne aufgerissen, so daß ca. eine Woche lang keine Möglichkeit bestand, über das Haff auf die Nehrung zu gelangen. Inzwischen schaffte man von bestehenden Baustellen Hölzer heran, um die Fahrrinne zu überbrücken, was schließlich gelang. Nun versuchten die Flüchtlinge, in einem endlosen Zug von Wagen über Rosenberg, Deutsch Bahnau und Leysuhnen die Nehrung zu erreichen.

Beim Beginn der Fahrt über das Haff spielten sich schon furchtbare Szenen ab, da ein großes Polizeiaufgebot die Besitzer der Wagen zwang, ihr Hab und Gut und die Lebensmittelvorräte, die sie aufgeladen hatten, abzuwerfen und Frauen und Kinder mitzunehmen. Auf diese Weise häuften sich auf den Wiesen in der Nähe des Haffs Berge von neuen Betten, Wäsche, Gebrauchsgegenständen, Nahrungsmitteln usw. Neben den Wagenkolonnen zogen Tag und Nacht die Menschen mit kleinerem oder größerem Gepäck, Frauen mit Kinderwagen und Kindern, Eisenbahn- und Postbeamte in Uniform in endlosem Marsch der Nehrung zu. Dabei nahm der Frost Ende Januar eine Stärke von ca. 25 Grad an, so daß eine Anzahl der Fliehenden auf dem Haff erfror. Einer Mutter z. B. waren, als sie die Mitte des Haffs erreicht hatte, bereits 2 Kinder erfroren, die sie einfach liegen lassen mußte, mit den andern beiden Kindern zog sie weiter, als sie jedoch in der Nähe der Nehrung war, waren auch diese beiden Kinder erfroren. Alte Leute saßen und lagen sterbend oder schon erfroren auf dem Wege, den der Zug nahm, niemand kümmerte sich um sie, die Menschen waren durch die wochenlangen Strapazen bereits völlig abgestumpft, sie wollten nur heraus aus der Provinz. Auf der Nehrung selbst herrschten schon im Januar unvorstellbare Zustände, da sich der Flüchtlingsstrom dort staute und die Menge ohne Dach über dem Kopf dort hauste. Ein Polizist erzählte mir, daß für die Scheibe Brot dort bereits 50 Mark verlangt würden. Zwischen Unrat und Kot verzehrten die im Freien kampierenden Menschen ihre kärglichen Mahlzeiten. Viele gingen bei diesem Leben zugrunde. Ein Teil der andauernd durchziehenden Flüchtlinge wurde vorübergehend in Pfarrhaus und Kirche untergebracht. Kamen Autokolonnen, so wurden sie organisiert und muß-

ten Flüchtlinge nach Danzig bringen. Auch Flugzeuge mußten Flüchtlinge mitnehmen, doch wurden sie in der Hauptsache von Verwandten und Bekannten der höheren Nazis beansprucht.
Die Front rückte immer näher an Heiligenbeil heran, so daß die Stadt Anfang März 1945 offiziell geräumt wurde. Pfarr- und Gemeindeamt gab es nicht mehr. Eines Tages wurde eine große Anzahl Flüchtlinge aus meinem Haus innerhalb weniger Minuten hinausgetrieben durch die Polizei und das Gestühl der Kirche mit Äxten zusammengeschlagen und entfernt, weil Platz für die Verwundeten geschaffen werden mußte. Kirche und Pfarrhaus wurden nun Verwundetensammelstelle. Der tägliche Anfall von Verwundeten in Heiligenbeil kann auf ca. 10 000 beziffert werden. Von diesen mußte der größte Teil am nächsten Tage Heiligenbeil wieder verlassen. Soweit die Soldaten oberhalb des Gürtels verwundet waren und sich noch aufrecht halten konnten, mußten sie zu Fuß gehen, sonst wurden sie mit Wagen und Schlitten über das Haffeis nach Danzig gebracht. Von den zu Fuß gehenden Soldaten kamen natürlich bei diesem Marsch auch viele um, da der Weg über das Haffeis für Flüchtlinge und Soldaten mit ungeheuren Strapazen verbunden war. Pillau war ca. 29 km, Danzig ca. 50 km von Heiligenbeil entfernt.
Sobald Westwind herrschte, stand das ganze Haff etwa 10–30 cm unter Wasser, und die Flüchtenden mußten im Eiswasser waten, bis sie jenseits die Nehrung erreichten. Bei der starken Benutzung der Eisdecke kam es Anfang Februar zu vielen Einbrüchen der Wagenkolonnen und Viehherden, und viele Menschen und Tiere mußten ihr Leben lassen. Tote Menschen und Pferde, eingebrochene Treckwagen und unbrauchbar gewordene Autos säumten den Elendsweg. Zu allem anderen beschoß der Russe fast täglich die Nehrung mit Bordwaffen und belegte sie mit Bomben. Die Polizei ordnete einen gewissen Wagenabstand an und versuchte, durch neue Richtlinien die brüchig gewordenen Stellen im Haffeis zu vermeiden, aber täglich wurde die Eisdecke dünner, und die Verluste häuften sich. Da die Russen inzwischen Braunsberg erobert hatten, war Anfang Februar 1945 nur noch eine ganz schmale Stelle vorhanden, über die die flüchtenden Kolonnen noch ans Haff und auf die Nehrung gelangen konnten.
In Heiligenbeil selbst wurden die Zustände immer kritischer. Es gab

kein Brot und keine sanitären Hilfsmittel mehr. Die Not der Flüchtlinge wurde groß und größer. Der wochenlange Aufenthalt im Freien bei jeder Witterung und strenger Kälte, die ungenügende Ernährung – selten nur eine warme Mahlzeit oder ein warmes Getränk –, der ungenügende Schlaf usw., das alles bewirkte bei den meisten Erkältungskrankheiten und vor allem Durchfall, an dem auch fast alle Soldaten litten. Gegenmittel waren nicht mehr zu haben. Durch das Hin- und Herwerfen der Panzereinheiten über die eine Brücke in Heiligenbeil war diese sehr häufig für die Benutzung durch die Flüchtlinge gesperrt.

Schließlich mußte wegen Beschuß der Stadt auch ein Teil der Lazarette, die außer in Kirche und Pfarrhaus auch in den Schulen, im Amtsgericht, im Krankenhaus und in größeren Sälen untergebracht waren, auf die Nehrung verlegt werden.

Fast täglich kamen mehrere Wehrmachtspfarrer, die in Heiligenbeil amtierten, mit dem Heeresdekan Dr. Schuster in dem einzigen Zimmer meines Hauses, das noch frei war, zusammen, um die Lage zu besprechen und Entschlüsse zu fassen. Die Zustände, die damals in Heiligenbeil herrschten, schildert auch folgendes: Vom 22. Januar bis 22. Februar 1945 fanden täglich auf dem Neuen Friedhof Beerdigungen statt. Eine ganze Kompanie war einzig damit beschäftigt, lange Gräben für die Leichen auszuheben. Täglich um ½3 Uhr wurden dann die Zivilisten, ca. 50 an der Zahl, in einer gemeinsamen Feier beigesetzt. Sie wurden einfach von den Angehörigen in die Gräben gelegt, und die Polizisten brachten die Leichen, die unterwegs gefunden worden waren, auf Wagen heran. Eine Anmeldung war ja unmöglich, eine Feststellung der Person fand nicht mehr statt. Um 3 Uhr wurden die verstorbenen Soldaten aus den Lazaretten beerdigt, etwa täglich 150, deren Namen, soweit sie aus den Lazaretten kamen, bekannt waren: Viele aber kamen direkt aus der Frontlinie, die zum Teil 3 bis 5 km von der Stadt entfernt lag. Die Auffangstelle des Militärs konnte die Menge der Verwundeten kaum fassen, so daß die meisten kaum noch verpflegt wurden, sondern nur ein wenig Kaffee oder Wasser erhielten. In der Kirche lagen die Verwundeten in einer Anzahl von 1700 bis 2000 auf Stroh, deren Betreuung außerordentliche Schwierigkeiten bereitete. Die Stadt war ja zum großen Teil geräumt, nur einige hundert Personen waren

zurückgeblieben, weil sie Heimat und Besitz nicht verlassen oder den Häschern des Volkssturmes nicht in die Hände fallen wollten.
Inzwischen trafen auch Flüchtlinge ein, die bereits mehrere Tage unter den Russen gewesen waren und durch die beweglichen Kriegsereignisse wieder die Möglichkeit hatten, unter Preisgabe ihrer Habseligkeiten zu entfliehen. Unter ihnen befanden sich auch zwei Familien meines früheren Kirchspiels im Kreise Insterburg, die schon damals berichteten, welches Los diejenigen, die von den vordringenden Russen überflutet wurden, erwartete. Sie konnten schon von Vergewaltigungen der Frauen und Erschießungen der Männer erzählen.
Bis Mitte Februar hielten sich in Heiligenbeil noch der Gauleiter, zwei Regierungspräsidenten und einige Landräte auf, die sich dann aber nach Pillau absetzten, weil sich Heiligenbeil unter dauerndem Feuer der Artillerie und Fliegerangriffen befand. Am weitesten von Heiligenbeil entfernt war der Russe im Norden bei Balga. Aus diesem Bezirk strömten auch noch die meisten Flüchtlinge ein. Die Überquerung des Haffs wurde auch immer gefährlicher. Die Versorgung der Truppen mit Munition geschah von Pillau aus mit Munitionsprähmen auf einer Fahrrinne, die durch Eisbrecher offengehalten wurde. Mit den leeren Prähmen wurden dann in der Hauptsache Frauen und Kinder nach Pillau befördert, wobei die Partei immer noch maßgeblichen Einfluß ausübte über die Zulassung der Menschen zu diesen geringen Fahrmöglichkeiten.
Da das Verbleiben in Heiligenbeil wegen des immer enger werdenden Ringes, den die Russen um die Stadt legten, keinen Zweck mehr hatte und Heeresdekan Dr. Schuster mir aus einem Gespräch mit dem Oberkommandierenden Rendulicz mitteilte, daß jedes Haus in Heiligenbeil verteidigt werden würde, so entschloß ich mich, in der Nacht vom 21. zum 22. Februar 1945, nachdem die vorhergehende Nacht schweren Artilleriebeschuß mit sich gebracht hatte, mit meiner Familie und einigen Gemeindegliedern aus der Stadt über das Haff nach Pillau zu ziehen mit geringen Habseligkeiten, was nicht einfach war, da die Wehrmacht die Hauptstraße für sich beanspruchte und keinen darauf wandern ließ; man mußte auf großen Umwegen das Haff zu erreichen versuchen.
Pillau ist eine Hafenstadt mit ca. 10 000 Einwohnern und war inzwi-

schen durch Flüchtlinge aus Königsberg und der Provinz mit ca. 70 000 Menschen überfüllt, die alle über See oder über die Nehrung nach Richtung Danzig aus dem Hexenkessel herauszukommen versuchten. Täglich verließen etwa 8 bis 10 Frachtdampfer mit Flüchtlingen den Ort. Es war ungeheuer schwer, auf eines der Schiffe zu kommen. Die Männer wurden alle, auch die ältesten, für den Volkssturm requiriert, wenn sie nicht von diesem einen Befreiungsschein erhielten. Die Gebäude des Ortes waren in allen Räumen mit Flüchtlingen über und über belegt, so daß auf kleinstem Raum 15 bis 20 Menschen auf dem Fußboden lagen. Die über die Nehrung neu ankommenden Flüchtlinge wurden nun weiter ins Hinterland abtransportiert nach Fischhausen und bis nach Palmnicken. Von ihnen ist ein großer Teil später dort umgekommen oder den anstürmenden Russen in die Hände gefallen. Alle Flüchtlinge, die mit Pferdefuhrwerken auf der Spitze der Nehrung in Neutief – gegenüber Pillau – ankamen, mußten ihre Pferde und Wagen dort einfach stehen lassen, so sah man viele herrenlose Pferde auf der Nehrung herumirren.

Der Andrang zu den Dampfern war ungeheuer, die Unterbringung auf diesen demzufolge menschenunwürdig. Da die Fahrt oft mehrere Tage dauerte, kamen in den großen Bunkerräumen, in die die Menschen hineingepfercht wurden, auf den Transporten auch öfter mehrere ums Leben. Auch bei der Unterbringung auf den Schiffen fand durch die Partei- und sonstige Stellen manche Begünstigung statt, ebenso räumten die Schiffsbesatzungen gegen Geld und Sachwerte Vorzüge ein. Die meisten Schiffe aus Pillau fuhren nur bis Danzig und wurden dort ausgeladen, wo dann die Flüchtlinge 4 Tage später denselben Kampf auf Tod und Leben ausfechten mußten, um einen Platz auf einem Dampfer zu erkämpfen, der sie vor dem Eindringen der Russen weiterbringen sollte ins Reich. In den verschiedenen Baracken, etwa in Neufahrwasser, warten ca. 30- bis 40 000 Menschen auf den Abtransport und hatten kaum Hoffnung wegzukommen. Pillau wurde mehrfach von Fliegern angegriffen, wo es viele Tote gab. Bei den Transporten über See sind einige Schiffe aus den Geleitzügen heraus durch russische U-Boote versenkt worden, darunter die »Gustloff« und »General Steuben«, wobei viele Tausend Menschen den Tod fanden. Auf dem einen Schiff befanden sich sieben Königsberger Pfarrer mit ihren Familien. Auf dem Kohlenschiff, auf dem wir Unterkunft fanden, war z. B. für ca. 3000 Passagiere nur ein Abort vorhanden, dabei waren wir 5 Tage und Nächte unterwegs, bis wir nach abenteuerlicher Fahrt in Saßnitz auf Rügen ausgeladen wurden. Hier legte am gleichen Tage ein Salondampfer aus Danzig an, der Parteigenossen mit ihrem Anhang nach Saßnitz brachte, die in guter Kleidung mit viel Gepäck und schönen Kabinen die Fahrt gemacht hatten. Selbst Fahrräder und ähnliche Sachen führten sie mit sich, während in Pillau unzählige Frauen und Kinder wegen Überfüllung der Dampfer zurückbleiben mußten. Während der Fahrt auf See mußte unser Geleitzug noch einmal in die schützende Bucht bei Hela zurück, da ein Angriff russischer U-Boote auf Einheiten dieses Geleits stattfand.

Die Flüchtlingszüge, die von Saßnitz abgingen, wurden auf die einzelnen Länder verteilt, hauptsächlich auf Schleswig-Holstein, wahrscheinlich je nach Zahl und Möglichkeit der Unterbringung. Wir wurden nach Glashütte, Kreis Stormarn, gebracht, wobei der Parteiapparat bei der Verteilung der Flüchtlinge auf Glashütte wieder unangenehm in Erscheinung trat. Aber auch die Kirche mit ihren Pfarrern brachte nicht das Verständnis auf, das man von ihr und ihnen für den Flüchtlingsstrom der Armen und Ärmsten erwarten sollte.

Aus: Dokumentation der Vertreibung der Deutschen in Ost- Mitteleuropa. Band I, 1. Bonn o. J. (1954)

Else-Marie Schlewski

Letzte Tage in Allenstein und Flucht nach Dänemark

Ungestört und in althergebrachter Weise feierten wir 1944 das Weihnachtsfest im südostpreußischen Allenstein. Wohl fragte sich ein jeder immer wieder: »Was wird das nächste Jahr bringen?« Eine bange Ahnung zog immer öfter durch die Seele. Anfang Januar ging das Leben noch in regelrechten Bahnen. Die Hausfrauen standen nach den Fischen an, die auf ihre Abschnitte fällig waren. Angestellte stürmten nach beendetem Vormittagsdienst in ihr Stammlokal, um einen Platz zu erwischen und auf ihre Marken ein einfaches, fettloses Essen zu erhalten. Die Kinder gingen zur Schule, und wenn wir sie auch in der obersten Etage des Regierungsgebäudes unterrichteten, (die Schule war Lazarett), so erhielten sie doch ihren regelmäßigen Unterricht, der nicht einmal durch Flieger gestört wurde.
Am 17. Januar wurde die Schule geschlossen. Wie es hieß: Für 14 Tage. Und so groß war noch der Glaube an unsere Widerstandskraft, daß mancher an diese 14tägigen Ferien glaubte. Andererseits drückte manche Miene die Ahnung eines endgültigen Abschiednehmens aus. Mit einem stummen Händedruck entließ der Oberstudiendirektor seine Mitarbeiter. (Er ist in dem allgemeinen Chaos umgekommen.)
Am folgenden Donnerstag war im Verhalten der Stadt noch keine Änderung zu bemerken. Am Freitag herrschte reger Betrieb auf dem Reisebüro. Wer eine gute Möglichkeit hatte, seine Angehörigen bei Verwandten, Freunden oder Bekannten unterzubringen, schickte sie dorthin. Am Sonnabend sah man in allen Straßen immer wieder Familien, die ihre Koffer auf Rodelschlitten zum Bahnhof zogen.
In unserem Hause waren alle sechs Einwohner noch anwesend, dazu ein katholischer Geistlicher, der im ersten Stock einquartiert war. Er sollte noch eine Beerdigung vornehmen. Da der Tote nicht gebracht worden war, kam er völlig durchfroren vom Friedhof und erwärmte sich mit einem Whisky. Es muß ein furchtbares Zeug

gewesen sein. Er stieg eine Treppe zu hoch, schellte, und fiel der Einwohnerin in die Arme. Bemüht, ihn in die untere Wohnung zu bringen, hakte sie ihn unter. Sie stürzten beide, wobei ihr Arm auskugelte und er sich eine Wunde in den Kopf schlug. Bei dem lauten Geräusch des Sturzes taten sich alle Türen auf. Mit vereinten Kräften brachte man ihn in sein Zimmer und auf sein Bett. Noch standen wir im Wohnungseingang, auf jeder Seite fünf, was mich der klugen und törichten Jungfrauen gedenken ließ, als er anfing, seine Leichenpredigt zu halten. Es war grotesk. Beim nächsten Satz fiel er und schlug sich zum zweitenmal blutig. Ich sehe noch sein betretenes Gesicht, als er mir am nächsten Tag begegnete. Doch wir hatten volles Verständnis.

Ein Einwohner kam aus Zichenau, wo er eine Kantine gepachtet hatte, mit langem Leiterwagen auf den Hof gefahren. Er wollte mich mit meiner Mutter auf seinem Treck mitnehmen. Auch meine Freundin rüstete zur Flucht; sie wollte uns ebenfalls auf ihrem Wagen mitnehmen. Ich lehnte ab, weil uns der Treck auf dem Hof bequemer war. Hätte ich nicht abgelehnt, wären wir den Russen in die Hände gefallen. Sie selbst ist in Rußland umgekommen. Ich weiß es von ihrer Tochter, damals ein zwölfjähriges Mädchen. Von ihr erfuhr ich auch, daß unser Haus ausgebrannt ist.

Am Sonntag waren noch alle Einwohner im Haus und etwa 75 Prozent der Bewohner in der Stadt. Im Haus neben uns wohnten Offiziersangehörige. Sie wurden gegen Mittag mit einem Bus weggeschafft. Nur Frau Sch., die beim Roten Kreuz arbeitete, blieb allein zurück. Als sie nach Hause kam, war das Haus leer. Ich ging zu ihr hinüber. Sie wußte, daß der Russe am späten Abend, spätestens am nächsten Morgen, zu erwarten war. Darauf beschloß ich, sofort aufzubrechen. Mein Rodelschlitten war startbereit gepackt. Die andern Einwohner saßen alle in einem Raum beisammen. Ich sehe den Kreis noch heute vor mir. Ich rief ihnen ein »Gott befohlen« zu. Dann machten wir uns auf den Weg, Frau S. mit zwei erwachsenen Töchtern, meine Mutter und ich. Der Treckwagen blieb auf dem Hof stehen.

Als wir in die Bahnhofstraße einbogen, kamen wir in eine Völkerwanderung hinein. Ich habe uns wie in Trance auf den 3. Bahnsteig durchbalanciert, weil ich von diesem Bahnsteig immer nach Bartenstein gefahren bin. Der ganze Bahnhof glich einem Heerlager. Mir wurde das Aussichtslose der Situation bewußt. Ich war am Überlegen, was wir tun könnten. In diesem Moment gab es Einschläge! Alles schrie: Flieger! Flieger! und die Menschen stürmten über die Gleise hinweg und drängten in die Unterführungen. Mich lähmte Schreck. Ich sagte: Wir bleiben stehen! Außer uns waren etwa fünfzig Leute zurückgeblieben. Da kam ein Zug. Er zog langsam durch und hielt. Wir standen vor einem leeren Viehwagen! Alle Gepäckstücke wurden hineingeworfen, Kinder und alte Leute hineingerollt, die Jüngeren sprangen auf, und der Zug fuhr los! Die Siedlung, durch die er fuhr, brannte. Das muß den Lokführer schockiert haben: Er fuhr in großem Tempo die nächsten zwei Stationen durch. Erst dann fuhr er zurück und holte die Flüchtlinge aus Wartenburg.

Viele Flüchtlinge saßen tief eingeschneit in offenen Loren. Als ich mich in dem dunklen Viehwagen etwas orientieren konnte, sah ich zu meinem Erstaunen einen unserer Studienräte mit seiner Frau, seiner verheirateten Tochter und fünf Enkelkindern, die noch nicht zur Schule gingen.

Drei Tage sind wir in Ostpreußen kreuz und quer gefahren. Nach Königsberg konnten wir nicht hinein, über Marienburg nicht hinaus. Schließlich brachte man uns ans Haff. In Wolittnik wurde der Zug geräumt. Da saßen wir im tiefen Schnee. Die Bewohner ringsum wurden aufgefordert, die Flüchtlinge zu holen. Wir kamen in die Schule, wo man einen Raum geheizt und mit Stroh versehen hatte.

Die Schule hatte eine Küche, und bald konnten wir unsern Hunger stillen. Die Fischer hatten einen reichen Fang gehabt, und die zum Versand bereitliegenden Bruteier wurden verteilt. Wir sind etliche Tage dageblieben. Es war bitter kalt und bald fiel der Strom aus. Es waren keine Nachrichten zu hören. Die Bewohner des Ortes rüsteten zur Flucht. Die Frontgeräusche kamen näher. Dann kam das Militär und sagte: Raus! Sie verluden uns auf Kastenwagen und brachten uns zum Zug nach Braunsberg. Damit war uns natürlich nicht geholfen, denn hier standen fünf lange Züge, die nicht weiterkonnten.

Es war uns klar, wir mußten versuchen, übers Haff zu kommen.

Mitten in der Nacht zogen wir mit unseren Gepäckstücken an die Treckstraße. Hier wurden jeweils zwei Personen auf einen Wagen verladen, der nur Pferdefutter transportierte.

Wer in der westlichen Welt kennt ihn schon? Jenen schmalen Landstreifen, der unter dem Namen Frische Nehrung sich wie eine Brücke spannt zwischen Pillau und Elbing. Natürlich: Nach Namen und Zeichnung lernt ihn jedes Kind kennen. Aber wer ahnt etwas von dem grauenvollen Geschehen damals auf jener eigenartigen Straße! Tausende sind die vielen Kilometer entlangezogen in Nacht und Grauen! Wenn seine Meilensteine, seine Hochwaldbäume sprechen könnten, sie würden erzählen von unendlichem Leid, das gefühllos macht.

In seiner ganzen Länge und wechselnder Breite ist dieser Landstreifen mit Hochwald bestanden. Ein Weg führt darauf entlang. Ein in der alten Art gepflasterter Einbahnweg, für den es in Friedenszeiten ein Ereignis war, wenn ein Wagen über ihn dahinholperte.

Hat eine weise Vorsehung hier einen Notausgang gelassen? Der Weg ist die Straße geworden, den die Menschen einer ganzen Provinz zurückzulegen versuchten: mit Fahrzeugen, die am Tag höchstens sechs Kilometer vorankamen! Die meisten gingen zu Fuß. Frauen und Kinder, Mütter mit Säuglingen, Bombenverwundete, Soldaten mit Steckschüssen. Unverbunden! Tote, über die man stolperte!

Auch für uns war es der Rettungsweg, die wir seit Tagen im enger werdenden Heilsberger Kessel saßen. Ein vorübergehender Kälteeinbruch, bei dem die Temperatur auf 20 Grad minus absank, hatte das Haff zufrieren lassen.

Studienrat G. hatte einen Schlitten gekauft, auf dem er seine Frau, zwei Töchter und fünf kleine Enkelkinder über das Haff zu bringen versuchte. Sie waren noch nicht weit gekommen, als vor ihnen ein fahrender Schlitten einbrach und versank. Erschüttert und halb erfroren kehrten sie wieder um. Wir waren vor solchen Unternehmungen durch ansässige Leute bereits gewarnt worden. Das Haff hat Blänken, und man durfte nur die vorgezeichneten Wege benutzen.

Solch einen vorgezeichneten Übergang gab es bei Leisunen. Hier stauten sich die Fahrzeuge in unabsehbarer Reihe. Hier wurde die vorwärtstreibende Unruhe auf eine harte Probe gestellt. Hier standen noch Hüter der Ordnung (wohl die letzten), die streng darauf achteten, daß nur die vorgesteckte Straße befahren wurde und ein Abstand von 30 Metern eingehalten wurde. Während des Wartens sahen wir die feindlichen Flugzeuge ihre Angriffe gegen Braunsberg fliegen. Immer wieder flogen neun Maschinen ungestört ihren Weg und luden ihre Bombenlast über dem mit Flüchtlingen vollgestopften Ort ab. Der Haffübergang wurde nebenbei auch angegriffen.

Mutter und ich wurden auf einen mit Pferdefutter beladenen Wagen verladen, auf dem wir regelrecht thronten. Wir waren bis zur Mitte des Haffes gekommen, wo Soldaten bemüht waren, eine nur dünn überfrorene Stelle von etwa 30 Metern durch Holzbelag tragfähig zu machen. Meine Blicke folgten ihrem Tun. Plötzlich lagen sie alle flach auf dem Eis. In einiger Entfernung links von unserer Fahrstraße sah ich fast zu gleicher Zeit einige dunkle Fontänen hochgehen. Sprungstücke rutschten auf dem Eis auf uns zu.

Der Angriff war vorüber, ehe ich ihn noch recht begriffen hatte; die Fahrt ging weiter. Mein Gott! Hier lag eine Frau auf dem Eis. Tot? Verwundet? Sie rührte sich nicht. Und dort rechts? Da lag eine ganze Gruppe. Schmerzverzerrte Gesichter starrten uns an. Vom Ufer war bereits Hilfe unterwegs. Mutter, die die Gefahr viel schneller erkannt hatte als ich, war furchtbar erschrocken. Wir sprachen nicht. Wie ein drohendes Gewitter hing es über uns, und wir atmeten erst auf, als endlich, nach etwa drei Kilometern langsamer Fahrt, uns der schützende Nehrungswald aufnahm. Hier reihten wir uns ein in eine unendliche Kette von Planwagen. Mit Decken und Teppichen hatte man die Wagen zum Schutz gegen Regen und Kälte überwölbt. Darunter die Familienangehörigen in Betten verpackt. Außerdem waren die Wagen mit Kisten und Kasten beladen. Wie die Schiffe auf unruhiger See schwankten sie auf der ausgefahrenen Straße, die tiefe Schlaglöcher aufwies, notdürftig mit Knüppeln ausgefüllt. Immer wieder krachte ein Wagen zusammen, und die ganze Reihe stand fest, bis die Trümmer beiseite geräumt waren. Was blieb der Familie übrig, als sich einzureihen in den Strom der Fußgänger, der sich zu beiden Seiten den Weg über den unebenen Waldboden suchte? Jeder versuchte, seine letzten Habseligkeiten vorwärts zu bringen, auf Rädern, auf Schlitten, auf Hand- und Kinderwagen. Jedem las man nur einen Gedanken vom Gesicht ab: Vorwärts! Kam mir der Gedan-

Mit einer »Ostpreußen-Schutzstellung« wollte Gaulei- Erich Koch den Vormarsch der Russen aufhalten. Koch ichtigt die im Bau befindlichen Schutzstellungen.

2   Ein Panzergraben wird ausgehoben.

Der Text zu diesem Bild lautete: »Großvater und [On]kel verteidigen das Heimatdorf...«

Im Herbst 1944, nach dem Zusammenbruch der deut[sch]en Abwehrfront im Mittelabschnitt der Ostfront, [err]ichten die russischen Panzerspitzen Ostpreußen.

Die ersten Trecks der bäuerlichen Bevölkerung setzten sich in Bewegung; sie mußten jedoch auf Befehl des Gauleiters Koch im Innern Ostpreußens haltmachen.

5   Goldap ging schon im Herbst 1944 verloren, konnte aber noch einmal befreit werden. Doch nur noch kurze Zeit sollte es dort die deutschen Straßenschilder geben.

6/7 Dokumente des Grauens: Eine deutsche Kommission bei Leichen der in Nemmersdorf Oktober 1944 von Russen ermorde[ten] deutschen Frauen.

Nicht selten überrollten die Pan[zer]spitzen der Roten Armee Flüchtli[ngs]trecks auf den Straßen. Hier ein [Bild] einer solchen Brutalität, das nac[h ei]nem deutschen Gegenangriff a[ufge]nommen wurde.

ke, wir könnten am andern Ende der Nehrung abgeschnitten werden, so habe ich mich schnell mit etwas anderem beschäftigt. Das war eine zum Wahnsinn treibende Vorstellung. Neben mir, stieren Blicks, ihre ganze Kraft in das Wollen setzend, strebten sie vorwärts. Mütter, das jüngste Kind auf dem Arm, ein anderes am Rock! Soldaten in Lazarettkitteln, mit dicken Verbänden. Wiederholt versuchten wir, einen davon auf den Wagen zu nehmen, aber die Stöße machten ihnen zu sehr zu schaffen. Und schließlich kamen sie zu Fuß auch schneller voran.

Soldaten versuchten, in entgegengesetzter Richtung gegen den Feind vorzudringen. Fluchend und schimpfend bahnten sie sich einen Weg. Schreiend: »Wir werden wegen euch noch den Krieg verlieren!« Ich wußte nicht, ob ich lachen oder staunen sollte.

Krieg! Chaos! Hier kroch das leibhaftige Grauen die Straße entlang, bis es in der völligen Dunkelheit der Januarnacht zum Stehen kam. Als ob man jetzt aufwachte, ging ein Rufen und Schreien los. Kinder riefen nach ihren Müttern, Mütter nach den Kindern! Welche Angst klang aus den Rufen! Wie viele verloren sich hier, die sich erst viel später wieder finden sollten!

Bald flammten Feuer auf. »Um Gottes willen! Feuer aus!« tönte es von allen Seiten. »Ihr gefährdet uns.« »Wir müssen unsere Pferde tränken! Womit sollen wir den Schnee denn tauen!« »Und wir wollen etwas Warmes in den Magen!« Und so blieben die Feuer, um die sich ein gespenstisches Leben abspielte. Beim leisesten Fliegergeräusch waren sie von feuchten, dichten Tannenästen bedeckt. Dann kam die Nacht, in der man sich zusammenkauerte. Tausende von Menschen schwiegen zu Tode erschöpft unter den Waldbäumen.

Noch hatte ich einen Sack mit Betten. Ich packte sie aus, breitete sie auf den Säcken aus, und packte Mutter hinein. Doch ich mußte daneben hocken und sie festhalten. Bei einer Bewegung wäre sie hinabgestürzt. Ich wagte nicht zu schlafen. Ich wagte auch nicht, unsern Platz auf dem Wagen aufzugeben. Auf fremden Wagen war man nicht gern geduldet. Der Futtervorrat war knapp. Die Tiere schlapp.

Hob sich die Dunkelheit der Nacht, so war man zur Weiterfahrt gerüstet. Mit vier Eiern und einem Stück Brot waren wir auf die Nehrung gekommen. So ging ich bald von Wagen zu Wagen, um ein

Stück Brot bettelnd! Das war überall knapp. Schwache Tiere brachen zusammen, mußten ausgespannt und erschossen werden. Immer öfter sah man ihre abgeschabten Knochengerüste neben der Straße liegen. Ihr Fleisch hatte vielen den Hunger gestillt.

Auf der Höhe von Braunsberg machte sich aus der in Trümmer gelegten Stadt ein starker Zuzug bemerkbar. In einer Gruppe von Volkssturmmännern entdeckte ich Oberstudienrat Meder, dessen Züge eine so starke Erschöpfung zeigten, daß er kaum wiederzuerkennen war. Nur kurze Zeit rastete er auf unserem Wagen. Ein kurzer Auftrag: »Grüßen Sie meine Frau! Ich habe die Kaserne verteidigt, das Tor ordnungsgemäß verschlossen, mich mit meiner Gruppe vorschriftsmäßig zurückgezogen.« Und die Bemerkung: »Nach allem, was ich gesehen habe, kann ich mir nur noch eine Kugel in den Kopf schießen!«

Das Wetter schlug um. Es taute! Es regnete! Noch einmal entdeckte ich Bekannte. Auch sie konnten uns nicht helfen. Ihren Treckwagen hatten sie längst preisgeben müssen.

Der zweite Tag begann sich zu neigen, und immer noch war Kahlberg nicht erreicht! Mir graute vor der Nacht. Der Boden, naß und aufgeweicht, machte es unmöglich, sich zur Ruhe auszustrecken. So groß war mein Wunsch nach einer Behausung geworden, daß ich beim Dunkelwerden große Häuser hinter den Tannen sah, innerlich aufjubelte, und dann merkte, daß ich einer Täuschung erlegen war. Sie wiederholte sich, bis die Wagen standen, in einer Nacht, die schwarz und dunkel war, wie selten eine. Ich war nicht mehr fähig, klar wahrzunehmen, was um mich herum vorging. Wie in der Nacht vorher, legte ich meine Mutter in die Betten und hockte daneben. Ich weiß nur noch, daß ich mich fragte, was wohl die Fußgänger machen sollten, die sich weder legen noch weitergehn konnten. Ich merkte, daß einige gegen unsern Wagen lehnten.

Und wieder ging es weiter. Das heißt: Wir standen mehr, als wir fuhren. Ich erkannte, daß ich Mutter unbedingt Ruhe verschaffen mußte, hoffte, es in Kahlberg zu können. Wären wir nur erst da! Heute frage ich mich, warum ich eigentlich soviel Hoffnung auf Kahlberg setzte. Es war mir aus Friedenszeit als angenehmer Badeort bekannt; vielleicht ließ mich das soviel davon erhoffen.

Es war nicht ratsam, einen Treckwagen zu verlassen, auf dem man

einmal Platz gefunden hatte. Aber ich empfand: Wegen Mutter mußte es sein!
Gegen Mittag erreichten wir endlich den Ort. Er bot keine Entlastung, keine Erlösung! Er war überflutet von Flüchtlingen. Es war keine Möglichkeit, in einem der Häuser auch nur ein Plätzchen zu finden. Wir suchten von Haus zu Haus. Ich merkte, daß Mutter beim Gehen schwächer und schwächer wurde, und als sie plötzlich sagte: Ich kann nicht mehr, da war auch ich am Ende meiner Kräfte. Ein letztes Aufraffen führte uns zu einem Stall. Auch hier rasteten Flüchtlinge. Ich konnte Mutter auf einen Sack niederlassen. Im dazu gehörigen Hause gelang es mir, gleich vielen anderen, rohe Fleischstücke zu garen. Ich war froh, das geschafft zu haben und tief enttäuscht und erschrocken, als sie Mutter nicht schmecken wollten. Ich ging allein auf die Suche nach einem Ort, wo wir in Ruhe übernachten konnten. Bald hatte ich eine leere Schweinebucht gefunden, auch frisches Stroh aufgetrieben. Darüber breitete ich die Betten aus. Einige frisch gekochte Kartoffeln erhielt ich von der noch anwesenden Bauersfrau. Um Mutter vollkommene Ruhe zu verschaffen, band ich die Tür mit einer Wäscheleine zu. Wohl klangen die wirren Laute der vielen Menschen, die draußen vorüberzogen, zu uns herein. Doch mit der sinkenden Nacht verebbte der Lärm, und ich glaube, daß wir beide geschlafen haben, bis ein heftiges Rütteln an der Tür mich hochfahren ließ. Draußen tobte ein heftiges Unwetter. Sturm, Regen und Kälte! Ich begriff, daß ich den draußen Stehenden einlassen mußte. Ein Feldgrauer war's, der vor den Russen übers Haff geflohen war. Mit raschem Blick erfaßte er unter dem schwachen Schein der Taschenlampe die einzige Möglichkeit und schwang sich auf den über dem Schweinekoben befindlichen Hängeboden, wo er wie ein Sack niederfiel und sich nicht mehr rührte. Am frühen Morgen zog er ab.
Wie sollte es mit uns weitergehen? Würde ich einen Wagen finden, der bereit war, Mutter mitzunehmen? Ich selber konnte auch zu Fuß nebenher gehen. Ich fand ihn, und ich durfte auch Bettsack und Koffer verstauen. Mutter saß unter der Plane, die über den ganzen Wagen gespannt war. Ich sehe sie noch deutlich vor mir. Ihr müdes Gesicht. Sie hatte nur halb unter der Plane Platz, und der Regen fiel auf ihre Hände, mit denen sie sich festhielt. Ich habe keine Erinne-

rung an meinen Fußmarsch. Der Tag ist wie ausgelöscht in mir. Ich weiß nur, daß ich abends, als die Wagen bereits standen, einen Raum fand, in dem wir auf einer Bank Platz hatten. Es war ein enger Raum, und es waren viele Menschen darin. Haben wir geschlafen? Wenn, dann jedenfalls im Sitzen.

Im ersten, fahlen Morgenlicht wollte ich Mutter zum Wagen bringen. Nach den ersten Schritten aus unserer Unterkunft ließ mich etwas Ungewohntes (war es ein Geräusch?) zurückblicken. Und ich sehe, wie Mutter zusammenbricht. Noch einmal kommt sie kurz zu sich. Ich höre sie sagen: Das ist das Letzte!

Ich fand Hilfsbereitschaft. Die Leute vom Wagen trugen sie zunächst zu ihrem Gefährt. Ich konnte jedoch nicht verlangen, und dazu waren sie auch nicht bereit, eine Tote mitzunehmen. Und wieder fand ich Hilfe. An der Straße waren in zwei kleinen Häusern Offiziere stationiert. Sie halfen, stellten Bretter und Nägel bereit. Wir konnten Mutter in einen improvisierten Sarg betten. Als ein Sanitätstrupp vorbeizog, konnte ich den Arzt, trotz seiner großen Eile, bewegen, sich Mutter anzusehen. Er stellte ihren Tod fest. Später schaufelten junge Leute das Grab in der Nähe der Straße. Ich ließ die Stelle durch ein Holzkreuz markieren, hoffte ich doch auf eine spätere Umbettung in die Heimat... Die wenigen Häuser des kleinen Ortes hießen: Neue Welt!

Ich reduzierte unsere letzte Habe auf zwei Koffer und einen Rucksack. Alles andere blieb am Wege stehn. Ich packte meine Koffer auf einen Rodelschlitten und reihte mich ein in den Flüchtlingsstrom. Aber ich hielt es auf der Elendsstraße nicht mehr aus. Rechtwinklig bog ich zum Haff ab und ging mutterseelenallein in kurzer Entfernung von der Nehrung auf dem Haff entlang. Hier, in der freien Natur, fand ich allmählich Ruhe und Frieden wieder.

Es hatte stark getaut, und bald ging ich im Wasser. Ob das Eis unter mir hielt oder nicht, das war mir völlig egal. Ich bin weitergegangen, bis ich das Ende des Haffes erreichte. Jetzt half mir der Schlitten nichts mehr, denn es war kein Schnee mehr da. Und so stand ich bald mit meinen Koffern an einer Straße, auf Fahrgelegenheit wartend. Mit einem Militärwagen, der Futter für die Pferde geholt hatte, kam ich ein Stück voran. Ab und an standen Gendarmen an der Straße. Ich wandte mich hilfesuchend an einen der Ordnungshüter

und wurde auf einen großen, tuchüberzogenen Kraftwagen gesetzt, der nur mäßig besetzt war, und auf dem jeder Flüchtling seinen Platz hatte. Ich war mit meinem Stehplatz zufrieden.
Außer Sichtweite des Gendarmen hielt der Wagen. Ich wurde mit meinen Koffern hinuntergesetzt. Offenbar war ich Störenfried einer Elite. Bald darauf kam ein Leiterwagen, von dem hinten zwei Bretter herausstanden! Wie geschaffen für meine Koffer. Ich brauchte nur aufzupassen, daß sie nicht hinunterfielen. So gelangte ich am Abend nach Stutthof. In weiten Fabrikhallen lagen dort die Menschen wie geschichtete Heringe auf dünner Strohlage nebeneinander. In der ersten Halle fand ich keinen Platz, in der zweiten auch nicht. Der Lehmboden zwischen den Hallen war verschlammt. Unmöglich, einen Koffer abzusetzen. Ich mußte es trotzdem tun. Erst in der letzten Halle fand ich die Möglichkeit, mich auf etwas Stroh auszustrecken. Ob ich wollte oder nicht, ich mußte die Koffer auf diesem Platz stehen lassen, um mir Essen zu holen. Ich war so hungrig, daß ich mir an dem heißen Grießbrei die Lippen verbrannte. Am Ende des Lagers entdeckte ich eine Bäckerei. Da mein Rucksack sehr schmutzig geworden war, beschloß ich, ihn an der Pumpe zu waschen und der Bäckerei zum Trocknen zu übergeben. Ich reichte dem Bäcker den nassen Rücksack, bat, ihn zu trocknen und auch ein Brot hineinzustecken.
Was ich kaum zu hoffen gewagt hatte, geschah. Ich hatte am nächsten Morgen einen trockenen Rucksack und ein noch warmes Brot darin. Wieder wartete ich an der Straße auf eine Fahrgelegenheit. Ich trat bald an einen Wagen heran und verhandelte. Als ich den Fahrer endlich so weit hatte und meine Koffer vom Straßenrand holen wollte, waren sie verschwunden. Da die Straße nur in einer Richtung befahren und begangen wurde, jagte ich den Koffern nach und nahm sie den Entführern ab. Mein Fahrzeug aber war ich los. Ich erinnere mich nur noch, daß ich ein Stück weit zwischen Fässern und Ballen stehend gefahren bin, und einen Ort erreichte, der mir als Käsebeck in Erinnerung ist.
Von hier aus brachte man die Flüchtlinge mit Omnibussen nach Danzig. Der Omnibus setzte uns vor einem Kino ab. Ordnungshüter der SA wiesen uns in das Kino hinein. Wir nahmen Platz, als wenn eine Vorstellung beginnen sollte. Nachdem ich mich ausgeruht hatte,

kam mir die Sache zu dumm vor. Ich fragte einen der Ordnungshüter: Worauf warten wir hier? Antwort: Auf Zuteilung eines Quartiers. Darauf fragte ich meinen Nachbarn: Wie lange warten Sie schon? Als er mir sagte: Wir sitzen schon seit gestern hier! nahm ich meine Koffer und floh.

Dem Kino gegenüber war eine Polizeistation. Der brachte ich meine Koffer mit der Bitte, sie für kurze Zeit unterzustellen. Ich suchte nach einem Hotel und fand es bald. Und tatsächlich war ein Zimmer frei. Aber es war ein Doppelzimmer, das man einer Einzelperson nicht geben durfte. Ich bat, es mir für zwei zu reservieren, kehrte zu dem Kino zurück und suchte mir ein junges Mädchen als Partnerin aus. Als wir wieder am Hotel anlangten, war das Zimmer vergeben. Ich wurde aber von dem Portier durch ein Einzelzimmer in einem Privathaus entschädigt. Es war ein enger, eiskalter Raum, für den man viel Geld verlangte. Aber ich war froh, für die Nacht ein Bett zu haben.

Dann ging ich auf die Suche nach einem Restaurant in der Hoffnung, etwas Eßbares zu erhalten. Man wies mich zu einem Betrieb, der nachtüber für die Flüchtlinge geöffnet war. Er war voll besetzt. Aber in dem Gewühl fand ich Fr. S. mit ihren Töchtern wieder. Sogar ihr Mann hatte sich dazugefunden. Sie hatten schon zwei Nächte auf dem Sofa gesessen, auf dem ich sie antraf. Sie waren erschüttert, daß ich allein war, und rückten noch enger zusammen, um Platz für mich zu machen. Sie hatten Aussicht, in Langfuhr ein Quartier zu finden (durch seine Zugehörigkeit zu einer Innung). Das wirkte sich auch für mich günstig aus. Ich fand im selben Haus Unterkunft bei einer Kaufmannswitwe. Sie hatte eine Drei-Zimmer-Wohnung, und einen etwa zehnjährigen Jungen. Da sie tagsüber im Laden stehen mußte, war es ihr lieb, daß jemand die Hauswirtschaft übernahm. An Essensvorräten war hier noch kein Mangel, und ich war froh, nach den Erlebnissen auf der Nehrung ausruhen zu können.

Ich hatte aber nicht die Absicht, mich endgültig festzusetzen, und meldete mich bei der Flüchtlingsstelle zum Weitertransport. Doch hörte ich jedesmal dasselbe: Wir haben keine Transportmöglichkeiten.

Allmählich wurde es auch um Danzig brenzlich. Eines Tages hatte die Stadt Vollalarm. Ich konnte mich nicht entschließen, in den Keller zu gehen und blieb in der Wohnung immer auf dem Sprung zur Kellertür. Ich hörte die Einschläge, und am nächsten Tag suchten Danziger Unterkunft. Ein Offizier wurde einquartiert. Ich hörte, daß er die Absicht hatte, nach Stolp zu fahren. Dort hatte ich eine Bekannte und drei Pakete zu ihr ausgelagert. Ich bat ihn, mich mitzunehmen. Er hatte Bedenken und sagte: Auf eigene Gefahr. Er war dann wie erlöst, als ich sagte: »Es genügt, wenn Sie mir die drei Pakete mitbringen.« Abends war er wieder da. Er war nicht nach Stolp gelangt. Er war den ganzen Tag auf der Flucht vor den Russen gewesen. Wir waren abgeschnitten, der zweite Kessel war bei Stolp geschlossen. Nun kamen auch von der westlichen Seite Flüchtlinge nach Danzig. Und bei meinem Schlangestehen nach Kartoffeln schlugen Granaten in die Nachbarstraße ein.

Zu der Kaufmannswitwe kamen Leute, die sich verabschiedeten. Ich war erstaunt und fragte: Wie kommen die denn fort? »Ja«, meinte sie: »Entweder mit einem Flugzeug oder einem Schiff.«

Schiffe fuhren von Danzig-Mitte oder von Neufahrwasser. Ersteres war der Angriffe und der Zerstörung wegen unerreichbar. Ich fuhr also nach Neufahrwasser, um die Lage zu prüfen. Es lag ein großes Schiff im Hafen. Ich fragte den Kapitän, ob er mich mitnehmen würde. Er war bereit dazu. Doch ohne meine letzten Habseligkeiten, vor allem ohne wichtige Unterlagen, wollte ich nicht fahren. Ich fuhr zurück nach Langfuhr. Im Eilschritt erreichte ich die Flüchtlingsstelle und verlangte Passierscheine für das Schiff für mich und Fr. D., die im gleichen Haus untergebracht war und auch wegwollte.

In aller Eile haben wir gepackt. Die Bekannten brachten uns zur Straßenbahn. Wir erreichten Neufahrwasser, als es bereits völlig dunkel war. Ich war nicht sicher, das Schiff noch vorzufinden. Wir beschlossen, meine Begleiterin mit allem Gepäck warten zu lassen, während ich zum Hafen lief. Das Schiff lag noch da, eine Menge Menschen davor, aber der Kapitän wehrte ab: Ich kann nicht mehr eine Stecknadel unterbringen. Enttäuscht machte ich kehrt, geriet im Dunkeln zwischen lagernde Fässer, über die ich hinwegkletterte, bis ich wieder die Hauptstraße erreichte.

Ich wußte nicht, wo in dieser Straße ich Fr. D. stehen gelassen hatte und rief immer wieder ihren Namen, bis sie sich endlich meldete. Was tun? Die letzte Bahn nach Langfuhr war abgefahren. Da sagte

Fr. D.: »Ich habe hier Verwandte. Ich weiß auch, wo sie wohnen. Aber wo sind wir hier?« Wir hatten so eilig gepackt, daß wir weder Leuchte, noch Licht, noch Streichhölzer hatten. Doch da kam ein Licht von weitem. Es waren zwei Landser, die die Nummernschilder anleuchteten. Sie halfen uns. Die Verwandten wohnten in derselben Straße. Wir standen ihrem Haus schräg gegenüber. Auf unser Schellen wurde die Tür scheu und vorsichtig geöffnet, doch beim Erkennen brach laute Wiedersehensfreude los. Wir wurden hineingeführt und zum Abendessen eingeladen. Wir trauten unseren Augen nicht! Der Tisch war gedeckt mit Schnitzel und Rotwein. Außer dem Familienkreis waren zwei SS-Offiziere zu Gast. Nichts war uns willkommener als solch ein nahrhaftes Abendessen. Doch beschlich mich beim Rundblick der Gedanke: Henkersmahlzeit?
Beim Gespräch ergab sich, daß die beiden Offiziere beauftragt waren, 200 SS-Angehörige auf das nächste Schiff zu verladen. Hier hakte ich ein. »Wäre es Ihnen möglich, auch 202 zu verladen? Wir haben Passierscheine. Aber das Schiff ist uns weggefahren.« Sie ließen sich die Scheine zeigen, radierten den mit Bleistift geschriebenen Schiffsnamen aus und versprachen, uns auf jeden Fall zu helfen und uns das Schiff rechtzeitig anzukündigen. Sie kehrten zu ihren Angehörigen zurück.
Zwei Tage blieben wir bei den Verwandten. Am Abend des dritten Tages kamen unsere Retter. Das Schiff sollte am Morgen da sein. In der Nacht fuhren wir durch einen Donnerschlag aus dem Schlaf. Alle saßen, wie an einer Schnur gezogen, aufrecht im Bett. Was war das? Flieger? Man hörte den nächsten Abschuß und Einschlag. Der Russe schoß sich auf den Hafen ein. Drei Treffer lagen in der Hauptstraße.
Es war Sonntag, der 18. März. Das Verladen der Menschenmenge, die sich für das Schiff eingefunden hatte, ging nur langsam voran. Plötzlich wurde ich zu Boden gezerrt! Fliegerangriff! Doch man flog über uns hinweg. Der Angriff galt Danzig. Die beiden SS'ler behielten uns im Auge. Sobald sie ihre Angehörigen verladen hatten, reichten sie uns deren Passierscheine. So kamen wir ungehindert auf das Schiff. Es legte ab, sobald der letzte Mann an Bord war.
Ich atmete auf. Es ging aus dem bereits sehr eng gewordenen Kessel hinaus. Wir sahen die russische Front in den Olivaer Bergen. Unser

Schiff war ein Kohlentransporter. Vom Deck sahen wir hinunter in einen riesigen, dunklen Schiffsbauch, zu dem eine etwa zehn Meter lange Treppe hinunterführte. Als Frau D. sagte: Wir müssen da hinunter! war ich entsetzt und beschloß, an Deck zu bleiben. Aber ihr Einwand: Und wenn es regnet? machte mich nachdenklich. Ich änderte meinen Entschluß und sagte: Dann lassen Sie uns gleich unten Platz nehmen, ehe es zu voll wird.

Unten standen wir auf den kahlen Eisenplanken. Schon wollte ich einen letzten Kissenbezug opfern, um mich hinzusetzen, als Holzwolle-Ballen von oben herunterflogen. Jetzt strömten die Leute nach unten. Wir polsterten den ganzen Schiffsbauch aus und lagen schließlich dicht gedrängt beieinander. Oben, auf Deck stellte ich fest, daß wir nicht allein fuhren, sondern im Verband mit anderen Schiffen und im Geleit von kleinen, verschiedenen Fahrzeugen.

Toiletten mußten improvisiert angelegt werden, denn schließlich waren etwa 2000 Menschen an Bord. Die Besatzung versuchte, Mittag zu kochen. Doch sie hatten die großen Fleischstücke unzerkleinert in den Wasserkessel geworfen; das Fleisch blieb zäh und ungenießbar. Es gab aber etwas Kaltverpflegung. Um uns zu waschen, versuchten wir, mit einem Becher etwas Meerwasser heraufzuziehen. Wir waren die ganze Zeit auf Katzenwäsche angewiesen.

Am 20. 3. setzte unser Schiff die Fahrt aus. Die lebende Fracht war leichter, als die übliche Ladung: Die Schiffsschraube lief nur halb im Wasser. Wir hatten das Geleit verloren und mußten auf ein neues warten. Wir lagen auf der Höhe von Rügen. Ich konnte von Deck aus nach Kap Arkona hinüberblicken und fragte mich immer wieder: Warum bringt man uns nicht an Land? 40 Stunden lagen wir fest. Erst am 21. 3. nahm das Schiff die Fahrt wieder auf, und am späten Abend des 22. 3. liefen wir in den Hafen von Kopenhagen ein. Wir hatten eine gefahrvolle Fahrt überstanden.

Die Erwartung des Kommenden hielt uns wach. Kurz vor Mitternacht wurden wir von unserer Wehrmacht auf Truppentransporter verladen. Ich saß so, daß ich die Straße überblicken konnte. Sie war (o ungewohnter Anblick) beleuchtet. Nur nach oben hin waren die Laternen abgedunkelt. Bald hielt unser Transporter vor einer hohen Mauer. Mir war, als würden wir in ein Gefängnis eingeliefert. Es war aber eine Schule. Wir kamen in ein Klassenzimmer, an dessen Längsseiten Strohschütten auf uns warteten. Frau D. und ich strebten in eine Ecke. Ich sank auf das Strohlager und rührte mich nicht mehr.

Herbert Reinoß

Achtunddreißig Jahre danach: Was blieb in Erinnerung?

1

Fast vierzig Jahre sind also seit damals vergangen, welch eine lange Zeit! Und wie hat sich die Welt verändert! Doch immer noch überfallen mich manchmal diese schlimmen Alpträume. Sie kommen scheinbar ganz unvermittelt, es ist jedesmal ein Angriff aus dem Hinterhalt: Plötzlich ist Krieg, und es tauchen russische Panzer über einem der Hügel auf (das Dorf meiner Kindheit lag umgeben von Hügeln), und es ist allerhöchste Zeit, sich im dichtesten, dunkelsten Wald zu verstecken... Aber meistens bin ich dann wie gelähmt, ein zu völliger Bewegungslosigkeit verurteilter Betrachter... Und mir ist die ganze Zeit über bewußt, daß verwandte, geliebte Menschen in höchster Gefahr sind; daß wir zumindest voneinander getrennt werden können; – und wer weiß, was man sonst noch mit ihnen macht! Und fast immer ist Dämmerung, und den Himmel röten Brände (wie 1945 das brennende Braunsberg)...
Ein Menschenalter ist vergangen seit unserer Flucht vor der Roten Armee aus Masuren, damals war ich zehn, nun bin ich bald fünfzig. Viele Einzelheiten haben sich aus dem Gedächtnis verloren, doch nicht das Eigentliche: jene einst alles beherrschende panische Angst vor mißhandelnden und tötenden feindlichen Soldaten; und in meinem Traumerleben dringt das noch immer durch in einfachen, kindlichen Bildern und überflutet dann wieder alles... Jene alte, offenbar unvergeßbare Angst, die Ende 1944 durch die Berichte von den in Nemmersdorf so schrecklich Hingemordeten in unser Bewußtsein gekommen war wie ein anhaltend wirkendes Gift; und die uns beherrscht hat an jenem eiseskalten Januarmorgen vor Heilsberg, als es plötzlich hieß: Die Russen können jeden Moment hier sein! Rette sich, wer kann!
Jedenfalls haben bisher die wenigsten dieser Träume das Gelassene,

Gemäldehafte, ja fast Anekdotische gehabt wie der bislang letzte einer langen Reihe, den ich am nächsten Morgen in einer kurzen Notiz festhielt:
Ich träumte, ich sei unterwegs mit dem Preußenkönig Friedrich II.; und wir waren auf guten, wendigen Pferden auf der Flucht. Und dann verbargen wir uns in einem kleinen, stockdunklen Laubbaumhain vor den russischen Panzern, die hörbar in der Nähe über die Hügel zogen. Wir befanden uns gleich hinter dem Rand dieses Hains, spähten hinaus. Irgendwie stimmte es mich tief melancholisch, daß ein großer König sich in dieser Lage befand... Andererseits aber schien mit ihm alles viel weniger gefährlich, ich wußte ja: Der hat immer alles durchgestanden, und es färbte diesmal auch kein Brand den Nachthimmel. Ich dachte: Den werden sie nicht so leicht kriegen, den Alten Fritz, für den ist vielleicht alles nur ein taktisches Manöver; ja: Vielleicht kriegen sie den überhaupt nicht, dieses clevere Schlitzohr...
Was einem Außenstehenden vielleicht ein bißchen lächerlich erscheinen mag oder quasi wie Größenwahn: daß kein Geringerer an meiner Seite als Friedrich II. war, erweist sich bei nüchterner Betrachtung als nicht ohne Vorgeschichte und durchaus auch nicht ohne Sinn: Als meine Frau und ich 1980 nach Ostpreußen fuhren, stieß ich wenige Kilometer östlich von Frankfurt an der Oder auf den Ortsnamen Kunowice: und das ist ja das alte Kunersdorf, wo Friedrich 1759 durch Russen und Österreicher seine schwerste Niederlage im Siebenjährigen Krieg hinnehmen mußte – und dort begann ich darüber nachzudenken, wie erbittert man sich damals auf diesen Feldern bekriegt hat um irgendwelcher Landstriche oder Provinzen willen, als gehe es um die Veränderung der Welt – und zweihundert Jahre später hat das nur noch den Rang einer fernen Sage, ist so klein und im nachhinein so müßig gewesen, daß man nicht mehr versteht, weshalb hier so viele Menschen haben sterben müssen...
Ich begann etwas davon zu begreifen: Wie vergeblich letztlich auch die sogenannten unsterblichen Herrscher planen und handeln. Die Geschichte geht unaufhörlich weiter, und nicht nur geradlinig (so daß Vorhersagen möglich wären): Sie hat ihre plötzlichen Gewitter und Orkane, und hinterher ist alles völlig verändert... Wie wird man in, sagen wir, abermals zweihundert Jahren auf das zurückse-

hen, was wir im deutschen Osten 1945 durchlebt und durchlitten haben? Was wird dann aus dieser Konstellation geworden sein: Deutschland, Polen, Rußland; zwei deutsche Staaten, uns fortgenommene Ostgebiete?
Und was für das Große gilt, trifft meistens auch für das Kleine zu. Mein Vater erbte eines Tages einen geradezu winzigen Hof in Masuren, und er vergrößerte den Landbesitz auf etwa das Vierfache. Dafür mußte er sich krummlegen; selten bringt einen die Erfüllung großer Träume nicht an den Rand der Erschöpfung. Und dann dieser unsinnige, dieser so verhängnisvolle Krieg. Die Deutschen verloren ihn, und wir Ostpreußen mußten fliehen oder wurden schließlich wie Gesindel davongejagt, und von dem ererbten und dem erworbenen Besitz behielten wir kaum mehr als das, was wir auf dem Leib hatten.

2

Was aber blieb durch die jahrzehntelange Zeit: die verändernde, die auslöschende Zeit, von jenem schrecklichen Winter 1945 in unserer Erinnerung?
Achtunddreißig Jahre nach der Flucht, genau: im Juni 1983, sitzen wir zusammen und sprechen noch einmal darüber: Meine Mutter, damals zweiunddreißig, nun siebzig, meine Schwester Hannelore, damals fünf, nun ebenfalls die achtunddreißig Jahre älter, ich; und dazu meine Frau Anneliese, die 1980 mit in Ostpreußen war an den Stätten meiner Kindheit und einigen Stationen der Flucht. Und vor allem Mutter und ich stimmen in unseren Erinnerungen noch sehr überein, nur daß sie, was nicht erstaunlich ist, mehr Einzelheiten weiß, sie in guter Anschaulichkeit wiedergibt. Ich habe vieles davon in den folgenden Bericht aufgenommen.
Und schließlich versucht sie so etwas wie ein Fazit: Es leben ja danach ganze Familien nicht mehr, sagt sie. Zum Beispiel die... (sie nennt den Namen): Die beiden Söhne gefallen, die eine Tochter nach Rußland verschleppt, die andere tot; und die Alten sind inzwischen auch gestorben. Oder die Schwester der... (sie weiß auch hier den Namen): Die haben die Russen auch genommen und vergewaltigt,

und als die Mutter es nicht zulassen wollte, haben sie sie auf der Stelle erschossen... (Und sie denkt wohl an sich selbst:) Frauen mit kleinen Kindern, hieß es, sollen sie ja in Ruhe gelassen haben, aber wer weiß...

Es war schrecklich für uns damals, sagt sie, aber das Schlimmste ist uns doch erspart geblieben: wir fielen nicht den Russen in die Hände...

Sie sagt das mehrmals an diesem Abend der Erinnerungen: Welch ein Glück es für uns trotz allem gewesen ist, daß uns »die Russen« erspart blieben...

Drei Jahre früher, an einigen sonnigen Junitagen, habe ich also nach fünfunddreißig Jahren Masuren wiedergesehen, das Land der Vorfahren und der eigenen Anfänge, aber dann auch der vielen schrecklichen Ereignisse am Ende des Zweiten Weltkriegs, die uns damals fast umgebracht haben und seither ein bleibender Teil unserer Erfahrungen sind.

Was für Tage der Erinnerungen waren das erst recht! Aber zugleich viel mehr als das: Es war schlechthin ein einzigartiges Erlebnis. Denn diese Reise brachte in mein Verhältnis zu der eigentlichen Heimat auch etwas Neues, man muß wohl sagen: eine neue Dimension. Es war nicht nur ein Wiedergewinnen, es war auch ein in seiner Wirkung auf mein weiteres Leben noch gar nicht übersehbarer Neugewinn.

Tagelang fuhren meine Frau (aus Unterfranken) und ich durch das Land mit seinen Hügeln, Seen, Wäldern. Ich wurde wie berauscht von dieser nirgendwo völlig ungewöhnlichen und als Ganzes doch so unvergleichlichen Landschaft. Ja: Wir erlebten keine den Menschen bedrängende Naturschönheit, eher die schlichte des Volkslieds. Und fast überall schien eine Andeutung von Melancholie spürbar; irgendwann dachte ich: So sehr man die Vorstellung abwehren mag: Diese Landschaft scheint auszudrücken, was den Menschen hier geschah. Nicht nur das Brutale vor vier Jahrzehnten, das war ja nur das letzte und ärgste Ereignis in einer langen Kette der Kriegsgreuel, Tatareneinfälle, Pestepidemien, alltäglichen manchmal sehr mühsamen Jahre...

Natürlich bin ich vor allem nach Schwarzberge im Kreis Lyck gefahren (einige wenige Jahre lang hat das Dorf so geheißen, davor

Rydzewen, heute nennen es die Polen Rydzewo). Dort wurde ich 1935 geboren, dort haben wir unsern Hof gehabt und gelebt bis in den Herbst 1944. Dort vor allem hieß beim Wiedersehen das zentrale Wort: VERLOREN.
Dorthin fährt man heute Hunderte von Kilometern durch Regionen, in denen Polen wohnen; und bis zu der Grenze, an der das in seiner Ausdehnung unvorstellbare Rußland beginnt, sind es dann noch ganze siebzig Kilometer.
Mir gingen die Veränderungen vor allem durch den Kopf, als ich vor dem Ziegelbau der Schule stand. In dieses Haus war ich doch einmal gegangen, dort lag noch (wenn auch von Unkraut bedeckt) der Schulhof für unsere Pausen – ich erinnerte mich mit einer fast schmerzhaften Genauigkeit an viele Einzelheiten.
Und zugleich kam mir das alles ganz unwahrscheinlich vor, kaum glaubhaft. Hier sollte ich zur Schule gegangen sein? In diesem Dorf, daß mir der Autoatlas nun als einen Ort im *Osten* des heutigen Polen zeigte?!
Das Dorf, das ich idyllisch um die Osthälfte eines kleinen Sees gelegen in Erinnerung hatte, war im übrigen fast ganz untergegangen. Ich hatte von gewissen Zerstörungen gehört gehabt, nicht von einer solchen fast vollständigen Vernichtung: so entsetzte es mich. Dadurch wurde am augenfälligsten, was ich ohnehin als eine *Katastrophe* empfand. Ich mußte mein Wissen bemühen: So sind wohl Orte zuletzt im Dreißigjährigen Krieg untergegangen, zu fast vergessenen Stätten geworden, die Kulturgeschichte hat dafür den Begriff Wüstung. (Ich dachte das dann im Hinblick auf das Jahr 45 noch öfter und meinte die schrecklichen Verheerungen zu beiden Zeiten: Dreißigjähriger Krieg.)
Wo unser Hof gewesen ist am See, stand vom Haus, von Stall und Scheune nichts mehr: Und die Standorte waren überwuchert von Gesträuch und Unkraut. Vollständiger Untergang des von Menschenhand Geschaffenen. Aber in diesem in über drei Jahrzehnten gewachsenen Urwald, einst: unserem Hof, blühte gerade der Flieder, wie er in jedem Jahr meiner frühen Kindheit geblüht hat...

3

Von dieser Stätte in Schwarzberge im Kreis Lyck brachen wir also zur Flucht auf. Großmutter, im nur etwa zehn Kilometer weiter östlich gelegenen Satticken im Kreis Treuburg, hatte sogar schon etwas früher losfahren dürfen.

Meine Mutter, die von dorther kam, erinnert sich fast vierzig Jahre danach: Als die Satticker schon weg waren, wir aber noch daheim, da bin ich noch mal mit dem Rad dorthin gefahren. (Man brauchte ja nur eine halbe Stunde.) Und als ich dort ankam und in den Hof ging, es war ja ein schöner Abbauhof, da war er völlig leer, und alles stand offen. Aber dann kamen sie plötzlich von allen Seiten: der Hund (der schöne große Wolfshund), und die Hühner, und die Schweine, und alles Vieh...

Alles kann man verlieren, sagt sie; Das Materielle: das ist nicht so schlimm. Aber die Tiere: Wenn sie einem so in die Augen gucken... Ich wollte dann ja wenigstens den Hund mitnehmen, aber der wollte nicht, der wollte zu Hause bleiben...

Oder unsere Kuh in Schwarzberge, fährt sie fort. Wir mußten am Ende eine der Kühe abgeben; aber eines Abends muhte es vor der Stalltür: Da hatte sie sich irgendwo davongemacht und war zu uns zurückgekommen...

Wir waren eine sogenannte kinderreiche Familie, und meine vier Geschwister waren noch jünger als ich mit meinen auch erst knapp zehn Jahren, das Jüngste lag noch im Kinderwagen, so erhielten wir Ende Oktober 44 noch vor den andern Dorfbewohnern die Anweisung, uns an einem bestimmten Abend auf dem Bahnhof in Lyck einzufinden, um mit der Bahn ins westlichere Ostpreußen geschafft zu werden.

Das Eigenartige: Ich habe an die letzten Tage, die letzten Stunden, die letzten Augenblicke zu Hause keine Erinnerungen mehr. Ob ich mich von den Schulfreunden verabschiedete; ob wir noch einmal in den Feldern umhergelaufen sind wie so oft. Was hatten wir nicht alles zum Beispiel beim Kühehüten erlebt! Habe ich mir noch einmal unser Haus angesehen, und alles – ich weiß es nicht mehr. Ich entsinne mich nicht, daß mir auch nur andeutungsweise bewußt war: Damit könnte ein Teil deiner Kindheit, ja deines Lebens zu Ende gehen, der trotz der üblichen kindlichen Enttäuschungen, wie sie vor allem dem Empfindsamen nicht erspart bleiben, behütet, ja, ich darf sagen: glücklich war. Daß ich vielleicht gedacht habe: Diese Welt, deine masurische Heimat, sie könnte zerstört werden, und du könntest niemals mehr hierher zurückkommen.

Herbst also; frühe Dämmerung. Wir fuhren mit dem Wagen aus dem Dorf, ein Pferd davor. Janek, der polnische Kriegsgefangene, kutschierte; würde als einziger wieder nach Schwarzberge zurückkehren. Zuerst die gewundene Schotterstraße; am Friedhof vorbei, wo die Gräber der Familie lagen; auf die große Asphaltstraße Treuburg–Lyck. Durch Stradaunen, wo am Anfang des Dorfes das Gebäude unsres Kaufmanns Spießhöfer stand; durch Wittenwalde. Es war dunkel geworden; am Wagen schaukelte die Petroleum-Laterne.

Wir hatten Lyck schon vor uns, die die Straße querenden Schienen Lyck–Lötzen. Ich war vom Wagen gesprungen, hatte einen Knopf von der Jacke verloren, suchte ihn am Straßenrand, blieb etwas zurück.

Plötzlich von links ein Flugzeug, und es kam tiefer... und schoß! Geschrei... Da war es aber schon weiter, zog wieder hoch; kam gottlob nicht zurück.

War jemand getroffen? Glücklicherweise nein. Es saß uns nur der Schreck in den Gliedern. Rechts der Straße die ersten Häuser; Menschen kamen heraus, man schlug uns vor, doch erstmal reinzukommen.

Wir blieben für die Nacht. Am nächsten Tag stellte sich heraus, daß der Zug, zu dem wir bestellt worden waren, ohnehin nicht abgegangen war; nach meiner Erinnerung: ebenfalls wegen dieses Flugzeugs, das zuvor den Bahnhof angegriffen hatte.

Ich habe mir dann lange vorgestellt, daß wir vielleicht nur deshalb beschossen worden sind, weil ich den Jackenknopf verloren und nicht wiedergefunden hatte. Da war eine Vorstellung ganz nach Art der masurischen Welt, die wir damals verließen – für immer.

4

Alleinstein ist im Juni 1980 die erste Stadt des alten Ostpreußen, in der wir aus Posen und Thorn kommend Station machen, ein Hotel finden. Und vom »Relax« ist es dann nicht weit zum Rathaus, zum mittelalterlichen Hohen Tor, zum Markt mit den vorzüglich wiedererstandenen alten Häusern, zum Schloß des Ordens, in dem eine Zeitlang Kopernikus gearbeitet hat. 1466 ist Allenstein mit dem Bistum Ermland unter die Hoheit des Königs von Polen gekommen, 1772 bei der ersten polnischen Teilung an Preußen gefallen; zweihundert Jahre danach leben hier fast nur Polen. Und die Stadt wächst, ist heute erheblich größer als um 1945.

Später, als wir nach einem anstrengenden Tag in den Betten liegen, höre ich von einem Teich in der Nähe Fröschequaken – ich habe so etwas nicht erlebt seit der masurischen Kindheit vor fünfunddreißig Jahren, es bewegt mich. Aber ich höre dann auch Lautsprecherdurchsagen vom Bahnhof her, Lokomotiven, und ich denke: Das ist also der Bahnhof, auf dem wir 1944 ankamen – es war die erste Station unserer Flucht.

Ja: Auch nach Allenstein bin ich zu einem Wiedersehen gekommen. Ich suche zum Beispiel ein Kino, in dem ich Ende 1944 einige der späten Filme des Dritten Reiches sah... Aber es ist in dieser Stadt ein Wiedersehen mit reichlich gemischten Gefühlen, einigen immer noch ärgerlichen Empfindungen.

Wir kamen hier im Oktober 44 zu später Stunde an, nachdem wir am Abend erst aus Lyck abgefahren waren; wieder hatte man Tieffliegerangriffe befürchtet, fuhr lieber bei Dunkelheit. Ich erinnere mich, daß unterwegs irgendwer gesagt hat: Nun fahren wir durch die Johannisburger Heide; und wir sind länger durch Wald gefahren. Und er hat gesagt: Hoffentlich kommt der Mond nicht raus, dann sehn uns die Russen nicht. Die Abteile blieben dunkel.

Und Allenstein war dann für uns eine ungewöhnlich große, lebendige Stadt. Und auch dort habe ich gleich wieder an die Russen gedacht: Ich beobachtete, als wir aus dem Bahnhof kamen, ein seltsames Blitzen über der Hauptstraße, das mir nicht geheuer war, spontan brachte ich das mit dem Krieg und dem schießenden Flugzeug in Verbindung. Erst beim zweiten Hinsehn stellte ich fest, daß es etwas mit den Oberleitungen und Stromabnehmern für Busse (oder Straßenbahnen?) zu tun hatte.

Im übrigen sind in meiner Erinnerung an den Abend der Ankunft zwei Namen: Jakobsberg und Grünberg. An beide Stätten wurden wir Flüchtlinge transportiert. Am nächsten Tag wies man uns eine Wohnung in einem Privathaus zu.

Ich spreche mit Mutter darüber, daß ich mich 1980 in Allenstein nicht daran erinnern konnte, wo wir gewohnt haben. Ich hätte vom Zentrum aus nicht einmal die Himmelsrichtung gewußt; und war doch immer stolz auf meinen Orientierungssinn. Und auch nicht, *wie* wir gewohnt haben.

Auch sie äußert sich dazu erstaunlich vage. Und dann kommen wir beide darauf, daß das einen Sinn hat: In Allenstein erlebten wir zum erstenmal, was es heißt, deutscher Flüchtling unter Deutschen zu sein. Zum ersten-, aber natürlich nicht zum letztenmal. Und da kann man es eigentlich nur erfreulich finden, wenn sich das meiste davon aus der Erinnerung verliert.

Mutter weiß aber doch noch einiges: Ein altes Ehepaar, sagt sie; der Alte wohl auch früher Lehrer. Die eine der Töchter jedenfalls Lehrerin, die andere Krankenschwester.

Das verdeutlicht auch in meinem Gedächtnis einige Andeutungen: Wenig angenehme Menschen, ja, uns fast feindlich gesonnene. Sie kamen sich auch im Sozialgefüge einer Stadt wie Allenstein offenbar als etwas Besseres vor; und wir waren werweißwoher aus Masuren – es war kleinkarierte Überheblichkeit.

Ohne daß ich mein Urteil ausspreche, erzählt Mutter, die Krankenschwester habe sich einmal sogar darüber beschwert, daß nachts unser Säugling geweint hat (was machte die Schwester im Krankenhaus in einem solchen Fall?!) – auch das ein Fauxpas, den man uns vorhielt.

Wie lange waren wir denn bei denen? frage ich. Nicht einmal das weiß ich noch.

Nicht lange, etwa vierzehn Tage, sagt sie. Dann traf ich doch die Frau unsres Pfarrers Klatt aus Stradaunen, und durch sie erfuhr ich, daß die Schwarzberger inzwischen in Windtken zwischen Allenstein und Mohrungen sind; und der Janek ist auch mit unsrem Wagen auf die Flucht gegangen und dort; und es ist Platz in einem Bauernhaus für uns reserviert; und zwei Kühe sind auch für uns da... Und wir, du und ich, wir haben uns doch gleich erkundigt, und sind noch am selben Tag mit der Bahn rausgefahren. Und dann sind wir schnell mit allem dorthin gezogen; und dort ging es uns gut... Ja, höchstens vierzehn Tage in Allenstein.

5

Windtken war, wie Braunsberg und wie Gdingen (das 1945 Gotenhafen hieß) eine der Stationen unsrer Flucht, die ich 1980 nicht aufgesucht habe, obwohl das möglich gewesen wäre.
Alle drei Orte lagen ein bißchen abseits unserer Route, die uns von Allenstein nach Lyck und Schwarzberge und Satticken und Treuburg und zurück über Lötzen und Rastenburg nach Danzig führte. Aber das war es nicht allein. Wenn ich an die unangenehmsten Erinnerungen der Flucht denke, dann sind sie mit den Namen Braunsberg und Gotenhafen verbunden – und mit Windtken.
Obwohl es richtig ist, daß es uns dort wochenlang nicht übel ging, von der ersten Novemberhälfte 44 bis Anfang Januar 45. Aber am Ende waren wir auch dort nahe daran, daß es böse ausging; das überdeckt wohl alles andere.
So sollte ich mich vielleicht nicht allzu sehr darüber wundern, daß ich auch über die Zeit in Windtken nur noch wenig weiß. Eigentlich nichts mehr über die Menschen, bei denen wir auf einem Bauernhof gewohnt haben. Oder wie wir, zum Beispiel, damals das letzte Weihnachten in Ostpreußen feierten, wie meinen zehnten Geburtstag Anfang Januar. Wie ich die Schwarzberger Freunde wiederfand und was ich mit ihnen trieb. Ich fühle mich hilflos vor lauter blinden Stellen.
Und daneben sind mir zwei, drei Ereignisse mit einer solchen Deutlichkeit in Erinnerung geblieben, als sähe ich Filmszenen vor mir ablaufen.
Eines Tages traf auch Fräulein Spieß in Windtken ein, die hübsche, junge Lehrerin, die erst 1944 nach Lehrer Heins Tod zu uns ins abgelegene Schwarzberge gekommen war. Ein Gleichaltriger und ich holten abends mit einem Handwagen ihr Gepäck vom Bahnhof ab,

der etwas außerhalb des Dorfes lag. Es war schon dunkel; sie ging neben uns und unterhielt sich mit uns.
Und dann jener Vorfall, der zu den rätselhaftesten der ganzen Zeit gehört. Ich habe meine Erinnerung daran niedergeschrieben, bevor ich fast vierzig Jahre nach 1945 mit Mutter darüber sprach, und gebe zunächst meine Notiz wörtlich wieder:
»In den letzten Tagen vor der Flucht geschah etwas Gespenstisches. An einem dieser Tage, gegen Abend, rasselten plötzlich mehrere Panzer ins Dorf. Wir liefen aus dem Haus, gafften sie vom Hof aus, der etwas höher als die Straße lag, an, wie sie vorbeiratterten. Mehrere Soldaten sahen aus den Luken: so seltsam stumm, fast bewegungslos. Plötzlich winkte Mutter; doch darauf reagierte nur ein einziger: Er winkte andeutungsweise zurück. Dann waren sie vorüber, zum anderen Ende des Dorfes hinaus.
Deutsche Panzer? Was denn sonst für welche? Es kam aber die Vermutung auf, daß es keine Deutschen waren; niemand will ein Nationalitätszeichen gesehen haben. Aber dann hätten es Russen gewesen sein müssen. Tage vor dem 22. Januar, als Allenstein ihnen in die Hände fiel, in Windtken Russen? Das ist doch wohl wenig wahrscheinlich.«
Soweit meine Version. Mutter stellte 1983 das Ereignis so dar: In der Woche vor der Flucht, vielleicht drei Tage vorher, da kam auf der Straße aus Mohrungen, also von links, ein Fahrzeug, Panzerspähwagen, auf dem saßen Soldaten drauf, vielleicht zehn oder zwölf, in weißen Tarnanzügen, es war ja Winter. Und der Hof lag etwas erhöht, und wir standen und winkten, und zwei oder drei winkten auch zurück; *und das waren Russen!*
Wie seltsam ist das! Spätestens hier wird uns demonstriert, wie erheblich sich unsre Erinnerungen im Lauf der Zeit verändern können. Und zwar nicht nur insofern, daß vieles – das Unwesentliche? das Unangenehme? – verblaßt, wir unsicherer werden: sondern in manchen Fällen glauben wir noch immer sicher zu sein, haben ja klare Anschauungsbilder parat, aber diese Bilder sind nicht mehr dieselben, die wir einst aus der Wirklichkeit aufgenommen haben. Was hat sich in dem wiedergegebenen Fall bei Mutter, was bei mir verändert; und weshalb?
Ich hätte schwören können: Die Fahrzeuge kamen von rechts, und

es waren *mehrere Panzer*, und auf ihnen der eine, der andere Soldat *schwarz* gekleidet. Mutter aber ist sicher: Es war nur ein Fahrzeug, und es kam von links ins Dorf, drehte dann allerdings um und fuhr zurück.
Russen, sagt sie noch einmal; – und wir haben gewinkt!
Woher wußtet ihr denn, daß es Russen waren? frage ich.
Da wird sie etwas unsicher, antwortet: Na, es hieß dann doch, daß das Russen waren. Die spähten aus, ob Soldaten im Dorf waren; und dann fuhren sie zurück.
Jedenfalls lag damals etwas bedrückend in der Luft; auch wir Kinder bekamen das mit. In den Höfen wurde gehämmert, an Aufbauten für Wagen genagelt – nicht nur wir, auch unsere wochenlangen Gastgeber rüsteten sich nun zur Flucht.
Und dann ging es sehr plötzlich los! Es war Abend und schon dunkel. Auf einmal hieß es: Die Russen sind schon in Allenstein! Und bis Allenstein waren es wohl keine zwanzig Kilometer; und kamen die Russen von Süden, so lag Windtken sogar auf derselben Höhe...
Mutter weiß auch dafür Einzelheiten: Wir fuhren am 21. Januar los, abends gegen sieben Uhr. Ich weiß das deshalb so genau, weil der Sohn der jungen Frau (ich komme nicht mehr auf den Namen, auch etwas mit -ski am Ende, die Alten hießen Polakowski) Geburtstag hatte.
Die Alten blieben zu Hause. Beim Vieh. Wir ließen auch unsre beiden Kühe zurück.
Und ein oder zwei Tage später kam euer Vater nach Windtken geritten. Aber da erfuhr er nur noch, daß wir schon losgefahren waren.
Dies ist für mich ein sehr bewegendes Ereignis (und man mag mir vorwerfen, ich heroisiere oder romantisiere). Mein guter Vater hat zu denen gehört, die seit Kriegsbeginn an der Ostfront kämpfen mußten; und nun hatte diese Front seine Heimat erreicht, an der er sehr hing. Und er bekam es fertig, nach seiner Familie sehn zu wollen – *und warf sich aufs Pferd* und erschien in Windtken; doch wir waren schon fort. (Er kämpfte dann im Kessel von Heiligenbeil und in Königsberg; bei der Kapitulation der Stadt geriet er in Gefangenschaft und mußte nach Rußland – es ruinierte seine Gesundheit.)

Wir Kinder lagen hinten im Wagen zwischen Federbetten, schliefen wohl die meiste Zeit, es war ja Nacht. Als ich gegen Morgen nach hinten hinaussah: da fuhren wir in einer langen Kolonne auf einer Landstraße durch Wald, und es war schrecklich kalt.
Mutter, die die ganze Nacht über mit Janek vorn auf dem Kutschbock saß, weiß noch: Ein Treckführer auf einem leichten Motorrad fuhr ständig hin und her und trieb uns an: Beeilt euch! Fahrt doch schneller! Der Russe frißt uns bei lebend'gem Leib!
Und wo Allenstein lag, erzählt sie, sah man am Himmel alle Farben: Dort war schon der Russe, und es brannte...
Und dann jener unvergeßbare Morgen. Ein eisiger, trostloser Vormittag, und der Treck stand. Stand längere Zeit. Warum ging es denn nicht endlich weiter? Ich habe in Erinnerung, daß seitwärts im Westen ein weites winterliches Feld lag.
Mutter erzählt: Wir waren in der Nacht etwa vierzig Kilometer gefahren; und wir standen bei einem Dorf. Der Janek versuchte, Fressen fürs Pferd zu bekommen. Würden die Russen uns hier einholen? Da sagte der Janek zu mir: Bleiben Sie hier, Pani (Frau); wenn die Russen kommen, werd ich sagen, Sie sind meine Frau, dann wird Ihnen nichts passieren.
Aber Mutter glaubte nicht so recht daran, daß das gutgehn könnte. Und ihre Angst vor den Russen war wohl auch größer.
Sie weiß noch gut, daß wir dann alles stehnließen und mit einem Soldatenauto flohen.
Janek sagte, er werde die Flucht fortsetzen. Später konnte uns niemand erzählen, was er dann tat und wie sein weiteres Schicksal war. Was mag ihm damals durch den Kopf gegangen sein? Er hatte jahrelang auf einem Hof der vorläufigen Sieger arbeiten müssen, nur einmal für ein paar Tage nach Hause zur Familie gedurft. Wir hatten es gut mit ihm getroffen, und er, das darf ich vielleicht sagen, wohl auch mit uns.
Aber sollte er nun wirklich für uns unsere Habe weiter nach Westen transportieren, nachdem wir werweißwohin davongefahren waren? Ich verstände es gut, wenn er jetzt bloß an sich und seine Familie gedacht hätte.
Ich erinnere mich noch deutlich an den entscheidenden Vorgang an jenem Morgen: Mutter hatte sich von dem haltenden Wagen ent-

fernt, war dann völlig erregt zurückgekommen: Sie sagen, die Russen können jeden Augenblick hier sein! Rette sich, wer kann! Kommt, Kinder, die Soldaten nehmen uns mit!
Und wir griffen vom Wagen die eine, die andre Kleinigkeit, zum Überlegen war keine Zeit. Wichtiges blieb in der Eile zurück, unter anderem die Familien-Papiere, die Mutter in die große Wäschetruhe gelegt hatte. Wir liefen zu dem Wehrmachtsauto.
Wir: Eine Frau mit fünf Kindern, das Kleinste noch im Kinderwagen. Wir wurden auf das Lastauto gehoben, verschwanden hinter der Plane, und los ging es.

6

Im Frühjahr 1980 bin ich, von Rastenburg kommend, wieder in Heilsberg, in Wormditt, in der Nähe von Braunsberg.
Was sind denn das für fast belanglose Entfernungen, wenn man in einem bequemen Auto sitzt, und es ist die schönste Jahreszeit und Sonnenschein und Sonntag und kaum Verkehr auf den Straßen! Wir fahren nach dem Frühstück in Lötzen los und sind im Lauf des Nachmittags in Danzig; und sehen uns unterwegs einiges an in Rastenburg und Heiligelinde und Heilsberg, fotografieren, essen und trinken.
Aber damals, im Januar 45: Da war das ja etwas ganz anderes. Da war es Dreißigjähriger Krieg, und Mutter Courage mit ihren Kindern: Wir lagen auf eisigen Straßen und in Viehwagen, bei Hunger und Durst. Und ständig die Angst.
Heute, im nachhinein, weiß man, wann die Rote Armee diesen, wann jenen Ort erreichte; man hat Landkarten zur Hand und kann sich alles veranschaulichen. Aber damals wußten wir doch weder genau, wo die Feinde sich befanden noch wohin sie in den nächsten Stunden vorstoßen würden. Und seit wir unsern Wagen aufgegeben hatten, waren wir darauf angewiesen, daß Fahrzeuge uns mitnahmen: Wir konnten nur hoffen, daß es jedesmal in die richtige Richtung ging.
Nun sehe ich also Heilsberg wieder und Wormditt. Aber das ist eigentlich kein Wiedersehen: Nichts kommt mir bekannt vor, erin-

nert mich an die Zeit vor fünfunddreißig Jahren. Und das ist mehr als verständlich: Es war jener so oft geschilderte fürchterliche Winter, und wenn man irgendwo erschöpft, frierend und hungernd ankam, dann stand einem der Sinn nicht nach Ausflugsbildern. Man war froh, rasch irgendwo unterkriechen und sich aufwärmen zu können, wenn's besonders gut mit einem gemeint war: Etwas in den Magen zu bekommen.
Nicht nur ich habe es so in Erinnerung, auch Mutter. Die kleinen ostpreußischen Städte boten uns ein paar Stunden Pause, eine Nacht Schlaf, man merkte sich nicht einmal so richtig ihre Namen.
Ich sage: Wir waren damals in Heilsberg, in Landsberg, in Wormditt, in Zinten, in Braunsberg.
Mutter: In Landsberg auch? Sie hat da erhebliche Zweifel.
Aber ich war doch sicher: Sah sie und mich noch vor mir, wie wir dort auf einem Fußweg in der Nähe einer Stadtmauer oder anderen hohen Mauer gingen; und ich habe gedacht: Dies ist nicht das bekannte Landsberg an der Warthe, sondern ein anderes Landsberg.
Mutter, noch einmal: Landsberg wohl nicht?
Vielleicht habe ich den Namen nur auf einem Wegweiser in einer der Städte gelesen? Plötzlich bin ich unsicher.
Wenn ich mich 1980 auch so gut wie gar nicht mehr an das Gesicht der Städte erinnere, so doch an das Bild mancher Landstraße. Hinter Heilsberg halte ich an, fotografiere eine der lindengesäumten Straßen, die in einem sanften Rechtsbogen hügelan läuft, auf dem Gipfel des Hügels abbiegt.
Mir ist der Anblick einer solchen Straße in der größten Anschaulichkeit im Gedächtnis geblieben; nicht dieser einen vor uns, aber einer der Region: Es lag damals vor uns eine winterliche Ebene, die nach hinten (Westen) zu leicht anstieg, auf dem Kamm des sanften Hügelzugs eine Straße hatte mit den hier üblichen Bäumen, damals: kahl und anthrazit. Ich sah diese Straße aus einem Wehrmachtslaster hinaus, der uns bis zur nächsten Stadt mitnahm.
Über solche Straßen sind wir hier also damals gehetzt – vielleicht auch über die nun so schöne vor uns? Jedenfalls stellt sich in mir bei dieser Erinnerung die deutlichste Beklemmung während der ganzen Reise 1980 ein – wie uns damals die panische Angst vor einer

bedenkenlosen Soldateska im Gebiet um Heilsberg, um Wormditt, um Zinten zur Aufbietung der letzten Kräfte trieb.
Die erste Station damals war Heilsberg. Mutter erinnert sich: Wir übernachteten in einem Hotelraum, lagen auf dem Fußboden.
Und in Heilsberg, erzählt sie, trafen wir eine Frau, die berichtete: Der Russe kam in die Stadt Allenstein, und es war ein großes Durcheinander. Plötzlich war ich in einem Hof von lauter Pferden umringt, stand inmitten von Pferdeköpfen, die mich ansahen... Und da bin ich raus und gerannt, und aus der Stadt, und querfeldein, und bin entkommen...
In Heilsberg also ein Hotel, das nicht mehr gebraucht wurde, anderswo eine Schule, eine Kaserne.
Ich erinnere mich an eine Nacht in einem hohen häßlichen Raum, heute will mir scheinen: eine Art Fabrikhalle (oder Kaserne), in dem wir mit zahlreichen anderen Flüchtlingen in irgendwelchen primitiven zweistöckigen Betten lagen. Ich war aufgewacht, doch sonst schliefen wohl alle; es brannte ein ungedämpftes, aber flaues, scheußliches Licht. Der erste Gedanke, ich erinnere mich daran wie heute: Wenn plötzlich die Russen da wären! Es paßt doch sicher niemand auf, um uns zu warnen... Der zweite (und deshalb war ich wahrscheinlich aufgewacht): Es juckte mich in Hosenbundhöhe, und wie ich nachsah, fand ich Kleiderläuse und ekelte mich sehr davor...
Wie war das in jenen Tagen mit Essen?
Mutter weiß noch gut, wie wir Kinder manchmal vor Hunger geweint haben. Einmal wurde irgendwo für jeden eine Scheibe Brot ausgeteilt. Als wir jeder eine bekommen hatten, stellten wir uns hinten noch einmal an – auf so etwas achtete ja niemand mehr... In einem andern Ort wurde pro Familie ein kleines Rad eines ziemlich salzigen Käses verteilt – eine Kuriosität, die ich nicht vergessen habe.
Die größten Probleme ergaben sich für Säuglinge wie unsere Erika. Was Wunder, daß dieses kleine, arme Mädchen schwerkrank wurde; zwar noch lebte, als die Flucht zu Ende war, aber Diphterie und Scharlach gleichzeitig hatte und in einem Krankenhausbett starb.
Auch um Gerd, der wenig über drei Jahre alt war, bangten wir sehr. Der kleine Kerl saß, wenn es zu Fuß ging, auf dem Fußende des

Kinderwagens: apathisch und sterbensblaß im Gesicht. Aber er stand es durch, wurde ein großer, kräftiger Kerl.
In den nächsten Tagen also vor allem mit der Bahn von der einen kleinen Stadt zur andern – wir wußten nicht, wo die Fahrten enden würden.
Ich entsinne mich, daß einer dieser Züge unterwegs plötzlich hielt, lange stand, und in dem Waldstück wurde geschossen.
Auch das weiß Mutter genauer: Die Lok hatte nicht mehr genügend Wasser, hängte den Zug ab, um irgendwo Wasser zu fassen. Und wir standen und standen. Und das Schießen kam immer näher; bald mußten die Angreifer am Zug sein. Und die Lok immer noch nicht da! Buchstäblich im letzten Augenblick tauchte sie wieder auf; und wir fuhren weiter! Aber als wir in der nächsten Stadt ankamen, da sahen wir erst, wie oft der Zug schon getroffen worden war. Es war ein Zug mit Rote-Kreuz-Wagen, aber er war fürchterlich zerschossen worden.
Einmal wurde auf einem der Bahnhöfe einer kleinen Stadt ein Zug eingesetzt, der bestand zu einem Teil aus flachen offenen Wagen, auf denen Munitionskisten gestapelt waren. Ich weiß noch, wie ich schon eine Zeitlang auf solchen Kisten gesessen und gefroren habe – wahrhaft auf einem Pulverfaß, als Mutter wiederkam und sagte, sie hätte doch noch in einem Viehwagen Platz bekommen.
Sie ergänzt: Ingrid und du, ihr hattet Wolldecken um euch, ich weiß nicht mehr, woher wir die hatten; aber es begann zu schneien, und ihr frort fürchterlich. Da bin ich zu den Soldaten, sagte: Ich habe fünf kleine Kinder, findet sich denn wirklich kein Platz in einem geschlossenen Waggon?
Darauf einer der Soldaten: Kleine Kinder?! Weshalb haben Sie die denn nicht gleich der Katze hingeschmissen?!
Aber vielleicht gerade wegen der Äußerung dieses Dreckskerls sorgte ein anderer gleich für Platz in einem Viehwagen.
Oft waren Verwundete mit in den Wagen, und meistens auch irgendwelche hysterischen Menschen. Die Verwundeten jammerten; manche phantasierten, starben unterwegs.
Mutter erinnert an einen alten Mann, der nicht aufhörte, seiner Frau vorzuhalten: Ich hab dir ja vorgeschlagen, daß wir uns umbringen, aber du wolltest ja nicht ...

An einem Vormittag kamen wir in Wormditt oder Zinten an. Als wir den Bahnhof verließen, lag links mitten auf dem Bürgersteig eine tote alte Frau, von Schnee etwas zugeweht. Eine kleine, dunkel gekleidete Oma – ich dachte an meine Großmutter. Als wir an einem der nächsten Tage den Ort wieder verließen, lag sie noch genauso da.
So verkamen Menschen und ihre sonst üblichen Sitten.
Mutter denkt besonders an Zinten. Dort lebte ja die Familie ihres jüngeren Bruders Walter, zu dem sie immer ein besonders gutes Verhältnis gehabt hat. Sie fragte, wo deren Wohnung lag, und ein Einheimischer bot sich an: Ich bring Sie hin.
Doch die Schwägerin mit dem Kind war schon fort, auch auf der Flucht. Aber die Alten haben ihr viel Brot für uns mitgegeben. Und die wußten schon, sagt Mutter, daß der Walter tot war, gefallen Weihnachten 1944 an der Adria.
Das nun auch noch in diesen bösen Tagen. Der ihr liebste Bruder war tot.
Etwa vierzig Jahre später kann man fast sachlich einen Bericht schreiben über diese Tage zwischen dem Aufbruch in Windtken und dem Erreichen des Frischen Haffs bei Braunsberg. Man weiß ja: Es ist trotz allem gutgegangen; sortiert vom Ende her die Ereignisse. Aber damit wird man dem, was damals mit einem wirklich geschah, nur unzureichend gerecht. Man hat nicht ausreichend nachvollziehbar gemacht, was das hieß: bei Hunger, bei Durst, bei schrecklicher Kälte immer weitergetrieben werden von der panischen Angst vor Soldaten, die, wie einem damals jeder sagte, raubten, brannten, mordeten, vergewaltigten. Welche Strapazen man tatsächlich auf sich nahm. Daß man sich niemals schlafen legen konnte ohne die Furcht, im Schlaf überrascht zu werden. Ja: Dreißigjähriger Krieg...
Ich blickte noch einmal auf die Ostpreußenkarte: vierzig Kilometer etwa mit dem Pferdewagen; nach Heilsberg; 37 Kilometer von Heilsberg nach Wormditt (wenn es diese Route war); etwa 45 nach Zinten; etwa 35 nach Braunberg. Das sind wirklich keine Entfernungen, in ruhigen Zeiten und bei annehmbarem Wetter bewältigt man sie mit dem Fahrrad zum Beispiel in jeweils zwei, drei Stunden. Und ich frage mich noch einmal fast erstaunt: Das also war sie, diese schlimme Ostpreußen-Odyssee?

Wenn es doch damals nur eine solche Reihung von vier, fünf Nachmittagsausflügen gewesen wäre!

7

In Orneta (unserem Wormditt) beginne ich 1980 meiner Frau Anneliese von Braunsberg zu erzählen, nachdem wir einen Wegweiser gesehen haben: Braniewo 44 km.
An einem Vormittag kamen wir damals in Braunsberg an, sage ich; ich bin ziemlich sicher: aus Zinten.
Für den Aufenthalt wies man uns – eine Kirche an. Nach meiner Erinnerung lag sie in Ost-West-Richtung mit dem Langhaus zu einer Straße. Wir öffneten die Tür: Es war ein sehr dämmriger Raum, in den Bänken saßen schon einige Menschen. Mutter reagierte sofort sehr bestimmt: Hier bleib ich nicht, in diesem düstren Loch!
Und wir fanden in der Nähe ein anderes Gebäude, das ebenfalls den Flüchtlingen zur Verfügung stand, offenbar eine Schule.
Am Nachmittag gingen Mutter und ich in ein Gebäude einige Häuser weiter, wo Essen ausgeteilt wurde. Wir stellten uns an. Da erfolgte plötzlich ein Einschlag, Menschen schrien auf, jemand war getroffen worden. Entsetzt eilten wir zur Schule zurück.
Es war wie eine Vorwarnung. Was wir bislang auch erlebt hatten: Von einer massiven Front und von Bombenangriffen hatten wir kaum etwas mitbekommen, die Städte und Dörfer waren noch unzerstört. Nun wurde das anders. Am nächsten Vormittag begannen die Angriffe auf Braunsberg, und sie dauerten an jenem Tag wohl etwa bis Einbruch der Dunkelheit. Wir saßen im Keller unter dem Haus und bangten um unser Leben: Jeder Volltreffer konnte uns alle umbringen. Immer wieder dumpfe Einschläge, Erschütterungen; und in der dämmrigen Enge die Menschen des Hauses und ihre Angst.
Ich habe lange gemeint, es habe sich um reine Fliegerangriffe gehandelt; auch Mutter meint das. Erst nachdem ich gedruckte Berichte über jene Zeit in Ostpreußen las, wurde ich darin etwas unsicher: War es vielleicht auch schon eine Beschießung der Stadt? Bereits am 26. Januar hatten die Russen, durch das Weichseltal nach Norden

zum Frischen Haff vorstoßend, Tolkemit erreicht; von dort nach Braunsberg waren es keine zwanzig Kilometer Luftlinie.
Endlich wurde es Abend; und da hörte, wie alle gehofft hatten, das Gewummere und Gedröhne draußen auf.
Man ging nach oben, sah aus dem Haus – was war aus der Stadt geworden, die, als wir sie gestern betraten, noch ganz heil und ruhig dagelegen hatte! Nun sahen wir auf stark beschädigte Häuser, und etwas entfernt brannte es an vielen Stellen.
Wir wurden darauf aufmerksam gemacht, daß wir in Braunsberg nicht länger bleiben sollten. Und wollten wir aus dem Kessel Ostpreußen noch hinaus, so ging das inzwischen nur noch über das zugefrorene Frische Haff und die Nehrung.
Wie aber über das Haff, über die Nehrung kommen?
Wir mußten uns zu Fuß auf den Weg machen; und es war der Kinderwagen mit einem in ihm liegenden, einem auf ihm sitzenden Kind zu schieben.
Ja: Wie schlimm sah es in der Stadt aus! In der dunklen Straße zerstörte Wagen, tote Pferde, dazwischen vielleicht auch Menschen – wir stiegen, ohne näher hinzusehen, darüber hinweg...
Und wir kamen an jener Kirche vorbei, in die man uns am Tag vorher hatte stecken wollen: Das Langhaus hatte von oben bis unten einen brutalen Riß, als sei ein fürchterlicher Blitz durchs Mauerwerk gefahren – es war einer jener Anblicke damals, die man niemals vergißt.
Mutter ergänzt meinen Bericht: Um den Bahnhof Braunsberg lag, als wir ankamen, ein Halbkreis aus den »großen Geschäften« von Menschen... Wie war es dazu gekommen?
Und in jenem Gebäude (einer Schule?) lagen wir oben unter dem Dach. Und hatten einen Kerl mit in dem Raum, der war der größte Feigling von allen: Bei dem geringsten Geräusch sprang er auf und floh über die Kinder hinweg. Den mußte ich erstmal zurechtstoßen, daß er nicht einfach auf euch trat.
Und Schwester Hannelore (damals etwas über fünf Jahre alt) wirft ein: Und dort waren Läuse und Flöhe und alles mögliche...
Und Mutters Erinnerung an den Einschlag in das Gebäude, in dem wir nach Essen anstanden, deckt sich fast völlig mit meiner. Wir liefen ohne Essen zurück, sagt sie; und wieder weinten die Kinder...

Und an jenem Abend nach dem Angriff, als wir da aus dem Keller stiegen, da lagen schon im Hof alle Pferde tot.
Zuerst war die Rede davon, wir sollten nach Frauenburg gehen, fährt sie fort. Doch auch von dorther am Himmel schon Feuerschein: In diese Stadt schoß schon der Russe.
Ja: Frauenburg lag nur etwa halb so weit entfernt vom eroberten Tolkemit; diese Stadt nahm der Russe am 8. Februar ein, Braunsberg erst am 20. März.

8

Jener Fußmarsch durch die Winternacht vor vierzig Jahren aus dem brennenden Braunsberg zum Haff und weiter im Finstern über das Haff zur rettenden Nehrung: Er erscheint mir heute wie ein düsterer unscharfer Alptraum, in dem nur wenige fast gespenstische Bilder eine halbe Deutlichkeit haben.
Als ich 1983 mit meiner Mutter und meiner Schwester darüber spreche, zweifle ich an, daß wir dafür die ganze Nacht gebraucht haben. Von Braunsberg zum Haff ist es doch nicht weit, sage ich; und das Haff ist doch nicht breit. Und ich frage Mutter, ob sie mir nicht noch vor zwei, drei Jahren erzählt hat, daß wir nahe dem Haff eine Zeitlang in einem Heu- oder Strohhaufen geruht hätten. Doch darüber ist sie bloß erstaunt, kann das nicht bestätigen.
Mutter und Schwester Hannelore bleiben dabei: Wir waren die ganze Nacht auf den Beinen. Daraufhin sehe ich mir die Landkarte noch einmal an: Von Braunsberg bis zum Haff acht oder neun Kilometer, übers Eis wohl noch einmal so weit, dazu die Schwierigkeiten, es zu verlassen – doch, sie können recht haben. Mit kleinen Kindern mag man da schon eine ganze Reihe Stunden unterwegs sein.
Durch die dunkle Nacht also zur Passarge-Mündung. Und dort am Haff stand jemand, erzählt Mutter, der sagte immer wieder: Seht zu, daß ihr im Dunkeln rüberkommt! Sobald es hell wird, kommen sie...!
Menschen und Wagen auf dem Eis. Markierungen. Der Weg wollte kein Ende nehmen. An eins muß ich immer noch denken, sagt Mutter: Auf dem letzten Stück, da war plötzlich eine sehr große,

dunkle Frau (sie nennt einen Vergleich aus unsrer Bekanntschaft) neben uns mit einem schwarzen Pferd; die bot uns an, die Kinder könnten sich zu ihr auf den Wagen setzen. So eine *große* Frau und so ein *schwarzes* Pferd – ich dachte: Wie der Teufel...

Ich hatte erwartet, daß sie einen Vergleich ziehen würde, aber gemeint, sie würde sagen: Wie der Tod! Ich kannte sie ja, die Gespensterglaubigkeit der Masuren...

Wenn's denn der Teufel war: So half er uns. Und der Tod hat uns jedenfalls nicht geholt.

Aber es wurde noch sehr kritisch. Es begann nämlich zu morgendämmern, ja hell zu werden – wir mußten uns beeilen! Und wir waren auch schon nahe am rettenden Ufer, die Nehrung lag greifbar vor uns – aber da konnten wir nicht einfach an Land und in den Wald: Das Eis war, wodurch auch immer, aufgerissen, man sah Blut, ganze Fahrzeuge waren versunken mit den Pferden davor, Hufe ragten aus dem eisigen Wasser...

Und die Tiefflieger kamen! Schon begann die Beschießung völlig wehrloser Menschen; schon wurden Verwundete vom Eis geholt...

Da endlich Erde unter den Füßen! Ein Friedhof; eine kleine Kirche. Mutter wollte mit den Kleinsten in die Kirche nach dieser erschöpfenden Nacht, doch wir wurden abgewiesen: Sie war voller Verwundeter. Also eine kleine Pause auf dem Friedhof. Mutter fütterte die kleine Erika auf dem Friedhof, machte den kleinen Gerd notdürftig sauber.

Und dann reihten wir uns ein in den endlosen Wurm, der sich auf der Nehrungs-Straße nach Westen in Richtung Danzig bewegte.

Was gab uns eigentlich die Kraft, noch weiterzugehen, nachdem wir nicht geschlafen hatten, bereits stundenlang auf den Beinen waren?

Gab es einen Ort, der Vogelsang hieß? Und einen anderen namens Neukrug? Jedenfalls noch vor Kahlberg versuchte es Mutter in einem kleinen Haus rechts der Straße: Das Kind im Wagen brauchte etwas warmes Essen... Ein altes Ehepaar wies uns barsch ab.

Wir waren damals hell empört über soviel Hartherzigkeit. Denen ging es bald auch nicht besser als uns, meinte Mutter in der Zeit danach. Aber vielleicht muß man auch ein bißchen Verständnis für die Alten in ihrer Hütte haben: Wieviele der Zigtausende, die damals über die Nehrung zogen, mögen sich an die Bewohner am Weg gewandt haben? Damit konnten die kaum fertigwerden.

Weniger nachsichtig denke ich an jenes überaus egoistische ältere Paar auf einem Pferdewagen, dem befohlen worden war, Schwester Hannelore, die Fünfjährige, die von dem nächtlichen Fußmarsch ganz steif war, ein Stück mitfahren zu lassen. Die beiden sträubten sich fürchterlich dagegen, wollten sich nicht beruhigen, hätten das Kind wohl am liebsten vom Wagen geworfen.

Ich hatte vage in Erinnerung, daß wir am Abend in Kahlberg ankamen, dort übernachtet haben, und zwar in einer Kommandantur.

Mutter bestätigt das: Wir sind in ein großes Haus rein (früher ein Hotel?); aber dort gab ein Soldat uns zu verstehen: Hier können Sie nicht bleiben! Mutter stellte die Situation mit den kleinen Kindern dar, der völligen Erschöpfung, wir konnten kaum noch stehen. Da antwortete der Soldat: Aber kommen Sie ganz leise an dem Raum vorbei, in dem die Offiziere beraten! Und er brachte uns nach hinten in ein leeres Zimmer; und dort fielen wir todmüde auf den Boden.

Am nächsten Tag dann bis zum Zug nach Stutthof/Steegen, das waren wohl auch noch über zwanzig Kilometer. Am Abend, bei Dunkelheit, ging es irgendwo mit einer Fähre über die Weichsel. Daran erinnert sich Mutter genauso: War das nicht dort, meint sie, wo die kleinen Kinder in sowas wie Gepäcknetzen lagen?

Unsere letzten Tage in Ostpreußen: Sie haben uns an den Rand der völligen Erschöpfung gebracht. Übelster Winter, Hunger, Durst. Körperliche und seelische Strapazen bis zum äußersten. Um uns Rette-sich-wer-kann-Mentalität; und wenn sich mancher auf Kosten von andern rettete. Wenn jemand auf der Strecke blieb wie jene alte Frau vor dem Bahnhof: Das war dann eben so, dabei hielt sich kaum einer auf.

Wenn ich heute an unsere Flucht denke, dann zu allererst an diese wölfischen Tage in der zweiten Januarhälfte 1945, als wir uns gegen jede Wahrscheinlichkeit retteten.

9

Sonntag, der 15. Juni 1980. Anneliese und ich haben Preußisch Holland passiert und Elbing, haben kurz darauf die Grenze des früheren Ostpreußen nach Westen überschritten. Der Tag hat in Lötzen noch so sonnig begonnen wie alle Tage unsrer Reise, war eine Zeitlang sonnig geblieben; allmählich aber hat sich das Wetter zu verändern begonnen zu Dunst und Gewitter hin. Zudem wird die Landschaft, je weiter wir ins Danziger Werder kommen, immer eintöniger. Kein Waldrand mehr für eine Pause; wir essen und trinken etwas neben einer langweiligen Kuhweide.
Eine gewisse Müdigkeit, ja mehr noch Überreiztheit hat uns zu beherrschen begonnen. Was Wunder: Wir haben in den letzten vier Tagen über 1500 Kilometer im Auto zurückgelegt, haben ungewöhnlich viel gesehen; und vor allem: Die innere Anspannung, ja Erregung, die ein solches Wiedersehen nach fünfunddreißig Jahren bedeutet... Nun, da es zu Ende geht, zeigen sich Erschöpfungen.
Doch dann die Silhouette des alten Danzig! Dort der Rathausturm, die Marienkirche! Fast ist mir, als sehe ich etwas Unwirkliches. So ist das trotz der fürchterlichen Verheerungen am Ende des Kriegs nicht untergegangen!
Danzig, denke ich, während wir ins Zentrum fahren: Was für eine erstaunliche Stadt! Und eigentlich immer ein Ort zwischen Welten! Stets mehr sich selbst als sonstwem angehörend. Slawischer Ort am Anfang, dann Stätte deutscher Zuwanderer, die eine deutsche Stadt bauten. Eine Metropole des Deutschen Ordens, vor allem aber immer der Hanse. Auch der König von Polen hatte in der »polnischen« Zeit der Stadt nicht mehr als nur geringfügige Hoheitsrechte. Am Ende des achtzehnten Jahrhunderts die Vereinigung mit Preußen, 1920 die unglückliche Herauslösung aus dem Deutschen Reich, »Freie Stadt«. Und dann 1945 auch hier die grauenhaften Ereignisse wie in allen Orten des deutschen Ostens – man kann das zum Beispiel in Wolfgang Pauls Buch »Der Endkampf« nachlesen. Nach Kriegsende der erstaunliche Aufbau der historischen Altstadt. Aber alles soll heute den Eindruck erwecken, als sei Danzig schon immer nur von Polen geprägt worden.
Wie verträgt sich das jedoch zum Beispiel mit der Tatsache, daß die

Amts- und Umgangssprache immer deutsch war? Es ist also nicht die historische Wahrheit.

Auch das erscheint mir seltsam unwirklich: daß wir in dieser Stadt vor fünfunddreißig Jahren eine Zeitlang gelebt haben. Damals, als das Danzig deutscher Menschen angefangen hatte, einen qualvollen Tod zu sterben.

Aber im nachhinein erscheint mir diese Stadt im Februar 1945 noch wie ein Stück heile Welt, eine Oase der Ruhe gewesen zu sein. Nach den mühevoll durchgestandenen elenden Tagen hatten wir scheinbar ein rettendes Ufer erreicht.

Wir kamen eines Nachts oder gegen Morgen an. Wurden zunächst in ein Kino gesteckt. Kamen dann in ein schönes Bürgerhaus: Man gönnte uns etwas gute Erholung. Wir bekamen ein großes Stück Soda, erinnert sich Mutter, um uns endlich mal wieder richtig reinigen zu können.

Und wir haben damals sogar in der historischen Altstadt gewohnt! Danzig/Reitbahn einundzwanzig, habe ich als Zehnjähriger gereimt. Bevor wir fünfunddreißig Jahre danach in den Osten fahren, habe ich in den Baedeker des Jahres 38 gesehen, dort im Danzig-Stadtplan die Straße An der Reitbahn gefunden und mir eingeprägt, an welchen wohl immer noch vorhandenen berühmten Gebäuden ich mich orientieren muß, um sie, die, wie natürlich alle Straßen, heute polnisch bezeichnet sein würde, wiederzufinden.

Ich finde sie aber nicht. Das Gebiet erscheint mir sehr verändert. Ist sie zerstört worden, hat man neu gebaut?

Trat man damals aus dem Haus, ging ein kleines Stück rechts hinunter, so hatte man schon das herrliche Zentrum des alten Danzig erreicht: die Langgasse, die zum Langen Markt führte. Man sah in eine schöne Straße, sah links den eleganten, fast zierlichen Turm des Rechtstädtischen Rathauses (an dieses Gebäude habe ich die deutlichste Erinnerung behalten), ein Stück dahinter den nicht einmal ganz so hohen, doch durch seine Wuchtigkeit stark wirkenden, der backsteingotischen Marienkirche.

Anneliese und ich gehen schon kurz nach der Ankunft durch eben dieses großartige Zentrum, das an dem Sonntag lebendig voller Menschen ist. Ich fotografiere die Tore, die Fassaden, den Neptunbrunnen.

Später das mittelalterliche Krantor, die Frauengasse mit ihren einzigartigen Beischlägen, die Marienkirche. Es erstaunt uns, daß im Boden des mächtigen Gotteshauses auch ein Gedenkstein mit einem deutschen Namen zu finden ist: daß nicht auch hier die historische Wahrheit vollständig »korrigiert« worden ist.

Hannelore behauptet 1983: Wir hatten 1945 Karten für die »Gustloff«, aber dann wurden wir nicht mitgenommen. Sie weiß nicht, weshalb nicht. Mutter kann das nicht bestätigen; und auch mir ist, als höre ich das zum erstenmal.

Die »Gustloff« ist bekanntlich mit Flüchtlingen untergegangen.

Mich beschäftigt auch daran, wie sich Erinnerung in uns verändert. Manchmal zieht sie offenbar bekannte Ereignisse der Zeit, mit denen man einst nichts zu tun hatte, allmählich in die persönlichen Erinnerungen hinein. Um sie aufzuwerten?

Denn eine Fahrt mit der »Gustloff« kann für uns nicht zur Debatte gestanden haben. Das Schiff legte (nach Dieckert/Grossmann) am 30. Januar in Gotenhafen ab, sank in der folgenden Nacht. Zu diesem Zeitpunkt befanden wir uns mit an Sicherheit grenzender Wahrscheinlichkeit noch in Ostpreußen. Der 30. wäre theoretisch der frühestmögliche Tag unserer Ankunft in Danzig; doch es ist wahrscheinlicher, daß wir erst Anfang Februar hier eintrafen.

Und man hätte nicht gerade Eile gehabt, uns sofort Karten für eine Reise mit der »Gustloff« in die Hand zu drücken, nach denen sich bekanntlich vor allem Nazibonzen für sich und ihre Spezis gerissen haben.

Schon als wir an jenem Sonntag 1980 auf das Hotel »Monopol« zufahren, sehe ich auf der andern Straßenseite den Hauptbahnhof liegen. Ich erkenne ihn sofort wieder, sehe deutlich vor mir das Spruchband von Februar 1945 über seinem Eingang: »Räder müssen rollen für den Sieg!«

Das klang in den Tagen, da unser Ostpreußen unterging, schon wie Hohn. Glaubte denn noch irgendwer an einen deutschen Sieg?

Offenbar ja. Im Erdgeschoß des Hauses, in dem wir wohnten, war eine Kommandantur untergebracht. Wir benutzten dort eine Küche, so stieß man aufeinander, kam ins Gespräch. Ich erinnere mich an einen jungen Idealisten, Offizier, der Prosa schrieb (ich habe Manuskripte von ihm auf dem Flur liegen gesehen).

Mutter entsinnt sich: Ein Leutnant; er sagte, seine Frau mit zwei kleinen Kindern hätte nun dasselbe Schicksal wie wir. Mutter meinte zu ihm: Der Krieg ist doch wohl verloren. (Überflüssig zu sagen, wie gefährlich für einen damals eine solche Äußerung war.)
Da straffte er sich: Der Krieg sei selbstverständlich *nicht* verloren. Und konsequenterweise müsse Mutter sich das Leben nehmen, wenn wir ihn gewännen – so wie er sich das Leben nehmen werde, wenn wir ihn gegen alle Wahrscheinlichkeit doch verlören.
Aber die Russen marschieren doch nach Berlin, sagte Mutter.
Und sie werden *in* Berlin sein und wir werden trotzdem gewinnen! antwortete er.
Trotz allem ein feiner Mann, sagt Mutter in Erinnerung an ihn.
Ich hoffe, daß er im Lauf der nächsten Wochen den Unfug noch aus seinem Kopf verlor und am Leben blieb.
Anneliese und ich gehen vom Monopol zum Bahnhof, betreten das Gebäude, sehen auf die Bahnsteige.
Von diesem Bahnhof ging es nach mehreren Wochen der Ruhe und Regeneration, wohl etwa vier Wochen, viel komfortabler weiter, als es ein Fußmarsch über Haff und Nehrung gewesen war. Auf diesen Bahnhof wurden wir eines Tages bestellt, es stand ein schöner Personenzug da, er sollte uns endlich erheblich weiter nach Westen, nach Kolberg, bringen.
Die Zeit der Abreise ist nicht in unserer Erinnerung, aber sie läßt sich rekonstruieren: Sie lag unmittelbar vor dem russischen Vorstoß in Pommern zur Ostsee, und der erreichte am 4.3. das Meer bei Köslin. Damit war unser beabsichtigter Weg blockiert.
Wir fuhren bei Tag und Nacht, es war tatsächlich eine angenehme Reise. Wir kamen nach Stolp, nach Schlawe.
Diesen Namen habe ich vor allem im Gedächtnis behalten: denn dort stand der Zug länger – und fuhr dann zurück!
Fuhr nicht nur ein kleines Stück zurück, sondern wieder durch Stolp, durch Lauenburg – und bis Gotenhafen (wie das heutige Gdynia damals hieß).
Das deprimierte uns sehr, zumal wir über die Hintergründe und weiteren Möglichkeiten für uns damals nichts erfuhren.
Wir hatten dem immer stärker gefährdeten Danzig entfliehen wollen – und waren bis vor die Tore Danzigs zurückgekehrt.

10

Das Fährschiff von Danzig nach Travemünde, die schwedische »Peter Pan«, fährt 1980 von Novy Port ab. Das hieß früher, ich erinnere mich daran, Neufahrwasser, sage ich zu Anneliese; und dort muß doch auch die Westerplatte liegen, wo die Polen 1939 Soldaten und Militär hatten und wo dieser unsinnige und so fürchterliche Zweite Weltkrieg mit dem deutschen Überfall hier begann.
Im Fährhafen steht man lange herum, tauscht mit anderen Ostpreußen-Reisenden Erfahrungen aus. Die unterschiedlichsten Temperamente und Haltungen werden deutlich. Die Regel ist: ruhige, gelassene, von der alten Heimat wieder tief beeindruckte Menschen; einige waren auf Höfen in Familien, bei Deutschen wie bei Polen. Aber zum Beispiel auch ein Angeber, der alle Polen für etwas beschränkt hält, man kann sie jederzeit ohne große Anstrengung übertölpeln, und für etwas deutsches Geld bekommt man ohnehin alles. Und es fehlen natürlich auch nicht die rücksichtslosen Ellenbogen-Deutschen heutiger Machart, die auch an einem solchen Ort nicht anders können, als andre übervorteilen wollen.
Und dann legten wir ab. Ich hatte Ostpreußen nach fünfunddreißig Jahren wiedergesehen. Und nun war auch das zu Ende.
So wie 1945 so vieles zu Ende ging, als wir aus der Danziger Bucht doch noch hinauskamen.
Wir bleiben an Deck: Dort hinten im Dunst liegt das frühere Gotenhafen, sage ich zu Anneliese. Als wir dort im März 1945 buchstäblich in der letzten Stunde doch noch einen Platz auf einem Schiff bekamen, waren wir endlich gerettet.
Das war natürlich eine ganz andere Reise als die heutige mit Schlafkabinen, Speisesälen und Einkaufskiosken. Wir lagen in den schmutzigen Räumen eines Frachters wie Sardinen in der Dose, etwa fünftausend Menschen auf einem nicht großen Schiff. Und wir fürchteten uns vor Flugzeugen, Minen und Torpedo-Angriffen, es waren schon Tausende Flüchtlinge untergegangen.
Lag es damals an der Jahreszeit, dem tristen Spätwinter? Gotenhafen ist mir als ein ziemlich unattraktiver Ort in Erinnerung geblieben.
Wir wohnten in einem barackenähnlichen Gebäude an der unansehnlichen Hauptstraße nach Westen, Pommern, zu.

Scheint es mir erst aus der großen Distanz, als hätten wir damals in Gotenhafen eine End-Zeit erlebt mit allen deutlichen Charakteristiken einer solchen Zeit? Der Zehnjährige, mittendrin, sah es wohl auch, wertete es aber noch nicht so. Ich erinnere mich zum Beispiel, daß mir unser Raum in der Baracke nicht übel gefiel, ich zu Mutter sagte: Hier bleiben wir, bis der Krieg zu Ende ist!
Ich weiß noch gut, daß sie darauf nicht antwortete.
Schlecht war das Essen, das wir einige Häuser weiter holen konnten. Manches trieb einem nur der ärgste Hunger in den Leib. Eines Tages stank die Suppe derart, daß niemand sie essen mochte. Nur ich sagte: Ich hab Hunger! und band mir einen Schal um die Nase und löffelte... Ausgerechnet du, sagt Hannelore, die sich fast vierzig Jahre später noch genauso an diese Episode erinnert – wo du doch immer so empfindlich warst! Und sie weiß: Es war eine übelriechende Sauerkohlsuppe.
Wie sehr das übliche Verhalten kaum noch galt, mag eine Kleinigkeit belegen. Ich war, wie gesagt, zehn; und von irgendwo hatte ich eine Zigarette. Und die rauchte ich ungeniert vor meiner Mutter; und sie sagte nichts dazu. Vor wenigen Wochen noch wäre so etwas undenkbar gewesen, das eine wie das andere.
Was mich damals am meisten entsetzt hat und lange wie ein Alptraum verfolgte: Daß man an Straßenbäumen Soldaten erhängte, die wohl nicht mehr hatten kämpfen wollen. Auf der Brust befestigte man ihnen ein Pappschild, das auf ihre angebliche Feigheit hinwies. Gingen wir aus der Baracke auf die Straße, so hing einer dieser Männer nur ein kleines Stück hinunter; glücklicherweise mußten wir zum Essenholen nach rechts. Er trug eine Kapuzenjacke, die Kapuze hing ihm auf den Rücken. Es vergingen danach viele Jahre, in denen ich es nicht fertigbrachte, ein Kleidungsstück mit einer Kapuze anzuziehen.
Es gab auch Begegnungen, die nahegingen und unvergessen blieben. Mutter erinnert sich an einen Offizier, der sich nach ihrer Schilderung, was wir schon durchgemacht hatten, wegdrehte, um Tränen zu verbergen, und vor sich hinsprach: Wie soll denn da noch der Krieg gewonnen werden, wenn alles so läuft... Später hat er uns noch etwas Brot für die Schiffsreise besorgt; in seinem Auftrag hat uns ein Soldat noch am Schiff gesucht und es uns gebracht.

Es ging auch mit Gotenhafen zu Ende.

Hinter den Gebäuden an der Straße lag eine Anhöhe mit Wald. Dort sah man eines Tages Soldaten mit Panzerfäusten umherlaufen. Auf Mutters Frage, was das bedeute, hieß es: Die üben...

Was natürlich Unsinn war: Damals übte man dort nicht mehr.

Der Ring um Danzig und Gotenhafen wurde immer enger. Wieder, wie in Braunsberg, saßen wir in einer Frontstadt, aus der es nur noch einen Ausweg gab. Die Fliegerangriffe begannen, wir mußten in einen Bunker laufen. Da er zu weit weg war, blieben wir bald sicherheitshalber ganz dort.

Mutter war immer wieder unterwegs, um Schiffskarten zu bekommen. Wieder war es allerhöchste Zeit geworden, wollten wir nicht doch noch den Russen in die Hände fallen.

Als wir die heißersehnten Karten endlich hatten, schossen die feindlichen Geschütze schon in den Ort. Heute kann man nachlesen, daß der russische Marschall Rokossowski sich am 24. 3. an die kämpfenden Deutschen mit der Verlautbarung wandte, man habe Zoppot genommen und damit Danzig von Gotenhafen getrennt, und man beschieße die Häfen beider Städte »und die Einfahrten zu denselben«.

Als wir uns zum genannten Gotenhafener Hafenbecken durchgefragt hatten, fanden wir es leer vor: Von dort ging der Beschießung wegen kein Schiff mehr ab. Wir wurden in ein entfernteres Becken geschickt. (Ich meine, die Zahlen drei und sieben hätten damals eine Rolle gespielt – aber waren es wirklich diese besonderen?) Doch in jenes entfernteres Becken mußten wir über leeres Sandgelände, und in dieses Gelände schlugen Granaten... Da war nun wieder die Mutter mit den fünf Kindern in größter Gefahr, das jüngste von ihnen wurde im Kinderwagen geschoben, das dreijährige saß auf ihm – und so liefen wir um unser Leben.

Und Mutter weiß noch, daß eine Granate sich in nächster Nähe in den Boden bohrte (sie sagt sogar: *zwischen* uns), aber nicht explodierte... Im übrigen waren wir die reinsten Frontstadt-Experten inzwischen, Soldaten hatten uns erklärt: Wenn ein Geschoß mit einem singenden Ton über einen wegzog, dann war es nicht die größte Gefahr; aber wenn es sich mit einem Gurgelton näherte: dann nichts wie sich hingeworfen...

Wie durch ein Wunder blieben wir alle unverletzt.
Wir näherten uns wieder Häusern. Ein Soldat winkte uns herbei: Schnell! Hier rein! Das Haus war voller Verwundeter. Der Soldat stand beim Eingang und beobachtete die Lage draußen. Als das Schießen plötzlich aufhörte, sagte er zu Mutter: Jetzt weiter!
So kamen wir zu den Schiffen.
Es lagen mehrere imposante Schiffe am Kai. Und Tausende von Menschen standen noch vor diesen Schiffen, um bei dieser letzten großen Anstrengung der Marine doch noch der sich anbahnenden Hölle zu entrinnen. Die Frauen, die alten Männer, die Kinder wurden beruhigt: Es kommen alle mit!
Aber feindliche Flugzeuge versuchten die ganze Zeit über, das Verladen zu stören: Sie näherten sich, schossen, warfen Bomben. Mutter und ich erinnern uns übereinstimmend daran: Wir bewunderten die Matrosen auf den Türmen der Zwillings- und Drillingsflak, die Lieder pfiffen, als sei das Ganze bloß eine Schießübung – und dabei die Russen sehr gut auf Distanz hielten. Man konnte beobachten, wie die Flugzeuge von allzu fern schossen, ihre Bomben weit hinten ins Wasser warfen, lieber nicht in Reichweite dieser Flak kamen... Aber sobald Flugzeuggeräusche zu hören waren, versuchte ein Teil der noch an Land Wartenden, in den Schutz einiger auf dem Kai herumstehender Eisenbahnwagen zu kommen – eine zweischneidige Sache: Danach standen die hinten...
Aufs Ganze gesehen: Weder das Verladen noch das nächtliche Auslaufen wurde ernstlich behindert.
Hannelore über unser Schiff: Ein Kohlentransporter, oben abgedeckt. Ja, ein Transporter; wir lagen in düstren Laderäumen.
Wißt ihr noch, wie das Schiff hieß? frage ich achtunddreißig Jahre später Mutter und Hannelore. (Ich will wissen, ob sich meine Erinnerung bestätigt.)
Kurzes Nachdenken. Dann sagt Mutter: Jensen.
Ja! rufe ich erleichtert aus. Albert Jensen, Hamburg.
Nach Einbruch der Dunkelheit fuhren wir an jenem späten Märzabend 1945 in die Danziger Bucht hinaus. Hielten noch einmal. Wir warten noch auf die Schiffe aus Danzig, sagte ein Seemann. Und hoffentlich kommen wir heil um Hela herum, sagte er (oder ein anderer).

Wie lange sind wir eigentlich gefahren? fragt Mutter. Zwei Tage und drei Nächte oder drei Tage und zwei Nächte? Das weiß ich genau, sage ich: Zwei Tage und drei Nächte. Am ersten Tag haben wir auf dem Schiff noch Erbsensuppe bekommen, erzählt sie; dann hatten sie nichts mehr.

Es war ein Konvoi von mindestens einem halben Dutzend Schiffen voller Flüchtlinge; ich erinnere mich an Namen: Cap Arkona, Robert Ley, Graf Spee. Rechts und links schnellere Kriegsschiffe, voraus Minensucher (die tatsächlich einmal den Geleitzug stoppten und Minen beseitigten). Ein schwedisches Schiff war auch dabei, behauptet Mutter.

Zwei Tage und drei Nächte? fragt Anneliese erstaunt, die an die heutigen nicht einmal vierundzwanzig Stunden von Danzig nach Travemünde denkt.

Am Tag standen wir ja oft, erklärt Mutter. Aber es war eine gute Überfahrt, ganz ruhige See. Zuerst sollten wir wohl nach Dänemark; aber war eins unserer Schiffe nicht in Ordnung?

Als wir nach der dritten Nacht an Deck kamen, lagen wir in einem Hafen. Es war das mecklenburgische Warnemünde. Alles erschien auf einmal ohne unmittelbare Gefahr und Hast. Unendlich erleichtert und ruhig gingen wir von Bord.

Und an Land war alles gut organisiert: Rote-Kreuz-Frauen versorgten uns mit Frühstück; und dann fuhren wir noch am selben Vormittag mit einem guten Personenzug los. Und fuhren noch einen weiten Weg über Rostock, Schwerin und Hamburg-Harburg nach Stade an der Niederelbe. Dort kamen wir unmittelbar vor Ostern 1945 an, wenn ich mich recht erinnere: am Gründonnerstag.

Im letzten Herbst hatten wir unser idyllisches Schwarzberge verlassen, im ärgsten Winter das ermländische Windtken. Nun erst, im beginnenden Frühjahr, war unser Umherirren zu Ende.

11

Nichts hat das Leben der meisten ostdeutschen Menschen so sehr verändert wie die Flucht oder die Vertreibung infolge des verlorenen Zweiten Weltkriegs. Belasse ich es beim Blick auf *mein* Leben: Der

Verlust der Welt meiner Kindheit, in der ich 1935 geboren wurde und bis in den Herbst 1944 wie in einer Oase der Friedlichkeit aufwuchs, das Hineinfindenmüssen in eine andere Welt westlich von Weichsel, Oder und Elbe war eine Operation gravierendster Art. In der bäuerlichen, unaufgeregten Umgebung Masurens wäre ich wohl ein etwas anderer geworden; nur ist es müßig, darüber zu rätseln, inwiefern, in welchem Ausmaß.

Wie sehr Niedersachsen oder Westfalen andere Welten sind als Masuren, ist mir 1980 auf der Reise durch die eigentliche Heimat noch einmal bestätigt worden.

Ich vermag das Abschiednehmenmüssen von dem Land im äußersten Osten des früheren Deutschen Reiches nicht zu sehen ohne das Vorher und das Nachher: Nicht der Vorgang des Verlierens allein kommt mir in den Blick, sondern immer auch das, was verlorenging (aber nicht ganz verloren), und das, was nach einer Situation der brutalen Zerstörung an seine Stelle treten mußte.

Die ersten Jahre im Westen Deutschlands, genau bezeichnet: sieben Jahre im Nordosten Niedersachsens, zähle ich zu den trübsten des bisherigen Lebens, noch beim Drandenken bedrückend. Und für den Heranwachsenden zwischen dem zehnten und dem siebzehnten Lebensjahr war das ja nicht gerade ein unbedeutsamer Abschnitt. Heute kann man auch in Büchern etwas über den »beschämenden Empfang der Flüchtlinge und Vertriebenen im Westen« lesen; wir aber hatten das damals durchzustehen: daß man uns behandelte wie davor vielleicht Zigeuner, später Türken. Ich weiß noch gut, was für eine Sensation im Dorf die erste Heirat zwischen einem Einheimischen und einem Flüchtlingsmädchen war, nachdem diese Flüchtlinge immerhin schon Jahre neben den Eingeborenen lebten. Es ist kaum zu sagen, wieviel verletzender Gedankenlosigkeit, ja Beschränktheit und auch Böswilligkeit wir damals ausgeliefert waren. Im Nachhinein entdeckt man in jener Überheblichkeit der Einheimischen viele kleinkarierte und lächerliche Züge; damals in der unmittelbaren Konfrontation damit aber hat sie uns ein ums andere Mal beleidigt. Von der »Volksgemeinschaft«, die die herben Verluste der Menschen des Ostens, die ja eine »Bestrafung« *aller* Deutschen sein sollten, hätte gemeinsam tragen müssen, in der Regel nicht die Spur. Die sehr wenigen guten Ausnahmen in einem im Menschlichen so enttäuschenden Ort haben wir um so dankbarer in Erinnerung behalten.

Nach etwa drei Jahren kam Vater aus russischer Gefangenschaft zurück; das war in vielerlei Hinsicht ein Ereignis zum Besseren hin. Auch er wußte bald, daß wir in jener Umgebung nicht auf Dauer existieren konnten, und so siedelten wir 1952 um ins Süddeutsche.

Und Oberschwaben war, wie erhofft, wieder eine viel erfreulichere Welt! Man mochte sie auf den ersten Blick als uns Ostpreußen noch ferner liegend halten, im Grunde aber gab es bei allen äußerlichen Unterschiedlichkeiten erhebliche Übereinstimmungen. Obwohl ich dort nur drei Jahre gelebt habe, dann zum Studium von zu Hause fortging und anschließend eine Anstellung im Westfälischen fand, empfinde ich diese Region Deutschlands als eine Heimat wichtiger Jugendjahre.

Mein Weg und der meiner Geschwister (wie ja fast aller Flüchtlinge und Vertriebenen) ist ähnlich verlaufen: Wir haben diesseits von Oder und Elbe unsere Wohnungen und Häuser, unser gutes Auskommen gefunden, sind quasi zu Etablierten des deutschen Westens geworden.

Über das Schwere der Vergangenheit ist viel Zeit hinweggegangen, Jahrzehnte haben sich darüber gelegt. Unsere Kinder wurden hier im Westen geboren, scheinen ganz Geschöpfe dieser Welt zu sein. Und in unserer Heimat im Osten wurden inzwischen viele Kinder anderer Völker geboren. Das nicht zu sehen, hieße, sich nicht den Wirklichkeiten stellen.

Erst wenn man das alles miteinander nimmt: die frühen Jahre der Kindheit noch daheim in Masuren und die schlimmen letzten Wochen in Ostpreußen und die Jahre danach und das Heute: Erst dann ist der Verlust der Heimat nicht etwas aus dem Zusammenhang Herausgelöstes, sondern er zeigt sein Gewicht im Verlauf eines Lebens, und es kann so etwas wie eine Wertung erfolgen.

Und es gehört eben auch das Wiedersehen der masurischen Heimat 1980 dazu, von dem ich hier mit erzählt habe und das ja nicht nur schmerzliche Erinnerungen heraufrief, sondern mich im Guten beeindruckt hat wie kaum ein Ereignis seit vielen Jahren und immer noch bewegt. Es war ja auch die *Wiedergewinnung* von Verschüttetem oder verloren Geglaubtem, das ich, auf einen kurzen Nenner ge-

bracht, *das Masurische* nennen möchte. Was ich damit meine, soll hier nur angedeutet werden: Die dortigen Bilder der Landschaft und kaum veränderten Orte, soweit sie erhalten blieben, und unser tiefes Verhältnis zu dieser Natur und dem in Jahrhunderten Gewachsenen – kein »grünes« Theoretisieren kann zu etwas Vergleichbarem führen. Und unser so schlichtes, gleichsam in Bescheidenheit selbstverständliches Leben (das aber nichts zu tun hatte mit Dichterfantasien vom »einfachen Leben«). Wir lebten zweifellos zufriedener, ruhiger, man möchte sagen: beseelter, als die meisten heute mit ihrem viel größeren materiellen Wohlstand und alltäglichen technischen Komfort (von dem manches doch bloß Schnickschnack ist). Daheim in Masuren wurde mir all das so richtig bewußt.
Und je mehr das heutige westliche Leben in Richtung eines seelischen Nullpunkts driftet, um so kräftiger erscheint mir das Masurische als ein bedenkenswertes Gegenbild dazu.
Schließlich: Der Bericht über unsere Flucht, den ich hier zu geben versucht habe, will nicht konkurrieren mit den vielen andern Berichten, die unmittelbar nach den Ereignissen bei noch sehr frischer Erinnerung entstanden; oder die auf Briefen und Tagebüchern basieren. Er geht, im Gegenteil, ganz bewußt von der Gegenwart aus und einer nur noch lückenhaften und in manchem vielleicht nicht mehr zutreffenden Erinnerung: Und fragt, was denn von so etwas Schlimmem über Jahrzehnte im Gedächtnis bleibt, in einem weiterlebt, vielleicht bis heute das Verhalten beeinflußt. Und immer noch Alpträume auslöst. Kurz: welchen Stellenwert das eigentlich auch jetzt noch hat.
So gesehen fällt er etwas aus dem Rahmen. Aber vielleicht ist das ja nicht nur ein Nachteil.

II
Der Untergang der Hauptstadt Königsberg

General Otto Lasch

Endkampf und Kapitulation Königsbergs

Der Endkampf

In der Beurteilung der nunmehr zu erwartenden weiteren russischen Angriffsabsichten ergaben sich zwischen den Ansichten des neuen Oberbefehlshabers und meinen eigenen erhebliche Meinungsverschiedenheiten. Der Stab der 4. Armee befürchtete einen russischen Angriff unter Umgehung Königsbergs direkt auf Pillau. Offensichtlich war das auch die Veranlassung für das Herauslösen der 5. Panzer-Division, der 1. Infanterie-Division und weiterer Kampfverbände aus dem Befehlsbereich der Festung gewesen. Wir in der Festung waren im Gegensatz hierzu der Überzeugung, daß der Russe sich zunächst mit seinen Hauptkräften der Festung Königsberg zuwenden würde. Gegen die Festung war nach Zertrümmerung des Heiligenbeiler Kessels die gesamte 3. Weißrussische Front unter Marschall Wassiljewski mit mehreren Armeen, darunter der besonders kampfkräftigen 11. Garde-Panzer-Armee, aufmarschiert. Auch mögen nach dem Fall von Danzig Ende März noch dort eingesetzt gewesene Sonderverbände hinzugezogen worden sein. Schon während der letzten Kampftage im Kessel der 4. Armee beobachteten wir eine Umgruppierung dort frei gewordener starker Verbände rings um die Verteidigungsfront der Festung. Mit offenen Scheinwerfern bewegten sich des Nachts die russischen Mot.-Kolonnen unbehindert durch unsere Festungs-Artillerie, die infolge ihres grotesken Munitionsmangels diese Bewegungen nicht einmal zu stören in der Lage war. Mußte doch jede einzelne Granate für den Endkampf aufgespart werden. In aufgefangenen Funksprüchen verabredeten sich russische Kommandeure zu einem Wiedersehen in Königsberg.
Der russische Aufmarsch erfolgte gänzlich ungehindert und kaum getarnt. Die deutsche Luftwaffe war damals zu keiner Aktion mehr fähig. Die feindlichen Panzer kurvten trotz ausreichender Schußent-

fernung ungehindert durchs Gelände, und auch die Infanterie konnte ungestört ihre Bereitstellungsräume erreichen. Die früher mit Erfolg geübte Taktik der Rückverlegung der eigenen HKL vor einem erkannten Angriff, der dann mit viel Aufwand ins Leere stieß, verbot sich, weil einfach kein Platz zum Ausweichen mehr vorhanden war. Auch alle sonst üblichen Aushilfen mußten in dieser Lage versagen. Aber schon mit Rücksicht auf die Königsberger Bevölkerung, die immer noch gläubig auf ihre Wehrmacht vertraute, mußte der Versuch, die Festung zu verteidigen, unternommen werden. Vielleicht ergaben sich doch noch Möglichkeiten, die Zivilbevölkerung unter dem Schutz ihrer Verteidiger zunächst ins Samland und dann über Pillau ins Reich und nach Dänemark hinüber zu retten.

Das Verhältnis der eigenen und der gegnerischen Kampfkraft war besonders hinsichtlich der Luftstreitkräfte grotesk. Etwa ein Drittel der gesamten russischen Luftflotte war unter dem Befehl ihres Luftmarschalls zusammengezogen worden, und diesem Aufgebot stand nicht mehr ein einziges deutsches Kampfflugzeug gegenüber. Die eigene Flak litt an Munitionsmangel und mußte sich notgedrungen nur auf den Erdkampf einstellen. Besonders kraß war auch die artilleristische Überlegenheit des Gegners, vor allem was die Munitions-Ausstattung betraf, die bei uns nur für einen einzigen Großkampftag ausreichte und für diesen seit Beginn der Belagerung hatte aufgespart werden müssen. Den insgesamt etwa 30 russischen Schützen-Divisionen standen nur 4 neu aufgefüllte eigene Divisionen und der Volkssturm gegenüber, so daß auf etwa 250 000 Angreifer nur rund 35 000 Verteidiger kamen. Nach dem Abzug der 5. Panzer-Division war das Verhältnis der Panzerkraft wie 1:100. Eine einzige Sturmgeschütz-Kompanie war der Festung noch verblieben. Die materialmäßige Überlegenheit des Gegners rührte zum Teil auch aus den Waffenlieferungen der USA her. Sherman-Panzer und amerikanische Flugzeug-Typen tauchten auf, ganz zu schweigen von der sonstigen Ausrüstung aller Art. Sogar eine französische Fliegerstaffel wirkte am Endkampf um Königsberg mit, wie aus einer Feier anläßlich der 10jährigen Wiederkehr der Einnahme von Königsberg offenbar wurde.

Beim Marsch in die Gefangenschaft durch das Aufmarschgebiet wurde das Maß der Überlegenheit, das man bisher nur vermuten konnte, durch Augenschein so recht offenbar. In dem Ring um Königsberg stand Geschütz neben Geschütz mit gewaltigen, noch unverschossenen Munitionsstapeln. Im Gegensatz zu der von der Obersten Führung immer behaupteten Leere des Hinterlandes war jede Ortschaft mit Truppen vollgestopft. Der nachfolgende Bericht eines Regiments-Kommandeurs läßt das russische Massenaufgebot in anschaulicher Weise erkennen:

»Wohl mit Absicht führte man uns nach der Gefangennahme kreuz und quer durch die russischen Stellungen. Ich habe nur immer gestaunt. So einen Artillerie-Aufmarsch hatte ich noch nie gesehen. Geschütz neben Geschütz, Batterie hinter Batterie, alle Kaliber waren vertreten, Munition in Massen. Ein Panzer stand neben dem anderen, eine Stalin-Orgel neben der anderen. Die meisten dieser Waffen waren noch gar nicht zum Einsatz gekommen. Auf den Straßen und Wegen wälzten sich immerfort Marschkolonnen aller Waffengattungen vorwärts in Richtung Königsberg. Jede Straßenkreuzung, jede Straßengabel war durch weibliche Verkehrsposten besetzt, die mustergültig den Verkehr regelten. Überall an den Straßenschildern russische Beschriftung, Wegweiser, Truppenbezeichnungen usw. Jedes auch noch so kleine Waldstück, jedes Gehöft, jedes Dorf war besetzt. Wo wir auch hinkamen, überall russisches Militär. Selbst wenn uns die Flucht aus Königsberg gelungen wäre, wir wären keine 1000 Meter weit gekommen, ohne auf Russen zu stoßen. Der weitere Marsch führte mich quer durch Ostpreußen. Hunderte von Kilometern und immer dasselbe Bild!«

Am 2. April erschien in meinem Gefechtsstand am Königsberger Paradeplatz General Müller in seiner Eigenschaft als neuer Oberbefehlshaber im Samland. Erstaunlicherweise war er trotz seiner Erlebnisse im Heiligenbeiler Kessel noch voll Illusionen und konnte meine pessimistische Beurteilung der Lage durchaus nicht verstehen. Er verlangte die Versammlung aller Divisions- und selbständigen Kommandeure und vor allem aller Parteiführer. Ihnen hielt er sodann im Keller des Universitätsgebäudes eine schwungvolle, von höchstem Optimismus und der Überzeugung vom Endsieg getragene Rede. Er würde die aus den letzten Kämpfen der 4. Armee lediglich mit einer geringen Anzahl von Handfeuerwaffen geretteten Soldaten in einer neuen Kampfgruppe zusammenfassen, sie ausrüsten und nach Königsberg verlegen. Von hier aus würde dann ein neuer, groß angelegter Angriff erfolgen, der den Russen aus Ostpreußen vertreiben würde. Auf meinen Einwurf, daß zumindest vier bis fünf kampfkräftige Divisionen erforderlich seien, um auch nur einen größeren Teilerfolg zu erzielen, wußte er allerdings auch nicht, wo er diese Verbände hernehmen würde. Er meinte aber, das würde schon alles werden.

Am Schluß einer persönlichen Aussprache eröffnete er mir dann, daß ich selbst demnächst abgelöst werden würde. Man hätte den Eindruck, daß ich nicht mehr das genügende Vertrauen in die Verteidigungskraft der Festung hätte, daß aber hier nur ein völlig unbeeinflußter Führer am Platze sei. Auf meine Frage, wann ich mit meiner Ablösung rechnen könnte, meinte er, es seien noch einige Schwierigkeiten zu überwinden, weil die bisherigen Oberbefehlshaber so gute Beurteilungen über mich abgegeben hätten, daß er damit zunächst nichts anfangen könnte. Er habe aber »einen langen Arm« und würde meine Ablösung unmittelbar beim Führer beantragen. Es blieb dies die einzige Unterredung, die ich mit General Müller gehabt habe.

Ein Stoßtruppunternehmen zur Klärung der Feindlage brachte uns in diesen Tagen durch die Aussage zweier Gefangener die Gewißheit, daß der Russe in den nächsten Tagen zum Großangriff auf Königsberg antreten würde. Es stand nur nicht fest, ob der Angriffstermin schon der 5. oder erst der 6. beziehungsweise 7. April sein würde.

Bei dem Durcheinander von Truppe und Zivilbevölkerung war natürlich auch der Feind in der Lage, zahlreiche Spione in die Festung zu entsenden und sich ein genaues Bild über unsere Situation zu verschaffen. Zweifellos sind russischerseits mehrfach deutsche Zivilisten und Kriegsgefangene mit Fallschirmen in der Festung abgesetzt worden, auch wurde ein Kabel in der Arndtstraße von zwei Seydlitz-Leuten angezapft und abgehört, und in den Tagen kurz vor der Kapitulation hat in der Gegend der Königstraße – Landeshaus eine deutschsprechende Frau Umschau gehalten und später die russischen Soldaten in die ausgekundschafteten Bunker und Keller geführt.

Schon häufig hatten sich deutsche Soldaten aus russischer Kriegsge-

fangenschaft durchgeschlagen und sich als Rückläufer an den deutschen Linien gemeldet. Darunter befanden sich aber auch Abgesandte des »Komitees Freies Deutschland« mit Briefen von deutschen in russischer Gefangenschaft befindlichen Generalen – insbesondere Vinzenz Müller – die an Truppenführer von uns gerichtet waren und in denen diese zur Kapitulation und zur Beendigung der Kämpfe aufgefordert wurden.
Daher war es manchmal nicht leicht zu entscheiden, ob es sich bei solchen Rückläufern um anständige deutsche Soldaten handelte, die sich tapfer durchgeschlagen hatten oder um solche, die in feindlichem Solde standen. So erschien Ende März bei den Postierungen der 561. Volks-Grenadier-Division am Landgraben eine stärkere Gruppe von Soldaten in deutscher Uniform, die sich als Rückläufer ausgaben. Sie verlangten, zum Kompanie-Gefechtsstand geführt zu werden, und der Posten, im Glauben, Rückläufer aus Gefangenschaft vor sich zu haben, wies ihnen den Weg. Im Bunker des Kompanieführers angekommen, zogen sie plötzlich ihre verborgenen Maschinenpistolen hervor und eröffneten das Feuer. In der dadurch entstandenen Verwirrung gelang es ihnen, etwa 20 Mann der schwachen Kompanie zu überwältigen und mit ihnen über die russischen Linien zu entkommen.
So mußten wir zu unserem Entsetzen feststellen, daß jetzt, wo wir in schwerstem Kampfe um die ostpreußische Heimat lagen, deutsche Soldaten der Seydlitz-Gruppe in hinterhältigster Weise gegen ihre eigenen, schwerringenden Kameraden kämpften.
Für das Verhalten der eigenen Soldaten in solchen Fällen fiel uns ein brauchbares Rezept auch nicht mehr ein. Der Kampf schien sinnlos geworden zu sein, wenn nunmehr Deutsche gegen Deutsche kämpften. Am 4. und 5. April gingen in reger Stoßtrupptätigkeit im Abschnitt der 69. Infanterie-Division bei Godrienen eine Anzahl Bunker verloren. Die Gegenstöße brachten nur einen Teil der verlorenen Stellung wieder in unsere Hand. Auch gegen die Hauptkampflinie zwischen Charlottenburg und dem Philippsteich fühlte der Gegner vor.
Und nun begann am 6. April mit einer Wucht, wie ich sie trotz reichlicher Erfahrungen im Osten und im Westen bisher noch nicht erlebt hatte, der russische Großangriff.

Rund 30 Divisionen und 2 Luftflotten überschütteten aus Tausenden von Rohren aller Kaliber und Stalinorgeln tagelang und pausenlos die ganze Festung mit ihren Geschossen. Welle auf Welle warfen feindliche Bomber und Kampfgeschwader ihre verderbenbringende Last auf die bald in Trümmern liegende, brennende Stadt. Die schwache, an Munition arme Festungsartillerie hatte diesem Feuer nichts entgegenzusetzen, und kein deutscher Jäger zeigte sich in der Luft. Machtlos waren die auf engem Raum zusammengedrängten Flak-Batterien diesen Flugzeugmassen gegenüber und mußten sich noch mühsam der feindlichen Panzerkräfte erwehren. Alle Nachrichtenverbindungen waren sofort zerstört, und nur Melder zu Fuß suchten sich tastend ihren Weg durch das Trümmerfeld zu ihren Gefechtsständen oder zur Truppe. Soldaten und Zivilbevölkerung wurden durch den Hagel der Geschosse auf engstem Raum in den Kellern der Häuser zusammengepfercht.

In massiertem Angriff gegen die eben erst in ihrer Stellung im Raum von Charlottenburg eingerichtete 548. Volks-Grenadier-Division und das links anschließende Grenadier-Regiment 1143 der 561. Volks-Grenadier-Division unter Oberst Erdmann-Degenhardt erzielte der Feind am 6. April sofort einen tiefen Einbruch.

Fast bis an den Landgraben wurde die Division zurückgeworfen. Die Gegenstöße scheiterten, und auch der Einsatz des als einzige Festungsreserve zurückgehaltenen Regiments der 548. Volks-Grenadier-Division vermochte die Lage nicht wiederherzustellen.

Nach Einsatz aller Reserven beantrage ich am 6. 4. bei der Armee die 5. Panzer-Division, um mit dieser am 7. April aus dem Abschnitt der 561. Volks-Grenadier-Division, also von Westen her, die alte Charlottenburger Stellung der 548. Volks-Gren.-Division wiederzunehmen. Bei der 69. Infanterie-Division gehen am gleichen Tage weitere Stellungsteile verloren, während bei dem linken Flügel der 561. Volks-Grenadier-Division die Front noch gehalten wird.

Verhältnismäßige Ruhe herrscht noch bei der 61. und 367. Infanterie-Div. mit Ausnahme ihres Westflügels.

Der 7. April beginnt wiederum mit massiertem Artilleriefeuer und stärksten Luftangriffen auf die gesamte Festung, und nun erfolgt eine Erweiterung des Einbruchs bei Amalienau und Juditten. Dem Antrag der Festung, die 5. Panzer-Division auf diesen eingebrochenen Feind mit dem Ziel Charlottenburg anzusetzen, wird von der Armee stattgegeben. Aber schon während der Verbindungsaufnahme des Ia der Festung mit der 5. Panzer-Division erfolgt ein neuer russischer Angriff auf die Front der links an die 561. Volks-Grenadier-Division anschließenden 1. Infanterie-Division. Die Unterstellung der 5. Panzer-Division wird rückgängig gemacht, und als Ersatz für den abgeblasenen Angriff auf Charlottenburg erfolgt ein stützpunktartiger Einsatz einzelner Panzergruppen bei der 561. Volks-Grenadier-Division und 1. Infanterie-Division. In zäher Verteidigung wird diese Front zunächst gehalten, aber ein neuer Antrag der Festung auf Angriff der 5. Panzer-Division nach Osten über Juditten hinaus wird abgelehnt.

Inzwischen ist der Russe im Süden bei der 69. Infanterie-Division bis zur Pregelmündung durchgestoßen. Mit Übersetzversuchen in der Nacht vom 7. zum 8. auf das Nordufer muß gerechnet werden.

Über den Ablauf der Kämpfe im Südabschnitt bei der 69. Infanterie-Division war bisher kein ganz genaues Bild zu gewinnen. Der Schwerpunkt der russischen Angriffe lag auch hier im Westteil im Raum Kalgen–Ponarth. Die hier eingesetzten Verbände der 69. Infanterie-Division wurden durch massierte Angriffe förmlich überflutet. Stark umkämpft wurde der Hauptbahnhof. Das Wiesengelände südlich des Nassen Gartens wurde bei Angriffsbeginn unter Wasser gesetzt, behinderte jedoch nicht nur den Gegner, sondern auch die zurückgehende Truppe. Die Verluste der hier eingesetzten Einheiten sind besonders hoch gewesen. Von der Wucht des Angriffes gibt der Geschützführer Dröger, 1. Komp. Festungs-Pak-Regiment 1, folgendes anschauliches Bild:

»Anfang April ging die Beschießung der einzelnen Forts in unserem Abschnitt bei Vorwerk Kl. Karschau los. Dann teilte der Russe durch Lautsprecher mit, daß am 6. April 8.00 der Großangriff starten würde, wir sollten uns ergeben usw. Der Sprecher soll angeblich ein General Müller (Seydlitz-Mann) gewesen sein. Umrahmt war die Durchsage von alten deutschen Märschen. Der angegebene Termin wurde genau eingehalten. Gegen 12.00 Uhr erfolgte dann nach einem furchtbaren Trommelfeuer der massierte Infanterieangriff mit Panzerunterstützung. Der Pakzug bei Prappeln wurde überrumpelt, ein Geschütz unseres Zuges erhielt Volltreffer. Etwa 200 m links von

Kalgen-Siedlung brach der Russe in Richtung Ponarth durch. Der Pakriegel von Kalgen-Siedlung – Gut Kalgen bis ans Haff hielt dem Angriff stand. Die gesamte Infanterielinie von Prappeln bis ans Haff war aufgerieben, die Überlebenden gefangengenommen. Da der Angriff in mehreren dichten Wellen vorgetragen wurde, gelang es einigen Russen, bis kurz vors Geschütz zu kommen; jedoch konnten wir uns aus dieser gefährlichen Situation mit einigen Handgranaten befreien. Mehrere Panzer wurden von uns abgeschossen, einige drehten ab. Das vor uns liegende Gelände glich einem Schlachtfeld im wahrsten Sinne des Wortes. Da die Munition aufgebraucht war und unsere linke Flanke offen stand, mußten wir uns am Abend, nachdem wir die Geschütze unbrauchbar gemacht hatten, absetzen. Dabei wurde ich an beiden Händen verwundet. In der Nacht kämpften die Reste der Stellungstruppe in Spandienen, am 7. April früh in Schönbusch. Da der Gegner von Ponarth aus auf Schönbusch drückte, konnten wir nur noch nach dem Nassen Garten ausweichen. Die Wiesen zu beiden Seiten der Straße waren überflutet und lagen unter russischem Feuer. Im Schutz des Straßendamms und z. T. im Wasser kamen wir glücklich durch. Einzelne Versprengte, die versuchten, durch das Wasser zu schwimmen, belegte der Russe mit MG-Feuer. Am Nassen Garten waren bereits einige Einheiten in Stellung gegangen, darunter auch zwei Pak-Geschütze.

Auch unser restlicher Kompaniebestand ging bei den Kraftfahrzeughallen der Linger-Kaserne in Stellung. Auf der Straße nach Schönbusch ging der Russe mehrfach mit 12-cm-Geschützen in Stellung, jedoch wurden diese immer wieder samt Bedienung durch wohlgezielte Treffer unserer Pak erledigt. Auch die sich beiderseits der Straße vorarbeitende Infanterie wurde zusammengeschossen. Dasselbe geschah mit einem auf unsere Stellung zugaloppierenden Geschütz mit Protze – ein Anblick, der in das heutige Schlachtfeld wenig hineinpaßte. Doch dann machten uns die Russen mit vier T-34 fertig. Unser Leutnant fiel. Flugzeuge griffen uns bis zum Abend laufend an. Da die Straße zum Hauptbahnhof bereits in der Hand des Gegners war, mußten wir uns nach den Schichau-Hallen zu absetzen. Dann ging es weiter entlang dem Pregel. In der Dämmerung – ständig in Gefechtsberührung mit den Russen – überschritten wir die neue Eisenbahnbrücke, die bald nach unserem Überqueren in die Luft ging. Unsere Hoffnung, dem Einschließungsring zu entgehen, wurde zunichte. Am Nachmittag des 8. April gingen wir mit anderen Truppen am Erich-Koch-Platz in Stellung. Nach einem verzweifelten Ausbruchsversuch in der Nacht, der im russischen Feuer zusammenbrach, wurden wir dann am 9. April gegen 8.00 Uhr gefangengenommen.«

Ein Stabsoffizier der »Kampfgruppe Schuberth« schildert die Kämpfe im Süden folgendermaßen:

»Am Morgen des 6. April 1945 begann der Feind seinen Großangriff. Nach längerer Artillerievorbereitung mit Panzern und Fliegerunterstützung von Südwesten und Süden angreifend, durchstieß der Russe die Stadtrandstellung bei Kalgen–Klein-Karschau und drang bis zur Auffangstellung hart südlich Ponarth vor. Hier wurde sein Angriff von den beiden Bataillonen der Kampfgruppe III./Polizei-Regiment 31 und III./SS-Regiment Böhme sowie Truppenteilen der 69. Infanterie-Div. zum Stehen gebracht.

Bis zum Abend des 6. April war es dem Feind auch gelungen, im Südostabschnitt der 69. Infanterie-Division bei Seligenfeld und Adlig-Neuendorf Einbrüche zu erzielen.

Die eigenen Stellungen, Gefechtsstände und wichtige Verkehrswege lagen fast ununterbrochen unter schwerem feindlichem Artilleriebeschuß. Die eigene Artillerie war dem Gegner zu stark unterlegen, um ihm wirksam antworten zu können. Sie mußte darüber hinaus mit ihrer Munition haushalten, da die Munitionsbestände von außen her nicht ergänzt werden konnten, denn Königsberg war ja eingeschlossen. Das Wetter vom 6. bis 9. April war klar und der Himmel wolkenlos, was den feindlichen Angriff sehr begünstigte. Die feindlichen Flieger flogen täglich fast pausenlos bei bester Sicht ihre Angriffe und warfen Bomben aller Kaliber auf lohnende Ziele, insbesondere auf die noch nicht zerstörten Stadtteile, wie den Ober- und Unterhaberberg, ab. Eigene Fliegerabwehr war kaum vorhanden. Bereits am Abend des 6. April brannte die Stadt an vielen Stellen, so auch der Ober- und Unterhaberberg. Die tapfere Königsberger Bevölkerung – wie mir in Erinnerung ist waren in der Stadt etwa 130 000 Einwohner kurz vor dem Angriff gezählt worden – versuchte durch unerschrockenen Einsatz zu retten, was möglich war. So sah man Greise, Frauen und Kinder Möbel oder Hausrat aus brennenden Häusern hinaustragen und Brände mit unzureichenden Mitteln löschen. Sie schienen sich weder vor den niederfallenden Bomben noch vor den Granaten zu fürchten. Die Gefechtsstände, Verwundeten-Sammelstellen, Hauptverbandsplätze und Lazarette füllten sich mit verwundeten Soldaten und Zivilisten. Königsberg bot überall ein Bild des Schreckens. Die Luft war rauch- und dunsterfüllt, und des Nachts war der Himmel durch die ausgedehnten Großbrände sowie fliegende Funken hell erleuchtet. Die Gefechtsstände und Keller waren überfüllt mit Zuflucht suchenden Zivilisten.

In den frühen Morgenstunden des 7. April setzte der Feind seine Angriffe mit allen Mitteln fort. Die in der Auffangstellung südwestlich, südlich und südostwärts Ponarth sowie Rosenau in der Abwehr stehenden, eigenen Truppen konnten der Übermacht des Gegners nur vorübergehend standhalten. Am Abend stand der Feind unmittelbar vor der Stadtkernstellung. Es war ihm zunächst gelungen, mit einer Panzergruppe die Stellungen südlich Ponarth zu durchbrechen und bis in den Raum des Nassen Gartens vorzustoßen. Von hier aus säuberte er Ponarth im Flankenangriff von deutschen Truppen. Von den beiden dort eingesetzten Bataillonen der »Kampfgruppe Schuberth« ist kaum ein Mann herausgekommen. Die meisten Bataillonsangehörigen sind gefallen, nur wenige in Gefangenschaft geraten. Auch vom Südosten aus angreifend, war es dem Feind im Laufe des Tages geglückt, bis kurz vor das Friedländer Tor heranzukommen. Die Stadtkernstellung Süd wurde nunmehr teilweise durch Truppen der 69. Inf.-Div. verstärkt.

In den Morgenstunden des 8. April griff der Feind nach vorheriger Artillerievorbereitung mit starken Stoßteilen die Stadtkernstellung Süd an beiden Flanken an. Seine Absicht ist offenbar gewesen, im Westen und Osten durch die Stadtkernstellung durchzustoßen und dann im Zuge des Südufers des Pregels vorgehend, sich im Rücken der Truppen der Stadtkernstellung Süd zu vereinen. Beim Gelingen dieser Operation hätte er sämtlichen sich im Südteil der Stadt befindlichen deutschen Kräften die Verbindung zum Nordteil der Stadt abgeschnitten. Dieser Absicht des Feindes wurde dadurch Rechnung getragen, daß die Kampfgruppe ihre beiden Flügel verstärkte. Trotzdem drückte der Gegner infolge seiner erheblichen Überlegenheit die Flügel ein. Gegen 16.00 Uhr stand er aus Richtung Güterbahnhof angreifend mit seinen vorderen Teilen in Höhe der Vorstädtischen Langgasse (Vordere Vorstadt). Aus Richtung Schönfließer Allee vorstoßend, hatte er um diese Zeit das Friedländer Tor überwunden und stand bereits im Raume des Viehmarktes. Bis zu diesem Zeitpunkt hatte der Feind die übrigen Abschnitte der Stadtkernstellung Süd (etwa die ganze Mitte des Abschnitts) durch Artilleriefeuer sowie Bombenabwürfe niedergehalten. Seine wiederholten, schwächeren Angriffe auf diesen Abschnitt sind bis dahin abgewiesen worden. Erst nachdem der Gegner gegen 16.30 Uhr vorstoßend der eigenen Truppe ostwärts des Güterbahnhofs und Viehmarkts im Rücken stand und zugleich mit starken Kräften frontal angriff, geriet die Front ins Wanken. Ein Stützpunkt nach dem anderen ging verloren. Dieser Lage Rechnung tragend, befahl der Festungskommandant die Zurücknahme der Kräfte der Kampfgruppe in den Stadtkern Nord.

In der Stadtkernstellung Süd hatte die Kampfgruppe schwere Verluste erlitten. Die Regimenter waren sehr geschwächt; bis gegen 19.00 Uhr hatten sich ihre Reste bis zum Stadtkern Nord durchgeschlagen. Hier wurden sie gesammelt, mit aufgefangenen Versprengten anderer Truppenteile aufgefüllt und erneut zur Verteidigung eingesetzt. Der Abschnitt Süd der Stadt war bis zum Pregel in feindlicher Hand. Die neue HKL der Kampfgruppe verlief im Zuge des Nordufers des Pregels. Kampfgruppengrenzen: rechts Kantstraße, links Holzstraße (südlich Arresthausplatz). Es wurden eingesetzt: rechts Restteile SS-Regiment Böhme, links Restteile Polizei-Regiment 31. Trennungslinie: Lindenstraße (zu Böhme). Kampfgruppengefechtsstand: ein Keller im Häuserblock südlich des Roßgärter Marktes (Name des Gäßchens ist mir entfallen). Die HKL wurde häuserblockweise und in Form von Stützpunkten so besetzt, daß der Pregel sowie das Vorgelände lückenlos mit Feuer beherrscht werden konnte.

Die ganze Nacht über lag der Stadtteil Nord unter schwerem Artilleriefeuer. Flieger warfen immer wieder ihre Bomben ab. Mit Beginn des Hellwerdens verstärkte der Feind sein Artilleriefeuer auf den noch von uns gehaltenen Stadtteil Nord. Fast ununterbrochen sausten Fliegerbomben auf Gefechtsstände, Geschützstellungen und Stützpunkte hernieder. Der Feind suchte den Verteidiger mürbe zu machen. Nach entsprechender Artillerie- und Fliegervorbereitung ging der Gegner zum konzentrierten Angriff auf das Zentrum des Stadtteils Nord, etwa die Universität, über. Den ganzen Tag über tobte der Straßenkampf zwischen dem vordringenden Feinde und den Besatzungen der deutschen Stützpunkte. Ein Stützpunkt nach dem anderen ging infolge der feindlichen Übermacht verloren. Viele Stützpunktbesatzungen zeigten wegen Aussichtslosigkeit der Lage, Munitionsmangel und Überspannung der Nerven durch die Ereignisse der letzten Tage die weiße Fahne.

Die Kampfgruppe Schuberth hat ihre Stellung bis zum späten Nachmittag gehalten. Die Versuche des Feindes, den Pregel im Kampfgruppenabschnitt zu überschreiten, wurden im Keime erstickt. Gefährlich wurde die Situation für die Kampfgruppe, als der Feind, aus Richtung Königstor und Sackheim vorstoßend, kurz vor dem Roßgärter Markt und dem Mittelanger stand. Um den feindlichen Angriff hier aufzuhalten, wurde der linke Flügel des Regimentes 31 bis zum Neuen Markt zurückgebogen und über die Landhofmeisterstraße bis zur Königstraße verlängert. Zurückflutende Trupps fremder Einheiten wurden aufgefangen und zur Verstärkung dieser Front mit eingesetzt. Am frühen Nachmittage hatte sich der Feind von allen Richtungen aus bis dicht an die Mitte des Stadtinnern herangearbeitet. Überall waren Straßen- und Häuserkämpfe im Gange. Bei den Zivilisten in den Kellern herrschte verzweifelte Stimmung und Wehklagen, das durch den Kampfeslärm übertönt wurde. Die Fronten waren unklar, ja, ineinander übergegangen. Niemand wußte genau zu sagen, was von uns und was bereits vom Feinde besetzt war. Die Nachrichtenverbindungen vom Kampfgruppenkommandeur zu den Regimentern waren seit langem gestört. Ebenso waren seit langem sämtliche Verbindungen zum Festungskommandanten und zu den Nachbarn verlorengegangen. Eine ordentliche Kampfführung war nicht mehr möglich. Die Stützpunktbesatzungen waren auf sich selbst angewiesen.

In dieser Situation erhielt ich von meinem Kommandeur, Generalmajor d. O. P., Schuberth, den Auftrag, mich mit einer Begleitung von zwei Männern zum Gefechtsstand des Festungskommandanten bis zum Paradeplatz durchzuschlagen, um dort

a) den Kommandanten über die Lage der Kampfgruppe zu orientieren,

b) mich über die Gesamtlage und insbesondere die Lage unserer Nachbarn orientieren zu lassen,
c) die Munitionsnachschubfrage zu klären und
d) einige Eiserne Kreuze I. Kl. zur sofortigen Verleihung an tapfere Kämpfer mitzubringen.
Leider konnte ich von diesem Auftrag nicht mehr zum Gefechtsstand der Kampfgruppe zurückkehren, da ich beim Heraustreten aus dem Bunker des Festungskommandanten durch einen Granatsplitter im rechten Oberschenkel verwundet wurde und nicht mehr marschfähig war. Man trug mich zur Verwundetensammelstelle im Keller der Universität, von wo aus ich am 10. 4. 45 gegen 3.00 Uhr mit dem Stabe des Festungskommandanten in sowjetrussische Gefangenschaft geriet. Das Ergebnis meiner Vorstellung im Gefechtsstand des Festungskommandanten habe ich jedoch noch meinem Kampfgruppenkommandeur durch meine beiden Begleiter schriftlich gemeldet.«
In Anbetracht der jetzt eingetretenen schwierigen Lage beantrage ich nunmehr die Genehmigung zum Ausbrechen der gesamten Festungsbesatzung nach Westen, um damit die Möglichkeit zum Durchschleusen der 100 000 Köpfe zählenden Zivilbevölkerung zu schaffen. Der Antrag wird von der Armee in schärfster Form abgelehnt. In den Nachtstunden geht dann die letzte Straßenverbindung nach Pillau verloren.
Am Abend des 7. April verlief die HKL:
im Südabschnitt: Reichsstraße–Hauptbahnhof–Haberberger- und Friedländerstraße–Alte Wiesenschanze;
im Nordabschnitt wurde die ostwärtige Fortstellung noch gehalten. Von Fort III bei Quednau an zurückbiegend auf die Ringchaussee–Ballieth–Hardershof–Fürstenteich–Juditten.
Zur Verhinderung des zu erwartenden Pregelübergangs bei der 69. Inf.-Division sehe ich mich in der Nacht vom 7. zum 8. April gezwungen, die Hauptkräfte der 61. Infanterie-Division – allerdings nur 2–3 schwache Bataillone – nach der Gegend des Holländer Baums zu verlegen. Infolge großer Verzögerung des Marsches durch Artilleriefeuer, Fliegerangriffe über die mit Trümmern zugedeckten Straßen kommen diese Bataillone zu spät.
Auch die 367. Infanterie-Division wird nunmehr durch massierte

Angriffe unter überwältigendem Artilleriefeuer und pausenlosen Luftangriffen, die auf dem gesamten Festungsabschnitt liegen, auf den Stadtrand zurückgeworfen.

Am 8. April gelingt es dem Russen, von Süden her über den Pregel zu setzen. Der Einschließungsring wird zwischen Juditten und Ratshof – Amalienau geschlossen. Auch die 561. Volks-Grenadier-Division ist durchbrochen und mit der Masse nach außen geklappt. Der Divisionsstab erhält die Genehmigung, seinen Gefechtsstand zur Masse seiner Division ins Samland zu verlegen. Dort wird zwischen Moditten und Fort Holstein eine neue Front nach Osten aufgebaut. Nordwest-, Nord- und Südfront sind nunmehr auf Stadtrand und Stadt zurückgedrängt.

Jetzt ist auch dem Stellvertretenden Gauleiter und seinen Getreuen der Schreck in die Glieder gefahren. Es dämmert ihnen die Erkenntnis, daß Königsberg verloren ist. Sie erscheinen auf meinem Gefechtsstand und bitten von hier aus den Gauleiter fernmündlich um die Erlaubnis zum Ausbruch aus der Festung mit den dazu erforderlichen militärischen Kräften. Sie führen zur Begründung an, daß damit auch die Masse der Zivilbevölkerung herausgeschleust werden könnte. Der Gauleiter setzt diesen Befehl bei der Armee durch. Aber mein Antrag, diesen Durchbruch mit allen verfügbaren Kräften unter Vernichtung der russischen Kräfte zwischen Königsberg und Juditten zu erzwingen, wird von der Armee abgelehnt.

»Die Festung ist weiterhin zu halten, für den Durchbruch der Parteileute und der Zivilbevölkerung sind nur schwache Kräfte zu verwenden«, lautet der Befehl.

Ein Ausbruchsversuch mit schwachen Kräften gegen den übermächtigen Feind ist selbstverständlich zum Scheitern verurteilt, und so bringe ich erneut in einem persönlichen Ferngespräch mit General Müller zum Ausdruck, daß nur ein massierter Ausbruchsversuch mit der gesamten Festungsbesatzung gewisse Aussicht auf Erfolg haben könnte. Es wird mir erklärt, daß es Pflicht sei, die Festung bis zum letzten Mann zu halten.

Der entsprechende Befehl geht gegen 20.00 Uhr ein:

»1. Festung Königsberg hält.

2. Schwache Kräfte in Form von Stoßtrupps (der Hauptauftrag darf darunter nicht leiden) stellen die Verbindung zur 561. Volks-Grena-

dier-Division her. 561. Volks-Grenadier-Division greift von Westen mit Teilen der 5. Panzer-Division an. Diese Teile dürfen Ostrand Juditten nicht überschreiten. Zwischen den Relaisketten der Stoßtrupps ist die Zivilbevölkerung durchzuschleusen.«

Um diesem Ausbruchsversuch wenigstens noch eine geringe Chance zu geben, werden dafür eingesetzt:

Divisions-Stab 61. Infanterie-Division (General Sperl) mit allen an der Ostfront entbehrlichen Bataillonen, Teile der 548. Volks-Grenadier-Div., Teile der Artillerie der 367. Infanterie-Division, die Masse der Festungsartillerie mit der noch verfügbaren Munition.

Die Partei soll die Zivilbevölkerung sammeln und leiten. Der Ansatz der Angriffsgruppe ist inzwischen außerordentlich schwierig geworden, der Armeebefehl zu spät eingetroffen. Das Herausziehen der Einheiten in den Bereitstellungsraum wird durch starkes Artilleriefeuer, durch nächtliche Luftangriffe und durch die Trümmerhindernisse empfindlich gestört und verlangsamt. Die Partei hatte zudem ohne Rücksprache mit der Festung das Sammeln der Bevölkerung um 0.30 Uhr auf der Ausfallstraße nach Westen befohlen. Die Weitergabe des Sammelns erfolgte von Mund zu Mund. Infolgedessen marschierte die Zivilbevölkerung in der gesamten Breite der Ausfallstraße Arm in Arm zusammen mit Fahrzeugen unter großem Lärm. Der Russe, sofort aufmerksam geworden, belegte den gesamten Abschnitt mit starkem Artilleriefeuer. Nach Anfangserfolgen bleibt das Stoßtruppbataillon liegen, der Kommandeur der 548. Volks-Grenadier-Division, Generalmajor Sudau, fällt, Generalleutnant Sperl wird verwundet. Auch Großherr kommt bei dem von ihm angeregten Ausbruchsversuch ums Leben.

Zivilbevölkerung und Soldaten, nun ohne Führung, fluten in die Stadt zurück. Die ganze Westfront der Festung ist offen, und nur mit letzter Mühe gelingt es, den Zusammenhang der Front notdürftig zu wahren. Seine Eindrücke und Erlebnisse bei dem mißlungenen Ausbruchsversuch am Abend des 8. April schildert *Major Lewinski* als Führer des Grenadier-Regiments 192:

»Im Abschnitt der 61. Infanterie-Division hatte sich bisher nichts Besonderes ereignet. Feuerüberfälle, vorsichtige Vorstöße und Fesselungsangriffe, sonst verhältnismäßige Ruhe.

Am 8. 4. vormittags erhielt das Regiment den Befehl, sich vorsichtig auf die Stadt abzusetzen. Gleichzeitig sollte unser linker Nachbar, das Sicherungs-Regiment 75, die Stadtrandstellung besetzen, um sich dann gegen Abend auf den Innenring zurückzuziehen. Das Regiment 192 sollte mit 3 Bataillonen zunächst am Roßgärter Markt in Kellern untergebracht werden, um sich dann am Abend am Botanischen Garten zum Ausbruch in Richtung Pillau bereitzustellen. II./A.R. 367 unter Major Hartmann würde dem Regiment für den Ausbruch unterstellt. Nähere Befehle sollten später erfolgen.

Die Durchführung dieses Befehls war unmöglich, da die Regimenter beim Verlassen der Stellung sofort zusammengeschossen worden wären und der Russe sofort in diese Bewegung hinein nachgestoßen hätte. Um 14.00 Uhr wurde dieser Befehl daher widerrufen. Gegen 19.00 Uhr, wir hatten verzweifelt länger als eine Stunde nach dem Divisionsgefechtsstand, den wir erst vor wenigen Stunden verlassen hatten, gesucht, erhielten wir den Befehl, so schnell wie möglich den bereits befohlenen Bereitstellungsraum am Westrand des Botanischen Gartens einzunehmen. Mit den Resten der 548. Volks-Grenadier-Division und der 561. Volks-Grenadier-Division sollte die 61. Infanterie-Division südlich der Straße Königsberg–Pillau angreifen, durchstoßen und die Straße für den Abzug von Zivilisten freimachen.

Ein verzweifeltes Unternehmen, dem man nur geringe Erfolgsaussichten zubilligen konnte, um so mehr, als jetzt alles in größter Eile durchgeführt werden mußte. Die Feindnachrichten waren dürftig. Es war nur bekannt, daß der Russe im Norden das Südufer des Oberteiches erreicht hatte, im Süden hatte er das Arbeitsamt, etwa 400 m südlich unseres Bereitstellungsraumes, besetzt, und in dem Fabrikstadtteil Kosse 1 km südwestlich waren russische Panzerbereitstellungen erkannt. Ob Fort Holstein westlich der Stadt am Pregel noch in unserer Hand war, wußte niemand. Sturmgeschütze und 2-cm-Vierlinge SFL sollten den Weg auf der Pillauer Landstraße freikämpfen. Die Führung hatte der Kommandeur der 548. Volks-Grenadier-Division, Generalmajor Sudau, übernommen. Der Kommandeur der 61. Infanterie-Division, General Sperl, war inzwischen schwer verwundet worden. Grenadier-Regiment 192 sollte mit der II./A.R. 367 im Abschnitt der 61. Infanterie-Division als erste Welle antreten, eine zweite Welle mit den übrigen Einheiten der Division

Nach dem Beginn der russischen Großoffensive am Januar 1945 setzten sich im bittersten Winter endlose ·ks von Flüchtlingen in Bewegung: Pferdegespanne quälen sich über eine verschneite und vereiste Straße.
Dieser Treck aus dem Osten hat den Spreewald erreicht.

10/11 Bilder, die an die zahllo[sen]
Strapazen errinnern:
Auf den oft spiegelglatten Stra[ßen]
drohten Fahrzeuge in den Graben
rutschen.

Flüchtlinge bringen im März 1[945]
ihre Wagen und ihr Vieh durch [das]
eisige Wasser eines Flusses, nach[dem]
die Brücke zerstört worden ist.

12/13 Der Januar und Februar 1945 brachte in den Nächten Temperaturen bis minus 25 Grad, dazu an einigen Tagen Schneetreiben:
Eine erschöpfte alte Frau auf einem kleinen Wagen.

Zu Fuß auf der Flucht mit der letzten Habe.

14/15 Die Flucht von vielen H[undert]derttausenden führte immer wied[er zu] einem völligen Chaos auf den [verstopf]sten Straßen:
Die deutschen Truppen, die ver[zwei]felt versuchten, die Russen wenig[stens] vorübergehend aufzuhalten, wu[rden] dadurch nicht unerheblich behin[dert.]

Auch die Städte, durch die die Fl[ucht]straßen führten, waren oft übe[rfüllt] (wie hier Königsberg in der [Neu]mark) und wurden häufig von f[eind]lichen Flugzeugen angegriffen.

sollte folgen. Für die Überführung des Grenadier-Regimentes 192 von der Ostfront durch die Innenstadt zum Bereitstellungsraum war ein Weg erkundet worden. Um 23.00 Uhr sollte zum Durchbruch angetreten werden. Ab 4.00 Uhr sollte die 5. Panzer-Division von Westen gegen den Einschließungsring vorstoßen, um den Ausbruch zu erleichtern. Es war also keine Zeit zu verlieren. Zwar waren die Bataillone verständigt worden, mit Einsetzen der Dunkelheit ihren Abschnitt möglichst unauffällig zu räumen und zunächst das Waisenhaus in der Nähe des Sackheimer Tores zu erreichen, aber es war zu erwarten, daß der Marsch durch die völlig zerstörte Innenstadt, die immer noch unter stärkstem Feuer lag, zeitraubend und schwierig sein würde. Das Sackheimer Tor lag bereits seit Stunden unter dem schwersten Feuer mehrerer Batterien, alle paar Sekunden wurde die Gegend um das Tor von gewaltigen Fäusten durchgeschüttelt und immer wieder fraßen sich neue Trichter in die Straße. Der Gebäudekomplex des Waisenhauses mit seinen über 200 Jahre alten, starken Gebäuden hatte diesem Feuersturm bisher verhältnismäßig gut standgehalten, zumal er etwas abseits lag. Hier sammelten sich die Bataillone in den Kellern und unteren Stockwerken. Die Zeit drängte, und es dauerte endlos lange, bis die Kompanien eintrafen. Die Befehle waren ausgegeben. Jedes Bataillon hatte ortskundige Führer, die, wie sich später herausstellte, wertlos waren, denn in diesem Inferno, das einst die Innenstadt von Königsberg gewesen war, half keine Ortskenntnis. Gespenstische Mondlandschaften waren entstanden, wo einst große Straßenzüge durch die Stadt führten. Erkundete Wege waren bereits nach einer Stunde nicht mehr passierbar. Immer wieder krachten die Einschläge der Bomben, Granaten und schweren Stalinorgeln, dazwischen stürzten stehengebliebene Häuserfassaden auf die Straße und wurden riesige Bombentrichter aufgerissen. In dieser Hölle drängten sich von Süden und von Norden Trosse, LKWs, Artillerie- und Sturmgeschütze, bis sie sich so ineinander verkeilt hatten, daß sie weder vor noch zurück konnten. Es war ein grauenhaftes Bild. Durch dieses Inferno mußte das Regiment sich hindurcharbeiten, immer wieder nach einem Weg suchend, immer wieder vor einer Panzersperre oder vor Riesenkratern ausweichen. Unsere Artillerie- und Gefechtstrosse saßen nach kurzer Zeit rettungslos fest, eingekeilt zwischen Fahrzeugen aller

Art, abgeschnitten durch neue Trichter und Zerstörungen. Um 0.35 Uhr endlich erreichte der Regimentsstab den Gespensterwald, der früher einmal der Botanische Garten gewesen war. Auch hier ein grauenhaftes Trichtergelände mit zerfetzten und zersplitterten Bäumen. Auch der Divisionsstab hatte seinen Gefechtsstand, der in einem Luftschutzbunker in der Nähe der Sternwarte sein sollte, noch nicht erreicht. Um 0.00 Uhr waren die Teile der 548. und 561. vom Nordbahnhof und von der Postdirektion aus angetreten. Ob sie Erfolg gehabt hatten, war nicht zu erfahren. Vor uns lag die Bastion Sternwarte, ein altes Festungswerk am Innenring und hart westlich davon der Graben, von dem aus wir den Sprung in das Ungewisse machen mußten. In der Bastion Sternwarte empfing uns eine Weltuntergangsstimmung. Hunderte von Soldaten und Offizieren drängten sich in den Gängen und Räumen zusammen, um hier den Jüngsten Tag zu erwarten. Hier stießen wir auf den Hauptmann Berthold, der mit den Resten des Grenadier-Regiments 171 in der Nähe stand und sich uns anschließen wollte. Ihm standen noch etwa 150 Mann zur Verfügung.
Die ersten Kompanien waren inzwischen eingetroffen. Es wurde aber fast 2.00 Uhr, bis die Masse des Regiments ihre Ausgangsstellung erreicht hatte, und trotzdem fehlten noch ganze Kompanien. Major Hartmann vom II./A.R. 367, hatte ein Häuflein von 30 Mann um sich versammelt, seine Batterien saßen in der Innenstadt restlos fest. Immer wieder drängte der Ia der 61. Infanterie-Division zum Antreten und die Zeit drängte auch entsetzlich, wenn wir im Schutze der Nacht noch den Durchbruch durch die beiden Linien gegenüber der Innenstadt und gegenüber dem Samland erzwingen wollten. Gegen 2.00 Uhr traten wir mit dem verstärkten I./192 rechts und den Resten des Regiments 171 links an. Vor unserem Graben lag ein tiefer Eisenbahneinschnitt, – die Strecke vom Haupt- zum Nordbahnhof – der überwunden werden mußte. Die vordere russische Linie wurde schnell überrannt, und wir stießen weiter in dem dahinterliegenden Friedhofsgelände vor. Hier begannen die ersten Schwierigkeiten. Flankierendes Feuer von allen Seiten, dazwischen Salven von Stalinorgeln auf das Friedhofsgelände. Die Schwierigkeiten dieses unübersichtlichen Geländes mit Drahtzäunen und einem Gewirr von Wegen machten die Orientierung fast unmöglich. Die einzige Orien-

tierung blieb ein etwas rechts von uns stehender russischer Lautsprecherwagen, der laufend seine Propagandareden in die Nacht hinausquäkte. Der Regimentsstab war kurz hinter den Bataillonen mit seiner Stoßkompanie angetreten. Er stieß nur noch vereinzelt auf Widerstand, der auf kurze Entfernung mit Sturmgewehren gebrochen werden konnte. Halb rechts vor dem Regimentsstab lag das Infanterie-Bataillon im schweren Feuerkampf. Offensichtlich war das I./192 zu weit nach rechts geraten und hatte sich in den Häuserblocks in der Pillauer Landstraße festgefahren. Abgeschickte Melder kamen nicht zurück, die zweite Welle, die unmittelbar folgen sollte, war anscheinend nicht angetreten. Wir hielten uns, nachdem wir den hohen Zaun am Rande der Friedhöfe überwunden hatten, nach halb links. Hier trennten wir uns auch von Major Hartmann, der mit seinen Artilleristen geradeaus weiter vorstieß. Als er nach einiger Zeit einsah, daß es aussichtslos war, in dieser Richtung durchzukommen, ist er mit seinen Männern nach Königsberg zurückgegangen.

Vom Regiment 171 war von links nichts mehr zu hören, nur ab und zu knatterten noch einige SMG in dieser Gegend, ohne daß man feststellen konnte, wo sie standen. Wir überquerten die Bahnlinie, erhielten hier aber von beiden Seiten schweres Feuer und mußten sie verlassen, obwohl wir an ihr ursprünglich nach Osten vorstoßen wollten. Unser ortskundiger Führer, Oberleutnant Dr. Käser, hatte selber die Orientierung verloren. So sind wir mitten durch den völlig zerstörten Fabrikstadtteil gezogen, in dem sich nach den Meldungen des Vortages die Panzerbereitstellung befand, ohne vom Gegner belästigt zu werden.

Plötzlich und unerwartet befanden wir uns am Holsteiner Damm am Pregel-Ufer. Es war schon verflucht hell geworden, aber es blieb uns keine Wahl; also weiter am Holsteiner Damm entlang in Richtung Westen. Wir waren noch eine Gruppe von etwa 40 bis 50 Mann. Viele Männer hatten wir bereits in den Friedhöfen verloren. An von Russen belegten Häusern zogen wir unbemerkt vorbei, bis unsere Sicherung bei den Getreidespeichern angeschossen wurde. In kurzer Zeit war die Hölle los. Aus allen Fenstern wurde geschossen, und auch vom gegenüberliegenden Ufer wurde das Feuer aufgenommen. Nach allen Seiten schießend, haben wir uns bis zum Ende der

Speicherreihe durchgeschlagen. Dann bogen wir nach rechts ab. Wir konnten es nicht wagen, weiter am Holsteiner Damm vorzugehen, denn mittlerweile war alles in den anliegenden Speichergruppen alarmiert worden und ein Durchkommen unmöglich. Es war bereits 5.00 Uhr, und in der leicht nebeligen Morgendämmerung schon recht gute Sicht.
Durch das überschwemmte Sumpfgebiet zwischen Moditten und Groß-Holstein sind wir dann schließlich in der nächsten Nacht vom 9. zum 10. 4. durchgestoßen, nachdem wir uns einen ganzen Tag im Sumpfgebüsch versteckt gehalten hatten. In der Nähe lag bereits eine Gruppe von etwa 20 Mann mit einigen Offizieren des Regiments 171, dazwischen auch einige wenige Leute von der vor uns angetretenen 548. Volksgrenadier-Division. Der Durchbruch war mißglückt, nur einzelnen kleinen Gruppen und einigen Sturmgeschützen war es gelungen, durchzukommen. Generalmajor Sudau ist bald nach Beginn des Angriffs in der Gegend der Luisenkirche gefallen.
Am Tage sahen wir hinter uns die sterbende Stadt. Eingehüllt in einen Mantel von Rauch und Feuer, in den sich immer wieder die Feuerbahnen der schweren Werfergeschosse hineinfraßen. Um 17.00 Uhr erstarb langsam das Feuer. Nur von einigen Stellen kleckerten noch einzelne MG, bis schließlich auch diese letzten Zeichen des Kampfes verstummten. Im Abenddunkel wölbten sich nur noch die von vielen Bränden unheimlich rot angeleuchteten, schwarzen Rauchwolken über der toten Stadt. Die Festung Königsberg war untergegangen, und mit ihr die Grenadier-Regimenter 171 und 192 der 56. Infanterie-Division. Für uns aber, die wir endlich am nächsten Morgen die vordersten Sicherungen der 561. Volksgrenadier-Division im Kobbelbuder Forst erreichten, ging der Kampf weiter, bis er auch uns ein bitteres Ende brachte.«
Am Abend des 8. April verlief die HKL im Süden am Nordufer des Pregels, dessen Brücken rechtzeitig gesprengt werden konnten, dann entlang den alten Wallanlagen, vom Neuen Pregel bis zum Oberteich und weiter über den Wrangel-Turm, das Messegelände, den Nordbahnhof, Erich-Koch-Platz zu den Wallanlagen am Deutsch-Ordens-Ring. An einigen Stellen war es den Russen bereits gelungen, den Pregel zu überschreiten, Besatzung und Bevölkerung

waren also auf einen Raum von etwa 10 Quadratkilometer zusammengedrängt.

Unter den pausenlosen Angriffen und verstärkt durch den mißlungenen Ausbruchsversuch begann die Front in der Nacht vom 8. zum 9. 4. an vielen Stellen endgültig weich zu werden. Am 9. April löste sich alles in Einzelkämpfe um einzelne Stützpunkte auf. Der Vorzug der inneren Linie wurde illusorisch, da die Verstopfung der Straßen durch die Trümmer zusammenbrechender Gebäude eine bewegliche Kampfführung ausschloß. Der Einfluß der Führung wurde von Stunde zu Stunde geringer, zumal alle Nachrichtenmittel zerschlagen waren und die Verbindung nur noch kümmerlich durch Melder aufrechterhalten werden konnte. Auf sich selbst gestellt, und ohne Ausweichmöglichkeit, bemühten sich die Verteidiger, ihre Abschnitte und Stützpunkte mit der letzten, noch zur Verfügung stehenden Munition zu halten. Die Bunker füllten sich mit verwundeten Soldaten und Zivilisten. Der Angreifer sparte die eigentlichen Bollwerke der Verteidigung aus und sickerte an weichen Stellen ein, ein Verfahren, für welches das Trümmergelände besonders günstig war. In der Innenstadt, wo in jedem Kellerfenster und hinter jeder Hausecke eine Panzerfaust lauern konnte, setzte er seine Panzer nur mit äußerster Vorsicht ein. Er zog es vor, die Verteidigung durch gelenktes starkes Feuer auf die Hauptstützpunkte mürbe zu machen. Daher haben massierte Infanterieangriffe auf die bis zuletzt gehaltenen Bastionen und das Schloß kaum stattgefunden. Was sich im einzelnen an heldenhaften Kämpfen Mann gegen Mann abgespielt hat, wird niemals bekannt werden, da nur wenige Überlebende aus diesen Endkämpfen übrig geblieben sind. Hier die Schilderung meines Intendanten Dorfmüller, der die mit General Mikosch und der 367. Infanterie-Division abgerissene Verbindung aufnehmen sollte:

»Es war sehr mühevoll, von einer Straße zur anderen zu gelangen. Man mußte zusammengeschossene Häuser überklettern. Die Straßenkreuzungen lagen unter Infanteriefeuer und Panzerbeschuß. Sie wurden von einzelnen Landsern gehalten. Links und rechts der Straßeneinmündungen je ein Mann, vielfach nur mit Gewehr. Mit ihren Handfeuerwaffen zwangen sie russische Panzer abzudrehen und die zum Teil aufgesessene Infanterie zurückzugehen. Auch der mich begleitende Stabsintendant Seitz vertrieb mit seiner Maschinenpistole einen russischen Panzer mit Infanterie. Ich habe keinen Soldaten in der HKL gesehen, der nicht eine ganz hervorragende Haltung gezeigt hätte. Es waren fast immer Einzelkämpfer; einmal traf ich auch eine Kompanie, die sich gerade zum Angriff auf ein großes Gebäude bereitstellte. Beim Überqueren eines Platzes wurde ich zusammengeschossen. Splitter am Kopf, Armdurchschuß, Schulterschuß u. a. Seitz hatte auch einen Armschuß abbekommen. Ein russischer Panzer fuhr auf mich zu, drehte dann aber ab. Plötzlich sprang ein Sanitäter, von Seitz geholt, auf den Platz. Als ich ihm abwinkte, weil es mir sinnlos erschien, daß er sich noch um mich kümmerte, meinte er treuherzig: ›Ich will noch nach Hause kommen, und Sie kommen auch nach Hause.‹ Trotz des Beschusses schleifte er mich in den Dohna-Turm.«

An Versuchen, sich nach dem mißlungenen Ausbruch aus Königsberg herauszustehlen und so der Gefangenschaft zu entgehen, hat es nicht gefehlt. Aber ein derartiges Unterfangen gelang nur ganz wenigen, besonders Verwegenen wie Major Lewinski mit einigen Getreuen. Ein anderer, jüngerer Offizier soll von der Reichsbahnbrücke an einen Baumstamm geklammert, den Pregel abwärts geschwommen und so entkommen sein. Hauptmann Sommer gibt an, mit einem LKW auf Schleichwegen noch am Morgen des 8. April südlich Moditten herausgekommen zu sein.

Jetzt häuften sich auch die Meldungen über den erlahmenden Widerstandswillen der Soldaten, die in den Kellern mit der Zivilbevölkerung zusammengedrängt waren. An manchen Stellen versuchten die verzweifelten Frauen den Soldaten die Gewehre zu entreißen und weiße Tuchlappen aus den Fenstern zu hängen, um dem Grauen ein Ende zu machen.

Die Kapitulation

So stand ich am 9. April vor der unumstößlichen Gewißheit, daß ich mit meinen Soldaten und der gesamten Zivilbevölkerung von Königsberg von der höheren Führung aufgegeben war. Von außen her konnte ich Hilfe nicht mehr erwarten. Drei Tage lang wütete nun

schon das Verderben in der Stadt ohne die geringste Aussicht, aus eigener Kraft durch Ausharren oder weiteren Widerstand die ausweglose Lage ändern zu können. Die Munitions- und Verpflegungslager waren zum großen Teil ausgebrannt, Artilleriemunition kaum noch, Infanteriemunition nur noch in geringem Maße vorhanden.
Operativ gesehen war die weitere Verteidigung von Königsberg zu dieser Zeit für den Ausgang des Krieges ohne Bedeutung, denn Anfang April standen starke russische Armeen bereits tief in Pommern, Brandenburg und Schlesien, während englische und amerikanische Kräfte bereits den Rhein überschritten hatten und vor den Toren Hannovers standen.
Die taktische Lage war am 9. April in Königsberg hoffnungslos. Zur Zeit des Entschlusses zur Kapitulation wurde nur noch der Nordteil der Innenstadt mit völlig abgekämpften Restverbänden ohne jegliche schwere Waffen gehalten.
Am ausschlaggebendsten aber war für meinen nunmehr zu fassenden Entschluß die Erkenntnis, daß ich bei weiterer Kampfführung nur noch Tausende meiner Soldaten und Zivilisten sinnlos würde opfern müssen. Eine solche Verantwortung aber konnte ich vor Gott und meinem Gewissen nicht mehr tragen. So entschloß ich mich, den Kampf einzustellen und dem Grauen ein Ende zu machen.
Ich war mir bewußt, daß die Übergabe der Festung an einen brutalen Feind erfolgen mußte, der keine Gnade kannte, aber im Gegensatz zu der Gewißheit, daß bei weiterem Kampf alles zugrunde ging, bestand dann wenigstens noch die Aussicht auf Rettung des größten Teils der Menschenleben. Die Entwicklung der Ereignisse hat mir dann recht gegeben, und wenn ich auch den Verlust der ostpreußischen Heimat mit meinem Entschluß nicht mehr aufhalten konnte, so habe ich doch wenigstens die Genugtuung, zahlreiche Menschenleben vor der sicheren Vernichtung gerettet zu haben.
In einer kurzen Beratung mit den Offizieren meines Stabes und den erreichbaren Divisionskommandeuren gab ich am Vormittag des 9. April meinen Entschluß bekannt, das durch Parlamentäre schon mehrfach wiederholte Angebot des Oberbefehlshabers der russischen Front, Marschall Wassiljewski auf ehrenvolle Kapitulation anzunehmen. Alle stimmten meinem Entschluß zu. Ein an das OKH aufgegebener Funkspruch orientierte die oberste Führung darüber,

daß der Kampf um Königsberg beendet sei, da die Munition verschossen, die Verpflegungslager ausgebrannt seien.

Die ersten Versuche, mit den Russen in Verbindung zu kommen, scheiterten. In einem kurzen Schreiben an den am Trommelplatz befindlichen Abschnittskommandeur, Oberstleutnant Kerwien, bat ich ihn, die Verbindung mit der nächsten erreichbaren russischen Befehlsstelle aufzunehmen und zu ersuchen, daß von seiten des russischen Oberkommandos das Feuer eingestellt würde und bevollmächtigte Offiziere auf meinen Gefechtsstand entsandt würden. Ich sei bereit, die angebotene Kapitulation abzuschließen. An die Truppe erging durch Funkspruch der Befehl, sich einzugeln.

Ich hatte den Eindruck, daß ein Aufatmen durch Truppe und Zivilbevölkerung ging, als dieser Befehl bekannt wurde. – Im Laufe des Tages wurde die bisher noch einigermaßen zusammenhängende Front aufgesplittert, so daß bis zum Abend bei der Unterzeichnung der Übergabeverhandlung nur noch einzelne Stützpunkte gehalten wurden.

Über den angeblich letzten heroischen Widerstand im Königsberger Schloß hat sich ein ganzer Kranz von Legenden gebildet, die sich alle als unzutreffend herausgestellt haben. Oberbaurat und Hauptmann der Reserve Hans Gerlach, der bis in die ersten Stunden des 10. April in den Kellerräumen des Schlosses sich aufgehalten hat, bezeugt, daß das Schloß tatsächlich ausgebaut wurde, damit die Gauleitung in seinen Mauern nach heldenmütiger Verteidigung untergehen sollte. Gauleiter Erich Koch hat nach seinen Angaben das Schloß noch am 5. April mit einer Reihe von Parteifunktionären aufgesucht und dort die unmöglichsten Anordnungen getroffen, u. a. sollten Geschütze auf den Schloßturm heraufgebracht werden. Indessen hatte Kreisleiter Wagner den Plan der Schloßverteidigung durch die Partei schon im Laufe des März aufgegeben, weil, wie er meinte, das Schloß im Falle eines russischen Generalangriffs viel zu exponiert sei. In den ersten Apriltagen bezog dann der Stab des Königsberger Volkssturms – Oberlandforstmeister Wachholtz, Adjutant Oberforstmeister von Minckwitz – die vorbereiteten Räume des ehemaligen »Blutgerichts«.

Mit dem Fortschreiten des russischen Angriffs vom Königs- und Sackheimer-Tor her strömten immer mehr Zivilisten schutzsuchend in die Trümmerstätten des Schlosses ein, aber irgendwelche höheren Parteidienststellen befanden sich weder zu dieser Zeit noch später im Schloß. Lediglich einige stellungslos gewordene Kreisleiter aus dem Süden und Osten der Provinz tauchten auf, traten aber in keiner Weise hervor und legten alsbald ihre Parteiuniform ab.

Als die Zustände in den tiefen »Blutgerichts«-Kellern, in denen noch Flaschenbestände lagerten, und in die sich die ausgehungerten Zivilisten und Soldaten bei der stärker werdenden Beschießung immer tiefer hineindrängten, unhaltbar wurden, ließ der Kommandeur des Volkssturms schwer bewaffnete Posten vor die Eingänge stellen, um die Ordnung wenigstens einigermaßen aufrechtzuerhalten.

Ein direkter Angriff auf das Schloß hat überhaupt nicht stattgefunden, und mangels einer Verbindung nach außen hat sich die Tatsache der Kapitulation nur gerüchtweise im Schloß verbreitet. Erst als die Lage ihm hoffnungslos erschien, hat der Kommandeur des Volkssturms jedem anheimgestellt, zu versuchen, sich noch durchzuschlagen. Wachholtz selbst und sein Adjutant von Minckwitz, die als erste das Ostportal verließen, gerieten auf dem Münzplatz in einen plötzlichen Feuerüberfall und sind offensichtlich dabei gefallen, da jede Nachricht über sie noch heute fehlt. Die nun führerlos gewordene Restbesatzung beschloß, das Weitere abzuwarten, und erst gegen 1.00 Uhr (10. April) erschien ein russischer Kapitän mit einer Gruppe Soldaten in den Kellern und forderte zur Übergabe auf.

Von besonderem Interesse erscheint mir auch der Bericht eines Hauptmannes der Schutzpolizei über das Ende der Kampfgruppe Schuberth. Wahrscheinlich sind die Gerüchte über den angeblichen letzten Widerstand im Schloß auf diese Vorgänge zurückzuführen.

»Nachdem die Kapitulation der Festung Königsberg durch den Festungskommandanten bekannt geworden war, erklärte der im Gefechtsstand der Kampfgruppe Schuberth weilende Befehlshaber des SD Ostpreußen, Oberführer Böhme, den General Lasch für abgesetzt und ernannte den Generalmajor der O. P. Schuberth zum neuen Festungskommandanten. Generalmajor Schuberth hielt sich in einer Ansprache vor seinem versammelten Stab für diese Aufgabe als nicht geeignet und wies darauf hin, daß nach den gegebenen Führeranweisungen derjenige die Führung zu übernehmen habe, der die entsprechenden Eigenschaften, Fronterfahrung usw. in sich vereine. Er ernannte seinerseits den Kommandeur des Polizei-Regiments 31, Major der Schutzpolizei Voigt, zum Festungskommandanten und unterstellte sich ihm. Major Voigt nahm diese Ernennung an und erließ an die Restteile der Kampfgruppe die erforderlichen Befehle für die Fortführung des Kampfes. Zu anderen Einheiten hatte er keine Verbindung. Inzwischen hatte der Feind, aus Richtung Sackheim vorstoßend, die eigenen Stützpunkte nördlich des Neuen Marktes niedergekämpft und befand sich im Vorgehen über den Löbenicht auf das Schloß. Major Voigt befahl nun das Absetzen sämtlicher Kräfte vom Feind auf das Schloß, um dieses als letzte Zitadelle bis zum Äußersten zu verteidigen. In mehreren Gruppen überwanden die Reste der Kampfgruppe unter Voigts Führung den bereits in der Französischen Straße einsetzenden feindlichen Widerstand und gelangten in einer Gesamtstärke von etwa 120–150 Mann SS und Polizei in das Schloß. Voigt richtete mit diesen Kräften das Schloß zur Verteidigung ein. Bewaffnung: wenige Maschinengewehre, Gewehre, Maschinenpistolen, Handgranaten. Munitionsbestand äußerst gering, keine Verwundetenbetreuung. Das Schloß stand unter schwerstem Feindbeschuß, vor allem durch Steilfeuerwaffen. Es traten erhebliche Ausfälle durch Tod und Verwundung ein. Die Lage war aussichtslos, und Voigt entschloß sich daher gegen Mitternacht zur Aufgabe des Schlosses. Er befahl den noch übriggebliebenen Kämpfern, sich zu kleinen Gruppen zusammenzuschließen und sich selbständig durch den Feind nach Westen durchzuschlagen. Ziel: Pillau. Es hat niemand dieses Ziel erreicht. Die meisten Gruppen stießen bereits beim Verlassen des Schlosses auf den Feind und wurden vernichtet. Major Voigt soll erschlagen worden sein. Oberführer Böhme soll bei einem Versuch, mit dem Boot über den Pregel zu gelangen, angeschossen worden, ins Wasser gefallen und ertrunken sein. Der Kampfgruppenkommandeur, Generalmajor Schuberth, der Chef des Stabes der Ordnungs-Polizei Oberstleutnant Peschke, der Ia der Ordnungs-Polizei, Major der Schutzpolizei Denninghaus mit wenigen anderen Stabsangehörigen sind angeblich bis zu einer Bunkerreihe südlich Juditten durchgekommen. Beim Hellwerden versteckte sich diese Gruppe in den oben erwähnten leeren Bunkern. Der General mit von Peschke und Denninghaus in einem,

die übrigen in einem daneben befindlichen Bunker. Es bestand die Absicht, am Abend beim Dunkelwerden weiterzumarschieren. Dazu ist es jedoch nicht mehr gekommen, denn kurze Zeit nach Beziehen der Bunker wurden russische Stimmen laut. Die Russen forderten zunächst die Besatzung des zweiten Bunkers auf, herauszukommen, da sonst geschossen würde. Die Besatzung trat heraus, wurde durchsucht und gefangengenommen. Der führende Hauptmann wurde mit vorgehaltener Maschinenpistole gezwungen, zum Nachbarbunker voranzugehen und die Insassen aufzufordern, herauszukommen. Vor dem Bunker rief er laut: »Alles herauskommen, da sonst geschossen wird!« Etwas gedämpfter fügte er hinzu: »Herr General, die Russen stehen vor dem Bunker. Wenn Sie nicht herauskommen, werden sie hineinschießen und Handgranaten hineinwerfen.« Von innen meldete sich niemand. Daraufhin schossen die Russen durch die verschlossene Tür und warfen durch Öffnungen Handgranaten hinein, die innen detonierten. Da kein Laut zu vernehmen war, nahm der Hauptmann an, daß sich sämtliche Insassen bereits vorher erschossen hatten. Diese Annahme ist um so mehr berechtigt, als der General bereits vorher geäußert hatte, daß er sich nicht in Gefangenschaft begebe, sondern wisse, was er im Falle der bevorstehenden Gefangennahme zu tun habe. Ein Versuch der Russen, die verriegelte Tür zu öffnen, blieb ohne Erfolg. Daraufhin wurde der Hauptmann mit seinen wenigen Kameraden als Gefangener abgeführt. Weder vom Generalmajor noch von v. Peschke oder Denninghaus hat man jemals etwas gehört.«
Eine besonders wichtige Rolle im Kampfe um die Festung Königsberg haben bis zuletzt naturgemäß die Forts gespielt. Trotz ihres veralteten Systems mußten sie als Hauptstützpunkte in die HKL eingebaut werden und nur dort, wo sie weiter zurück lagen, waren besondere Kommandanten eingesetzt. Die Besatzungen bestanden aus Kompanien von Magen- und Ohrenkranken und Genesenen, die infolge der Notwendigkeit gesonderter Verpflegung und Behandlung für den eigentlichen Grabendienst unbrauchbar waren.
FORT VIII *(Friedrich Wilhelm IV.)* bei Kalgen bildete den Eckpfeiler der Südfront. Schon Ende Januar stand es im Brennpunkt der dortigen Kämpfe und konnte ebenso wie die Zwischenwerke, Haffstrom und Godrienen, bis zum Endkampf gehalten werden. Aber

bereits am ersten Angriffstage, dem 6. April, wurden die Werke überrannt und mußten nach hartem Kampf die Waffen strecken.
FORT IX *(Dohna)* bei Hoch-Karschau wurde schon in der Nacht vom 29. zum 30. Januar von den Russen eingeschlossen. Als trotz tapferer Gegenwehr russische Panzer bereits auf den Kasematten standen und zur Übergabe aufforderten, sprengte sich die gesamte Besatzung – zwei Genesenen-Kompanien, ein Volkssturm-Zug, ein Funk- und Fernsprech-Zug – unter Führung eines Hauptmannes und des Nachrichten-Uffz. Erich Thiel in die Luft. Die dadurch entstandene Flankenstellung der Russen hat uns bei den Kämpfen an der Südfront erheblich zu schaffen gemacht.
Am gleichen 29. Januar ging auch das Zwischenwerk Altenberg verloren, während das FORT X *(Kanitz)* um diese Zeit hart umkämpft wurde.
FORT XI *(Dönhoff)* bei Seligenfeld war in den letzten Januartagen gleichfalls schweren Angriffen ausgesetzt. Auch dieses Fort fiel bereits am 6. April in russische Hand, in gleicher Weise wie das FORT XII *(Eulenburg)*, dessen Kommandant sich erschossen haben soll.
Das nördlich des Pregels liegende FORT I *(Stein)* bei Lauth war Ende Januar nicht unmittelbar bedroht, da der russische Stoß hart an der Mühle Lauth abgefangen werden konnte. Beim Endkampf Anfang April weigerte sich der Kommandant, Major d. R. Feisel, der russischen Aufforderung auf Übergabe zu entsprechen. Er soll daraufhin von seinem eigenen Wachtmeister erschossen worden sein.
Die FORTS Ia *(Groeben)*, II *(Bronsart)* und IIa *(Barnekow)* sind im Zuge der in der Nacht vom 7. zum 8. April befohlenen Absetzbewegung auf den Stadtwall mehr oder minder kampflos geräumt worden.
Am FORT III *(Friedrich Wilhelm I)*. bei Quednau war der Russe vor diesem Befehl bereits vorbeigestoßen, wie er überhaupt versuchte, die Forts nach Möglichkeit im Kampfe auszusparen.
Die FORTS IV *(Gneisenau)* und V *(Friedrich-Wilhelm III.)* bei Beydritten und Charlottenburg lagen innerhalb der HKL und sind im Kampf am 7. April gefallen.
Auch das FORT Va *(Lehndorff)* lag in der Hauptstoßrichtung und hat sich tapfer gewehrt.
Die Besatzung des FORTS VI *(Königin Luise)* bei Juditten wehrte sich

zwei Tage lang gegen den sie umklammernden Feind und geriet bei einem Ausbruch in der Frühe des 8. April in feindliche Hand.

FORT VII *(Holstein)* blieb nach dem russischen Durchbruch am 7. und 8. April über Juditten nach dem Pregel außerhalb des Verteidigungsringes und bildete den rechten Pfeiler der mit Front nach Osten neu aufgebauten HKL bei Moditten. Der Kommandant des Forts, ein Major von Machui, soll, als die Panzer am Abend des 8. April vor dem Fort standen, zur Pistole gegriffen haben.

In ähnlicher Weise wie die Außenforts waren auch die alten Befestigungen des Innenringes Hauptstützpunkte der Abwehr. An der Südfront gingen diese Anlagen unter der Wucht der russischen Angriffe bereits am 7. April verloren.

Die »Bastion Pregel« hielt sich unter ihrem Kommandanten, dem Major Vollmer, mit dem unterstellten Techn. Pol. Btl. Ostpreußen noch bis zur Nacht vom 8. zum 9. April, allseitig umschlossen, und kapitulierte dann in hoffnungsloser Lage gegen den Widerstand jüngerer Offiziere.

Die »Bastion Grolman« bildete den letzten Gefechtsstand der 367. Infanterie-Division, dessen Stab allseitig umschlossen am Morgen des 10. April von hier aus den Weg in die Gefangenschaft antrat.

Der »Dohna-Turm«, seit dem Mittag des 9. April eingekesselt und tapfer verteidigt, sah in seinen Mauern zuletzt den Gefechtsstand des Grenadier-Regiments 974, während sich die Reste der 61. Infanterie-Division in der »Bastion Sternwarte« bis zur Kapitulation verschanzten. – Nun zurück zu meinen Verhandlungen über die Kapitulation am 9. April. Ich befand mich auf meinem Gefechtsstand im Luftschutzbunker am Paradeplatz. Schon im Februar hatte ich ja den ersten Gefechtsstand im Keller der Oberpostdirektion aufgegeben. Dort war ein ruhiges Arbeiten für meinen Stab ausgeschlossen. Jedes Artilleriegeschoß, auch kleineren Kalibers, konnte ohne Schwierigkeiten bis in die Kellerräume durchschlagen, weil diese nur knapp unter dem gewachsenen Boden lagen. Der Bunker am Paradeplatz hingegen hat allen Stürmen getrotzt. Natürlich war er dem Feind bei der regen Spionagetätigkeit, die er in Königsberg unterhielt, genauestens bekannt und vom Beginn des Großangriffes an sofort das Ziel von starken Bombenabwürfen und von Artilleriebeschuß. Aber trotz mehrerer Bombenvolltreffer stärksten Kalibers hat er gut standgehalten und erst vom 9. April an begann er mit Wasser vollzulaufen. In den letzten Tagen haben sich hier noch erschütternde Szenen verzweifelter Menschen abgespielt. So nahmen sich zwei von der Gauleitung vor dem dortigen Treiben zu uns geflüchtete Frauen in dem ihnen zugewiesenen Raum das Leben, und auch der für uns alte Frontsoldaten ungewöhnlich starke Beschuß und Bombenabwurf zerrte an den Nerven.

Nach langen, bangen Stunden des Wartens erschien in den späten Abendstunden Oberstleutnant Kerwien mit einer Gruppe von russischen Offizieren als Abgesandte des Oberbefehlshabers der weißrussischen Front. Sie erklärten, daß sie bevollmächtigt seien, die Kapitulation auf Grund der Bedingungen des uns bekannten russischen Flugblattes abzuschließen. In diesem Flugblatt war uns bei sofortiger Kapitulation folgendes zugesichert worden:

1. das Leben,
2. ausreichende Verpflegung und eines Soldaten würdige Behandlung während der Kriegsgefangenschaft,
3. Sorge für die Verwundeten und für die Zivilbevölkerung,
4. nach Beendigung des Krieges Rückkehr in die Heimat oder in ein Land nach Wahl.

Ich trug keine Bedenken, diese Bedingungen anzunehmen. Daß keine dieser Zusicherungen später von russischer Seite eingehalten werden würde, konnte ich damals freilich nicht ahnen. Im Jahre 1947/48, als ich unter grauenvollen Umständen in einer Einzelzelle im Leningrader Gefängnis saß, um wegen angeblicher Kriegsverbrechen von Soldaten meiner ostpreußischen Division verurteilt zu werden, habe ich mich in Erinnerung an diese Zusagen noch einmal in einem Schreiben an Marschall Wassiljewski gewandt und ihn an seine Versprechungen erinnert. Eine Antwort habe ich darauf niemals bekommen.

Nachdem die russischen Parlamentäre bei mir erschienen waren, machte übrigens der sattsam bekannte Amtsleiter Fiedler von der Gauleitung noch den Versuch, in den Bunker einzudringen, um die Parlamentäre zu erschießen, natürlich ohne Erfolg. Als nach den Verhandlungen die Russen mit uns den Gefechtsstand verließen, war eine russische Kompanie bereits am Paradeplatz angelangt.

Mit Abschluß der Kapitulation war für meine Kameraden und für mich der schwerste Augenblick unseres soldatischen Lebens gekommen. Unser jahrelanges tapferes Bemühen an allen Fronten und aller Einsatz bis zum Letzten waren vergeblich geworden durch das Versagen der obersten politischen und militärischen Führung. Unsere Zukunft lag in völliges Dunkel gehüllt, und noch ahnten wir in dieser Stunde nicht, wie groß die Tiefen der Erniedrigung für uns sein würden.

Aus: General Otto Lasch, So fiel Königsberg. Kampf und Untergang von Ostpreußens Hauptstadt. München 1959

Hans Graf von Lehndorff

Königsberg unter den Russen
9. bis 24. April 1945

Einmal sah ich eine Katze mit einer Maus spielen. Die Maus war noch sehr munter und schien der Katze Vergnügen zu machen. Immer wieder versuchte sie zu entfliehen, und mehrmals glaubte ich schon, sie sei wirklich entkommen. Wenn ich mir aber die gelangweilt dreinschauende Katze näher ansah, mußte ich feststellen, daß sie das Tierchen längst schon wieder zwischen ihren Zähnen hatte. Viele Stunden später war in der Maus immer noch Leben. Das völlig zerfledderte Tier hatte keine Lust mehr, davonzulaufen, sondern rutschte nur ziellos hin und her, wenn es von der Katze dazu veranlaßt wurde. Diese tat sich Zwang an, das ungleiche Spiel noch unterhaltend zu finden. Ihr Eifer schien, gemessen an dem Zustand der Maus, weit übertrieben.
Ich hätte zuspringen und das Tierchen töten können, um mir Ruhe zu verschaffen. Aber was hülfe das, so dachte ich, jenen abertausend Mäusen, die der gleichen Bedrängnis verfallen, ohne daß jemand zur Stelle ist? Gilt es hier nicht, einer Frage standzuhalten, die in ähnlicher Form immer wiederkehrt? Und kann ich die Lösung anderswo finden als dort, wo ich mich selber im Zustand jener Maus wiedererkenne?

9. April 1945
Morgens gegen fünf Uhr wache ich auf von Stimmengewirr und hastigen Schritten vor meiner Tür. Ich wecke Doktora und bitte sie, sich fertigzumachen. »Was ist?« fragt sie schlaftrunken. »Ich nehme an, die Russen sind da, will schnell einmal nachsehn.« »Die Russen? – Ach, kommen die jetzt? Ich hatte sie schon ganz vergessen.« »Was ist zu machen«, sagte ich, »du hast es ja selbst nicht anders gewollt.« Sie nickt mir zu. Ich ziehe meinen weißen Kittel über und trete auf den Gang hinaus.
Czernecki, mein ukrainischer Assistent, kommt mich schon holen

zum Empfang der Russen. Die Kranken, an denen ich vorüberkomme, recken die Hälse: »Zwei sind schon durchgelaufen und haben uns die Uhren weggenommen, und die Wally hat schon eins abgekriegt.« Wally, die beherzte kleine Russin, liegt mit blutüberströmtem Gesicht zwischen den Kranken am Boden und rührt sich nicht. Der Russe hat sie, als sie ihm in den Weg trat, am Schopf gepackt und mit dem Gesicht auf den Boden geschlagen. Der Oberkiefer ist gebrochen, mehrere Zähne sind ausgeschlagen. Sie ist bei Bewußtsein, gibt aber keinen Laut von sich.

Am Haupthaus stehen zwei Russen und wühlen in einem Koffer. Ihr Anblick hat etwas Bestürzendes. Ich komme mir vor wie jemand, der auf die Bärenjagd gegangen ist und seine Waffe vergessen hat. Wir gehen auf sie zu, worauf sie von dem Koffer ablassen und sich für uns interessieren. Die Mündung der Maschinenpistole auf dem Leib, werden wir einer gründlichen Untersuchung gewürdigt. Ein Versuch meines Begleiters, sie anzusprechen, mißlingt. Sie reagieren nur mit kurzen knurrenden Lauten und setzen ihr Werk systematisch fort. Inzwischen kommen weitere Russen aus dem Hauptblock hervor, wie Schlittenpferde behängt mit den abenteuerlichsten Gegenständen. Auch sie beschnüffeln uns kurz, meine Füllfeder verschwindet, Geld und Papiere fliegen in der Gegend herum. Meine Schuhe sind ihnen zu schlecht. Dann hasten sie mit kurzbeinigen Schritten über Trümmer und durch Bombentrichter den anderen Häuserblocks zu, in deren Öffnungen sie untertauchen. Ihre Art, sich fortzubewegen, ist in verblüffender Weise nur auf Zweckmäßigkeit eingestellt. Im Bedarfsfall nehmen sie die Hände zu Hilfe und laufen auf allen vieren.

Im Haupthaus sind sie schon fleißig am Werk. Da ich immer wieder stehenbleiben und mich abtasten lassen muß, komme ich in den Gängen unseres Kellers nur wie durch ein Dickicht vorwärts. Aus allen Räumen dringen unterdrückte Protestlaute. Kranke werden aus den Betten gerollt, Verbände entfernt, hier und da größere Mengen Papier abgebrannt, um die Beleuchtung zu verbessern. Überall ist man schon verzweifelt am Löschen. Wir halten vergeblich Ausschau nach einem Offizier, denn wenn das so weitergeht, bleibt nicht viel von uns übrig.

In der Ambulanz wehren sich die jungen Schwestern gegen einige besonders Zudringliche. Ich wage nicht daran zu denken, was alles kommen wird, wenn sie erst sicherer geworden sind. Noch sind sie ausgesprochen hastig und aufs Raffen bedacht. Am eindrucksvollsten zeigt sich das im Wirtschaftsgebäude. Ich stehe sprachlos angesichts der Unmengen von Lebensmitteln dort, die man uns in den Festungsmonaten vorenthalten hat, und gerate nachträglich in Wut über meine Gutgläubigkeit und daß ich mir unser und der Patienten Hungern die ganze Zeit habe gefallen lassen. Nun balgt sich ein wilder, johlender Haufe um die schönsten Konserven, und Vorräte, von denen Hunderte ein ganzes Jahr hätten leben können, werden in wenigen Stunden vernichtet.

In der Mitte des Hauptraums türmt sich ein Haufen zerschlagener Gläser und aufgerissener Büchsen. Säcke über Säcke mit Mehl, Zucker, Kaffee werden darauf entleert. Daneben, halb eingedeckt, liegt ein Toter. Darüberhin turnen die Russen, Soldaten und Zivilisten, immer neue Stapel von hochwertigen Vorräten von den Regalen herunterscharrend. Dazwischen wird geschossen, gegrölt, gestoßen. Ich versuche, mir ein paar heile Gläser herauszufischen, ein Russe schlägt sie mir aus dem Arm.

Im Operationssaal ist Doktora dabei, Patienten zu verbinden. Ein Schwarm von Schwestern hat sich hierher geflüchtet und täuscht eifrige Hilfeleistung vor. Im Hintergrund treten die Russen auf den verwundeten Soldaten herum, sie auf Uhren und brauchbare Stiefel untersuchend. Einer von ihnen, ein junges Kerlchen, bricht plötzlich in Tränen aus, weil er noch immer keine Uhr gefunden hat. Er hebt drei Finger in die Höhe: Drei Mann will er erschießen, wenn er nicht sofort eine Uhr bekommt. Seine Verzweiflung ergibt den ersten persönlichen Kontakt. Czernecki läßt sich in ein langes Palaver mit ihm ein, und schließlich kommt irgendwoher auch noch eine Uhr für ihn zum Vorschein, mit der er glückstrahlend verschwindet.

Das Auftauchen der ersten Offiziere zerstört meine letzte Hoffnung auf ein erträgliches Auskommen. Alle Versuche, sie anzusprechen, schlagen völlig fehl. Auch für sie bin ich nichts weiter als ein Kleiderständer mit Taschen. Sie sehen mich überhaupt nur von den Schultern abwärts. Ein paar Schwestern, die ihnen gerade in den Weg laufen, werden gepackt und hinterhergezerrt, und ehe sie begriffen haben, was gespielt wird, werden sie völlig zerzaust wieder losgelassen. Die älteren müssen zuerst daran glauben. Ziellos irren sie in den Gängen umher. Verstecke gibt es ja nicht. Und immer neue Plagegeister fallen über sie her.

Ich schleiche wie im Traum durch unsere Keller und suche zu begreifen, was Gott hier von mir fordert. Czernecki hat von einem Russen, der sich als ansprechbar erwies, herausbekommen, daß vor Ablauf von sechs bis acht Tagen mit irgendeiner Ordnung nicht zu rechnen sei. Die Stadt sei den Soldaten freigegeben worden. Ich mache mir klar, daß ihnen hier zum erstenmal auf ihrem Feldzug Frauen in größerer Zahl in die Hände gefallen sind, ein Gedanke, der mir schon ganz entglitten war und der mich nun in die nackte Wirklichkeit zurückruft.

Ist es nicht so, daß wir die Verantwortung, die wir in der Belagerungszeit tragen durften, schon in Gottes Hand zurückgelegt haben, uns und die uns Anvertrauten Seiner Gnade befehlend? Nun wird sie uns in untragbarer Gestalt wieder vor die Füße geworfen. Ich hatte erwartet, es würde ein wildes und mit Recht rachsüchtiges Volk über uns hereinbrechen und dabei gleich im ersten Augenblick so viel vernichten, daß der einzelne gar nicht zum Nachdenken kommen würde. Für den, der lebend hindurchkäme, würde die Lage so neu sein, daß sich sein Verhalten darin von selbst ergeben würde. Er könnte dann gewissermaßen ein neues Leben beginnen. Unter das erste hatten wir – sehr voreilig – bereits einen Strich gezogen.

Wie sieht es nun aber mit uns aus? Es hat sich eigentlich nichts geändert, nur daß der Zermürbungsprozeß, der bei den Häusern angefangen hat, nun bei den Menschen weitergeht. Die endgültige Entscheidung über uns ist ausgeblieben. Ich bin so ausgelöscht, daß ich nicht einmal mehr beten kann.

Gleichzeitig erwacht, mir selbst zum Entsetzen, ein ganz neuer Sinn, eine Art von kalter Neugier. Was ist das eigentlich, so frage ich mich, was wir hier erleben? Hat das noch etwas mit natürlicher Wildheit zu tun oder mit Rache? Mit Rache vielleicht, aber in einem anderen Sinn. Rächt sich hier nicht in ein und derselben Person das Geschöpf am Menschen, das Fleisch an dem Geist, den man ihm aufgezwungen hat? Woher kommen diese Typen, Menschen wie wir, im Banne von Trieben, die zu ihrer äußeren Erscheinung in einem grauenvollen Mißverhältnis stehen? Welch ein Bemühen, das

Chaos zur Schau zu tragen! Dazu diese stumpfe bellende Sprache, aus der das Wort sich längst zurückgezogen zu haben scheint. Und diese verhetzten Kinder, fünfzehnjährig, sechzehnjährig, die sich wie Wölfe auf die Frauen stürzen, ohne recht zu wissen, um was es sich dreht. Das hat nichts mit Rußland zu tun, nichts mit einem bestimmten Volk oder einer Rasse – das ist der Mensch ohne Gott, die Fratze des Menschen. Sonst könnte mich dies alles nicht so peinlich berühren – wie eigene Schuld.

Wenn's noch die Mongolen wären! Aber mit denen komme ich ohnehin besser zurecht. Sie sind einheitlicher, besser gezogen und darum in ihrer Substanz dem westlichen Geist wohl weniger ausgeliefert. Ihre Wildheit wirkt nicht beleidigend. Es sind drahtige Gestalten unter ihnen mit auffallend zarten Gliedern und einer natürlichen Haltung.

Mit einem Unteroffizier dieser Art bekomme ich auch den ersten menschlichen Kontakt durch Czerneckis Vermittlung. Er will versuchen, irgendeine Befehlsstelle ausfindig zu machen und dort Interesse für unsere Kranken zu wecken. Es sind ja unter ihnen auch eine Menge Ausländer. Ich setze den Rest meiner Hoffnung auf ihn. Wenn er durchkommt und auch wiederkommt, ist vielleicht noch etwas zu retten. Bis dahin müssen wir sehen zu halten, was zu halten ist.

Gegen Abend verwandelt sich unser verzweigter Hof in ein riesiges Zigeunerlager. Hunderte von kleinen Wagen mit struppigen Panjepferdchen davor fahren regellos auf. Überall hocken undefinierbare Gestalten, darunter Zivilisten, auch einige Frauen, um kleine Feuer, über denen auf zwei Ziegelsteinen emsig gekocht wird. Es ist, als befände man sich im tiefsten Asien und als sei es auch hier längst so geplant gewesen. So überwirklich ist alles wie die Bestätigung eines immer wiederkehrenden Traumes. Alle sind mit dem Sortieren der geraubten Sachen beschäftigt. Dazwischen stehen, unbeachtet und in stumpfer Ergebenheit, unsere Patienten mit ihren Angehörigen herum und sehen zu, wie der Inhalt ihrer Koffer verteilt wird. Mir wird schwindlig, wenn ich an die Nacht denke. Zu meiner vorübergehenden Erleichterung fliegt der Schwarm aber plötzlich auf und verläuft sich den Roßgarten hinunter stadteinwärts.

Die Nacht bricht herein, ohne daß unser Mongole zurückkommt.

Soweit möglich, versuchen wir, die Kranken weiter zu versorgen. Die Franzosen sind noch da und helfen, wo sie können. Auch ihnen wurde alles weggenommen. Hier und da hat noch einer etwas Eßbares gerettet, ein paar Büchsen Fleisch, etwas Brot – wir teilen es untereinander auf.
Nachts herrscht im Operationssaal ein gespenstischer Betrieb. Bei schwacher Beleuchtung hantieren fünfzehn bis zwanzig vermummte Gestalten, meist jüngere Schwestern, an einem Patienten herum, der auf dem Operationstisch liegt. Ab und zu wird mit großem Personenaufwand ein neuer geholt, um ihn zu verbinden. So viele liegen noch unversorgt herum mit Verwundungen, die schon zwei und drei Tage alt sind. Den Russen ist es hier etwas unheimlich. Sie stehen eine Weile im Nebenraum herum, fassen gelegentlich auch einmal zwischen die Instrumente, um eine Schere wegzunehmen. Aber die Schwestern sind hier doch etwas weniger gefährdet.
Unerwartete Entlastung bringt uns dann noch ein Major, der uns eine Weile zusieht und schließlich von mir verlangt, ihm eine winzige Warze aus dem Gesicht zu entfernen. Schon sitzt er auf dem Operationstisch. Mit theatralischen Gesten werden ihm große weiße Tücher umgelegt, was ihm sichtlich imponiert. Da springt er plötzlich ab und befiehlt seinem Burschen, die Maschinenpistole im Anschlag, neben mir Stellung zu beziehen. Dann nimmt er erleichtert wieder Platz und gibt den Befehl, mit der Operation zu beginnen, deren Notwendigkeit uns stark übertrieben vorkommt. Immerhin hat sie den gewünschten Erfolg: Der Major ist begeistert und verteidigt uns noch eine ganze Zeit gegen neue Eindringlinge. Erst einmal für uns eingenommen, entpuppt er sich als Gemütsmensch.
Wir legen uns abwechselnd auf den Fußboden und schlafen, so gut es geht, die Schwestern zwischen den Verwundeten verteilt. Gegen Morgen läßt sich kaum mehr ein Russe blicken.

10. April
Im Laufe des Vormittags geht es wieder von neuem los. Zeitweilig wimmelt es in unseren Gängen wie im Bienenstock. Von allen Seiten hört man jetzt lautes Frauengeschrei. Schon wieder ist ein neuer Ton in die Teufelsmusik gekommen, deren Ursprung mir noch nicht ganz

klar ist. Bisher haben sich die Eindringlinge durch energisches Auftreten immer noch unsicher machen lassen. Sogar Doktora hat durch ihr plötzliches Eingreifen oft die Situation retten können. Aber nun? Wie es scheint, haben die Russen Alkohol gefunden.

Da ist auf einmal unser Mongole mitten im Gedränge am Eingang. Ich falle ihm beinahe um den Hals. Er hat irgendeine verantwortliche Stelle ausfindig gemacht, zu der er uns bringen will. Sofort mache ich mich mit Czernecki auf den Weg. Ein zweiter Russe kommt mit und hilft die Neugierigen abwehren, die uns immer wieder festhalten und durchsuchen wollen. Den Roßgarten hinunter kommen wir in immer größeres Gedränge. Links brennt das Krankenhaus der Barmherzigkeit – ich denke, was sie wohl mit ihren Kranken machen werden, die alle im Keller liegen. – Bis zum Roßgärter Markt hin brennt alles, was bisher noch nicht zerstört war. Die Hitze ist stellenweise so groß, daß man es kaum aushält.

Die Königstraße herauf, über den Roßgärter Markt hinweg und weiter zum Schloß hin wälzt sich eine Riesenschlange einrückender Truppen, in die wir nun hineingeraten. Ich kneife heftig in meinen Oberschenkel, um mich zu vergewissern, daß dies alles Wirklichkeit ist und kein Traum. »Königsberg 1945« sage ich zu wiederholten Malen in mich hinein. Daß man es der guten alten, ehrwürdigen Stadt, die man nie so ganz für voll nahm, früher nicht angesehn hat, daß sie nur noch auf dies grandiose Schauspiel wartete, um dann zu verlöschen! Wie gut hat sie es verstanden, ihr Geheimnis vor uns zu hüten, als wir noch gar vor gar nicht langer Zeit in ihren gleichbleibend freundlichen Falten ahnungslos und mit überlegener Miene einhertrotteten. Erst die Stürme des letzten Sommers, die beiden englischen Fliegerangriffe, rissen ihr die Maske vom Gesicht und machten sie äußerlich reif für diesen Augenblick. Wir schwimmen inmitten eines Lavastromes, der sich von einem boshaften Stern auf die Erde ergießt. Nun macht er einen Bogen nach rechts – warum? Ach so, ja, hier haben ja Häuser gestanden, und hier ungefähr wohnte einmal unser Zahnarzt. Da oben in der Luft hat er gearbeitet. Vielleicht hat er früher auch manchmal aus dem Fenster auf die friedliche Straße gesehn, so als ob er auf irgend etwas wartete. Nun wälzt sich zwischen flammenden Trümmern ein wüster, johlender Haufen die Straße entlang, ohne Anfang und Ende. Ist das wirklich

heute, an diesem Tage? Ist das nicht schon vor zweitausend, vor zehntausend Jahren oder ebensoviel später? Die Zeit ist doppelt, dreifach in diesem Augenblick. Nicht zu beschreiben, was sich da alles fortbewegt an Menschen, Tieren und Fahrzeugen. Ich weiß nur das eine: Dies ist der Sieg, der Sieg, wie er im Jahre 1945 aussieht, aussehen muß. Die lächerlichen und grauenvollen Einzelheiten, aus denen das Bild sich zusammensetzt, erscheinen mir wie Zwangshandlungen, Reaktionen innerhalb eines einheitlichen physisch-dynamischen Vorgangs. Die schiefe Ebene scheint mir dabei eine Rolle zu spielen, und ich frage mich betroffen, ob denn Königsberg immer schon soviel tiefer gelegen hat als Innerasien, daß die graue Lava so verrutschen konnte. Darin schwimmend, auf- und wieder untertauchend, Gestalten, Gestalten! Nein, nein! Man selbst ist eine solche Gestalt. Ich sehe mich stehen, weiterstolpern, gaffen mit verwehtem, vergessenem Gesicht. Wer bin ich heute? Wer sind die anderen? Wie merkwürdig zu denken, daß Menschen sich früher stundenlang angestellt haben, um Vorbeimärsche zu sehen. Auch hier vielleicht, an dieser Stelle einmal. Es muß also doch etwas Sehenswertes daran sein. Und nun dies hier, alles Vorstellbare maßlos übertreffend, für wen geschieht es, wer sieht es überhaupt? Ist es nicht ganz und gar zwecklos? Oder macht sich Gott hier selbst etwas vor?
Wir treiben weiter, auf das Schloß zu. Aus den Ruinen erhebt sich, wie ein Ausrufungszeichen, der Turm, der Länge nach gespalten, von tausend Geschossen zerfetzt, gekämmt, zerhackt. Man sieht in ihn hinein – da oben hängt noch die Glocke. Und auf einmal ist eine Stimme in mir, die gibt Antwort, und sie befiehlt mir: Mach nur die Augen auf und sieh, denn in der Tat wäre das, was hier vorgeht, sinnlos, zwecklos, höllisches Gelächter, wenn du es nicht sähest. Dies ist nicht ein Augenblick der Weltgeschichte – irgendeiner, der wieder vergeht –, das ist Weltgeschichte in einem Augenblick, in deinem Augenblick. Darum sieh nur hin, so wirst du die Herrlichkeit Gottes erkennen. Und dieser schmutzige, erschöpfte Menschenwurm, der ich bin, erschauert vor tiefer Seligkeit.
Wieder hat mich der Strom erfaßt. Flintenweiber kommen auf Autos stehend vorbeigeschwommen, furchterregend und lächerlich zugleich. Ihre Gebärde bekundet, daß sie es sind, die sich als Repräsen-

tanten des Sieges fühlen. Ich lache in mich hinein und weiß doch dabei, daß mein Äußeres ganz dem entspricht, was sie von Besiegten erwarten.

Rechts und links in den Trümmern schleichen, wie verregnete Hühner, Reste der Bevölkerung umher. Man muß schon genau hinsehen, um sie zu entdecken. Hier und da verrät sie ein mattes Flügelschlagen, wenn sie von einem der unermüdlichen Spürhunde aufgestöbert und überrannt werden. Sie sind wohl schon auf der Suche nach Brot.

Unser kleiner Trupp ist durch einen Zivilisten vermehrt worden, den der Mongole mitten im Gedränge plötzlich von einem anderen Haufen zugeschoben erhielt. Mir unerklärlich, scheint in diesem Gewühl doch ein gewisses System zu walten. Der Mann spricht russisch, wurde anscheinend als Spion aufgegriffen, sieht aus wie ein Fuchs im Eisen. Ein paar Schritte weiter fällt dem Mongolen etwas ein. Er stößt den Mann auf einen Steinhaufen und befiehlt ihm, die Stiefel auszuziehn. Dann hält er ihm seine eigenen nacheinander vor den Leib, läßt sie sich abstreifen und zieht die des anderen an. Da diesem das übrigbleibende Paar nicht paßt, muß er, wie viele andere, auf Strümpfen weiterlaufen. Ich glaube kaum, daß er in seinem Leben noch einmal Gelegenheit haben wird, Schuhe zu tragen.

Nach einer Weile läßt der Mongole uns an der linken Straßenseite haltmachen und verschwindet in einem Loch. Anscheinend ist es der Kellereingang eines ehemaligen Hauses, eines größeren Geschäfts vielleicht; es läßt sich nicht mehr ahnen, was hier einmal gestanden hat. Lange bleibt er verschwunden; dafür tauchen andere Gestalten aus dem Loch herauf, wieder andere kriechen hinein. Tatsächlich scheint hier die gesuchte Befehlsstelle zu sein. Mit einem Bierernst ohnegleichen wird dieser lächerliche Zugang benutzt. Wie die Erdwespen schwirren sie aus und ein. Nach einiger Zeit taucht auch unser Mongole wieder auf und eskortiert uns wortlos zurück. Allmählich bekommen wir von ihm heraus, daß vorläufig für uns kein Interesse besteht, vielleicht später, in ein paar Tagen. Es ist ihm peinlich, uns das zu sagen. Er ahnt wohl, was noch alles bevorsteht.

11. April
Draußen graut schon der Morgen. Unser Operationssaal ist überfüllt von Menschen. Ein kleiner Lichtstumpf täuscht Beleuchtung vor. Die Nacht ist irgendwie vorübergegangen. Nur wenige Russen geistern noch durch unsere Keller. Auf dem Operationstisch liegt eine tote Frau, an der herumhantiert wird, sowie ein Russe sich blicken läßt. Ich liege auf dem Boden und döse. Vom Nebenraum her höre ich Doktoras leise, ruhige Stimme trösten. Es ist ein Wunder, daß sie heil geblieben ist in dieser Höllennacht.
Wie schon befürchtet, hatten die Russen Alkohol gefunden. Unmittelbar neben uns in der Likörfabrik von Menthal lagen, mühsam geheimgehalten, noch mehrere tausend Liter, wie zum Hohn für diesen Augenblick aufgespart. Nun ging es wie eine Rattenflut über uns her, sämtliche ägyptische Plagen übertreffend. Keine Minute verging, in der man nicht vorn oder hinten die Mündung einer Pistole auf dem Leib hatte und von einer Fratze nach »Sulfidin« angebrüllt wurde. Also war ein großer Teil dieser Teufel auch noch geschlechtskrank. Unsere Apotheken waren längst ausgebrannt, der riesige Tablettenvorrat lag zertrampelt auf den Gängen. Mit einer gewissen Schadenfreude konnte ich sie immer wieder nur auf die von ihren Kumpanen angerichteten Verwüstung hinweisen. Scharenweise drangen sie von Menthal her ein, Offiziere, Mannschaften, Flintenweiber, alle betrunken. Und keine Möglichkeit, jemand vor ihnen zu verstecken, da die ganze Umgebung durch Brände taghell erleuchtet war.
Wir schlossen uns eng aneinander und erwarteten das Ende in irgendeiner Form. Die Angst vor dem Tode, die schon seit den Tagen der Beschießung keine wesentliche Rolle mehr spielte, war durch weit Schlimmeres nun vollends aufgehoben. Von allen Seiten hörte man verzweifelte Frauenstimmen schreien: »Schieß doch, schieß doch!« Aber die Quälgeister ließen sich lieber auf einen Ringkampf ein, als daß sie ernsthaft von ihrer Waffe Gebrauch machten.
Bald hatte keine von den Frauen mehr Kraft zum Widerstand. Innerhalb weniger Stunden ging eine Veränderung mit ihnen vor sich, ihre Seele starb, man hörte hysterisches Gelächter, das die Russen nur noch wilder machte. Kann man überhaupt von diesen Dingen schreiben, den furchtbarsten, die es unter Menschen gibt? Ist

nicht jedes Wort eine Anklage gegen mich selbst? Gab es nicht oft genug Gelegenheit, sich dazwischenzuwerfen und einen anständigen Tod zu finden? Ja, es ist Schuld, daß man noch lebt, und deshalb darf man dies alles auch nicht verschweigen.

Nach meiner Rückkehr aus der Stadt ließ mich ein Major, der noch einigermaßen vernünftig schien, zum Isolierhaus holen. Dreißig oder vierzig Russen tobten dort zwischen den Kranken. Ich sollte ihm sagen, was das für Leute seien. Kranke natürlich, was denn sonst! Was für Kranke, wollte er wissen. Tja, verschiedenes: Scharlach, Typhus, Diphtherie – da brüllte er los und fuhr wie ein Panzer zwischen seine Leute. Damit kam er jedoch zu spät; und als der Sturm sich legte, waren vier Frauen bereits tot.

Später stand ich mit Doktora im Menschengewühl, das ständig den hinteren Ausgang unseres Kellers blockierte, und wir beobachteten das Treiben der Schlachtfeldhyänen, die emsig und zielbewußt an uns vorüberhasteten. Gerade überlegten wir, wie wir es anstellen sollten, meine Pistole mit fünfzig Patronen herüberzuholen, die ich in der Nähe unter einem Schutthaufen versteckt hatte. Da hörten wir über uns auf einmal ein heftiges Gepolter und sahen mehrere Russen mit großem Kraftaufwand den Blindgänger zur eisernen Treppe wälzen, der seit drei Tagen über dem Operationssaal lag. Es war viel zu spät, um noch Deckung zu nehmen. Wir sahen uns lachend an und dachten wohl beide: »Das lohnt sich doch wenigstens, hier mitten in den dicksten Menschenhaufen hinein!« Aber dann überschlug sich das schwere Ding nur und blieb still und stumm auf dem Treppenabsatz liegen.

Als es dunkel geworden war, gelang es uns, die Pistole zu holen und sie für alle Fälle griffbereit unter der Tischplatte im Operationssaal zu befestigen. Im übrigen tat man lauter Dinge, die der Augenblick gerade erforderte. In der Ambulanz lagen zwischen den Kranken zum Beispiel mehrere Offiziere, die gar nicht verwundet waren und flehentlich um Zivilsachen baten, weil sie glaubten, darin besser aufgehoben zu sein. Natürlich wußte man nicht gleich, wo man solche hernehmen sollte. Aber dann fielen uns die Toten ein, die im ersten Stock zwischen dem Gerümpel lagen. An die schlichen wir uns heran und zogen sie aus, sobald das Gelände einigermaßen frei von herumstöbernden Russen war.

Um Mitternacht erschien, begleitet von einer uniformierten Frau, ein russischer Arzt im Operationssaal. Wieder glomm ein Fünkchen Hoffnung auf. Vielleicht würde er ein wenig Verständnis für uns haben. Aber auch er war betrunken und nur darauf aus, seiner Begleiterin zu imponieren. Er stellte sich an den Operationstisch und drückte dem daraufliegenden Verwundeten so lange auf seinem Knie herum, bis dieser in einen echt bajuwarischen Fluch ausbrach (»Du Sauluder, nimm deine dreckigen Tatzen von meiner Haxen!«) – das erlösende Wort in dieser Atmosphäre stumpfer Schicksalsergebenheit.

Dem begleitenden Flintenweib sah man an, daß es unser Täuschungsmanöver mit den vielen Schwestern im Operationssaal durchschaute. Von ihrer Seite befürchtete ich besonders Schlimmes für die armen Wehrlosen und war sehr erleichtert, als sie schließlich mit verächtlichem Naserümpfen wieder abzog.

Ganz besonders nett waren die Franzosen. »Adieu docteur!« rief mir einer zu, als ich mich anschickte, einen Russen über den Haufen zu rennen, der mitten im Gedränge mit seiner Maschinenpistole Ernst machen wollte, weil ich ihn mit Erfolg zurückgewiesen hatte. Er wälzte sich am Boden, und ich verschwand im Hintergrund, um mich vorübergehend meines weißen Kittels zu entledigen, damit er mich nicht gleich wiederfinden sollte. Kurz darauf müssen die Franzosen abgeholt worden sein; denn ich habe danach keinen von ihnen mehr gesehn.

Ganz rührend ist auch das Bedauern der russischen Patienten, die wir haben. Vier Männer mit erfolgreich operierten Bauchschüssen fühlen sich mir besonders verpflichtet. Wenn andere Russen zugegen sind, müssen sie uns gegenüber auftrumpfen und lauter Wünsche äußern, weil sie Angst haben. Aber hinterher entschuldigen sie sich jedesmal und beteuern, wie schrecklich sie das alles fänden.

Gegen Morgen traf ich einen Russen allein in der ausgebrannten Apotheke. Sekundenlang verspürte ich einen heißen Rachedurst, als er da im Dunkeln vor mich hinstolperte. Was schossen mir da alles für Gedanken durchs Hirn! Moses und der Ägypter! Aber wo soll ich mit der Leiche hin? Hier wird sie gleich gefunden. – Schadet nichts, schlimmer kann es nicht werden! – Nein, laß ihn, er ist ja auch nur ein armseliges Werkzeug.

Lange hab' ich mit der Operationsschwester gerungen, die sich das Leben nehmen wollte. Ich bat sie, um Jesu Christi willen bei uns zu bleiben. Andere Argumente ziehen nicht mehr. Schließlich gab sie nach.

Oh, wieviel neidvolle Blicke haben die Toten auszustehn! Die kleine Frau auf dem Operationstisch ist der Inbegriff des Friedens für alle um mich her. Was soll ich sonst noch sagen von dieser Nacht? Jetzt, wo der Morgen graut, habe ich nichts weiter in mir als das Gefühl, auf einem leeren Bahnhof zu stehn und den letzten Zug verpaßt zu haben, der noch in ein anständiges Jenseits hätte führen können. Langsam schleicht sich die Gleichgültigkeit ins Gebein, der schlimmste Feind.

Am Vormittag machen sich nur noch wenige Russen bei uns zu schaffen, aber einer von ihnen ist das Grauen in Person. Kein Asiate, sondern ein Typ, wie er überall auf der Welt vorkommt. Der Uniform nach gehört er zur Marine. Sein Vorgehen ist so radikal, daß ich sofort auf ihn aufmerksam geworden bin und ihn im Auge behalte. Immer wieder taucht sein schrecklich verzerrtes Gesicht vor mir auf. Als ich einmal über den Hof gehe, schneidet er gerade mit einer Schere zwei alten Frauen die Kleider vom Leib. Aus mehreren Wunden blutend bleiben sie wie im Schlaf stehen. Ich hole meine Pistole und verstecke sie in dem großen Bombentrichter vor dem Haupteingang, den jeder Endringling passieren muß. Hier besteht am ersten die Möglichkeit, ihn allein zu fassen. Kalt und stumpf hocke ich dort eine Zeitlang vergebens. Dann muß ich meinen Platz aufgeben, weil im Haupthaus wieder etwas los ist.

Als ich später in den Operationssaal trete, wird mir sofort klar, daß etwas Neues geschehen ist. Erschrocken sehen die Schwestern nach mir hin. Doktora steht am Tisch und verbindet wie immer. Aber diese Augen! Mein Gott! Ein Stachel bohrt sich in den Rest meiner Seele. Ich schleiche fort und lasse mich irgendwo auf eine eiserne Bettstelle fallen. Jetzt schlafen, schlafen und nichts mehr sehn. Es ist genug. Nach einer Weile steht sie neben mir in ihrem zerrissenen Trainingsanzug, und ihre Hand sucht mich zu trösten. »Willst du mir bitte meine Bibel suchen? Sie muß da auf dem Treppenabsatz irgendwo liegen. Man hat sie mir aus der Tasche gerissen.« Wie ein Blöder suche ich die Bibel und finde sie auch. Dann sitzen wir eine Weile

nebeneinander auf der Bettstelle und rühren uns nicht. Sie will, daß ich weggehe. Allein würde ich bestimmt irgendwie heraus- und nach dem Westen durchkommen. »Du kannst hier doch nichts mehr tun. Ich habe meine Tabletten, und außerdem weiß ich, daß Gott nichts Unmögliches verlangt.« Ich bin viel zu müde zu einer Antwort, wage vor lauter Ekel auch gar nicht, meine Stimme laut werden zu lassen. Es ist mir ziemlich klar, was sich in meiner Abwesenheit ereignet hat. Nur dieser Teufel konnte es sein, an dem sie scheiterte – die Macht der Finsternis, gegen die kein Kraut gewachsen ist. (Die Bestätigung las ich Monate später in Doktoras Aufzeichnungen für mich. »Zum erstenmal in der ganzen Zeit befiel mich Angst«, schreibt sie. »Ich wußte sofort, hier kommst du nicht durch.«)
Der Russe ist nicht mehr zu sehen. Wir gehen ein paar Schritte hinunter bis zum Schloßteichufer, wo mehrere Kähne umgekehrt auf dem Rasen liegen. Niemand beobachtet uns. In eine Decke gewickelt schiebe ich Doktora unter einen der Kähne.
Am Nachmittag ist schon wieder das ganze Haus voll Russen. Überall machen sie Feuer an. Neben uns brennt ein Haus so rapide von unten nach oben ab, daß unser Dach Feuer fängt. Die Sachverständigen behaupten zwar, bis in den Keller könne es nicht durchbrennen. Ich ordne aber trotzdem sicherheitshalber die Räumung an. Um den Anfang zu machen, schleppe ich einen dicken Mann, der mit frischem Oberschenkelbruch im Streckverband liegt, auf dem Rücken nach dem Schloßteichgraben hinunter. Mit erstaunlicher Eile leert sich hinter mir das Haus, und unter mehrmaligem Absetzen wird schließlich alles, was nicht allein gehen kann, über die kleine Fußgängerbrücke bis auf den gegenüberliegenden Hang geschleift.
Die Russen sind schon wieder sehr mobil geworden und toben zwischen uns herum. Doktora, die sich entgegen meinen Bitten an der Schlepperei beteiligt, wird plötzlich von drei ganz jungen Bürschchen angefallen und weggerissen. Ohne jeden Elan springe ich zu, ein paar Schüsse dicht an meinem Kopf vorbei aus der Maschinenpistole betäuben mich für einen Augenblick. Czernecki kommt gerade mit einem russischen Major vorbei und versucht sich ins Mittel zu legen. Umsonst, der Major lacht ihn aus. Doktora hat sich bald wieder freigemacht – es waren rohe dumme Jungens – und

versteckt sich zwischen den Kranken am Hang. Dort bleibt sie endlich liegen.

Inzwischen habe ich bemerkt, daß eine weitere Karawane von Schwestern und Kranken, getragen, geführt und mehr oder weniger kriechend, ebenfalls unseren Hang ansteuert. Sie gehören zum Krankenhaus der Barmherzigkeit, das wegen fortgesetzter Brände auch schließlich räumen mußte. Bald ist der ganze Berg belagert mit Kranken, dazwischen hin und her, kreuz und quer, toben die Russen, eine Horde von Pavianen, reißen wahllos Schwestern oder Patienten weg, zerren an ihnen herum, verlangen zum hundertstenmal Uhren. – Meine sitzt immer noch sicher zwischen zwei Paar Strümpfen ums Fußgelenk. – Mit nach außen gedrehten Taschen gehe ich zwischen den Patienten hin und her. Es ist schneidend kalt. Schneeschauer gehen über uns hin. Die Kranken jammern, einige werden frech, manche unterhalten sich bereits in wenig vertrauenerweckender Weise mit den Russen. Die Reste der inneren Ordnung lösen sich auf.

Ein Weilchen hocke ich bei Doktora. Sie liegt still unter einer Decke und weint. Ein Russe hat ihr beim Tragen eines kranken Mädchens geholfen, das löste die Tränen aus. Ich bin froh, daß sie endlich nachgibt.

Ich lasse sie wieder allein, da ich ihren Platz nicht verraten darf. Der russische Major ist auf der Suche nach ihr. Als er nicht mehr zu sehen ist, mache ich einen Erkundungsgang in die nähere Umgebung. Unsere Häuser brennen zwar im Augenblick nicht mehr, es kann aber jederzeit wieder losgehen, und ich muß mich nach einer Notunterkunft für die Kranken umsehn, denn die Nacht ist nicht mehr fern. Auf der Straße am Oberteich, die wie ein Sturzacker aussieht, pendeln viele kleine Panjewagen einher, fahren sich fest, kommen wieder los, hasten weiter. Man muß sich immer wieder von neuem aufraffen, um zu begreifen, daß dies einmal Königsberg war.

In meinem ehemals weißen Arztkittel gelange ich ungehindert zum Dohnaturm, wo es von Russen wimmelt. Es sollen hier Teile eines deutschen Lazaretts liegen. Da ich zielbewußt auf den Eingang lossteuere, läßt man mich glatt durch die Sperre. In den hinteren Räumen finde ich mehrere deutsche Sanitätsoffiziere, einen Stabsarzt, mehrere Unterärzte. Ein paar Verwundete haben sie bei sich. Sie ahnen nicht, was man mit ihnen vorhat. Die Russen machen sich draußen an den Wänden zu schaffen, vielleicht soll der Turm gesprengt werden. Möglich ist alles. Wir machen ein paar faule Witze. Sie füttern mich mit Pfefferminzplätzchen aus einem großen Glas, das sie gerettet haben. Auf dem Tisch liegt ein Russe, furchtbar lamentierend, dem ein Abszeß in der Kniekehle aufgemacht werden soll. Sie sind gerade dabei, sich zu überlegen, mit was für einer Art von Betäubung sie ihn beglücken sollen. Ich nehme schnell das Messer und schneide mit Wonne in den Abszeß. Der sehr verdutzte Russe ist auf einmal still und läßt sich ganz befriedigt abtransportieren. Da zunächst nichts weiter vorfällt, verabschiede ich mich und lade die Kollegen zu einem Gegenbesuch bei uns ein, für den Fall, daß sie nicht in die Luft gesprengt werden sollten.

Bei Anbruch der Dunkelheit setzt sich die Belegschaft der Barmherzigkeit in Bewegung, um ihre Kranken nach Maraunenhof zu bringen. Dort sind ihnen angeblich ein paar leere Häuser zugewiesen worden. Nicht vorzustellen, wie sie es bis dorthin schaffen sollen. Wir bleiben allein mit unserem Haufen und fangen an, wieder zurück in unsere Keller zu ziehen. Ich schleppe wieder einen ziemlich schweren Mann auf dem Rücken, bin mit ihm gerade über den kleinen Steg hinüber, da hält mich ein Russe fest. In seiner Begleitung befindet sich Tamara, eine unserer russischen Pflegerinnen aus der Festungszeit, bereits als Flintenweib drapiert und entsprechend gestikulierend. Ich bitte sie zu helfen, da der Russe an meinem Kranken herumreißt. Sie zischt mir leise zu: »Ich habe heute auch Angst« und spielt weiter die Wilde. Ich muß den Mann fallen lassen. Der Russe wühlt ihn durch, schießt ihm dann wie aus Versehn in den Leib und geht weiter. Der Mann sitzt da und sieht mich fragend an. Könnte ich ihm den Gnadenschuß geben? Ich spritze ihm eine Dosis Morphium und lasse ihn am Wege liegen. Bevor ich weitergehe, sehe ich noch einmal den Hang hinauf und nehme ihn ganz in mich hinein, ehe er abgeräumt ist. Dort oben auf der Höhe, gegen den Himmel, müßte das Kreuz stehen.

Gleich darauf mache ich schlapp. Beim Tragen habe ich mir einen Knick im Brustbein geholt, der mich zu normalen Zeiten wahrscheinlich erheblich behindern würde, nun aber eine ganz tröstliche Beiga-

be ist. Die andern schleppen mit letzter Kraft. Ein neuer Kollege ist zu uns gestoßen und hilft eifrig mit. Czernecki ist fort, ebenso die ausländischen Patienten. Auf dem Hang liegen um Mitternacht nur noch acht Gestalten, Tote, darunter unsere Operationsschwester.
Die Stadt brennt an allen Ecken und Enden. Flugzeuge kreisen und werfen immer neue Brände in die Trümmer. Dafür sind unsere Quälgeister plötzlich wie vom Erdboden verschwunden. Ein Russe hat uns erklärt, unser Bezirk würde jetzt abgesperrt, um gesprengt zu werden. Uns ist alles recht. Ich habe meine Pistole wieder herangeholt, dazu alles an Schlaf- und Narkosemitteln, was wir noch finden konnten, die letzte Spritze dazu, und das alles in unserem neuesten Versteck deponiert. Daß wir nicht schon vorher daraufgekommen sind! Hinter den Fenstern des von außen zugemauerten Operationssaales bleibt ein Raum von etwa 60 cm Tiefe frei, bei der schlechten Beleuchtung von innen her nicht erkennbar, auch nicht, wenn man dicht davorsteht. Hinter jedem der drei Fenster ist Platz für zwei Menschen. Nun sitzen die Schwestern abwechselnd dort, und für einen Teil der Nacht haben wir Doktora dort einquartiert. Eine Weile sitze ich bei ihr und lese ihr aus dem Hebräerbrief vor, den sie so sehr liebt. »Wir haben einen Hohenpriester, der Mitleiden hat –.« Es ist sehr still geworden bei uns. Ich habe versprochen, sie alle zu erschießen, falls wir verschüttet werden und nicht wieder herauskommen sollten. Das beruhigt sie für den Augenblick.
Unter uns auf dem Fußboden liegt Dr. Hasten mit durchschnittenen Pulsadern. Sie brachten ihn morgens von der Barmherzigkeit herüber, wo er liegengeblieben war, als geräumt wurde. Eine von den Schwestern, die ihn brachten, hat mir Bothmers letzten Gruß bestellt. Sie ist dabeigewesen, als er am 8. April verwundet wurde und am 10. April starb.

12. April
Die Nacht ist herumgegangen, ohne daß etwas Besonderes geschehen ist. Gegen fünf Uhr fängt es im Vorderhaus an zu brennen. Die meisten Keller konnten noch geräumt werden, nur in einem sind zwei Schwerkranke zurückgeblieben. An sie ist nicht mehr heranzukommen. Das Feuer ist so stark, daß kaum Aussicht besteht, es mit unseren unzureichenden Mitteln noch einmal zu löschen. Trotzdem

machen wir den Versuch, mehr um uns zu betäuben als aus wirklicher Notwehr. Vom Brunnen aus bilden wir eine lange Kette, an der die verfügbaren Eimer und Gefäße, an Stricken aus der Tiefe gezogen, entlangwandern. Die Russen werfen von der Straße aus neue Brände und Panzerfäuste herein. Trotzdem kriegen wir, abwechselnd mit verhülltem Gesicht vorstoßend, das Feuer klein. Als das geschafft ist, kommt unser Wirtschaftsleiter Gudat, der irgendwoher wieder aufgetaucht ist, mich zu einem Erkundungsgang durch die Stadt abholen. Er hat von einer Kommandantur gehört, die sich in der Gegend der Universitätskliniken befinden soll.
Rauchgeschwärzt trotten wir los. Die Straßen sind heute fast leer. Die Hauptmasse der Russen scheint abgezogen. Nach Westen fliegen immer noch starke Kampffliegerverbände. Nicht vorzustellen, was den Unsrigen drüben noch alles bevorsteht. Sie sind für uns schon in unerreichbare Ferne gerückt. Wie Gespenster geistern wir durch die leeren Straßen. Einzelne Russen, die wir nach »Kommandantur« fragen, weisen uns am Schloß vorbei zum Chemischen Institut hin. Dort geraten wir in einen Elendshaufen von Menschen hinein, die offenbar schon drei Tage umherirren und weder etwas zu essen noch ein Dach über dem Kopf finden. Ihre Häuser sind abgebrannt, niemand kümmert sich um sie. Viele Mütter mit kleinen Kindern sind dabei. Auf einmal erscheinen drei Russen, teilen etwa fünfzig Personen von dem Haufen ab und ziehen mit uns vor den ehemaligen Rot-Kreuz-Bunker im Hof der Medizinischen Klinik. Die Gegend dort ist erstaunlich übersichtlich geworden, seit ich zuletzt dort war. In der Annahme, daß hier die gesuchte Kommandantur sei, warten wir mit Ungeduld darauf, vorgelassen zu werden. Als wir eine Weile gestanden haben, kommt ein Russe auf mich zu, hängt mir seinen Plündersack um und einen Militärmantel über und fordert jeden von uns auf, sich von einem Stapel zwei volle Konservendosen mit Gemüse zu nehmen. Dann werden wir von mehreren bewaffneten Russen umringt und müssen geschlossen abmarschieren, aus dem Tor hinaus. Ich versuche zu protestieren, sehe mich schnell nach einer Möglichkeit zum Ausrücken um. Gudat hält mich zurück, es hat keinen Sinn. In dem Augenblick fällt mir ein schwerer Stein vom Herzen. Ich bin gefangen – frei. Frei von dieser schrecklichen Verantwortung. Wie Jona in des Fisches Bauch komme ich mir vor und

kann es mit dankerfülltem Herzen erwarten, wo er mich wieder an Land spucken wird. Das zweite Leben hat begonnen.

Laut pfeifend ziehe ich meines Weges am Schluß des Zuges. Man sieht sich mißbilligend nach mir um. Nein, ich kann jetzt beim besten Willen nicht traurig sein. Das Leben ist so ungeheuerlich. Es wäre schade, wenn man sich die Freude daran entgehen ließe. Und mein Gebet geht um nichts anderes mehr als um ein Fünkchen Humor und um ein offenes Auge für alles, was noch kommen mag.

Es geht an den rauchenden Trümmern des Stadthauses und des Nordbahnhofs vorbei. Das Straßenpflaster von Bomben aufgewühlt. Das Gestapo-Gefängnis – natürlich, das steht noch so ziemlich. Die General-Litzmann-Straße herunter – eine einzige Gosse. Mach nur die Augen auf! Ja, aber mehr geht einfach nicht hinein, irgendwo hat auch das Sehen eine Grenze.

Wo könnten sie uns hinbringen? Ans Meer vielleicht und von da per Schiff nach Rußland? Mir soll es gleich sein. Die Bibel, die mir hundertmal aus der Tasche gerissen wurde, ist noch da – mehr brauche ich im Augenblick nicht.

An der Stadtgrenze wird haltgemacht. Alles läßt sich am Straßenrand nieder und döst. Die Sonne scheint, aber es ist kalt. Mir kommt in den Sinn, daß auf den Tag dreiundzwanzig Jahre vergangen sind, seit wir als Kinder nach Trakehnen kamen, wo die schönste Zeit unseres Lebens begann. Es war genauso ein Tag wie heute: Die Stare pfiffen in den kahlen Bäumen, dann fegten sie vor dem Wind ins klare ostpreußische Land hinaus und nahmen mein Herz mit.

An den Versuchen, mit unserer Begleitmannschaft zu verhandeln, beteilige ich mich nicht. Es ist vollkommen überflüssig. Auskunft wird nicht erteilt, man riskiert höchstens einen gehörigen Kolbenstoß. Von meinen Gefährten gehören kaum zwei zueinander. Ihre Angehörigen warten irgendwo im weiten Trümmerfeld auf ihre Rückkehr. Es besteht kaum Aussicht, daß sie sich je wiederfinden. Und alles das geschieht mit der größten Nüchternheit, wie etwas Selbstverständliches. Wir erleben ja auch nichts Besonderes, nichts anderes, als was Millionen von Menschen seit einigen Jahren erleben. Es ist einfach die neue Art, miteinander umzugehen, weniger aus Haß als vielmehr aus Sturheit, aus Mangel an Phantasie. Heute ich, morgen du.

Wir kommen durch das vollständig vernichtete Fuchsberg. Die Ortschaften sehen aus wie halbverweste Fische, die mit ihren Gräten in die Luft starren. Allem Anschein nach bringt man uns an die Front. Wir können beobachten, wie die über uns hinbrausenden Schlachtflieger in geringer Entfernung kreisen, in aller Gemütsruhe ein Ziel suchen und wieder umkehren, während drüben ein Rauchpilz neben dem anderen aufsteigt. Dort also sitzen noch unsere Soldaten in ihren Erdlöchern. Wie muß das sein, den Tod einfach so auf sich fallen zu sehen?
Wegen des regen Verkehrs auf der Straße müssen wir daneben im glitschigen Acker gehn. Fahrzeuge mit Stalinorgeln und anderen schweren Waffen fahren hin und her, alles regelrechte Persönlichkeiten mit ihrem Stab von Bedienungspersonal. »Gitlär kapuht!« wird uns immer wieder zugejohlt, wenn wir überholt werden. Alle Achtung, denke ich, wenn dies alles dazu nötig ist.
Gegen Abend haben wir uns etwa 25 km von Königsberg entfernt. Zwei alte Leute sind unterwegs liegengeblieben, die übrigen sind noch beisammen. Rechts von der Straße liegt ein kleines Gut, auf das wir lossteuern. Ein paar Polen hausen dort, wahrscheinlich die zurückgebliebenen Hilfsarbeiter. Wir werden zuerst in die Dorfschmiede gestopft, dort haben aber nicht alle Platz. Daher entschließt man sich, uns in den Kuhstall zu quartieren, wo wir wenigstens ein Dach über dem Kopf haben. Es ist kalt; wir drängen uns dicht aneinander auf dem Fußboden. Gudat und ich liegen neben den Stufen, die zum Längsgang hinaufführen.
Als es dunkel ist, kommt unsere Begleitmannschaft mit Blendlaternen und stöbert alles durch. Die Frauen wimmern oder schimpfen und werden unter Zuhilfenahme der Polen mitgeschleppt. Diese Teufelei wird wohl nie mehr aufhören. »Davai suda! Frau komm!« Mir klingt es schrecklicher im Ohr als alle Flüche der Welt. Wenn das, was Leben bedeutet, im Zeichen des Todes steht, erreicht der Triumph des Satans seinen Höhepunkt. Es stört sie gar nicht, daß sie halbe Leichen vor sich haben. Achtzigjährige Frauen sind vor ihnen ebensowenig sicher wie bewußtlose (eine kopfverletzte Patientin von mir wurde, wie ich später erfuhr, unzählige Male vergewaltigt, ohne etwas davon zu wissen).

13. April
Auch diese Nacht ist vorübergegangen. Daß man noch lebt, ist ein ständiger Vorwurf. Erstarrt und betäubt scheucht man uns in der Morgendämmerung auf. Der Boden ist hartgefroren. Der Rest aus den Konservendosen wird kalt aufgegessen. Dann läßt man uns weiterstolpern, in nordwestlicher Richtung, hinter der Front her. Das Gewicht meines Militärmantels drückt mich fast zu Boden. Andere schleppen noch alle möglichen Gegenstände mit sich in der Vorstellung, sie noch einmal brauchen zu können.
In der Morgensonne taut die oberste Schicht wieder auf. Wir glitschen einen langen Lehmberg in die Höhe und befinden uns auf einmal dicht hinter der Front. Wir vermuten, daß wir eingesetzt werden sollen. Mir ist es recht, und auch Gudat ist nicht abgeneigt. Ich verrate ihm, daß heute mein Geburtstag ist. Fünfunddreißig Jahre, eine runde Zahl.
Aber es scheint auch ohne uns flott vorwärts zu gehn. Die Artillerie schießt von hinten über uns hinweg, man sieht die schweren Brocken fliegen. Auf der Höhe angekommen, liegt vor unseren Augen das Meer: Also das ist wenigstens noch da! Man ist schon auf alles gefaßt. Das zunächstliegende Neukuhren wird heftig beschossen. Man führt uns über das Feld noch ein wenig näher heran bis zu einem kleinen bewaldeten Tal, in dessen Hänge lauter Erdlöcher eingebaut sind. Unsere Begleitmannschaft bezieht sofort einen Teil derselben und trifft dabei auf andere Soldaten, die einen ähnlichen Trupp wie den unseren zu bewachen haben. Wir bleiben zunächst draußen vor dem Wäldchen sitzen, offensichtlich als Zielscheibe für etwa erscheinende deutsche Flieger. Von solchen ist aber nicht das geringste zu bemerken. Dafür kreist ein ganzer Schwarm von Russen über dem unseligen kleinen Nest vor uns.
Nach einer Weile werde ich mit zwei Männern und drei Frauen abgetrennt und ins Wäldchen geführt. Wir sollen hierbleiben und für den ganzen Trupp Kartoffeln kochen. Auf einmal so etwas, und auch wieder ganz selbstverständlich! Kartoffeln liegen in Massen herum, eine große Blechwanne ist auch vorhanden. Wasser fließt in einem Bach durch das Tal.
Wir ziehen eine Stange durch die Henkel der Wanne und hängen sie über zwei Astgabeln, die wir eingegraben haben. Darunter wird

Feuer gemacht. Auf der Suche nach Holz klettere ich den gegenüberliegenden Hang hinauf und halte Ausschau über das Feld. Dicht vor mir steht ein Schnellfeuergeschütz, aus dessen Lauf in wenigen Sekunden an hundert Schuß herausfahren. Von Neukuhren her hört man die Einschläge wie das langsame Zusammenbrechen einer Bretterbude. Ich beginne mich mit Fluchtgedanken zu beschäftigen, sehe aber, daß nach dieser Seite bei Tage kein Durchkommen möglich ist.

Der Anblick der gekochten Kartoffeln macht das Herz warm. Eine der drei Frauen teilt ein Stück Speck mit uns. Die Frauen laufen schon fast barfuß, da ihre Schuhe für solche Märsche nicht geschaffen sind. Nach dem Essen sitzen wir eine Weile dösend am Hang. Dann erscheint ein Russe mit einem Beil und erklärt uns, wie wir uns aus Zweigen einen Verschlag bauen sollen. Mit vereinten Kräften wird eine Hütte errichtet, wie wir sie als Kinder in verkleinertem Maßstab für den Osterhasen gebaut haben. Abends ziehen wir ein. Es regnet zwar durch, aber man empfindet doch eine gewisse Geborgenheit.

Als es dunkel geworden ist, fängt man plötzlich an, sich für uns im einzelnen zu interessieren. Dicht vor uns in einem Erdloch am Hang hat sich ein kleiner quadratischer Russe eingenistet, der die Leute nach der Reihe zu sich hereinholt. Gegen Mitternacht bin ich dran. Gebückt krieche ich in den Bunker. Dort verbreitet ein Ofen höchst angenehme Wärme. Ich beschließe sofort, meine Vernehmung möglichst lang auszudehnen. Platz hat außer dem Ofen nur ein kurzes Lager und ein Tischchen. Auf dem Lager sitzen der Russe und ich, vor uns am Boden ein polnischer Dolmetscher. Was ich noch an Papieren bei mir habe, wird durchstudiert. Dann geht es los mit der Fragerei. Bei meinen Angaben über Familienverhältnisse, Landbesitz und Zubehör, wieviel Pferde, Kühe, Schweine, Schafe, Gänse, Enten, Hühner meine Verwandten besessen hätten, verdreht der Pole die Augen und fragt, ob ich eigentlich ganz bei Trost sei. Es wäre doch Blödsinn, dem Kerl das alles zu erzählen. Er zeigt ein rührendes Mitleid mit mir. Die Verhältnisse auf dem Lande kennt er genau, da er auf einem Gut gearbeitet hat. Als der Russe uns für einen Augenblick allein läßt, erzählt er mir, er habe in Königsberg sehr gut gelebt und nicht weniger als vierzigtausend Mark verdient.

Der Russe ist allein mit mir nicht zurechtgekommen und hat sich noch einen anderen Sachverständigen zu Hilfe geholt. Der ist etwas feiner, spricht gut deutsch und fragt nach medizinischen Dingen. Ich frage ihn, was man mit mir vorhabe. Er erzählt von großen modernen Kliniken in Moskau und Odessa, da würde ich in meinem Fach als Chirurg arbeiten. Meine überreizte Phantasie befindet sich auf einmal in einer ganz anderen Welt. Ich sehe kubische Räume mit Wänden aus schwarzem Glas, darin arbeiten ein paar schweigsame Männer. Alles ist dunkel, nur ihre Hände leuchten. Was bisher zu mir gehört hat, ist versunken. Nirwana – Rußland!
Nach Abschluß der Vernehmung – der Pole durfte sich längst unter dem Bett einschieben – unterschreibe ich fünf dicht ausgefüllte Fragebogen. Was drinsteht, ahne ich nicht, da ich nicht weiß, was der Pole dem Russen alles mir zuliebe vorgelogen hat. Dann werde ich abgeführt und zu denjenigen aus unserem Trupp getan, die den gefährlichsten Eindruck gemacht haben, zwölf Mann, darunter ein Staatsanwalt, auch Gudat ist dabei und ein Eisenbahner wegen seiner blauen Uniform. Wir liegen in einem kleinen Erdloch zu zwei Schichten übereinander. Außen herum ist ein Stacheldrahtzaun, und zwei Posten stehen davor. Der zweite Teil der Nacht geht in der Hauptsache wieder damit herum, daß die Frauen vergewaltigt werden.

14. April
Bei Tagesanbruch holt man uns aus dem Loch heraus. Wir steigen wie Lazarus aus dem Grabe – doch noch einmal. Wir hatten angenommen, sie würden uns sprengen oder sonst etwas Feierliches mit uns unternehmen. Man ist auch allmählich reif für eine kultische Handlung.
Die Kälte ist viel schlimmer als Hunger. In seinen nassen Sachen ist man bestrebt, sich möglichst nicht zu bewegen. Das Mienenspiel schläft gleichermaßen ein. Lachen kann man nur noch ganz tief innen.
Langsam setzt sich unser Zug in Bewegung, wir zwölf Gefährlichen vorneweg, die übrigen vierzig, darunter die Frauen, hinterher. Die meisten kommen schon schlecht vorwärts. Wieder geht es bis auf die Höhe und dann westwärts hinter der Front her, die schon ziemlich

weit voraus ist. Die Ortschaften rauchen, von den Einwohnern ist nichts zu sehen. Die Höfe, von Bomben zersiebt, sind übersät von Bettfedern. Kein Huhn, kein lebendes Stück Vieh, nur ein paar verstörte Hunde. Und der Brandgeruch! Den wird man wohl nie wieder loswerden.
Nach einigen Aufenthalten im nassen Acker neben der Straße erreichen wir gegen Abend die Chaussee nach Rauschen und wenden uns auf ihr nach Norden. Wo sie sich gabelt – rechts über Pobethen nach Cranz, links nach Rauschen –, liegen zur linken Hand ein paar lange Kartoffelmieten, in denen zahllose Russen herumwirtschaften. Wir kommen wieder näher an die vorderen Linien. Das Stück zwischen der Straßengabelung und dem nächsten Ort, Watsum, sieht schrecklich aus. Offenbar hat es hier ganz kürzlich stärkeren Widerstand gegeben. Die Häuser, rechts am Hang einzeln verteilt, sind nicht abgebrannt, sondern von Artillerieinschlägen durchlöchert. Die Bäume sind zersplittert, das Feld ist von Bomben aufgefurcht. Viele Tote liegen in den Gräben oder plattgewalzt auf der Straße. Aber diese Eindrücke beschäftigen die Phantasie im Augenblick weniger. Das Verlangen nach Wärme ist so übermächtig, daß die Aussicht auf den vor uns liegenden brennenden Ort jedes andere Gefühl erstickt. Kurz vor dem Überqueren der Samlandbahnlinie begegnet uns der erste Trupp gefangener Soldaten. Daß überhaupt noch Menschen herausgekommen sind aus dieser Hölle! Mit grauen ausdruckslosen Gesichtern stolpern sie an uns vorbei, nach Osten. Ich mache eine Anstrengung, ihnen zuzunicken, muß mich aber wieder abwenden. Man kann sie nicht ansehn.
Zwischen den brennenden Häusern verlangsamen wir den Schritt bis aufs äußerste, um die Wärme auszukosten. Am Dorfausgang empfängt uns dann wieder der eisige Wind und treibt uns nassen Schnee ins Gesicht. Einer gesprengten Brücke wegen biegen wir nach links ab und erleben, wie, von Fackeln beleuchtet, eine Fahrzeug- und Geschützkolonne das kleine sumpfige Tal überschreitet, das vor uns liegt. Wie Elefanten schwanken die schweren Maschinen durch den Morast. Auf der gegenüberliegenden Seite sammelt sich die Truppe um mehrere Feuer. Es sind ein paar kraftvolle klare Gestalten darunter. Ihr Anblick hat etwas Versöhnliches.
Nicht weit davon entfernt machen wir halt und lassen uns in

Hockstellung nieder oder stellen uns mit dem Rücken gegen den Wind. Bei völliger Dunkelheit geht es noch ein Stück weiter bis an ein alleinstehendes Gehöft, das noch leidlich erhalten ist. Eine Klappe im Fußboden wird geöffnet, und wir zwölf Gefährlichen wandern in den Keller, ein Loch von etwa zwei Metern Länge, Breite und Höhe. Wegen der darin befindlichen Kartoffeln kann man aber nur gebückt stehen. Ein kleiner Russe, der anscheinend eine Strafe abzubüßen hat, wird mit hineingeschoben. Dann wird die Klappe zugemacht. Einer der Mitgefangenen hat noch Streichhölzer, ein anderer eine Kerze, so daß wir unsere Behausung wenigstens in Augenschein nehmen können. Als erstes wird die Platzverteilung vorgenommen. Sechs Mann können gleichzeitig nebeneinander auf der Seite liegen. Die übrigen hocken am Fußende mit dem Rücken gegen die Wand oder gegeneinander, bis sie abgelöst werden. Der arme Staatsanwalt ist schlimm dran. Er hat hohes Fieber und einen furchtbaren Durchfall. Es ist ihm scheußlich, uns so zur Last zu fallen. Über uns tobt die Russenhorde mit dem weiblichen Teil des Haupttrupps, der in den oberen Räumen untergebracht ist.

15. April
Die Nacht geht herum und der ganze Tag, ohne daß sich an unserer Lage etwas ändert. Einmal, so gegen Mittag, werden wir herausgeholt und an einen Graben geführt, der hinter dem Hof entlangläuft. Ich ventiliere wieder einen Fluchtversuch, entferne mich ein Stück am Graben entlang, werde aber von dem Posten zurückgedrängt. Gleich darauf hocken wir wieder in unserem Kellerloch. Wir haben es längst aufgegeben, darüber nachzudenken, was sie eigentlich mit uns vorhaben.
Zu essen bekommt nur der Russe. Abends bringt uns der polnische Dolmetscher heimlich ein paar gekochte Kartoffeln. Und dann geht auch die zweite Nacht in dieser Enge vor sich. Wenigstens friert man nicht. Dafür sitzen wir in den nassen Sachen wie in der Schwitzpackung. Das erste Ungeziefer macht sich bemerkbar, ohne daß wir die Möglichkeit hätten, uns dagegen zur Wehr zu setzen. Ich bin froh, daß es dunkel ist und wir unsere Gesichter nicht unterscheiden können.

16. April
Morgens gegen 4 Uhr treibt man uns aus dem Keller heraus. Der Himmel ist sternklar und es friert. Weiter geht es in westlicher Richtung. Der Staatsanwalt hängt ein Stück Weges schwer an meinem Arm, dann wird er auf den nachfolgenden Wagen geworfen, da er bei jedem Schritt in die Knie sinkt und den Marsch aufhält.
Das erneute Frieren lähmt den letzten Rest von Entschlußkraft. Ich lasse mich treiben, gehe aber absichtlich immer ungeschickter und schleppender, um jeglichen Fluchtverdacht von mir abzulenken. Denn allmählich bin ich zu der Ansicht gekommen, daß man sich diesen langsam aber sicher zum Tode führenden Unsinn nicht gefallen zu lassen braucht, solange man noch einen Funken von Selbstbehauptungstrieb in sich verspürt.
Bei Tagesanbruch sind wir an die Chaussee gelangt, die nach Palmnicken führt. Ich lerne einen guten Teil des Samlandes sehr genau kennen, denn wer mit Fluchtgedanken umgeht, sieht das Gelände mit ganz anderen Augen an, als wer beziehungslos im Auto hindurchfährt. Da wird jede Bodenwelle, jede Baumgruppe wichtig und prägt sich ein. Auf der Hauptstraße angelangt, marschieren wie wieder nach Norden, auf das Meer zu. Die Höfe zur Linken sehen jammervoll aus. Auf den weiten Feldern stehen regungslos vereinzelte Rinder mit schweren Schußverletzungen. Ein Storch, der wohl gerade erst aus dem Süden heimgekehrt ist, wird von den vorangehenden Russen mit der Maschinenpistole beschossen. Erstaunt erhebt er sich in die Luft und schwebt auf Groß-Germau zu, das vor uns auf einer kleinen Anhöhe liegt. Über dem Ort holt ihn eine hundertfache Salve wie einen Stein herab.
In Groß-Germau machen wir linksum und gehen weiter bis zum nächsten Ort. Die Russen scheinen erst vor kurzem hier eingedrungen zu sein. Ein paar alte Leute laufen ratlos hin und her, während ihre Habe aus den Häusern herausbefördert und vernichtet oder auf Lastwagen verfrachtet wird. Ich sehe mich genau im Gelände um. Einige hundert Meter nördlich ist Wald zu sehen, der sich als schmaler Streifen am Meer entlangzieht. Den müßte man zu erreichen suchen.
Wir werden in einen kleinen Holzschuppen gesperrt, durch dessen Ritzen der Wind pfeift. Von Zeit zu Zeit bekommen wir zusätzlich

noch eine kalte Dusche aus dem benachbarten Teich, den die Russen mit Handgranaten hochgehen lassen. Durch die offene Tür können wir das Plündern beobachten. In Eile werden die unbrauchbarsten Gegenstände, Sofas, Lampenschirme, lebensgroße Fotografien und andere geschmackvolle Bilder auf den Hof geworfen und mit Lastwagen abgefahren, alte Schränke und Tische zu Brennholz zerkleinert. Auch hier lebt schon kein Tier mehr.

Unserem Staatsanwalt geht es sehr schlecht. Er liegt am Boden und rührt sich kaum mehr. Einer der Wachleute kommt mit einem großen schwarzbärtigen Mann, dem eingesessenen Landarzt dieser Gegend. Der soll den Kranken untersuchen. Dieser wird herausgeholt und dann anderweitig untergebracht. Dafür bekommen wir ein paar Neue hinzu, darunter einen wohlgenährten Landwirt in meinem Alter, der noch gut bei Kräften ist. Ich nehme ihn genauer in Augenschein für den Fall, daß er Lust haben sollte, mit mir auszureißen, sobald sich die erste Gelegenheit bietet.

Die Russen sind noch mit dem Sortieren der restlichen Bewohner des Ortes beschäftigt. Als das beendet ist, holt man uns heraus und sperrt uns in einen Bodenverschlag, der uns durch die Latten hindurch wieder die Möglichkeit bietet, mit den weniger Gefährlichen Verbindung aufzunehmen. Wir sind aber alle schon viel zu stumpf, um davon Gebrauch zu machen.

Bei Eintritt der Abenddämmerung holt man uns wieder herunter und läßt uns auf dem Hof in zwei Gliedern antreten. Es wird gemunkelt, daß Lastwagen kommen sollen, um uns an unseren endgültigen Bestimmungsort zu bringen. Neben mir steht der erwähnte Landwirt. Ich flüstere ihm zu, ich würde mich voraussichtlich gleich aus dem Staube machen und ob er Lust hätte, mitzulaufen. Er gibt gar keine Antwort. Und in der Tat, so ohne weiteres geht es auch nicht. Irgend etwas muß noch passieren, damit wir aus der Postensperre hinauskommen. Aber ich warte auf dies Besondere mit aller Kraft, wie ein Rennpferd am Start.

Und da kommt auch schon das Zeichen zum Ablauf. Die Russen müssen wohl gedacht haben, der Krieg sei zu Ende. Denn plötzlich steigen an vielen Stellen zugleich Leuchtraketen zum Abendhimmel auf. »Gitlär kaputh!« schreien unsre Wachmänner, weisen nach oben und kommen ganz aus dem Häuschen vor Wonne. Im gleichen

Augenblick bin ich aus der Reihe heraus, höre hinter mir erschrockenes Stimmengewirr, komme um den Teich herum, dreißig vierzig Schritte – noch immer kein Schuß. Schon bin ich hinter einer Mauer verschwunden und laufe dem Wald zu. Weit hinter mir wird es lebendig, ein paar Schüsse fallen. Zum Glück ist es sehr neblig. Die Russen, an denen ich vorüberlaufe, achten nicht auf mich. In einem der vielen Verteidigungsgräben laufe ich weiter, klettere wieder hinaus, bin außer Sicht gegen den dunklen Wald und tauche unversehrt darin unter.
Freiheit! Freiheit! Wie das Mondkalb erlebe ich Minuten eines Glücksrausches ohnegleichen. Was weiter werden soll, kümmert mich zunächst nicht. Die Maus ist entsprungen – seht zu, wie ihr sie wieder fangt!
Im dichten Strauchwerk an einem Tümpel sitzend, beobachte ich die Gegend, aus der ich gekommen bin. Es ist Schnepfenstrichzeit. Tausend friedliche Erinnerungen dringen auf mich ein. Was für ein Wunder ist das Leben!
Die Gedanken gehen hin zu Menschen, die nicht mehr sind. Mein Vetter Heinrich Lehndorff steht vor mir. Im Winter vor einem Jahr, da jagten wir noch zusammen in seinem Wald am Mauersee und malten uns aus, wie es sein würde, wenn wir nach der Katastrophe als Partisanen dort leben könnten. Ob sich uns die heimatliche Landschaft nicht dann erst in ihrer ganzen Tiefe erschließen würde.
Ein halbes Jahr später suchte er mich eines Nachts in Insterburg auf und berichtete von dem Attentat auf den Führer, das für die nächsten Tage geplant war. Sein Frage war, ob ich bereit wäre, mich dafür zur Verfügung zu stellen, falls es noch an einem weiteren Helfer fehlten sollte. Da ich schon wußte, daß diese Frage kommen würde, hatte ich einen jungen Pfarrer, dem ich vertraute, gebeten, mich zum Bahnhof zu begleiten. Wir saßen dort mehrere Stunden auf einer Bank, und während des Wartens suchten wir Rat aus der Heiligen Schrift. Dabei machte uns – wie konnte es auch anders sein – das 13. Kapitel des Römerbriefs besonders zu schaffen. »Jedermann sei untertan der Obrigkeit, die Gewalt über ihn hat.« Sollte man sich als Christ in der Verantwortung für sein Vaterland wirklich alles gefallen lassen müssen? Sollte man weiter untätig zusehn, wie ein Wahnsin-

niger das Volk ins Verderben riß? Eins jedenfalls wurde uns klar: Unter Berufung auf den Römerbrief sich zu drücken, um das eigene Seelenheil zu retten, dazu bot uns der Apostel Paulus keine Handhabe. Er ließ uns nur erkennen, wie schwer die Entscheidung wog, vor die wir uns gestellt sahen. Hier gab es nur noch zwischen Schuld und Schuld zu wählen.
Für mich folgten damals Tage einer ungeheuren seelischen Anspannung. Immer wieder fragte ich mich, woher ich denn die Kraft nehmen sollte, mit einem Sprengkörper in der Tasche neben einen Menschen zu treten und ihn damit umzubringen. Würde ich mich ihm nicht plötzlich ganz nah und verbunden fühlen und die Verpflichtung verspüren, alles zu tun, um ihn zu warnen? Oder – noch weit schwerer zu überschauen –: Gesetzt den Fall, es läge hier die Möglichkeit verborgen, den Mann nicht zu vernichten, sondern ihm das Gericht Gottes zu verkünden in einer Weise, daß ihm die Augen aufgingen – welche Schmach, diese unausdenkbare Chance aus innerem Unvermögen vielleicht nicht wahrnehmen zu können!
Der 20. Juli mit seiner furchtbaren Wirklichkeit machte diesem Dilemma ein Ende. Und während ich selbst von jedem Verdacht verschont blieb, wußte ich meinen Vetter zuerst in tödlicher Haft und dann auf der Flucht durch die Wälder, aber nicht vor den Russen, sondern vor Hitlers Henkern, bis er ihnen durch Verrat wieder in die Hände fiel. Dagegen ist das, was ich jetzt erlebe, wahrlich ein Kinderspiel! –
Als es ganz dunkel geworden ist, stehe ich auf und beginne in östlicher Richtung weiterzugehn. An einem Strauch hängt eine tarnfarbene Jacke, die nehme ich mich. Vorsichtig schleiche ich in einer Schonung entlang. An vielen Stellen sieht man Feuerschein und hört die Russen Bäume fällen. Ich komme wieder ins Altholz und benutze einen Weg, der tiefer in den Bestand hineinführt. Auf einmal spüre ich, daß etwas meinen Fuß aufhalten will. Vor mich hinhorchend, glaube ich Bewegungen zu vernehmen und gewahre dann wenige Schritte vor mir den Rest eines verglimmenden Feuers. Schon werde ich angerufen und laufe, erst geradeaus, dann im Bogen durch das Unterholz. Zwei Lichter kommen hinter mir her. Auf dem nächsten Gestell gewinne ich Vorsprung, biege scharf nach rechts ab, will in einem der vielen Erdlöcher Deckung nehmen,

springe aber wieder hinaus und verstecke mich dicht daneben unter einer kleinen Schirmfichte. Die Verfolger laufen an mir vorbei, eine Handgranate fliegt in den Erdbunker, der Sand spritzt bis zu mir herüber. Ich mache mich lang und warte die folgenden Stunden ab.

17. April
Die Nacht ist merkwürdig schnell herumgegangen. Ich muß geschlafen haben, ohne etwas davon zu merken. Nicht weit von meinem Versteck entfernt wird Holz geschlagen, und schwere Fahrzeuge rollen auf einer Straße nach beiden Richtungen. In meiner näheren Umgebung ist der Wald zu licht, um sich bei Tageslicht darin verbergen zu können. Ehe es hell wird, muß ich einen besseren Platz gefunden haben. Wie ein angeschossener Keiler suche ich Deckung. In meiner Nähe führt ein Waldweg vorbei. Dahinter steht links eine dichte Kiefernschonung, die wäre sehr verlockend. Aber ich muß damit rechnen, daß der Wald abgesucht wird, und da werden die dichtesten Stellen zuerst drankommen. Rechts die große Kahlfläche scheint mir geeigneter; da stehen lauter ganz niedrige Fichten, die von weitem kaum als ausreichende Deckung für einen Menschen angesprochen werden können. Mit einem Sprung bin ich über den Weg und lege mich unter eine Gruppe solcher Fichten, die von Haselsträuchern umstanden ist. Zwei Schritte entfernt befindet sich eins der vielen Erdlöcher, mit dem nächsten durch einen Laufgraben verbunden.
Kaum ist es einigermaßen hell geworden, da geht die Jagd auch schon los. Pausenloses Geknatter aus Handfeuerwaffen aller Kaliber gibt mir einen ungefähren Begriff von dem, was zur Säuberung des Waldes eingesetzt ist. Keine Sekunde vergeht ohne eine Vielzahl von Schüssen. Die Schonung neben mir wird stundenlang durchgekämmt; es mag noch der eine oder andere deutsche Soldat darin versteckt sein. Es regnet Bindfäden. Diese unbequeme Tatsache wird zu einem Rettungsanker in dem Augenblick, wo ich Hunde bellen höre. Gegen die ist der Regen die einzige Chance.
Flugzeuge kreisen dicht über den Baumkronen. Man läßt sich die Jagd etwas kosten. In bin gänzlich kalt geworden und beobachte alles wie aus weiter Ferne. Jagdliche Verfehlungen, die mich zeitle-

bens verfolgt haben, fallen mir ein, aber nun nicht mehr als Alpdruck, sondern wie Schulden, die jetzt getilgt werden. Man hat gar keinen Abstand mehr von der leidenden Kreatur.
Um die Mittagszeit fegt aus nächster Nähe eine Reihe von Schüssen durch die Sträucher über mir. Gleich darauf steht ein Russe vor dem Erdloch und überlegt, das heißt, ich kann nur seine Füße sehn, die ich mit ausgestreckter Hand erreichen könnte. Mir ist nicht ganz klar, ob ich von oben her genügend gedeckt bin, darf mich aber jetzt nicht bewegen, um das festzustellen. Es vergehen ein paar Sekunden, in denen ich mich ganz als Hase fühle – dann setzen sich die Füße wieder in Marsch und verschwinden aus meinem Gesichtskreis. Etwas später wird es noch einmal kritisch, als mehrere Russen gleichzeitig durch die Sträucher dringen. Ich ziehe die Beine an und warte sprungbereit – im Liegen will ich mich nicht abknallen lassen. Dann ist auch das vorüber und ich habe endgültig Ruhe.
Spät am Abend hört die Knallerei auf. Ich liege auf dem Rücken und versuche zu schlafen, aber Kälte und Regen halten mich wach. Aus dem nassen Ärmel sauge ich etwas Feuchtigkeit. Das Hungergefühl ist längst vergangen. Rings um mich her knistert es in den Sträuchern, und vor den Augen zucken bläuliche Flammen. Allmählich verdichten sich die Schatten über mir. Zwei große Vögel mit ausgebreiteten Schwingen schwanken in den dünnen Zweigen. Wenn ich mich anstrenge, sie genauer zu sehen, verschwimmen sie im ungewissen Grau der Nacht. Aber dann sind sie wieder da und beginnen miteinander zu flüstern. Ich wünschte, sie flögen fort und ließen mich in Ruhe. Aber sie lassen nicht locker und spinnen mich immer mehr in ihr Zwiegespräch ein – bis ich mit einem Ruck auf den Füßen stehe.
Es mag gegen Mitternacht sein. Die Vögel sind verschwunden, aber ohne mich weiter zu besinnen, trete ich meinen Weg an. In südöstlicher Richtung durchquere ich die große Kieferndickung, verlasse den Wald, gehe durch Koppeln mit tiefen Gräben, überschreite die Palmnicker Chaussee und lande auf der anderen Seite in einem Wäldchen. Immer wieder finde ich mich im Aufstehn begriffen, ohne das Hinfallen bemerkt zu haben. Am Rande des Wäldchens verglimmen mehrere Feuer. Ich umgehe sie im Bogen und bewege mich an erleuchteten Fenstern vorbei auf einem glitschigen Landweg

nach Osten, bis mich wieder ein kleines Waldstück aufnimmt. Dort lege ich mich nieder und verzichte von mir aus auf jeden weiteren Entschluß. Der Gedanke an diese Stelle, die sich langsam mit nassem Schnee bezieht, ist mir wie eine letzte Erinnerung.
Kaum habe ich eine Weile gelegen, da höre ich schon wieder die beiden Stimmen über mich reden. »Er muß hier weg. Mitten auf dem Weg können wir ihn nicht liegenlassen.« So ähnlich geht es unaufhörlich, bis ich es nicht mehr aushalte und mich wieder hochrappele. Tatsächlich habe ich mitten auf dem Weg gelegen, quer über die ausgefahrenen Geleise. An einem Drahtzaun entlang steuere ich das nächstbeste Haus an und lasse mich auf die Treppenstufen fallen. Der Ausflug in die Freiheit hat sein Ende gefunden.
Ein Russe in Unterhosen macht die Tür auf und ruft mich an. Er kommandiert zwei andere Russen herbei, die mich hereinholen. Auf dem Fußboden sitzend, werde ich von den dreien wie ein Wundertier angestarrt. Einer von ihnen schiebt mir sein Kochgeschirr mit Suppe hin – da erst überfällt mich der Hunger. Ich spreche ein Dankgebet, und dann esse ich, langsam, vorsichtig, wie ein Kind, das die ersten Schritte tut. Essen und Sein ist in diesem Augenblick dasselbe.
Das Essen und die Wärme haben mich wieder auf die Beine gebracht. Der Mann in Unterhosen führt mich über den Hof in die Scheune, wo ich beim Schein seiner Laterne viele Leute im Stroh liegen sehe. Ich lege mich dazu und schlafe bis in den Tag hinein.

18. April
Am Morgen ist wieder leichter Frost. Ich befinde mich inmitten eines Trupps von Frauen mit kleinen Kindern, älteren Männern und einigen halbwüchsigen Jungen. Auf dem Hof machen wir Feuer zwischen zwei Ziegelsteinen und kochen Kartoffeln. Die Wachmänner lassen uns gewähren. Die Frauen und Kinder, von denen eins noch im Kinderwagen mitgeführt wird, stammen aus Dörfern, die bis zu zwanzig Kilometern entfernt sind. Seit einigen Tagen werden sie umhergetrieben, ihre Schuhsohlen sind schon durch, die Kleider verschmutzt und für die Kälte gänzlich unzureichend. Auf Handwagen haben sie ein paar Gegenstände bis hierher mitgeführt. Einige von ihnen sind ganz fremd in dieser Gegend. Als Evakuierte aus

dem Westen hielten sie sich hier bei Verwandten auf, als die Russen kamen. Mehrere kleine Kinder sind in den letzten Tagen schon gestorben. Die Mütter haben keine Zeit, ihnen nachzutrauern, da sie mit den übrigen viel zu sehr beschäftigt sind. Zu essen haben sie nichts bekommen. Aber während der Marschpausen konnten sie sich von den Kartoffeln kochen, die überall herumliegen.

Um die Mittagszeit setzt sich mein neuer Trupp langsam in Bewegung. In östlicher Richtung marschierend, kreuzen wir eine Straße. Dahinter geht es auf tief ausgefahrenem Lehmweg, der halb unter Wasser steht, einem Ort entgegen, der auf einer Anhöhe liegt. Die Menschen, aus denen unser Zug sich zusammensetzt, gehen weit auseinandergezogen, da die Frauen mit ihren Kinderwagen nicht weiterkommen. Als nach endlosen Mühen der Ort erreicht ist, stellt sich heraus, daß er von uns nicht besetzt werden darf. Wir biegen nach Norden ab und erreichen den etwa zwei Kilometer entfernten Ort Craam. Auf dem Wege dorthin werden wieder ein paar Frauen am Ende des Zuges von den Kindern weg in ein zur Linken stehendes einzelnes Haus geholt und erst nach längerer Zeit wieder losgelassen. Sie kennen das schon, es ist überall das gleiche.

Dicht vor Craam lagern wir in einer Koppel neben dem Dorfteich. Die verwüstete Ort ist offenbar ein Sammelpunkt für russische Kriegsfahrzeuge. Die Höfe sind voll von Panzern und Geschützen. Neue kommen hinzu, andere fahren ab. Für uns ist auch hier kein Platz. Wieder geht es weiter nach Osten, diesmal auf der Chaussee. Fahrzeuge brausen vorbei. Wir müssen lange Strecken im tiefen Acker gehen und kommen nur im Schneckentempo vorwärts. Gegen Abend erreichen wir den höherliegenden und wie ein Gerippe drohenden Ort St. Lorenz. An einer Scheune wird haltgemacht, und schon nach wenigen Minuten brennen lauter kleine Feuer, über denen irgend etwas gekocht wird. Ein Sack mit gequollenen Erbsen, den ich aus dem Straßengraben gezogen habe, erregt große Freude.

Bald geht es wieder weiter, noch ein Stück geradeaus bis zur Straße nach Rauschen und auf dieser in entgegengesetzter Richtung auf den Ort Watsum zu, den ich schon einmal passiert habe. Auch hier ein Kommen und Gehen. Neben mir schiebt eine Frau in Schwesterntracht einen blinden und gelähmten Mann auf einem Schubkarren. Ich frage sie nach ihrem Ziel. Sie will nach Königsberg, weil es dem blinden Mann in seinem Hause zu unheimlich geworden wäre mit den vielen Russen. Einen Augenblick empfinde ich es als meine Pflicht, sie von ihrem unsinnigen Vorhaben abzubringen, sie aufzuklären über das, was in Königsberg auf sie wartet. Aber dann scheint es mir doch barmherziger, ihr und dem Mann die Illusion nicht zu nehmen. Nach menschlichem Ermessen ist es ausgeschlossen, daß sie je an ihr Ziel gelangen. Alle fünf Minuten muß sie stehenbleiben und ihre Last absetzen. Es kann nicht lange dauern, dann wird eins der achtlos vorüberrasenden Fahrzeuge der Quälerei ein Ende machen und zum mindestens ihren Schützling in ein besseres Reich befördern.

In dem langgestreckten Ort Watsum herrscht ein wildes Treiben. Die Häuser sind zerschossen, die Ruinen mit Russen besetzt, einige brennen noch. Nach vielen vergeblichen Versuchen, für unseren Trupp eine Unterkunft zu finden, endigen wir bei völliger Dunkelheit am Bahnhof. Vorher sind uns schon mehrere Trupps wie der unsere begegnet, aus Königsberg kommend, die Leute schon sehr verwildert aussehend. Auch für sie hat sich nirgends ein Dach gefunden.

Das Stationsgebäude, das wir schließlich beziehen, ist durch einen Zufall gerade frei geworden. Im Keller stehen ein paar Sofas, von denen, wie überall, die Bezüge abgetrennt sind. Dort ziehen unsere Wachleute ein. Vor wenigen Tagen haben hier noch deutsche Soldaten gesessen, während russische Artillerie oben hindurchblies. Seitdem hat sich hier schon manches andere abgespielt.

Die beiden Räume, in denen wir untergebracht werden, enthalten ein Gemisch von Stroh und unsagbarem Schmutz. Nachdem der schlimmste Dreck weggeräumt ist, verteilen wir uns wie Sardinen in der Büchse auf dem Fußboden. Die gegenseitige Wärme hat den Vorrang gegenüber allem Ekel, den man allmählich voreinander bekommen hat, weniger wegen des Ungeziefers und des struppigen, ungewaschenen und verelendeten Aussehens als wegen des Verlustes aller Form. Mein Trost ist ein fünfzehnjähriger Junge aus Palmnicken, Helmut Z., der mich trotz meines schauderhaften Zustandes mit großer Zuvorkommenheit und Rücksicht behandelt und sogar einen Rest Speck, den er gerettet hat, mit mir teilt. Er wird erst

seit drei Tagen mitgeschleppt und hat noch wesentlich mehr Energie als ich.
Die Nacht über müssen zwei von uns Männern auf der Treppe Wache schieben. Zu welchem Zweck und gegen wen, das wird uns nicht mitgeteilt. Man hat es sich auch schon längst abgewöhnt, nach Gründen zu fragen. Ich selbst bin auch ein paar Stunden an der Reihe, friere ganz jämmerlich in dem schauderhaften Zugwind. Seit vierzehn Tagen ist man schon nicht mehr aus den Kleidern gekommen, seit einer Woche durchnäßt und verfroren, kann kaum mehr einen vernünftigen festen Schritt tun, und noch ist niemand ausgesprochen krank, keiner spürt Zeichen von Erkältung oder irgendwie gestörter Organfunktion. Der Körper benimmt sich über alles Erwarten zweckmäßig.

19. April
Am Tage läßt man uns vor die Tür auf den ehemaligen Bahnsteig. Dösend stehen die Männer in einiger Entfernung um einen Kessel, in dem die Russen ihre Suppe kochen, für sich und den von ihnen bevorzugten Teil der Weiblichkeit. Da für uns nichts abfällt, verkriechen wir uns vor Wind und Sprühregen in dem Unterstand auf dem Bahnsteig und machen uns darin ein Feuer zwischen Ziegelsteinen. Neben den Geleisen sprudelt Wasser aus einer Drainageröhre. Helmut Z. bewegt mich dazu, mir wenigstens Hände und Gesicht darin zu waschen. Von allein würde mich nicht dazu aufraffen. Wir benutzen einen unbeobachteten Augenblick, die Böschung hinaufzuklettern und auf allen vieren bis zu einem der vielen Erdbunker zu kriechen. Dort finden wir einen Sack mit Roggenschrot. Davon schütten wir soviel aus, daß wir ihn hinter uns herziehen können, und gelangen unbemerkt wieder auf den Bahnsteig. Die Männer haben einen der herumliegenden Kochtöpfe aufs Feuer gesetzt. Darüber zerbröckeln wir, von guten Ratschlägen begleitet, das zusammengeklebte Roggenschrot. Ich vermeide es, mich im Kreise umzusehn. In ihrer armseligen Gier erinnern mich die verwilderten Gestalten an Bilder von Hoegfeldt. Und wenn man selbst dazu gehört, fehlt einem der Humor, das zu ertragen.
Während die Suppe kocht – wobei sich ein Streit entspinnt, ob man rühren soll oder nicht –, fällt mir ein, daß ich schon einmal hiergewe-

sen bin. Vor zwanzig Jahren, als ich mit vielen vergnügten Menschen nach Rauschen fuhr, hat der Zug auf diesem Bahnhof gehalten. Ich entsinne mich genau, es war ein heißer Sommertag, der Roggen reifte schon. Und es kommt mir vor, als wäre mein Sinn schon damals schwer gewesen von der Vorahnung dessen, was sich nun erfüllt.
Die Suppe ist fertig geworden und wird auf alle möglichen Gefäße verteilt. Meine Erwartung ist weit übertroffen. Wie ist es möglich, daß man früher immer nur die Schweine damit gefüttert hat! Während wir beim Essen sind, kommen Russen vorbei, binden eine Kuh auf dem Bahnsteig an und gehen ins Stationsgebäude. Mit einer großen Blechbüchse mache ich mich eilig an die Kuh heran, und während Helmut Z. Schmiere steht, gelingt es mir, ein paar Liter abzumelken, ehe die Soldaten zurückkommen. Aber mit meiner Milch ist leider kein Staat zu machen. In der Büchse muß vorher Vitriol oder etwas Ähnliches gewesen sein. Die Milch ist selbst für uns ungenießbar und wird von den Kindermüttern tränenden Auges zurückgewiesen. Für den Rest des Tages wird am laufenden Band weiter Roggenmus gekocht und verteilt.
Am Nachmittag bleibt einer der vielen vorüberkommenden Russen stehen und unterhält sich einen Augenblick mit uns. Als es dunkel geworden ist, taucht er wieder auf mit einem Paar Filzstiefel, die mir passen. Bei Tage hätte er nicht kommen können, erklärt er kurz und ist schon wieder verschwunden. Ich sehe ihm mit dankerfülltem Herzen nach. Und in die freudige Aussicht auf warme Füße mischt sich der zwiespältige Gedanke, wieviel einfacher alles wäre, wenn es gar keine menschlichen Berührungspunkte mit ihm und seinesgleichen gäbe.

20. April
Die zweite Nacht im Bahnhofsgebäude ist wie die erste vorübergegangen. Am Nachmittag werden die Männer abgetrennt und nach Rauschen geführt, die Frauen bleiben da. Was aus ihnen wird, wissen wir nicht.
Meine Ausrüstung setzt sich zur Zeit folgendermaßen zusammen: ein kurzärmeliges Afrika-Hemd, eine Unterhose, eine mir im Bauchumfang um einen halben Meter zu weite Manchesterhose, die ich

auf der Straße gefunden habe, darüber meine eigene lange Hose, unten zugeschnürt, eine von einem Verwandten geerbte Jacke, der Militärmantel, die Filzstiefel und ein Hut, den ich ebenfalls gefunden habe. In einem Sack über der Schulter trage ich meine alten Schuhe und die gefundene Tarnjacke.

Das Wetter ist etwas besser. Zeitweise scheint die Sonne. Die Straße ist noch ungemein belebt und die Luft voller Flugzeuge, die Pillau zum Ziel haben. Vor den Wagen gespannt und unter dem Reiter entdecke ich eine Reihe ostpreußischer Pferde, die schon ganz apathisch sind und sich an diese fürchterliche Gangart gewöhnt haben, die ausnahmslos angeschlagen wird: Stechtrab in Dreischlag übergehend. Ein Martergeräusch ist das, wenn man sie auf dem Straßenpflaster entlangrasen hört, den Hals hintenübergebrochen, den Kopf schief, das Maul blutig gerissen.

Der große Hof rechts vor Rauschen ist vollständig erhalten. Die neuen Gebäude mit ihren leuchtend roten Dächern wirken herausfordernd in dieser Wüste. In Rauschen quartiert man uns im Rücken einer Auto-Reparaturwerkstätte ein. Auch diese Stelle ist mir vertraut: Einige Wochen vor Ausbruch des Krieges habe ich meinen DKW hier reparieren lassen, als ich zum Reitturnier in Rauschen war. Der Vollständigkeit halber erlebt man jetzt die Kehrseite aller Dinge.

Eng nebeneinander auf dem Fußboden hockend, werden wir von einem gemütlichen blonden Russen bewacht, der etwas Deutsch kann. Mittags kocht er uns im Vorraum auf einem Ziegelherd dicke Grütze in einem Eimer. Die hungrigen Augen machen ihm offensichtlich Vergnügen.

Am Nachmittag werden wir einzeln zur Vernehmung geholt. Bei mir geht es merkwüdig schnell. Aus meinen restlichen Papieren ersieht der grimmige Major wohl, daß ich Arzt bin. Sonst wird er nicht recht klug aus mir. Offenbar begreift er nicht, wie ich gerade zu diesem Trupp gelangt bin. Wieder staune ich über die Möglichkeit eines Systems in diesem Wirrwarr. Warum machen sie überhaupt noch Unterschiede? Der größere Teil der Leute wird ja aus dieser Sortiermaschine sowieso nicht lebend herauskommen. Meine sonstigen Angaben hält der Major für übertrieben. Ich befinde mich offenbar in einem Zustand, der kein besonderes Interesse an meiner Person

mehr aufkommen läßt. Daß ich nicht in der Partei gewesen bin, glaubt er nicht. Der Dolmetscher fragt: »Warum Partei für dich schlecht?« Das könne ich ihm nicht so schnell erklären, antworte ich. Auf mehrfaches Drängen, dennoch eine Erklärung abzugeben, mache ich das Zeichen des Kreuzes. Der Dolmetscher tippt sich auf die Stirn und nickt dem vernehmenden Major zu. Der schiebt mir meine Papiere wieder hin und läßt mich gehen.
Die anderen Männer werden sehr viel länger vernommen. Der Junge wird unter anderem gefragt, wieviel gefangene Russen er bei den Übungen der Hitlerjugend erschossen hätte. Ein alter Mann, der früher bei der Polizei war, kommt überhaupt nicht wieder zum Vorschein.

21. April
Zu unserem größten Erstaunen werden wir morgens einfach auf die Straße gelassen. »Geht nach Haus!« Unser Bewacher lacht gutmütig. »Wo nach Haus?« frage ich. »Nach Insterburg?« »Ja, Insterburg!« – »Gib Papier!« sage ich. »Papier? Scheiße, nix Papier!« Es ist klar, daß wir an der nächsten Ecke wieder aufgegriffen werden. Zögernd setzt sich unser Trupp in Bewegung. Tatsächlich kümmert sich niemand um uns, es ist kaum zu glauben. Oben an der Straßenkreuzung biegt Helmut Z. nach rechts ab. Er will nach Palmnicken, nachsehen, ob noch jemand von seinen Angehörigen dort ist. Da ich keine eigenen Pläne habe, schließe mich ihm an; denn zu einem längeren Marsch bin ich nicht mehr fähig.
Wieder passieren wir die Orte St. Lorenz und Craam; niemand nimmt von uns Notiz. Wo die Straße in den Wald einmündet, kommt uns ein alter Mann entgegen, der einen Schubkarren vor sich her schiebt. Wir lassen uns am Wegrand nieder. Er ist Landwirt aus der Gegend von Labiau, war mit Pferden und Wagen bis Palmnicken geflüchtet und ist dort von den Russen eingeholt worden. Mit dem Rest seiner Habe drückt er sich seitdem auf den Straßen herum und will jetzt versuchen, allmählich bis zu seinem Heimatort vorzudringen. Von Palmnicken rät er uns dringend ab wegen der dortigen Russen. Mein Begleiter beschließt, trotzdem weiterzugehn, während ich mich dem alten Mann anschließe, nicht zuletzt, weil dieser noch ein Stück Fleisch auf seiner Karre mitführt. Letztere schieben wir

abwechselnd, nun wieder in entgegengesetzter Richtung. Ganz langsam nur kommen wir vorwärts. In Craam überholt uns eiligen Schrittes der polnische Dolmetscher von meiner ersten Vernehmung. Ich ziehe unwillkürlich den Nacken ein. Er verzieht keine Miene und geht vorüber.

Der alte Mann hat die Karre ganz übernommen, da ich damit nicht mehr von der Stelle komme. Fahrzeugkolonnen rasen an uns vorbei. Einer der Wagen streift die Karre und wirbelt sie durch die Luft. Dabei geht sie in Trümmer, während ihr Inhalt sich in weitem Umkreis über den Acker verteilt. Da glücklicherweise eine Blechwanne dabei ist, die zwei Griffe hat, wird alles wieder zusammengesammelt und in diesen Behälter gepackt, darunter eine Fleischmaschine, eine Axt, Hammer und Zange, an sich sehr nützliche Gegenstände, nur nicht dazu geeignet, sie als letztes Gut in der Gegend herumzutragen. Meine Versuche, dem Mann wenigstens die Fleischmaschine auszureden, mißlingen. Die übrigen Dinge lasse ich gelten: zwei weiße Bettlaken, ein Stück Fleisch, ein paar Kartoffeln, etwas Speck, mehrere Hemden.

Die Blechwanne zwischen uns tragend, quälen wir uns weiter auf dem Acker bis zu einem kleinen Gehölz rechts neben der Straße. Hier lassen wir uns nieder und beschließen, Mittag zu kochen. Da ich nicht ganz sicher bin, ob ich etwas davon abbekommen werde, mache ich mich erst einmal nützlich, indem ich ein Feuer entzünde. Aus einem ziemlich weit entfernten Graben, der durch ein kleines Bruch führt, hole ich Wasser. Als ich beim Schöpfen bin, zischen ein paar Kugeln an mir vorbei. Ich sehe mich um, weitab steht an demselben Graben ein halb ausgezogener Russe und schießt nach mir. Er macht aber keine Miene näherzukommen, als ich mich zurückziehe.

In Ruhe kochen wir unsere Kartoffeln. Als ich auf der Suche nach trockenem Holz bin, taucht vor mir aus einem der Laufgräben der Kopf eines deutschen Soldaten auf. Zwei Mann von der 5. Panzerdivision, ein Leutnant und ein Unteroffizier, sitzen seit drei Tagen hier versteckt. Sie gehörten zu einem Spähtrupp, der hinter die russischen Linien geraten ist. Ich frage sie nach meinem Vetter Knyphausen, der zum Divisionsstab gehört. Sie halten es für möglich, daß die Reste der Division auf dem Seeweg herauskommen werden. Sie selber sind seit drei Tagen ohne Nahrung. Mein Begleiter lädt sie zu unseren Kartoffeln ein und teilt seinen Speck mit ihnen. Wenn es dunkel ist, wollen sie in südlicher Richtung weiterziehn.

Unter Zurücklassung der Fleischmaschine sowie des Handwerkszeuges und der Blechwanne machen wir uns auf den Weg. Den Rest unserer Sachen trage ich in meinem Sack weiter, aus dem ich meinerseits die unbrauchbaren Schuhe geopfert habe. Hinter St. Lorenz schneiden wir die Ecke ab und gehen über das Feld nach Watsum. Dort verstecken wir uns in einem Haus, dessen Inneres den gewohnten Anblick bietet: Abgezogene Polstermöbel bzw. Teile davon stehen in einer knietiefen Masse von Bettfedern, Flaschen, Bildern und zerschlagenem Geschirr. Fensterrahmen und Türen sind herausgerissen. Auf dem Fensterbrett liegt ein Stück Käse, das essen wir gleich auf. Zwei Russen kommen herein, wühlen alles noch einmal durch und verschwinden, ohne uns zu beachten.

Die Hauptmasse der Truppen ist schon weitergezogen. Die Flieger sind aber immer noch sehr rege. Daraus schließen wir, daß Pillau noch umkämpft wird. Vom Meere hört man zeitweise starken Kanonendonner. Und da der Wunsch jetzt der Vater jedes Gedankens ist, bilden wir uns ein, die Amerikaner seien bereits im Anrücken gegen die Russen.

Auf der gegenüberliegenden Straßenseite ist ein Haus mit Frauen und Kindern belegt. Sie haben sich alle in einem Raum nach dem überall gleichen Prinzip niedergelassen: vorn die alten Frauen, dahinter die Kinder, im Hintergrund die auf alt getarnten jüngeren Frauen und Mädchen. Alle sind abgekämpft bis auf eine redselige Alte, die es höchst interessant findet, eine apokalyptische Zeit zu erleben. Wir legen uns dort schlafen auf einer zweistöckigen Strohschütte, die noch vom deutschen Militär stammt. Daß dies alles vor wenigen Tagen noch Deutschland war, ist kaum zu fassen.

Nachts kommen die Russen und beleuchten uns mit Taschenlampen. Wir lassen uns gar nicht stören. Man ist ihnen ja ohnehin ausgeliefert, und das Langliegen ist so schön, daß man keine Sekunde davon preisgeben möchte. Zu unserem Glück verziehen sie sich bald wieder und lassen uns schlafen.

22. April
Mein Begleiter ist trotz seiner siebzig Jahre viel unternehmender als ich. Er hat zwei lahme Pferde aufgegabelt, die von der Truppe stehengelassen wurden. Die spannt er mit Hilfe improvisierter Sielen vor einen Leiterwagen und lädt noch zwei Familien auf, die aus der selben Gegend stammen wie er und mit ihm versuchen wollen, dorthin zurückzukehren. Ich hänge hinten auf dem Wagen und passiere so zum drittenmal den Bahnhof Watsum, dem ich ein besonderes Andenken immer bewahren werde. An der Straßengabelung geht es nach links ab über Pobethen und weiter in östlicher Richtung. Craam, St. Lorenz, Watsum, Pobethen – der Klang dieser Ortsnamen, den Bewohnern des Samlandes heimatlich vertraut, in mir hallt er wider wie ein Schreien, das unaufhörlich zum Himmel aufsteigt.
Schritt für Schritt geht es weiter auf der Straße nach Cranz. Was im Straßengraben noch an brauchbaren Sachen ins Auge fällt, wird aufgepackt und mitgenommen. Im kalten, klaren Vorfrühlingssturm marschiert eine singende Truppe an uns vorbei.
Ein paar Kilometer noch geht alles gut. Dann hält uns ein Posten an, durchsucht den Wagen, mustert die Pferde, holt mich herunter. Der Wagen darf weiterfahren. Ich winke dem alten Mann nach. Vierundzwanzig Stunden waren wir zusammen – ein Stück Leben.
Ich liege neben den Russen im Gras. Sie haben erst mich durchsucht, jetzt sind sie mit meinen Papieren beschäftigt, unter denen sich immer noch ein paar Briefe und Fotos befinden. Ich sehe auf das Meer hinaus und kümmere mich nicht um sie. Ein Bild meiner Schwester wird mir unter die Nase gehalten. »Deine Frau?« Ich nicke. »Wo deine Frau?« »Zu Haus!« »Wo zu Haus?« Ich nenne irgendeinen Namen. »Gitlär kaputh!« Die übliche Feststellung, wie das Amen in der Kirche. Auf weitere Konversationsversuche reagiere ich nicht.
Nach einigen Stunden werden sie abgelöst. Sie nehmen mich mit und weihen mit mir ihr neues Gefängnis ein, die große Stube eines Arbeiterhauses auf einem Gutshof links neben der Straße. Die Fenster sind mit Brettern verschlagen. Es ist hundekalt. Ich sitze oder liege ganz zusammengerollt auf dem Fußboden. Von Zeit zu Zeit lege ich meine Beine auf einen Melkschemel, das einzige Möbelstück

im Raum. Dann liegt der Rücken nicht so hohl. Allmählich bekommt man schon etwas Routine in diesen Dingen. Mein Taschentuch lege ich über Mund und Nase. Dadurch wird viel Wärme im Körper zurückgehalten.
Dem Posten, der vor der Tür stehen muß, bin ich etwas unheimlich. Er kommt immerfort herein, starrt mich an und versucht, mir eine andere Lage beizubringen. Ich bleibe ruhig liegen und sehe ihn an. Er ist vielleicht achtzehn Jahre alt, steht da wie ein junger Hund vor einem zusammengerollten Igel. Dann verschwindet er wieder und baut sich vor der Tür auf. Als er wieder einmal kommt, mache ich ihm durch Zeichen klar, daß ich sehr friere. Er weiß keinen Rat. Statt dessen fängt er an, mir ein paar russische Worte beizubringen. Durch Gesten verständigen wir uns. »Gib – mir – zu essen.« Als ich es kann, wiederhole ich es als Bitte! Er erschrickt, wird verlegen, weicht langsam zur Tür zurück und sieht von da an nur noch durch den Türspalt herein. Gegen Morgen bringt er mir ein Stück Brot. Als ich ihm die Hand geben will, fährt er zurück.

23. April
Gegen Mittag bekomme ich einen Genossen. Ein junger Litauer, der aus der russischen Armee desertiert ist und wieder gefangen wurde, wird hereingeschubst. Er erhält ein Kochgeschirr mit Suppe, die wir mit seinem Löffel abwechselnd essen. Später kommt noch ein älterer deutscher Mann mit einem Holzbein dazu, der aus diesem Ort stammt und sich anderswoher gerade bis hierher durchgeschlagen hat.
Gegen Abend werden wir drei von zwei Posten mitgenommen und wieder mehr in die Nähe von Königsberg gebracht. In einem Ort, der von Russen wimmelt, sperrt man uns in den Schweinestall, in dem schon zehn andere Männer sitzen. Es heißt, wir sollen wieder vernommen werden. Man fällt von einem Sieb ins andere. Zunächst kochen wir im Futterkessel zwei Eimer Kartoffeln und schlagen uns den Bauch damit voll.

24. April
Ohne vernommen zu sein, werden wir wieder weitergeschickt. Es geht über Fuchsberg auf Königsberg zu. Mich erfaßt eine steigende

Unruhe. Freiwillig brächte ich nicht den Mut auf, die Stadt noch einmal anzusteuern. Dazu war alles zu endgültig, und ich habe keine Widerstandskraft mehr.

In dem Vorort Tannenwalde biegen wir nach links ab und werden noch einmal nach unerfindlichen Gesichtspunkten sortiert. Der Litauer muß dableiben, wie er meint, um erschossen zu werden. Als wir weitergeführt werden, spielt er gerade wie wild auf einem Klavier, das auf der Straße steht.

Weiter geht es, auf Königsberg zu. Dann die Ringchaussee entlang, an den Forts vorbei. Ich hänge nur noch in meinen Filzstiefeln und fühle, daß ich bald liegenbleiben werde. Trotzdem prägen die Bilder sich tief ein. Wie eine Mondlandschaft sieht diese Gegend aus, Krater an Krater, daran anschließend das Trümmermeer. Nach der Innenstadt zu noch einzelne Brände, verlöschend, verglimmend. Das Lied ist aus.

Rechts neben der Straße hat sich ein Russe mit seinem Auto, einem dieser zahllosen scheußlichen kleinen amerikanischen Wagen, die wie ein Abtritt aussehn, im Dreck festgefahren. Wir sollen ran und die Karre herausziehn. Ich lasse mich einfach fallen. Die anderen mühen sich vergeblich. Vollständig mit Dreck bespritzt, müssen sie ihr Vorhaben wieder aufgeben. Ein Stück weiter gehen wir noch, auf Kleinbahnschienen entlang, dann stehen wir auf der Cranzer Chaussee in Rothenstein vor der Wrangelkaserne. Ein Posten läßt uns durch das Tor. – Wir sind im Lager angelangt.

Aus: Hans Graf von Lehndorff, Ostpreußisches Tagebuch. München 1961

III
Unter Russen und Polen

Tagebuch-Aufzeichnungen einer Mutter

Dieser Bericht stammt aus einem Nachlaß: Eine Mutter zeichnete in dem Kriegschaos 1945 ihre Erlebnisse für ihre Kinder auf.

Bartenstein, 28. Januar 1945
Ein kalter Wintertag, frühmorgens minus 22°. Gegen 11.00 Uhr flüstert mir Frau K. ungewiß blickend zu: In kurzer Zeit soll Bartenstein evakuiert werden. Ich sage es an Frau W. weiter. Gegen 11.30 Uhr hängt ein Zettel an der Tür von Frau S. Dort steht: Meine Tochter und ich sind abgefahren.
So hektisch geht es zu. Wir gehen alle mit ernsten Gesichtern umher. Wir wollen noch retten was zu retten ist. Wieviel Zeit bleibt uns noch? Schnell wird eine Kiste vom Boden geholt und mit Wäsche und Kleidung vollgepackt. Wir bringen sie in W.'s Keller, vergraben sie unter Koks, damit sie in unserer Abwesenheit niemand finden kann. Unser Mittagessen will nicht so recht schmecken. Wir warten auf die Mittagsnachrichten. Es wird erzählt, die Russen gingen nach Schneidemühl, und gingen mit einer großen Übermacht bei Labiau vor. Kurze Zeit später werden Strom, Gas und Wasser gesperrt, die Evakuierung auf dem Markt über Lautsprecher angekündigt. Auf den Straßen Schneetreiben, Kälte und Menschen. Der ganze Markt ist voller Menschen. Kaufmann K. mit Frau gehen jeder mit einer Handtasche fort. Befreundete Familien nehmen tränenden Auges Abschied. Einige wollen nur in ihrer Wohnung sterben. Gegen 16.00 Uhr sind sämtliche Straßen verstopft. Ich bete im stillen: »Heiland erbarme Dich, züchtige uns mit Maßen.«
Wir packen ebenfalls und ziehen mit zwei Schlitten los in Richtung Heilsberg. Am Heilsberger Tor wird gesagt: Für diese Nacht keine akute Gefahr für Bartenstein. Die Evakuierung kann morgen fortgesetzt werden.
Wir kehren um und gehen wieder in unsere Wohnung. Nie war es so schön wie an diesem Abend zu Hause. Wir vernichten Briefe.
Montagfrüh: Die Menschen sind noch nicht weiter. Sollten wir alle

der Vernichtung zugetrieben werden? Herr M., unser Nachbar, wollte uns sofort verständigen, wenn noch ein Zug von Bartenstein fahren sollte. Er hat uns nichts gesagt, vielleicht hatte er es auch vergessen in der Aufregung.

Dienstagfrüh im Morgengrauen: Wir werden wach und horchen. Sind das schon die Geschütze, die donnern? Ist es die Stalinorgel? Ich treffe noch einige Bekannte in der Stadt. Wir machen alle entsetzte Gesichter.

Fräulein N. und Fräulein K. haben den totkranken Vater N. auf dem Handschlitten. Ich treffe Herrn P. Er sagt: »Ich bleibe, wir spielen mit den Russen Katz' und Maus.« Wenig später ist er dann mit dem Auto des Roten Kreuzes abgefahren. Frau W. mit Tochter T. wollen mit einer Familie aus der Tilsiter Niederung mitfahren.

Es wird 14.00 Uhr. Ich sehe Frau W. voller Schmerz abfahren. Nach einer Stunde kommen sie zu Fuß zurück. Sie wollen noch etwas Wichtiges holen. Die Frau will mich mitnehmen, aber Vatchen ist nicht da. Wir warten eine halbe Stunde, aber er kommt nicht. Daher bleibe ich zurück.

Ich habe vor dem Kommenden Angst. Wir wollen doch auch fort. Vatchen meint immer: Der Russe ist doch nicht so schlecht.

Mittwochfrüh: Die Stalinorgel kommt näher. Das Stadtbild hat sich verändert. Die ersten Einschläge sind zu verzeichnen. Es ist furchtbar. Gegen 9.00 Uhr schlägt ein Geschoß bei G.'s ins Haus bis unten in den Keller. Bei uns zerbersten die Fensterscheiben, und der Mörtel springt von den Wänden. Wir raffen Brauchbares zusammen und gehen hinunter in N.'s Wohnung, die noch offen war und in der viele Flüchtlinge übernachtet hatten.

Wir können noch viel Fleisch kaufen. Einige Unbekannte plündern aber bereits verlassene Geschäfte. Ich koche für Herrn S., einen alten Mann, mit. In Mäntel und Decken gehüllt sitzen wir da. Wasser wird aus der Alle geholt. Wer noch eine Kerze hat, macht damit Licht.

Wie hat sich unser Bartenstein verändert! Geschütztreffer zerreißen die Häuser. Wir machen uns in die Wohnung unter uns, die ebenfalls bereits verlassen ist. Abends wollte ich K.'s besuchen, habe sie aber nicht mehr angetroffen. Vom Militär werden noch Butter und Käse verteilt. Ich gehe zur Meierei. Herr S. und ich erhalten tatsächlich noch Butter.

Ich treffe Herrn K. Alle Gesichter sind sorgenvoll. Er wohnt mit seiner Tochter H. bei Familie T. am Oberteich: Nachmittags kommt Herr Sch. aus Lötzen mit seinem Schwiegersohn zu uns. Sie wollten mit dem Fuhrwerk weiter, aber in der Nacht vorher wurden ihnen die Pferde gestohlen.
Donnerstagfrüh: Ein weiterer Geschütztreffer zerreißt Gruddes Dach vollkommen. Über uns wohnt eine Polin. Sie flüchtet entsetzt mit zwei kleinen Kindern. Sie hat ja den Krieg 1939 in ihrer Heimat schon erlebt. Aus Gruddes beschädigtem Haus kommen noch W.'s mit ihrer verheirateten Tochter. Sie bringen auch ihren 80jährigen Vater mit.
Am 2. 2. erhält unser Giebel noch mehr Einschläge. Unter Kugelhagel ziehen wir mit der letzten Habe zu K.'s auf das Hindenburgfeld. Wie öd, wüst und leer sehen die Straßen aus. Ich stehe in der Allestraße an einer Giebelwand, um zu verschnaufen. Es ist lebensgefährlich, aber wir haben einen Schutzengel. Auf dem Vorplatz allerdings liegen mehrere tote Pferde und Kühe. Jetzt entdecken wir auch notdürftig verscharrte Menschen. Schrecklich! Wir erreichen mit Mühe die Wohnung bei K.'s. Wir flüchten uns in den Keller. K.'s verheiratete Tochter hat sich etwas abseits gedrängt. Da kommt wieder Geschützfeuer. Um eine Handbreite fliegen Splitter an Vatchens Kopf vorbei. Ein Engel hat ihn beschützt.
Sonnabend, 3. 2.: Die Stalinorgel ist ganz in der Nähe. Ich habe große Furcht. Niemand will essen. Verwundete deutsche Soldaten werden auf Handschlitten herangefahren. Wir versorgen sie so gut es geht. Endlos sind die Reihen der Handschlitten. Es ist fürchterlich. Die Verwundeten jammern und schreien. Einge wollen Zigaretten, wir können ihnen jedoch nichts geben. Der Russe soll bereits in Pr. Eylau und Friedland sein.
Gegen 23.00 Uhr müssen wir wieder wegen Fliegergefahr in den Keller. Ich sitze auf der obersten Treppenstufe. Ich sehe nach draußen. Unheimlich glutrot sieht der Himmel aus. An allen Ecken und Enden brennt es, dazwischen die Stalinorgel mit ihrem dumpfen Klang. Ich bete und flehe Gott an. In der Bibel lese ich: Fürchte Dich nicht! Dein Herz erschrecke nicht, ich bin dir nahe!
Die Allebrücke, die Eisenbahnbrücke und die Schlachthofbrücke werden in der Nacht gesprengt. Ob wir damit etwas retten können?

O wir Kleingläubigen! Kurz nach Mitternacht wird die Haustür aufgerissen. Ein deutscher Soldat kommt herein und geht in das Wohnzimmer. Ich gehe die Treppe hinunter und frage ihn, einen Oberleutnant, was los ist. Er sagt: In drei bis vier Stunden werden die Russen hier sein. Ein großer Schock befällt uns. Nun soll es bald soweit sein? Ich gehe vor die Haustür. Da stehen weitere Soldaten. Im Flüsterton werden Befehle gegeben. Die Soldaten rücken ab. Ich muß ganz fürchterlich weinen. Mir ist's, als wird mein Herz verschlossen. Ich bete und beruhige mich. Dann gehe ich zu Vatchen und erzähle ihm von dem, was ich weiß. Er will es nicht glauben. Wie kann man ausweichen? Ich trage mich mit Selbstmordgedanken (Gott verzeih' mir). Aber viele unserer Bekannten sind in dieser Nacht aus dem Leben geschieden.

Ich laufe an das Treppenfenster. Jetzt brennt auch Damerau oder ist es Engelbrechts Haus? Wo mögen die treuen Menschen nur sein? Ich denke an sie. Weinend schlucke ich einen Bissen hinunter.

Es ist noch ziemlich dunkel *am 4. 2.:* Ich sehe in den Schützenpark. Da stehen mehrere Funkwagen, und um diese schleichen die ersten Russen, zu erkennen an ihren Pelzmützen. Nach einem kleinen Weilchen kommt ein Panjewagen vorgefahren. Ein Russe reißt die Haustür auf und schreit: Uhra, Uhra. Herr K. ruft nach Herrn P. Herr K. glaubt noch, der Russe will wissen, wieviel die Uhr ist. Er zerrt sich mit dem Russen bis ins Wohnzimmer herum. Herr P., helfen Sie mir, der Russe will mir meine Uhr stehlen. Das Zerren wird immer heftiger. Herr K. schreit: Ich habe die Uhr schon vierzig Jahre. Es nutzt Herrn K. jedoch nichts, der Russe entreißt ihm die Uhr und legt sie auf seinem Wagen in den Kasten des Kutschbocks.

Der Russe zeigt uns voller Stolz die schon von Deutschen gestohlenen Uhren. Er zeigt uns auch die Manteltaschen, welche voll von Uhren sind. Dann fährt er weiter zum nächsten Haus.

In den nächsten Minuten kommen weitere Russen und holen K.'s bestes Pferd aus dem Stall. Herr K. will es verhindern, aber seine Frau hält ihn zurück.

Jetzt kommen die Russen in die Küche und wollen Kaffee haben. Am Schützenpark haben die Russen mit schweren Geschützen Aufstel-

lung genommen. Ein deutscher Soldat kommt gegen 8.00 Uhr und fragt nach seinen deutschen Kameraden.
Wenig später sehen wir, wie die Russen gefangene deutsche Soldaten vorbeiführen. Darunter sind auch viele Zivilpersonen, die wir auch teilweise kennen. Unter ihnen auch die alten S.'s mit ihrer Tochter. Auch ihre Enkelin ist dabei. Nun kommt ein Trupp Russen zu uns. Sie durchwühlen alles und schmeißen es dann auf die Erde. Wie sieht die Wohnung in Kürze aus! Ein Russe knirscht vor Wut mit den Zähnen. Wir sitzen still wie die Mäuschen und trauen uns nicht zu rühren. Ein Russe hält mir den Gewehrlauf unter die Nase. Er macht uns klar, daß seine Eltern und die Schwester von Deutschen umgebracht seien. Er behauptet durch Zeichengebung, seinen Angehörigen seien von den Deutschen Hälse abgeschnitten worden. Ich bin froh, daß er von mir abläßt.
In Kürze kommen die Russen wie sie wollen; sie gehen ein und aus. Jeder nimmt sich das, was er will. Alles wird unter den Füßen zertreten, sinnlos vernichtet. Wir sitzen zitternd da. Nun holen die Russen K.'s zweites Pferd und den schönen Wagen. Ich streiche Frau K. das Haar glatt und binde ihr das Kopftuch um. Wieder kommt eine Horde Russen. Sie fuchteln mit ihren Gewehren unter unseren Nasen herum. Ein deutschsprechender Russe kommt herein und gibt jedem von uns die Hand. Wir bitten, seinen Kameraden Einhalt zu gebieten, aber umsonst. Jeder Russe nimmt, was ihm gefällt. So geht das den ganzen Sonntag. Sie halten uns ständig in Angst und Schrecken.
Es wird Abend. Die Geschütze und das Militär haben sich vermehrt. Jetzt kommt ein großer russischer Oberleutnant, bewaffnet vom Scheitel bis zur Sohle. Sogar im Stiefelschaft hat er mehrere Pistolen. Er fragt uns in gebrochenem Deutsch, was uns lieber ist: Hitler oder Stalin. Dies fragt er uns mehrmals. Jetzt hätten wir ihnen, den Russen, zu gehorchen. Er steht mitten im Zimmer, und wir sitzen erschrocken da. Wir bitten ihn, er möge bei uns Quartier beziehen, weil wir meinten, durch ihn vor den anderen Russen geschützt zu sein. Er lehnt jedoch ab. Eine Nacht ist er aber mit anderen Russen doch noch dageblieben. In dieser ersten Nacht unter den Russen werden wir nicht belästigt.
Die kämpfenden Russen sind weiter vorgerückt. Die Stalinorgel ist

weiter im Einsatz. Wir machen ernste Gesichter. Verschiedene Russen holen sich bei uns Kaffee. Wir trinken auch; aber es ist nur ein Nippen. Frl. M. kommt zu uns. Sie war in der ganzen vergangenen Nacht unter freiem Himmel am Kriegerdenkmal gesessen. Sie zittert und friert. Mit ihr kommen die alten S.'s. Sie wohnten in der Heilsberger Straße. Sie gehen nach kurzer Zeit in die Johanniterkirche.

Mein Gott! Es kommen schon wieder Russen. Sie fordern Frl. M. auf, ihnen Dokumente zu geben. Es hilft kein Bitten, sie muß mit ins Nebenzimmer. Sie gehen abwechselnd zu ihr hinein. Wir sehen voller Sorge den nächsten Stunden entgegen.

Unser Vatchen hat sich früh die Stiefel geputzt. Nun fordern ihn die Russen auf, daß er mit ihnen mitkommen soll. Mein Gott! Erschießen sie uns nun alle einzeln? Wenn, denke ich, will ich die zweite sein. Ich setze mich an die Tür. Aber es fällt kein Schuß. Endlich geht die Tür auf und Vatchen kommt auf Strümpfen wieder herein. Sie haben ihm die Stiefel ausgezogen. Herr K. gibt ihm ein Paar Arbeitsschuhe. Herr K. selbst geht in Filzschuhen.

Als es etwas ruhig wird, gehe ich in den Keller. Ich verstecke unseren Schmuck. Ein bei K.'s wohnender Italiener schaufelt schon Berge von Koks auf K.'s Schmuck. Der Italiener ist von oben bis unten mit 3 Armbanduhren und 6 Ringen geschmückt. Zu den Russen sagt er immer: Italo, Italo! Sie nehmen ihm jedoch ebenfalls die Uhren und den Schmuck ab.

Es kommen weitere Russen. Sie bringen den Italiener in Gefangenschaft. Ein anderer Trupp plündert Wohnung und Stallungen; sie vernichten alles, was noch einen kleinen Wert darstellt.

K.'s Keller ist verschlossen. Herr K. steckt den Schlüssel in seine Tasche. K.'s haben viele Vorräte. Jetzt kommen wieder Russen. Wir sollen zwei bis drei Tage pascholl. Es sind in unserem Stübchen acht bis zehn Mann zusammengedrängt. Ich will mir noch schnell mein Sofakissen nehmen; es liegt am Kopfende im Bett. Ich will noch vieles:

Mir meine Pelzmütze aufsetzen, aber ich kann in diesem Augenblick nicht klar denken. Meine beiden Mäntel habe ich an. Wohin sollen wir? Es ist bitterkalt! Wir werden vor die Tür getrieben. Wohin wir sehen, nur Russen, Russen. Wohin müssen wir? Es geht drei Häuser

weiter zu G.'s. Auch diese wollen aus ihrer Wohnung heraus. In einem Zimmer sind verschiedene Russen mit G.'s Tochter. Sie ist schwanger. Ihr Mann darf zusehen. Dann sind da noch T.'s Mädels und auch die Nichte I. von G.'s! Ist das ein Leben, mir kriecht es warm und kalt über den Rücken. Wie wird das enden?
Endlich dürfen wir auf die Straße hinaus. Wie hat sich alles verändert. Benommen trabe ich dahin, überall ist Vernichtung. Aus allen Häusern kommen Menschen. Wir werden Richtung Wehrwilten getrieben. An den Wegen finden wir umgekippte Treckwagen, wir sehen nur Vernichtung. Schreibershöfchen ist voller russischer Offiziere. Sie lachen aus vollem Halse, als wir an ihnen vorübergetrieben werden. Ich bin bei minus 25° ohne Kopfbedeckung, friere aber nicht. In Wehrwilten werden wir links in den ersten Bauernhof getrieben. Ein paar Frauen sind bereits da. In den Zimmern liegt überall Stroh. Ich habe Glück, denn im Stroh finde ich ein Paar schwarze Fausthandschuhe. Wir haben keinen Hunger und verspüren keine Kälte. Immer mehr Menschen kommen ins Haus. Ich freue mich, daß ich wieder Handschuhe habe.
Wir legen uns auf die Dielen in Mänteln und Schuhen. Als Kopfkissen unser Rucksack, an unseren Füßen unser Hund Rina. Nur schlafen und nicht mehr aufwachen. Wir haben furchtbare Angst. Wie der Tag graut, stehen wir vom Lager auf. Gegen sieben Uhr kommen schon die ersten Russen herein. Wir brühen uns Kaffee. Immer mehr Menschen kommen ins Haus und auf den Hof. Wir liegen, sitzen und stehen, brüten stumpfsinnig dahin. In der Dämmerstunde kommen die Russen und jagen uns aus dem Haus. Wir stehen ratlos umher, wohin?
Es ist fast dunkel! Wir gehen in die Gräben und wollen runter zur Alle und uns im Stadtwald verkriechen. Wir möchten nichts hören und nichts sehen. Wann werden uns unsere Soldaten befreien? Wir bleiben stehen und gehen dann wieder zurück zum Hindenburgfeld. Russen soweit das Auge sieht. Wir gehen links in die erste Querstraße bis ziemlich durch, bis in den Stadtwald.
In der Siedlung ist ein altes Ehepaar H. Das Häuschen gehört ihrer Pflegetochter, die schon geflüchtet ist. Sie sind aus Schönbruch. Dann sind noch ein älteres Fräulein und eine Witwe aus Gerdauen da. Sie geben uns ein Töpfchen Kaffee. Ein Stückchen Brot haben wir

noch. Es ist kein Schlafplatz für uns da. Wir schlafen auf Stühlen am Ofen. Nur einmal sich ausstrecken können. Vatchen denkt dasselbe. Wir legen uns auf den Fußboden, ohne Stroh, die Türschwelle ist unser Kopfkissen. Vorn im Garten entdecke ich morgens einen erschossenen jungen Mann im Trainingsanzug. Ich erfahre, daß er aus dem Stadtwald kam, über den Gartenzaun sprang und dann erschossen wurde.
Mittags essen wir Kartoffeln und Mohrrüben. Vier- bis fünfmal kommen am Vormittag die Russen. Zwei hohe Offiziere kommen auf mich zu. Ich zittre und halte meine Handtasche krampfhaft fest. Einer klopft mir auf die Schulter und beide lachen so toll sie können. Der mit Orden geschmückte Russe sagt: Mattka gut so; 1941 für Deutsche gut, 1945 für Russen gut. Er sagt, so wie ich jetzt sitze und zittre, hat seine Mutter vor Deutschen gezittert. Sie gehen beide ins Nebenzimmer und schreiben es uns auf. Vatchen muß es vorlesen. Sie gehen danach fort.
Jetzt kommen wieder andere Russen ins Haus. Sie gehen im Haus von oben nach unten herum. Was mögen sie nur suchen? Einer von ihnen kommt mehrere Male und läuft alles durch. Die kleine Frau H. kommt aufgeregt zu mir. Vorne im Zimmer, in den Ecken und auf dem Sofa, auch in der Küche, auf dem Boden und im Keller haben die Russen Flaschen voll Petroleum hingestellt. Was haben die mit uns vor?
Nun kommt wieder ein Russe durch das Zimmer. Er entdeckt in der Ecke ein Bildchen mit einem Engel. Er kommt zu mir und fragt mich, ob ich auch bete und die Hände falte. Ich nicke und sage ja. Er knöpft seinen Rock auf und zeigt mir ein Kruzifix.
Vatchen fragt ihn, was für ein Landsmann er sei. Türke, sagt er. Er habe fünf Jahre in Rußland studiert. Vatchen sagt, er sei auch in der Türkei gewesen. Nun ist er unser Freund und will für uns sorgen. Er geht fort und kommt nach kurzer Zeit mit einem Sack Weizenmehl zurück. Auch schwarzes Nähgarn, Nähnadeln und Maschinennadeln bringt er mit. Er freut sich, uns geholfen zu haben. Nun will er uns noch mit Schweinefleisch versorgen. Es ist uns das Zimmer mit einemmal ganz hell vor Freude.
Aber wenn wir nach draußen sehen, brennt es überall. Wir zittern. Wann kommt unser Häuschen, in dem wir uns befinden, dran? Jeder

lauscht. Wann werden die Flaschen mit dem Petroleum zu brennen anfangen? Was werden die nächsten Stunden bringen?
Es kommen mehrere Russen und jagen uns wieder auf die Straße. Das alte Ehepaar H. durfte in dem Häuschen bleiben. Unser Mehl blieb unter einem Bett liegen. Von der rechten Straßenseite kommen Hilfeschreie. Jetzt wird jemand auf die Straße gejagt. Ich erkenne Fräulein K. aus der Schmettauer Straße. Sie ist von Russen vergewaltigt worden.
Im Gutshaus in Schreibershöfchen sind viele russische Soldaten. Hinter dem dritten Baum nach Wehrwilten werden wir von den Russen angehalten. Wir werden durchsucht. Es macht ihnen Spaß, die Leibesvisitation. Wir müssen Gräßliches über uns ergehen lassen. Ein junger, vielleicht achtzehnjähriger Russe, ist bei mir. Er bedrückt und befühlt mich immer und immer wieder. Dann versetzt er mir einen Gewehrkolbenschlag zwischen die Beine. Dann quält er mich weiter; es nimmt kein Ende. Wenn man doch sterben könnte. Endlich läßt er von mir ab.
Auf einem Baumstamm neben mir sitzt Fräulein K. Sie hat sich bis hierher geschleppt. Ich bitte sie und will sie mitnehmen, sie will nur sterben. Wir werden weiter und weiter getrieben. Ich sehe mich mehrmals nach Fräulein K. um. Es tut mir weh, die Schwerkranke – sie hatte Lungenentzündung – in Schnee und Eis zurückzulassen. Wir werden in Neumanns Bauernhaus nach Wehrwilten gebracht. Ein älterer Russe bringt Fräulein K. auch hierher. Er stellt ihr einen Stuhl an den Herd, zieht ihr die Schuhe aus und legt die Füße in den Bratkasten. Fräulein K. stirbt in der folgenden Nacht.
Wir werden wieder aus Neumanns Haus gejagt. Wir verbringen die Nacht in dem ersten Haus Ortseingang rechts. Die Fenster sind kaputt. Der Wind jagt über unsere Köpfe hinweg. Schneeflocken bedecken uns. Wir schütteln uns vor Kälte. In dem kleinen Stübchen sind wohl dreißig Personen. Viele liegen auf dem Fußboden, sowie ein bißchen Platz ist. Im Morgengrauen stehen wir auf. Jemand geht in die Küche und macht Kaffee. Dann sitzen wir noch ein paar Stunden. Danach machen wir uns in unser altes Quartier auf.
Im Quartier ist ein Sofa frei. Vatchen setzt sich darauf, er sieht sehr elend aus. Die Russen jagen immer mehr Menschen in das Haus. Bald ist es übervoll. Auf dem Hof stehen Wagen an Wagen. Die

Menschen verkriechen sich in die Scheune und die Stallungen. Viele bleiben aber auch in ihren Treckwagen. Darunter auch K.'s aus Reddenau. Auf dem Wagen liegen zwei verwundete Männer, Zivilisten, die von Russen angeschossen sind. Einer der Männer ist Gutsbesitzer. Er hat eines seiner Enkelkinder bereits im Wald verscharrt, nachdem die Russen es erschossen hatten. Seine Tochter half ihm dabei. Die Verwundeten dürfen nicht berührt werden. Sie sterben in dieser Nacht. Schreckliche Bilder. Die Toten – es kommen immer mehr hinzu – werden in einem Loch am Haus vergraben. Sie haben ausgelitten.
Es werden immer mehr Menschen auf dem Hof und in den Stuben. Dazu die vielen Verwundeten auf den Wagen. Frauen, Männer und Kinder, die in der Schußlinie der Russen waren. Dabei ein alter Mann, Anfang achtzig. Er hat einen Streifschuß erhalten. Dabei wurde ihm der Mantelkragen abgeschossen. Er ist am Hals verletzt. Weiter eine Frau mit ihrer Tochter, beide aus der Gegend von Insterburg, unter den Verwundeten. Lunge und Leber der Tocher sind verletzt. Sie liegen mehrere Nächte am Fußende in meinem Bett. Es ist kein Verbandszeug da. In einem Kinderwagen fahren wir sie zu einem russischen Arzt ins Schulhaus. Der Russe lehnt die Behandlung ab. Wir tragen die Tochter aufs Strohlager. Russen transportieren sie dann ins Spital. Sie ist jedoch schon verblutet.
Eine Frau mit ihren zwölf und zehn Jahre alten Mädchen kommen schwerverwundet ins Zimmer. Sie schreien um Hilfe. Es ist kein Verbandszeug da. Auf den Wagen draußen sind noch Kisten mit vielem Nützlichen. Aber wir dürfen nicht an die Wagen. Die Russen wandern ungerührt zwischen uns herum.
Sie nehmen unsere Männer und jagen sie in die große Scheune. Es ist mir, als wenn mir eine innere Stimme sagt: »Die nehmen Vatchen.« Ich laufe hinaus, und wirklich, er steht auf dem Hof, bei ihm ein Russe, der sagt: »Vater komm mit nach Moskau.« Auch er kommt in die Scheune. Großer Gott! Ich kann vor Schreck nichts sagen. Ich gehe ins Zimmer und bete. Dann fülle ich einen Blechnapf mit Erbsensuppe, dazu nehme ich unser letztes Stückchen Butter. Dann gehe ich in die Scheune und frage den Russen, ob ich Pan das Essen geben darf. Er nickt. Vatchen jedoch ißt nichts. Wie sieht er alt und verfallen aus. Die Butter stecke ich ihm in die Manteltasche. Doch er

will sie nicht. Es stehen drei andere Männer auf und essen die Suppe. Nun murrt der Russe, ich muß gehen. Vatchen flüstert mir noch zu: »Wir sehen uns bald wieder.«

Nun bin ich allein. Nur Frau K. ist noch bei mir. Die ständigen Belästigungen durch die Russen sind fürchterlich. Wir haben fast alle Durchfall. Die Russen gehen die ganze Nacht rein und raus. Ich sehe einen alten Mann an der Haustür. Er rührt sich nicht, spricht auch kein Wort. Am nächsten Morgen ist er tot, mit ihm noch einige andere. Die Russen ziehen die Toten gleich aus. Sie werden in ein Loch gelegt.

Wir hören Soldaten schießen. Auch die Stalinorgel ist dabei. Immer noch denken wir, daß unsere Soldaten uns bald befreien werden. Ich stehe am Hausgiebel und sehe hinüber zu Mai's Wirtschaft. Da sollen sie unsere Männer im Keller eingesperrt haben. Aber dann erfahre ich, daß sie mit ihnen über Schippenbeil nach Pöhnen gegangen sind. Dort übernachteten sie im Keller, und dann kamen sie ins Zuchthaus nach Bartenstein.

»In wieviel Not hat nicht der Gnädige Gott über mir Flügel gebreitet« erinnere ich mich an diese Liedzeile. Auch am nächsten Tag werden wieder viele Männer in die Scheune getrieben. Es werden immer mehr Menschen. Überall auf dem Hof brennt Feuer, und es wird gekocht. In der Nacht wird Brot gebacken. Frau K. bekommt Herzanfälle. Ihr Junge will nach Hause.

Die Toten nehmen zu. Eines Morgens heißt es: Pascholl, pascholl! Dawei, dawei! Die Bauern müssen ihre Pferde und Wagen stehenlassen. Auch von den Vorräten dürfen sie nichts mitnehmen. Eine Frau wirft mir noch ein hübsches dunkles Sommerkleid zu. Auch noch ein Nachthemd. Nur einmal abends wieder richtig ausziehen und im Bett schlafen können. Wann wird das sein? Wir sind die letzten, die aus dem Hause gehen. Frau K. hat wieder einen Herzanfall. Ich suche nach einer Frau mit einem Handwagen. Endlich finden wir einen alten Handwagen. Die Frau schiebt, ich ziehe am Strick. Wir sinken auf dem Weg tief ein. Es geht nur langsam weiter. Die Russen kommen. Wieder werden Frauen ausgeplündert, wir haben immer noch zuviel Sachen. Gegen Abend kommen wir in Groß Söllen an und gehen in das Gasthaus Ronski. In einer Stube liegt ein alter Mann. Er schreit und reißt an der Kleidung.

Frau K. und ihr Sohn kommen nach Klein Söllen. Ihr Sohn stirbt dort. Vorher sagt sie noch, daß sie ihren Mann beim letzten Urlaub gebeten habe, er möge sie doch alle erschießen. Ich sehe diese Frau noch immer vor mir.
Fürchte dich nicht, Dein Herz erschrecke nicht,
denn ich bin immer bei Dir.
Ich bete.

L. Sternberg

Überrollung des Trecks und Rückkehr in die Heimat

17. Januar 1945. Warschau geräumt! Rufe Frau Pfarrer D. in Groß-Schmückwalde an, frage, ob dies höchste Alarmbereitschaft sei, was sie verneint. Abends kein Licht, kein Radio.

18. Januar 1945. Finde keine Ruhe. Nachts gegen 3 Uhr wieder aufgestanden. Es ist mir immer, als ob man mich riefe. An den Betten der Kinder, die wie die Engel schlafen. Als der Morgen graut, beginne ich übernächtigt zu packen.

19. Januar 1945. Schon vor 8 Uhr kommt Lehrer H. und sagt: »Frau Sternberg, es ist so weit! Richten Sie sofort Ihren Treck!« Fieberhaftes Rennen treppauf, treppab. Was soll aus Tante Käthe werden? Sie ist 81, krank und will von nichts wissen. Am Abend kommt die Meldung: »Abfahrt nicht notwendig, Feind 60 km zurückgeschlagen!« Darf man es glauben? Wieder kein Licht. Es liegt etwas Unheimliches in der Luft. Beim trüben Schein einer Petroleumlampe packen wir weiter. Es ist ein gegenseitiges Aushelfen, wo etwas fehlt. Die Kinder finden es herrlich. Gott sei Dank, daß sie den Ernst der Stunde nicht spüren.

20. Januar 1945. 13 Uhr Treffen im Schulhaus. Es handelt sich um die Verteilung der Leiter- und Kastenwagen an die Flüchtlinge. Während Lehrer H. und Inspektor H. noch disponieren, kommt Schuster S. angestürzt: »Sofort los! Nur mit Handgepäck!« Im Nu sind wir auf der Dorfstraße, die mit einem Mal voll von jammernden Frauen ist. Ich laufe, ziehe die Kinder warm an. Unsere Gumbinner Flüchtlinge sind unschlüssig. Trage mit Lotte Saremba Tante Käthe in den Landauer, wo sie in Pelzdecken gehüllt ganz friedlich sitzt, neben ihr Ingrid (siebenjährig), ihr gegenüber Jutta (sechsjährig) und Oda (zweijährig). Dann gilt es, unsere, Sarembas, Kaminskis, Fräulein Knoops Sachen zu verstauen. Natürlich ist es viel zu viel, alle Wagen sind überlastet. 15.30 Uhr geht es endlich los. Lotte Saremba ist bei den Kindern. Ich laufe mit Fräulein Knoop nebenher, immer in

Sorge, daß der Treck nur zusammenbleibt. Hopp und Henzler sind längst über alle Berge. Peterswalder überholen uns, Frau Dobrik, Frau Glesinski, Fräulein Porsch. Bei Rheinsgut erste Stockung. Die Chaussee ist eisglatt. Es sind mindestens −20 Grad, doch keiner spürt die Kälte in der fieberhaften Aufregung. 18 Uhr stehen wir dicht ineinandergekeilt am ersten Bahnübergang der Wilhelmstraße in Osterode. Löse Lotte Saremba im Wagen ab, da sie nach ihren Eltern sehen will. Tante Käthe plagt mich mit Fragen: »Warum steht der Wagen still, was wollen wir hier, warum essen wir kein Abendbrot?« Auf der Straße rennen die Menschen, als wenn sie gejagt würden. Züge mit Panzern Richtung Allenstein. Erst im Morgengrauen können wir weiter, als der große Treckstrom, von Buchwalde kommend, unterbrochen ist. Wir fahren Osterode – Post – Kreishaus – Milliner – Richtung Waldau. Hier wieder Halt. Plötzlich ist Henzler da mit heißem Kaffee. Das tut gut. Unser kriegsversehrter Volontär Stöckel bemüht sich um den Zusammenhalt des Groß-Nappener Trecks. Saremba, der alte Ehmke, Janowski, Bolz, Kruschinski, Blaskowitz sind weit zurück, bei uns sind Lipowski, Kronberg und Nickel. Wir dürfen nicht überholen, sehen ja auch ein, daß die Wehrmacht die Straße frei haben muß. Mit Bangen sehen wir sie immer noch nach Osten ziehen.
Endlich können wir weiter, kommen aber nur langsam vorwärts. Tante Käthe beginnt wieder mit Fragen, und wenn meine Antworten nicht befriedigend ausfallen, zerrt sie an meiner Hand. Im Liebemühler Wald bleiben wir stecken. Nehme Frau Kaminski und Hildchen in den Wagen, Friedchen neben Kutscher Wischnewski auf den Bock. Versorge alle aus dem Rucksack. Sehe die ersten zurückgehenden deutschen Soldaten im Schneehemd, erschöpft und abgehetzt. Der Russe scheint uns auf den Fersen zu sein. Wie zur Bestätigung erschallt Kanonendonner. Weiter, nur weiter. Vorbei an Pillauken kommen wir in der Dämmerung nach Liebemühl. Frage nach der NSV. Tante Käthe will aus dem Wagen. Befehl der Kreisleitung: Sofort einsteigen und weiterfahren! Groß-Altenhagen. Die Kinder sind eingeschlafen. Tante Käthe redet wirr und zerrt an meinen Nerven. 1 Uhr nachts vor einem Bauernhof in Nickelshagen. Die Tür ist verrammelt. Nach langem Klopfen erscheint ein weißbehaubtes Mütterchen am Fenster, und es bedarf guten deutschen Zuredens,

um ihr klarzumachen, daß wir noch nicht die Russen sind. Sie öffnet. Wir tragen Tante Käthe ins Haus, wärmen und stärken uns. Osterode, will man wissen, soll brennen. Feuerschein überall. Weiter. Sehe, daß auch Lotte Münz und Frau Perk bei uns sind. Die Straßen verstopfen sich immer mehr. Schimpfende Landser. 15 Uhr Saalfeld. Halt auf dem Marktplatz. Wir vertreten uns die Beine. Der Kutscher steht bei den Pferden.
Plötzliches Rasseln und Dröhnen, ein Panzer, nein, kein deutscher, ein russischer Panzer, riesenhaft. Maschinengewehre tacken. Ich reiße die Kinder in den Wagen, Kaminskis flüchten in ein Haus. Der Kutscher schreit: »Mich hat es getroffen!« Ich kann nicht helfen, da ich die wild um sich schlagende Tante Käthe halten muß. Der nächste Panzer rammt uns, die Deichsel bricht, und die Pferde gehen durch. Wir streifen in rasender Fahrt eine Bretterwand, eine Hausekke. Wieder ein Panzer, die Pferde biegen aus, dabei kippt der Wagen um, wir fliegen durcheinander, werden weiter geschleift. Ich liege auf Ingrid, wühle mich hoch, frage: »Wem tut was weh?« »Nichts!« sagt Ingrid, »nur Angst, Mutti, laß uns beten.« Endlich kommen wir zum Stehen. Ich sehe eine Gestalt vorbeilaufen, schreie, klopfe, schlage wie rasend gegen die Wand des Wagens, erkenne unseren französischen Gefangenen Michel, der einen Treckwagen fuhr. Er hilft das Dach öffnen, und wir können die Kinder herausheben, schwieriger ist es mit Tante Käthe, die sich mit Händen und Füßen sträubt. Wir müssen sie zurücklassen, als uns neue Panzer zu überrollen drohen. Mit den Kindern und einer rasch aufgerafften Decke unter dem Arm kann ich in das nächste Haus flüchten. Panzer toben vorbei.
Als wir uns wieder hervorwagen, sind Pferd und Wagen verschwunden. Michel will mich zum verwundeten Kutscher bringen, er ist nicht mehr zu finden. Wir stapfen durch tiefen Schnee, kommen an einen Schuppen. Heftiges Maschinengewehrfeuer in den Straßen. Längst ist es dunkel. Mit Mühe entziffere ich auf der Tür des etwas abgelegenen Schuppens »Giftkammer Ceresan!« Nun, ein Beizmittel kann eine Landfrau nicht schrecken. Ich stoße die Tür auf, alles dunkel, aber ich höre Menschen, lasse mit zitternden Händen ein Streichholz aufflammen: acht todernste Männer in Wlassowuniform starren mich an, eine Frau mit Säugling, eine Alte. Rasch ziehe ich

meine drei rein, mache die Tür wieder dicht. Wir kauern uns in eine Ecke. Ich lege die jetzt so kostbar gewordene Decke über die Kinder. Die Stunden schleichen. Meine Gedanken kreisen um Tante Käthe. Habe ich sie im Stich gelassen? Lebt sie noch? Werde ich jemals etwas über ihr Schicksal erfahren? Ich muß jetzt bei meinen Kindern bleiben, noch haben sie das Leben vor sich, meine einzige Aufgabe ist es, das ihre zu beschützen und zu bewahren.
Allmählich gewöhnen sich die Augen an das Dunkel, ich entdecke noch ein Ukrainerehepaar mit Kind, die bei uns gearbeitet haben, kann ihnen ein Stück Brot geben. Die Stadt scheint in den Händen der Russen zu sein, ich höre, wie sie im Vorderhaus mit den Kolben die Türen einschlagen. Alles hält den Atem an. Werden sie uns finden? Man fürchtet, sich durch den wilden Herzschlag zu verraten. Es geht vorüber. Die Füße erstarren in der Kälte. Ingrid und Jutta flüstern: »Mutti, die Russen, was werden sie mit uns machen?« »Nichts«, sage ich, während es mich schüttelt. »Nichts!«, und lege meine Hand auf ihre Lippen.
Vier Uhr morgens versuche ich, ins Vorderhaus zu gehen. Wir können hier nicht bleiben, es muß etwas geschehen. Plötzlich steht unser Obermelker Nickel vor mir. Dem Mann laufen die hellen Tränen hinunter, er vermißt seine Frau und seine Tochter Gertrud. Führt uns in eine Fleischerei, wo wir Frau Henzler mit Mann und Sohn, Kronberg mit Frau und Sohn und Fräulein Schröder finden, die als Gumbinner Flüchtling bei uns gewohnt hat. Wir bekommen zu essen. Aber es dauert nicht lange, bis die ersten Russen kommen. Wir kommen, vielleicht der Fleischerei wegen, mit Uhren und Ringen, die Männer mit bzw. ohne Langschäfter, noch gnädig davon. Ich sage zu Nickel: »Es hat keinen Zweck, uns hier festzusetzen, wir müssen aus dem brennenden Saalfeld raus!« Ja, Saalfeld brennt an allen Ecken und Enden. Organisiere einen Schlitten, auf den ich Odchen setzen kann. Marschieren los, kommen ins Kampfgelände, finden, auf Kartoffelkraut liegend, Schutz in einer Gärtnerei. Dann in einem Bunker. Nicht lange, da jagen uns die Russen raus, nehmen Henzler mit, der behauptet, Pole zu sein, obwohl sein Sprachschatz mit dem Wort »Popolski« erschöpft ist. Seine Frau und Sohn Ulrich laufen mit uns. Nickel immer noch untröstlich. Ich sage: »Zu Fuß können wir nur nach Groß-Nappern zurück, da werden

auch Ihre Frau und Gertrud sein!« Kronberg hat sich von uns abgesondert.

Wir marschieren, von den Russen getrieben, die Straße des Todes zurück, in unserem Rücken die brennende Stadt. Brennende Bauernhöfe begleiten uns, brüllendes Vieh. Kommen in ein schweres Panzergefecht und müssen im Straßengraben Deckung suchen. Odchen schreit so, daß Nickel böse wird. Er ist jetzt unser Schutz, denn er kann wirklich polnisch. Es wird dunkel, die Kinder können nicht mehr. In einer Holzhütte finden wir Unterschlupf, sie ist eng vollgestapelt, und wir sind 11 Erwachsene und 9 Kinder, aber es muß gehen. Barbarische Kälte, mache Feuer. Russen kommen und wärmen sich. »Schimna, schimna[1]!« rufen sie und strecken die mit Trauringen bedeckten Finger über das Feuer. Mit steifen Händen kochen wir in einer Konservenbüchse Schneewasser und trinken es. Mit einer Eisenstange breche ich eine Miete auf: Kartoffeln wie Steine, aber doch Kartoffeln! Halbgar schlingen wir sie hinab. Weiter. Ungeheure Massen amphibienhafter Panzer begegnen uns, auf denen Trauben von Menschen hängen. Russen, nichts als Russen. Über Kuppen nach Groß-Hanswalde. Überfahrenes, zerquetschtes Vieh, Zivilisten mit eingeschlagenen Köpfen neben ausgeplünderten, umgestürzten Trecks, tote deutsche Soldaten. Die Gesichter der Kinder sind ganz klein und blaß und so stumm geworden. In Groß-Hanswalde zur Nacht keine Unterkunft, Häuser ohne Dach. Binde mir die Leine des Schlittens um den Leib, um Ingrid und Jutta an die Hand nehmen zu können. In Schliewe, nahe der abgebrannten Kirche will mich ein Russe abseits zerren, kann mich losreißen. Niedergebranntes Gutsgehöft seitlich der Straße, in einer halbzerstörten Scheune etwas Stroh. Ich reibe den Kindern die erfrorenen Füße mit etwas Schnee ein, bereite ein Lager. Nickel fängt eine Kuh ein und strahlt, daß er wieder melken kann. Ich strahle auch, obwohl die Milch des euterkranken Tieres gelb ist. Greifen und rupfen zwei Hühner. Der brennendste Hunger kann gestillt werden. Aber die Kinder jammern immer noch über ihre geschwollenen Füße. Trage sie zum Austreten raus, Jutta kriecht auf allen vieren.

Als der Morgen kommt, tauchen Menschen auf. Ein Landarbeiter

---

[1] Ukrainisch: simno = kalt.

aus Groß-Gröben mit Pferd und Wagen. Angesichts der erfrorenen Füße der Kinder kann ich ihn bewegen, uns mitzunehmen. Das Pferd ist alt und schwach, so daß wir oft schieben helfen müssen. Tiefer Schnee, wohl 20–25 Grad unter Null. Wo der eisige Ostwind den Schnee weggefegt hat, ist die Chaussee spiegelglatt. Die Helle blendet. Keine Handschuhe, die man mir abgenommen hat, finde in einem Tornister ein paar Socken. Wieder bleiben wir stecken, der abgetriebene Gaul droht zu fallen. Die Polenfrau, die auch auf dem Wagen ist, will die Kinder heruntersetzen. Wir reisen ja gewissermaßen unter ihrem Schutz, und sie kann sich alles erlauben. Wir dürfen nicht einmal den toten deutschen Soldaten am Wege die Soldbücher abnehmen. Wer wird ihre Angehörigen benachrichtigen? Schnellwalde, kein Haus mehr, nur noch Mauerreste. Über Dittersdorf nach Liebemühl. Dämmerung, die den Augen gut tut. Nickel muß seine 16jährige Tochter Hilde schützen. Endlich ein heiles, offenbar noch bewohntes Haus. Aber als wir eintreten, bietet sich uns ein Bild unvorstellbaren Grauens: verstreutes und verschüttetes Essen, Tote sitzen auf dem Sofa, hängen über Stühle, liegen in den Betten. Fußboden und Wände sind mit Blut bespritzt. Nur ein Hund kläfft uns wütend an. Wir flüchten ins Freie. Plötzlich ist da eine alte Frau, ruft hinter uns her: »Kommt, ruht Euch hier aus!« Ich schüttele den Kopf, fort, nur fort von hier! Wieder bringen wir den Wagen in Gang. Ich ziehe immer noch meinen Schlitten. Im nächsten Gehöft kommen wir unter.
Es wimmelt von Menschen, viele Franzosen, die ganz lustig kochen und braten. Schleppe die Kinder auf dem Rücken ins Haus. Bekomme zu essen. In einer Ecke vor mit Stroh verstopftem Fenster finden wir Platz. Ich sehe mich um. Bauern aus Manchengut und Paulsgut, die uns kennen und Brot geben. Verwundete Frauen und Kinder aus dem letzten Liebemühler Zug, der nicht mehr fortkam und beschossen wurde. Eine Schwester, der ich verbinden helfe. Sie ist aus einem Treck herausgeholt und von 11 Russen vergewaltigt worden. Als wir weiterziehen, schließt sie sich uns an. Schritt für Schritt geht es durch den vertrauten Liebemühler Wald. Auch dort Trümmer von Trecks und Todesgeruch. Pillauken – ein wilder Russenhaufen. Senke mein Gesicht tiefer. Roterkrug Randsiedlung abgebrannt, Osterode abgebrannt, keine Menschenseele. Vor den Ruinen der Post Geld

in Haufen, niemand will es. Hier war Kühls Hotel. Ein Russe hält uns an: »Wohin?« »Nach Hause!« Er winkt grinsend ab, als gäbe es so etwas für Deutsche nicht mehr. In der Wilhelmstraße stehen noch einige Häuser. Aber man sieht keine Menschen. Was noch lebt, hält sich ängstlich versteckt. Die Molkerei beschädigt (wurde Juni 1945 völlig abmontiert).
Kommen noch bis Treuwalde, dann ist es dunkel. Das erste Haus abgebrannt, ebenso das Schulhaus. In einem Stall finden wir 22 Menschen Platz. Brate das Stück Schweinefleisch, das mir in Liebemühl ein Franzose gab: »Madame, pour les enfants!« Das erste Mal seit 8 Tagen ziehe ich meine Halbschuhe aus und das erste Mal seit dem Aufbruch aus Groß-Nappern schlafe ich den Schlaf völliger, totenähnlicher Erschöpfung. Einer hat gegen Morgen Feuer gemacht, und da meine Schuhe zu nahe dran waren, sind sie steinhart zusammengeschrumpft. Ich bekomme ein Paar Knobelbecher Größe 43 verpaßt, und weiter geht es. Hoffenlich laufe ich mir nicht zu schlimme Blasen. Im Schießwald irren hungernde Pferde und ein winselnder Hund umher. Mörlen, kein Gutshaus mehr. Auf der Strecke nach Rheinsgut schneidender Ostwind, der uns beinahe umwirft. Über uns ein Fieseler Storch mit blutrot leuchtendem Sowjetstern. Von fern der Groß-Schmückwalder Kirchturm, er steht also noch.
Die Heimat rückt nahe und die bange Frage: Wie werden wir sie antreffen? Klein-Schmückwalde, das Gutshaus ist niedergebrannt. Nickel sondiert. Wir warten. Es dauert mir zu lange, und ich wage mich in die Insthäuser, finde Nickel mit Russen, bekomme meinen Pelz abgenommen. Nickel gibt mir zu verstehen, daß er nicht weiter helfen kann. Werde untersucht, abgetastet. »Partisan?« fragen sie drohend, wohl wegen meiner Skihosen, dann: »Patron?« Ich verneine. Spreche mit Frau Saloka wegen unseres Unterkommens, sie zeigt mir, daß alles reichlich besetzt ist. Ein Russe will mich ins Zimmer ziehen: »Frau, kumm!« Ich komme weg. Zu den Kindern. Wieder auf den Wagen. Im nächsten Haus, das leer ist, kommen wir unter, und ich kann etwas Eßbares zusammenbrauen. Zusammenstoß mit Frau Henzler, der wohl das Gewissen schlägt. Ich sage, daß ich mit gutem Gewissen nach Groß-Nappern zurückgehen kann. Am 3. Tag wagen wir trotz Schneesturm den nur 2 km entfernten Weg dorthin,

aber die Kinder sind so schlecht auf den Füßen, daß es mir ins Herz schneidet und ich noch einmal umkehre. Der zweite Anlauf glückt.

Am 4. Februar sind wir wieder zu Hause, in Groß-Nappern. Das Haupthaus ist abgebrannt, nur das »gelbe« Nebenhaus steht. Es kommen Frau Sontowski, Frau Wilhelm Ehmke und Tochter Gertrud; andere kucken verängstigt aus dem Fenster. Nicht viele, meist 2–3 Familien, in der Angst zusammengedrängt. Tolle Szenen müssen sich abgespielt haben, haben die Russen doch eine volle Brennerei vorgefunden. Ins Haus gehe ich zunächst nicht, da ich von draußen sehen kann, wie es drinnen aussieht! Ziehen bei Meissners ein, die uns mit offenen Armen aufnehmen. Wohnen oben in Lotte Münzens Zimmerchen, 3 × 4 m mit 14 Menschen. 2 Betten, 1 Kinderbett, in das Irmchen Meissner gesteckt wird, wenn die Russen hinter ihr her sind, 1 Tisch, 1 Schrank, noch 1 Sofa. Ingrid und Jutta schlafen unter dem Tisch. Um 4.30 Uhr wird es dunkel. Die langen Nächte sind angefüllt mit wilden Schießereien und ständiger Menschenjagd. Oft hört man das Schreien von Frauen, das Weinen von Mädchen.

In der Küche wird den ganzen Tag für die Russen geschlachtet und gebraten. Der Kommandant bewohnt unten 2 Zimmer und benimmt sich dank Meissners polnischen Sprachkünsten fast europäisch, besucht uns, und ich erfahre, daß mein Mann ein »guter Pan« gewesen sei und gerne kommen dürfe. Dabei lassen wir es. Ich bin froh und dankbar, die erfrorenen Füße und den furchtbaren Durchfall der Kinder pflegen zu können. Ein russischer Sanitäter steckt mir sogar etwas Chinosol und einige Tropfen Opium zu. Unter Aufsicht eines Feldwebels mit Hedda Meissner zum ersten Mal im Hause. Es sieht unbeschreiblich aus, nichts als Scherben, herumfliegende Federn. Ich gehe von Zimmer zu Zimmer, pralle zurück: Da liegt Bauer Puschatzki erschossen über einem Bett, er war aus der Gumbinner Gegend. Tief erschüttert trete ich den Rückzug an. Es dauert Tage, bis ich mich wieder hinwage, um den einen oder anderen noch verwertbaren Gegenstand zu holen. Viel ist es nicht. Fristen unser Leben von Tag zu Tag.

Aus: Dokumentation der Vertreibung der Deutschen aus Ost-Mitteleuropa. Band I, 1. Bonn o. J. (1954).

16 Spruchband in der »Festung« Königsberg im März 1945.

18 *In der ostpreußischen Hauptstadt Königsberg kämpften die deutschen Truppen unter General Otto Lasch einen tapferen, aber auch hier vergeblichen Kampf:
Schon nach den Luftangriffen 1944 waren Teile der Stadt erheblich beschädigt wie hier das Gebiet am Fischmarkt. Im Hintergrund steht nach der Belagerung noch der Schloßturm.*

Deutsche Soldaten nach der Kapitulation der Stadt.

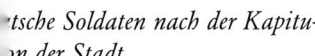

19/20 *Nachdem die Russen bei Tolkemit das Frische Haff erreicht hatten, war die Landverbindung Ostpreußens nach Westen abgeschnitten; die Flucht war nur noch über das gefrorene Haff und die Nehrung möglich.*
Auf dem Eis wurden die Flüchtlinge oft von Tiefliegern angegriffen, die die Trecks erbarmungslos zusammenschossen.

Auf dem Eis des Haffs.

21/22 So unbeschreiblich wie die Strapazen der Flüchtlinge waren in jenen Wochen auch die der deutschen Soldaten.
Eine kleine Pause vor dem nächsten Gefecht; im Hintergrund ein Flüchtlingstreck.

Vor dem letzten Kampf in einem Panzergraben am städter Wald, nachdem Königsberg bereits gefallen

Joachim Palapies

Flucht als Vierzehnjähriger

Am 21. Januar 1945 brachte mich mein Vater zu einem Güterzug. Wir waren dort ungefähr viertausendfünfhundert Menschen. Als der Zug einfuhr, fing ungeheures Drängen, Schieben und Zerren an. Jeder wollte noch mit. Wir sind dann nach zwei Stunden Wartezeit in Richtung Königsberg von zwei Lokomotiven herausgezogen worden. Nach etwa zwölf Stunden kamen wir dann in Königsberg an.
Wir sahen die zerstörte Stadt. Dann ging es weiter. Kurz vor Elbing hielt der Güterzug. Der Ort war zwischenzeitlich von den Russen erobert und von den Deutschen wieder freigekämpft worden. Hier standen wir wieder viele Stunden auf einem großen Güterbahnhof: zwölf Züge nebeneinander auf den Gleisen, vollgestopft mit Flüchtlingen.
Ich schob die Waggontür auf und sah viele Menschen mit großen Paketen vorübergehen. Das waren Margarinepakete. Ich sprang aus dem Zug, um festzustellen, wo sie alle die Pakete herholten. Am Ende der Güterzüge war ein Verpflegungsdepot der Wehrmacht. In einer Halle waren Berge von Margarinepaketen aufgeschichtet. An den Wänden standen Käselaibe, groß wie Wagenräder. Die Menschen rafften an sich, was sie tragen konnten. Ich nahm auch einen Margarinekarton und kletterte zurück in meinen Güterwagen.
Nach sechs Stunden fuhren wir aus dem Bahnhof hinaus. Ein einzelner Waggon war stehengeblieben. Ich sprang schnell wieder hinaus, um auszukundschaften, was in diesem einzelnen Waggon war. Hier fand ich Berge von Schulheften an der Stirnseite des Wagens, dahinter waren Dauerbrotpakete. Ich holte mir ein Paket und lief wieder zu meinem Waggon zurück.
Ich war damals vierzehneinhalb Jahre alt und fuhr – ohne meine Familie – mit fast hundert fremden Menschen.
Verpflegt wurden wir unterwegs nicht. Nur in Elbing waren Rotkreuzschwestern gewesen, die uns warme Getränke gegeben hatten.

Da sah ich, daß aus den einzelnen Waggons Kinderwagen herausgehoben wurden, in denen erfrorene Säuglinge lagen. Es waren sechsunddreißig Tote.
Wir fuhren weiter, an Marienburg vorbei, in Richtung Dirschau. Dort standen wir einmal an einer Stelle fünfzehn Stunden auf einem Bahnsteig, mutterseelenallein, ohne Lokomotive. Das hatte etwas fürchterlich Deprimierendes. Es war nachts, ich schob die Tür auf und sah links und rechts vom Bahndamm Volkssturmleute in Stellung gehen. Die riefen uns zu: »Macht bloß, daß ihr wegkommt!« Das ging aber nicht. Der Zug war voller Menschen, aber ohne Lok. Wo sollten wir auch hin? Nach weiteren acht Stunden kam endlich wieder eine Lok und zog uns nach Danzig. Auf dieser Fahrt wurden in meinem Waggon Menschen irre. Frauen tranken ihren Urin.
Ich stand die ganze Zeit an der Waggontüre. Einmal kam nachts eine Frau an die Tür und schlug mit den Händen dagegen und schrie: »Laßt mich raus, ich will zu meiner Mutter. Ich will baden, essen und trinken.«
In Danzig wurden alle, die krank geworden waren – das waren sechzig Menschen, meistens ältere – ausgeladen.
Wir fuhren weiter nach Treptow. Die Fahrt von Labiau nach Treptow dauerte acht Tage und sieben Nächte. Draußen herrschte Eiseskälte. Es war Januar 1945. Wir fuhren ohne Stroh, ohne Heizung und ohne Essen.
Mein Bruder war in Labiau, als ich in den Güterzug verladen wurde. Er war noch einmal nach Hause gefahren, um festzustellen, ob die Eltern schon weg waren. Meine Mutter und meine Schwester waren damals noch zu Hause. Mein Vater hatte mich ja – vom Volkssturm kommend – in diesen Güterzug verfrachtet. Er war dann zurückgekommen und hatte erzählt, daß mein Bruder Heini wieder da sei, daß aber alle anderen weg seien. Und Heini hatte auf dem Weg nach Labiau zwar unzählige Trecks gesehen, aber nicht Mutter und Schwester. Ich hatte also von meiner Familie nichts mehr gehört.
Wir wurden in Treptow ausgeladen und kamen dort in Schulen, Krankenhäuser, Hotels und in Privathäuser. Ich war zufälligerweise mit einer Gruppe aus unserem Waggon in einem Hotel untergebracht worden. Wir wurden mit Lastwagen hingefahren. Ich hatte mir die Blase erkältet und schlief erst einmal wie ein Toter. Ich weiß

nicht mehr wie lange, wahrscheinlich waren es vierundzwanzig Stunden hintereinander. Nach einer Zeit wurden wir aus den Hotels ausquartiert und in die umliegenden Dörfer von Treptow verteilt. Hier erfuhr ich von einer Familie, mit der ich im gleichen Güterzug gewesen war, daß in einem anderen Waggon die Schwester meiner Mutter mit ihrer Familie war. Die suchte ich nun und schloß mich ihnen an.
Wir waren bis zum 3. März in Treptow in einem kleinen Bauernhaus. Am 3. März hörten wir Schüsse. Kurz vor der Stadt standen die Russen. Flugzeuge überflogen uns und schossen. Wir packten unsere Sachen auf einen kleinen Handwagen und gingen zu Fuß in Richtung Westen. Meine Tante war etwas korpulent und konnte schlecht laufen. Meine drei Cousinen und ich liefen voraus und übernachteten in einer Molkerei.
Wir waren kurz vor Cammin. Auf der Straße Greifenberg-Cammin stießen russische Panzer vor. Alle Straßen waren voll mit Flüchtlingstrecks. Die Russen fuhren an den Trecks entlang und schossen hinein.
Ich sah, daß etwa fünf russische Panzer geknackt worden waren – angeblich von Hitlerjungen. Alle Menschen kurvten sofort die Straße hinunter und gingen in Deckung. Die drei Cousinen (Hilde war dreizehn, Anneliese fünfzehn, Irma siebzehn Jahre alt) und ich übernachteten in einem Waldstück. In dieser Nacht kam ein deutscher Luftwaffensoldat zu uns. Wir gaben ihm Zivilsachen, damit er der Kriegsgefangenschaft entging. Wir verbrachten die Nacht im Freien. Es war nicht sehr kalt. An dem Morgen des 12. März hatten meine beiden Cousinen von einem Bauernhof Milch geholt. Gerüchte machten die Runde. Wenn der Russe uns im Wald erwischt, bringt er uns alle um. Wir versuchten also, irgendwo ein Haus zu finden. Wir gingen zu dem Bauern, blieben dort einen Tag und die darauffolgende Nacht. Hier erlebte ich die ersten russischen Soldaten. Am Spätnachmittag dieses Tages ritten fünf Kosaken auf den Hof. Sie kamen ins Haus. Ich habe im ersten Moment an das gedacht, was unentwegt behauptet wurde: »Die bringen uns alle um.« Der eine Soldat hielt eine Maschinenpistole im Anschlag und fragte: »Deutsche Soldat hirr?« Wir verneinten das. Er durchsuchte dann mit mehreren Russen die Zimmer, fand aber niemanden. Der Luftwaf-

fensoldat war aber noch immer bei uns. Er trug seine Uniformhose und die Knobelbecher.
Der Bauer hatte gemerkt, daß ein Soldat bei uns war, und bat uns, wegzugehen, weil er Angst hatte. Auf dem Hof war eine Ukrainerin, die hat immer gedolmetscht und mit den russischen Soldaten geredet.
Von diesem Bauernhof aus sind wir von den Russen in Richtung Treptow geleitet worden. Wir kamen bis Zirkwitz, wo wir übernachteten.
Da erlebten wir die Russen zum zweitenmal.
Die Front rückte näher nach Zirkwitz. Die Deutschen versuchten, einen Ausbruch mit den dort eingeschlossenen Truppen zu machen. Wir mußten wieder hinaus und wurden in Richtung Greifenberg abgedrängt.
Bevor wir Greifenberg erreichten, wurden wir von deutschen Jagdfliegern beschossen. Häuser brannten. Am Stadtrand empfingen uns russische Soldaten. Sie leuchteten uns mit Taschenlampen ins Gesicht und wiesen uns in eine Rotkreuzbaracke ein. Wieder andere Soldaten sagten: »Frau, komm nach Kommandantur.« Und wenn die Frauen nicht wollten, gab es viel Geschrei und Betteln. Sie zerrten die Frauen und Mädchen und auch meine beiden älteren Cousinen hinaus. In den Nebenräumen wurden sie vergewaltigt. Als bei den Russen Schichtwechsel war, kam plötzlich ein polnischer Soldat herein und sagte: »Ruski nix Kultura, alle Frauen und Mädchen mit mir kommen, ich sie verstecken.« Die Frauen gingen mit. Er brachte sie weg. Ich konnte nicht feststellen, wohin. Am nächsten Morgen kam er mit den Frauen zurück. Er meinte, daß wir schnell aus dem Ort hinaus sollten, um uns in den Wäldern zu verstecken. Der Pole hatte die Frauen in einem alten Splittergraben versteckt und die ganze Nacht bei ihnen gewacht. Wir folgten seinem Rat und zogen dann die Straße von Greifenberg in Richtung Koldemanz. In der Nähe von Koldemanz zogen wir durch ein weiteres Waldstück – bis wir in einem kleinen Wald anlangten, wo wir uns Hütten aus Tannenzweigen bauten. Wir lebten da acht Wochen. Es regnete in unsere Hütten hinein. Wir waren damals eine Gruppe von achtzig Menschen: kleine Kinder, Frauen und ältere Männer.
Wir haben entlaufene Schweine gefangen und geschlachtet. Kartof-

feln fanden wir in einer Hütte. Wir fingen einmal eine Kuh, die entlaufen war.

Die Russen suchten jetzt Arbeitskräfte. Sie merkten, daß sich die Deutschen in die Wälder verkrochen hatten. So kämmten sie alle Wälder durch und holten meine beiden Cousinen weg. Beide mußten auf einem Pferdegestüt arbeiten. Wir wußten zuerst nicht, wo sie hingekommen waren.

Wir gingen auf das Gut Koldemanz. Dort habe ich mit einem russischen Soldaten Tiere geschlachtet, die zusammengetrieben worden waren. Ich lernte einige Worte Russisch und lebte nicht schlecht. Beim Schlachten fiel immer etwas ab für mich. Wir waren da noch zu viert.

Dann wiesen uns die Polen aus. (Das Jalta-Abkommen war in Kraft getreten und Hinterpommern sollte polnisch werden.)

Wir versuchten, aus alten Karrenrädern Wagen zu bauen. Die Holzachsen brachen aber andauernd wieder ab. Und so mußten wir unsere Habseligkeiten tragen. Wir zogen über Gülzow nach Stettin.

Der Krieg war mittlerweile zu Ende. Am 8. Mai begann in Greifenberg ein fürchterliches Schießen.

In Altdamm wurden wir von polnischen Zivilisten festgehalten, die bewaffnet waren. Wir sollten bei ihnen arbeiten und Möbel verladen. Was wir noch an Gepäck hatten, wurde auf einem Innenhof abgestellt. Ältere Frauen bewachten es. Plötzlich kam eine der Frauen angerannt und rief uns zu, daß die Polen unser Gepäck plünderten. Wir ließen alles stehen und liegen und rannten zu unseren Sachen.

Als wir Greifenberg verließen, sah ich im Straßengraben und daneben auf dem Acker Frauen liegen. Sie waren nackt und tot. Wir sind ziemlich abgestumpft und teilnahmslos daran vorübergegangen. Wir hatten schon viele Tote gesehen.

Im Wald bei Koldemanz machte ich eine andere Beobachtung. Als uns die russischen Soldaten aus dem Wald warfen – es war Pfingsten 1945 –, hatte sich ein polnischer Soldat an eine junge Frau herangemacht, die ein Baby hatte. Er wollte, daß sie mit ihm ging. Sie lehnte ab. Er nahm sein Gewehr, hob es hoch und stellte sich vor das Kinderwagendach. Er drohte: »Wenn du nicht kommen, ich stechen.« Dann ging sie mit.

Was bewegte mich damals eigentlich? Angst im Sinne von physischer Angst habe ich nicht empfunden. Es war mehr der Instinkt, der mich antrieb, zu überleben, eine Überlebenschance zu suchen. Ich habe gebetet für meine Eltern und Geschwister, von denen ich nicht wußte, wo sie waren.

Wir kamen nach Pasewalk und stiegen dort in einen Zug. Er hatte keine Fenster und es zog. Ich hatte nur die Turnhose, Socken und Schuhe an. Wir fuhren bis Rostock, wurden ausgeladen und in Zivilquartieren untergebracht bis Januar.

Im November 1945 hatte mich ein ziemlich abgerissener deutscher Soldat angesprochen und gesagt: »Dich kenne ich, du bist der kleine Palapies, ich komme aus Wiepenheide.« Aus Wiepenheide waren auch die Verwandten, mit denen ich geflüchtet war. Der Mann war aus der russischen Kriegsgefangenschaft entlassen worden und suchte seine Familie.

Durch ihn fand ich im Februar 1946 meinen Vater wieder.

Aus: Geflohen und vertrieben. Herausgegeben von Rudolf Mühlfenzl. Königstein/ Ts. 1981

Heinz Palapies

Zurück nach Ostpreußen

Ende Februar 1945 kam ich mit meinem Vater in Danzig an. Wir wurden vierzehn Tage in einem Flüchtlingslager untergebracht. Vater wurde zum Volkssturm eingezogen. Von da ab war ich allein. Durch Zufall habe ich meine Tante aus Königsberg getroffen. Nach drei Wochen versuchte ich ein Schiff zu kriegen. Ich war sechzehn Jahre alt. Eines Tages wurde ein Schiff mit Flüchtlingen besetzt. Wir sind dann morgens zum Hafen gelaufen, und mit einem Male hieß es, daß das Schiff voll sei – und wir nicht mehr mitfahren dürften. Auf dem Schiff, der »Hamburg«, waren viertausend Menschen. Wir sind wieder nach Hause gegangen. Abends kam ein Bekannter zu meiner Tante und erzählte uns, daß das Schiff auf eine Mine gelaufen sei. Von den viertausend Flüchtlingen waren nur achthundert gerettet worden. Zwei Tage später wurden wir wieder aufgefordert, zum Hafen zu kommen. Da lag der deutsche Hilfskreuzer »Hektor«. Wir fuhren mit nach Swinemünde. Wir fuhren mit einem Geleitzug von zwölf Schiffen. Flieger griffen an. Als die Angriffe vorbei waren, wurden Boote ausgesetzt, um Verletzte zu retten.
Als wir in Swinemünde ankamen, wurde wir in einer Schule untergebracht. Meine Tante hatte zwei Jungen, die ungefähr so alt waren wie ich. Wir fuhren Richtung Celle und wurden von alliierten Bombern angegriffen.
Mit der Tante blieb ich vierzehn Tage in Celle und mußte mich bei der dortigen Hitlerjugend melden. Ich kam in ein Wehrertüchtigungslager nach Bergenrode. Wir übten Schießen und gruben Löcher. Dann wichen wir als Truppe vor den anrückenden englischen Soldaten in Richtung Lüneburger Heide zurück. In Soltau wurden wir nachts von einem englischen Panzerangriff überrascht. Unsere Kolonne bestand aus ungefähr zweihundert Jungen. Die Ausbilder waren Soldaten. Wir gingen in Deckung und haben fürchterlich gezittert.
Von Neumünster aus bin ich nach dem Kriegsende zurückmarschiert

und wollte meine Eltern in Labiau suchen. Ich lief durch die russische Besatzungszone, durch Polen, durch Pommern. (Pommern war ja von den Polen besetzt.) Ich bin zurückgelaufen bis in mein Heimatdorf in Ostpreußen.
In dem Dorf waren wir vierzig Personen. Es lagen noch die toten Soldaten des Krieges da. Wir mußten sie beerdigen. Zwölf Tote lagen in einer Reihe– so als ob sie hingerichtet worden wären. Immer mehr Deutsche kamen zurück.
Der Roggen mußte geerntet werden. Es gab keine Mähmaschine, keine Pferde, keine Kühe.
Die deutsche Bevölkerung wurde eines Tages von den Russen mitgenommen. Sie wurden auf Lastkraftwagen verladen und sollten angeblich zum Ernteeinsatz gebracht werden. Man hat von den fünfzig abtransportierten Deutschen nichts mehr gehört und gesehen. Es waren auch Bekannte von mir dabei.
Ich ging zum Kommandanten. Er hatte für sich vier Leute behalten. Die haben ihn mit Fischen versorgt. Ich blieb auch bei ihm. Ich blieb, bis die russische Zivilbevölkerung kam. Wir lebten im Nachbardorf. Ich bin ab und zu in mein Dorf gegangen, in die Schule, in der mein Vater Lehrer gewesen war. Jetzt wohnte ein russischer Lehrer dort. Er hatte die Schulbänke zusammengezimmert und unterrichtete die russischen Kinder. Der Lehrer sprach etwas deutsch.
In unserem früheren Eßzimmer stand eine Kuh. Und damit sie nicht im Mist stehen mußte, hatte er Löcher in den Boden gebohrt. Ich fragte ihn, warum er die Kuh im Zimmer habe. Er erklärte mir, daß die Kuh von den Russen geholt werden würde, wenn sie im Stall stünde. Die Russen, die ankamen, hatten nur Persilkartons. Die Möbel und Betten waren zertrümmert. (Die Polen, die dort gewohnt hatten, bevor die Russen kamen, hatten vor ihrem Auszug alles zerstört, was sie nicht mitnehmen konnten.)
Wir mußten uns Ende Dezember 1945 – eine Woche vor Weihnachten – auf der Kommandantur melden. Wir waren zwölf und wurden in der Nacht auf einem Lastwagen nach Königsberg gefahren. Auf der dortigen Kommandantur wurden uns unsere russischen Pässe abgenommen. Wir kamen in einen Güterzug. In jedem Waggon waren sechzig Leute. Damit wurden wir in die Ostzone gebracht. In der Nähe von Potsdam waren wir vierzehn Tage in Quarantäne.

Dann wurde uns freigestellt, was wir machen wollten: zur Volkspolizei oder ins Uranbergwerk. Ich wollte zur Volkspolizei gehen. Nach einer Woche habe ich an den Suchdienst für vermißte Wehrmachtsangehörige geschrieben. Ich bekam die Nachricht, daß mein Bruder in Berlin studierte. Ich konnte mit ihm Kontakt aufnehmen. Er riet mir, abzuhauen und zu den Engländern zu gehen.
Die Engländer haben mich in ein Aufnahmelager geschickt und anschließend nach Hamburg gebracht. Dort fand ich meine Eltern wieder.
Bis Mai 1949 blieb ich in Niedersachsen. Auf dem Dorf gab es für mich keine Arbeit, da ich ja nichts gelernt hatte. Ich ging zu einem Onkel nach Essen, der dort Bergmann war, wurde auch Bergmann und blieb achtundzwanzig Jahre auf der Zeche. Ich habe mich in den ersten Jahren nur schwer an die Dunkelheit und den Dreck gewöhnen können.

Aus: Geflohen und vertrieben. Herausgegeben von Rudolf Mühlfenzl. Königstein/Ts. 1981

Udo und Siegfried Goerges

Unser – und nicht nur unser – grausamer Abschied

Heiligabend 1944 Ostseebad Cranz, Kanzlerstraße Nr. 8, daneben die Villa »Vergißmeinnicht.« Familienbesitz mütterlicherseits. Der Krieg war und ist so fern.

Nach den Sommerferien meldete ich mich freiwillig in meiner Heimatstadt Lyck zum Schanzeinsatz, landete in einem Schweinestall in Eichmedien in der Nähe von Rastenburg und machte erstmals Bekanntschaft mit einer wahren Invasion von Wanzen. Wir schippten tonnenweise Sand in unserer Jungvolkuniform. Panzergräben, Zickzackgräben, Löcher für die Panzernahbekämpfung. Die Penne in Lyck war Lazarett, die Schulen sowieso geschlossen, mein Vater getrennt von der Familie wie viele Väter, meine Mutter und mein zwei Jahre jüngerer Bruder Siegfried in Cranz.

Am 20. Juli 1944 wußte ich nichts von der ganz in der Nähe befindlichen Wolfsschanze. Erst ein Vierteljahrhundert später gab es ein makabres Wiedersehen.

Von Eichmedien kam ich zu einem Baubataillon nach Walden bei Lyck. Die Führungsmannschaft ist deutsch, das »gewöhnliche« Volk besteht aus einer undefinierbaren Masse, überwiegend russische Kriegsgefangene.

»Heimaturlaub.« In schneidiger Uniform, braun, Stiefel, Hakenkreuzbinde, werde ich Weihnachten in Cranz von meiner Mutter, meinem Bruder Siegfried, meiner Tante nebst Sohn Hänschen und meiner Oma freudig empfangen. Weihnachten mit herrlichem Schnee und Tannenbaum und tiefstem Frieden. Das nahe Rauschen der See und der Kiefern ist die seit der Kindheit geliebte Musik unserer Heimat. 29. Dezember 1944, mein letzter Urlaubstag. Der Tornister ist mit schönen Dingen gepackt. Am nächsten Morgen geht es los. Abschied. Ohne zu wissen. Mein Bruder packt meinen »Affen« auf sein Fahrrad und begleitet mich zum Bahnhof. Kurz vor sieben Uhr sind wir am Zug, nur wenige Menschen im tristen Schein

der einfachen Lampen. Die Lok dampft und pustet. Um sieben Uhr winke ich meinem Bruder ein letztes Mal zu. Laptau, Mollehnen, Gr.-Raum, Quednau und schließlich Königsberg Nordbahnhof. Straßenbahn bis zum Hauptbahnhof, und ab geht es in den altgewohnten Abteilen mit den vertrauten Holzbänken über Korschen, Lötzen nach Lyck. Kurzer Fußmarsch entlang der Bahngeleise nach Walden. Die Unterkunft befindet sich in einem Haus nahe dem Bahnhaltepunkt, die Quartiere der Arbeitskompanien am Waldrand nahe der Bahnlinie auf der anderen Seite. Das Waldheim, ein Holzbau, dient als Divisionserholungsheim. Hier ist immer etwas los. Silvester wird toll gefeiert – der letzte Tanz auf dem Vulkan Ostpreußen.
Bei schneidender Kälte errichten die Kriegsgefangenen Eishöcker auf dem zugefrorenen Lyck-See. Gegen Angriffe von Lastenseglern!
Morgenappell. Die dunkle, elende Masse Mensch hebt sich vom Schnee ab. Der nahe Wald schützt hier noch ein wenig vor der Kälte. Die Kleidung, sofern dieses Wort zutrifft, ist notdürftig. Schuhzeug ist selten. Fußlappen und sackähnliche Gebilde bewahren vor dem Erfrieren. Aufsässigkeit wird mit der Peitsche bestraft.
Vor allem die Verbindung zwischen unserer Einheit und dem Stab in Lyck zu gewährleisten ist meine Aufgabe, da ich als einziger beritten bin.
In der Stadt befindet sich nur noch ein kleiner Teil der Zivilbevölkerung. Die meisten Geschäfte sind geschlossen. Einige Male habe ich noch einen Blick in unsere verlassene Wohnung am Luisen-Platz geworfen. Unter uns wohnte Landgerichtsdirektor Brandtner. In meiner Kammer, das große Kinderzimmer mußte ich ja mit meinem Bruder teilen, steht in einer Ecke meine Trommel, sichtbares Zeichen an die schöne Zeit im Fanfarenzug. Das Fell ist vorschriftsmäßig entspannt, die Stöcke liegen gekreuzt darauf, der selbstgefertigte Wimpel an der Wand darüber.
Am Sonnabend, dem 20. Januar 1945, erhält die Zivilbevölkerung die Aufforderung, die Stadt sofort zu verlassen. Es beginnt ein geschäftiges Treiben. Die reichlich vorhandenen Vorräte werden ohne Karten ausgegeben. Vorräte kommen zum Vorschein, die an Friedenszeiten erinnern. Nur ein Bruchteil kann verkauft und mitgenommen werden. Am Sonntag gibt es nur noch Selbstbedienungsläden. Unaufhörlich ziehen Truppenverbände, aus Richtung Prostken kommend,

durch die Stadt. Ein nicht abreißender Strom der Zivilbevölkerung mit Pferdefuhrwerken, Handwagen und zu Fuß dazwischen. Zu diesem Zeitpunkt war der Russe bereits in Allenstein, zwei Tage später in Mohrungen und in den Außenbezirken von Elbing! In Lyck aber war die Welt noch fast in Ordnung. Es ist Sonntag, der 21. Januar. Von diesem Tag an gibt es keine Post mehr, und auch der letzte Zug rollt aus dem Bahnhof. So hörte ich es jedenfalls, bevor mich mein Pferd wieder zur Unterkunft nach Walden trug. In dieser Nacht zum Montag beginnt das Eisenbahngeschütz, das im Bahnhaltepunkt Walden steht, Störfeuer zu schießen. Wie ein Wetterleuchten sieht der Horizont Richtung Grajewo aus. Wir erhalten den Befehl zum Abmarsch. Um sechs Uhr geht es los. Nach Süden! Entgegengesetzt den abrückenden Truppen. Mir heute noch unbegreiflich. In der fast unerträglichen Kälte sind wir immer froh, einige Kilometer dunklen, verschneiten Wald als Schutz zu finden. Über Neuendorf erreichen wir Drigelsdorf. Die Leute übernachten in Scheunen und Ställen, wir im Schankraum eines Gasthauses. Morgens um acht Uhr am Dienstag, 22. Januar, geht es weiter nach Arys. Es ist plötzlich unheimlich still. Kein Treck, keine Truppen. Sind wir die Nachhut? Mit der Angst im Nacken erreichen wir Arys. Hier herrscht das totale Chaos. Die kleine Garnisonstadt ist total verstopft. Unsere Leute beginnen, sich seitwärts in die verschneiten Büsche zu schlagen. Ich besorge mir aus einem Geschäft einige Packungen Kekse und eine Flasche Saft. Weiter.
Am nächsten Tag fand hier ein Gemetzel statt, das wohl als einmalig bei der Besetzung des Kreises Lyck bezeichnet werden kann. Es war eine friedliche Eroberung.
Ich bin stolz auf mein Pferd. Mit seiner Hilfe geht es auch einmal über verschneite Felder abseits von der Straße. Die Menschen in den Dörfern und Gehöften glauben wohl noch nicht so recht an den Ernst der Lage. Es wird zwar beladen, aber die Trennung von der geliebten Scholle fällt schwer.
In Eckersberg ist wieder einmal Endstation. Ich führe mein Pferd in den riesigen Stall eines Gutshofes rechts der Straße, in dem gerade eine Kuh von Polen am Spieß gebraten wird. Es qualmt fürchterlich. Warm ist es aber. Das Pferd wird versorgt, ich verziehe mich mit meinem Gepäck und dem Karabiner italienischer Machart in eine Ecke.

Ganz früh in der Dunkelheit geht es weiter. Überall sind Gehöfte noch bewohnt, deutsche Truppenverbände jedoch nicht mehr zu sehen. Wer konnte auch zu diesem Zeitpunkt, bei dieser Propaganda, das ganze Ausmaß der Katastrophe erkennen? Wir nicht. In einem kleinen Winkel seines Herzens glaubte doch ein großer Teil der Landsleute noch an eine Wende.
Es gibt keine Einheit mehr. Quer durch die zugeschneite, blutende Heimat reite ich über Rhein, Rößel, Heilsberg gen Norden. Niemand weiß, wo der Iwan steht. Nur jeder spürt ihn im Nacken. Langsam versteift sich jetzt der Widerstand. Die Front wird kürzer, überschaubarer. Hunderttausende Zivilisten hoffen auf eine Rettung.
Flugblätter werden verteilt. Erich Koch: »Kämpft wie Indianer!« Ilja Ehrenburg: »Tötet, tötet, tötet!«
Auf den verschneiten Feldern brüllt das Vieh. Generaloberst Schörner verkündet, daß Ostpreußen Festung ist. Festung bedeutet Kessel.
Bis zur Dunkelheit wird geritten, zwischendurch führe ich meinen treuen Kameraden. In der Nähe von Wuslack nimmt mich wieder ein großer Gutshof auf. Der Besitzer, auch die in der Umgebung, haben noch nicht gepackt. Hier liegt auch eine kleine Einheit der Waffen-SS. Durchweg junge Burschen. Abends im Wohnzimmer werden die Handfeuerwaffen gereinigt, der Volksempfänger überträgt eine der vielen Durchhaltereden von Goebbels. Dann »Mammatschi schenk mir ein Pferdchen...« Ein Lied, das sich mir bis heute eingeprägt hat.
Die miese Moral der besonders nichtostpreußischen Truppen wurde durch Ehrenburg immer wieder aufgebessert.
»Brecht mit Gewalt den Rassenhochmut der germanischen Frauen! Nehmt sie als rechtmäßige Beute! Tötet, Ihr tapferen, vorwärtsstürmenden Rotarmisten, tötet! Die deutsche Rasse muß vernichtet werden, aber der letzte Deutsche soll in einem Zoo besichtigt werden!«
Zu diesem Zeitpunkt befindet sich mein Bruder im wunderschönen, wenn auch winterlichen, Ostseebad Cranz. Früher eigentlich Cranzkuhren, und das Wirtshaus »Zum Kranze« soll Mitte des siebzehnten Jahrhunderts dem Ort den Namen gegeben haben. Bewiesen ist, daß die Wikinger um das Jahr Tausend aus Schweden kommend hier

siedelten. Der Geburtsname Kiehr meiner Mutter zeugt hiervon, während väterlicherseits die Hugenotten nicht zu verleugnen sind.

Mein Bruder Siegfried schreibt.

Im Januar 1945 befand ich mich, 14jährig, mit meiner Mutter in Cranz. Zusammen mit meiner Großmutter, meiner Tante Herta und ihrem Sohn Hänschen. Eine Evakuierung der Bevölkerung war nicht vorgesehen. Die Parteibonzen hatten sich mit den letzten noch funktionierenden Verkehrsmitteln abgesetzt.

Behörden existierten plötzlich nicht mehr. Keine Polizei, kein Rotes Kreuz. Noch nicht einmal ein Volkssturm. Nur Frauen, Greise, Kinder. Arbeitspferde der OT Todt standen herrenlos in den Ställen. Am 27. Januar hatte der Iwan Gr.-Raum besetzt, rund 15 Kilometer südlich Cranz. Zurückgehende deutsche Verbände, unter anderem einige Tiger-Panzer, Lastwagen mit Munition, Infanterie, konnten uns nicht von einer Flucht überzeugen. Die Soldaten wurden überall, auch bei uns, aufgenommen und bewirtet. Sie wollten uns mitnehmen, aber die Entscheidung lag bei uns. Eine furchtbare Wahl. Wir blieben.

Der Abschied war unbeschreiblich schwer. Ein Soldat schenkte mir eine mit Kaninchenfellen gefütterte Jacke. Es war der letzte Sonnabend im deutschen Cranz.

Russische Artillerie schoß wahllos in den Ort. Eine Granate explodierte auf unserem Hof, wir alle stürzten in den Keller der Villa »Vergißmeinnicht.« Ein alter Mann wurde von einem Splitter am Auge getroffen. Wir hörten seine Schreie und holten ihn in den Keller.

Am Sonntagmorgen rückte russische Infanterie in Cranz ein. Sie fanden keinen Widerstand. Alle Häuser wurden mehrfach durchsucht. »Nix Germanski Soldat?« Alles Weibliche wurde brutal vor unseren Kinderaugen vergewaltigt. Einige Häuser brannten. Die folgenden Tage und Nächte waren grausam. Die besoffenen Bolschewisten plünderten und schossen sinnlos durch die Gegend. Frauen, Mädchen, die sich weigerten, wurden sofort niedergeschossen. Mütter wurden verschleppt und von ihren Kindern getrennt. Sie sahen sich nie wieder. Kein Betteln half. »Dawei dawei!« Nachts krochen wir zusammen wie die Tiere. Schliefen auf dem Fußboden. Strom gab es nicht. Die Russen kamen ins Haus und suchten ihre Opfer mit der Taschenlampe. Sie legten sich zwischen uns und vergewaltigten Mütter und ihre Töchter. Es war sehr eng. Die MP drückte schmerzend gegen mein Bein.

Auch am Tage wurden die Frauen gequält. Ein LKW mit fünfzehn Rotarmisten fährt vor, drei Mütter für fünfzehn. Also Schlange stehen.

Durch die Straßen des Ortes ziehen Landsleute mit Handkarren. Die Leichen darauf sind in Teppiche eingerollt. Ein Spielkamerad von mir erzählte, wie es seinem 16jährigen Bruder erging. Vor der Post wollten Russen sein Fahrrad wegnehmen. Er weigerte sich. Sie stellten ihn an die Wand. Ein Bolschewist zog die Pistole und schoß auf ihn. Kurz vor dem Schuß warf er sich zur Seite. Der Russe ging zu ihm, drückte seinen Kopf nach unten und tötete ihn durch Genickschuß.

Handwagen, Teppich.

Bei strenger Kälte und Neuschnee: »Die Bevölkerung hat Cranz innerhalb von 24 Stunden zu verlassen.« Eine lange Elendsschlange bewegt sich, nur mit dem Notwendigsten ausgerüstet, Richtung Bledau. Meine Oma hatte nur eine Handtasche. Fluchend und schießend trieben uns die Bolschewisten in die Kälte. Mütter blieben mit ihren Kleinkindern im Schnee stecken. Alte Leute setzten sich hin und blieben. Angehörige durften nicht bei ihnen bleiben. So mußten wir auch unsere Oma verlassen. Nie haben wir erfahren, wann sie starb. Nach einigen Stunden Marsch verschwanden plötzlich die Rotarmisten. Wir waren »frei«. Die verzweifelten Menschen bewegten sich nun in alle Richtungen, um auf Gehöften Schutz zu suchen. Zusammen mit meiner Mutter, deren Schwester Hertha Bartsch mit Sohn Hänsi, schlossen wir uns einer Gruppe an und schleppten uns in tiefem Schnee und eisiger Kälte in Richtung Labiau. Vorbei an den Orten Dorben, Lobitten, Korreynen, Schaaken, Gallgarben, Mettheim, Gut Gr.-Droosden und Promitten. Wir gingen immer auf Nebenwegen. Immer auf der Suche nach etwas Eßbarem. Flucht im besetzten Ostpreußen!

Problematisch war die Trinkwasserversorgung. Die Brunnen waren unbrauchbar. Entweder schwammen Haustiere darin oder Kinder. Verlassene Gehöfte und gar ganze Ortschaften standen uns zur

Verfügung. Längere Zeit konnten wir nirgends bleiben. Nachts kamen sie und suchten mit Taschenlampen nach Frauen und Mädchen. Sie holten sich wahllos Menschen aus der Gruppe. Es gab kein Wiedersehen. Diese ständige Furcht war für uns eine kaum ertragbare psychische Belastung.
Überall im Schnee und in den Häusern Tote. Deutsche wie Russen. Die deutschen Leichen waren natürlich ausgeplündert.
Wir wußten nicht, was im übrigen Ostpreußen, in Deutschland geschah. Wo mag Udo stecken?

Der Kessel wird zum Frischen Haff zu immer kleiner. Unübersehbare Menschenmassen strömen nur in eine Richtung. Zum zugefrorenen Haff! Die Nehrung soll noch offen sein, bis Danzig.
Es ist der 30. Januar 1945. Ich führe mein Pferd gerade am Bahnhof in Mehlsack vorbei, als russische Schlachtflieger auftauchen. Bisher war es ruhig in der Luft. Das sollte ab sofort anders werden. Das Pferd binde ich schnell am nächsten Haus an und springe in den nächsten Eingang. Splitterbomben krachen, Menschen und Tiere werden getroffen, neben mir schießt ein MG.
Weiter. Einige Kilometer nördlich Mehlsack greifen sie an einer Kreuzung wieder an. Freies Feld, vollgestopfte Straßen. Tapfer müssen die russischen Piloten nicht sein. Deutsche Jäger sind so selten wie eine Oase in der Wüste.
Sie fliegen nicht die Kolonnen entlang, sondern kommen von der Seite. Es ist für sie wohl sicherer. Runter vom Pferd. Ganz tief und schön langsam fliegen sie an. An den Tragflächen blitzt es bunt auf. Wieder sind Frauen, Kinder, alte Menschen und Pferde die Opfer. In einem großen Bogen ziehen die Maschinen hoch, um dann erneut anzufliegen. Es gibt kein Entrinnen, keinen Schutz. Es ist wie beim Scheibenschießen auf dem Übungsplatz.
Erschossene Pferde werden ausgespannt, die Toten liegengelassen. Ich komme ohne Kratzer weg. In Lindenau, rd. 15 Kilometer vor Braunsberg, wird es dunkel. In einem verlassenen Haus wird übernachtet, aber sonst herrscht hier noch ein reges Treiben. In dieser Nacht sterben in der Ostsee viele Tausend Landsleute. Die »Wilhelm Gustloff« versinkt in den Fluten. Es soll bis heute die größte Schiffskatastrophe aller Zeiten bleiben.

Verirren kann ich mich nicht. Der große Treck schiebt sich langsam durch Braunsberg bis nach Frauenburg. Vom Hügel aus sehen wir den Ort. Wallensteins Lager war hiergegen wohl ein kleines Familientreffen. Was würde wohl Kopernikus beim Anblick dieser verzweifelten Menschenmassen sagen? Links neben dem Hafen und der kleinen Bahnstation ist der Ablaufpunkt über das Eis hinüber zur vielleicht rettenden Nehrung. Das letzte Tor zum Westen, denn noch soll der Russe nicht in Danzig sein. Wie aber auf das Eis kommen? Feldgendarmerie kontrolliert und sondert alle noch brauchbaren Männer und Jungen aus. Hierbleiben und kämpfen. Ich binde meinen Gaul an einen Treckwagen und verkrieche mich. Es klappt. In einiger Entfernung vom Ufer binde ich das Pferd los und führe es über das Eis. Es ist später Nachmittag. Die Wegstrecke ist durch Stöcke und Bündel aus Zweigen gekennzeichnet. Immer wieder zusammengebrochene Wagen, tote Menschen und Tiere. Unübersehbar das weggeworfene Gut. Betten und Verpflegung sind das Wichtigste zum Überleben.
Und dann jede Sekunde diese Angst vor den russischen Flugzeugen. Das Wissen um die eigene Hilflosigkeit zermürbt.
Immer näher kommt die Nehrung. Immer wieder wird das Eis durch Löcher und knöcheltiefes Wasser unterbrochen. Langsam bricht die Dunkelheit über diesem Elendszug herein. Meine Stiefel sind voller Wasser, die Kälte furchtbar. Dann sehe ich erstmals wieder deutsche Flugzeuge. Ju 52 im Tiefflug Richtung Königsberg. Entlang des Ufers auch viele Privatautos. Ein seltener Anblick. Bestimmt Bonzen aus Königsberg. Wer hat denn in dieser Zeit noch ein Auto? Vollgepackt bis über das Dach.
Kahlberg. Es ist dunkel. Der ehemals herrliche Badeort platzt aus den Nähten. Ich suche mir etwas abseits ein Einfamilienhaus, klopfe an die Türe. Sie wird geöffnet und ich traue meinen Augen nicht. Kreisleiter Knispel aus Lyck! In voller Größe. Na sowas. Nun ja, die Herren waren ja immer einen Schritt voraus.
Ich darf natürlich bleiben, meine Uniform stört ihn wohl nicht. Noch nicht. Meine Klamotten trockne ich am Ofen, mein Schlafplatz allerdings ist eiskalt. Mein treuer vierbeiniger Begleiter ist versorgt, und so schlafe ich erschöpft in eine ungewisse Zukunft und in mein 16. Lebensjahr hinein.

Nach dem Krieg hatte ich, wieder durch einen Zufall, die Gelegenheit, Herrn Knispel in einer norddeutschen Kleinstadt besuchen zu dürfen. Es ging ihm gut.

Die Nehrungstraße ist überwiegend geschützt durch Wald. Geschützt somit auch vor dem eisigen Wind und den Tieffliegern. Trotzdem auch hier eine Straße des Leidens von unschuldigen Menschen. Erfrorene am Straßenrand. Vor mir auf einem Treckwagen wickelt eine Mutter ihr Baby in Zeitungspapier und wirft es in den Schnee.

Bodenwinkel, Stutthof. Hier wird gerade ein Lager geräumt. SS-Offiziere und Mannschaften sind gerade damit beschäftigt, Ordnung in einen langen Zug von Gefangenen zu bringen. Wie konnte ich in diesem Moment ahnen, Zeuge der Auflösung eines der bekanntesten Konzentrationslager zu sein? Ich wußte zu diesem Zeitpunkt überhaupt nicht, was das ist – ein KZ. Erst ein Vierteljahrhundert später kam ich wieder an diesen Ort.

Über unsere Köpfe hinweg jaulen die schweren Koffer der Schiffsartillerie irgendeines schweren deutschen Kreuzers Richtung Elbing, das vor allem nachts durch einen riesigen Feuerschein als Mahnmal des Untergangs meiner Geburtsstadt weithin leuchtet.

Auf einem noch intakten Bauernhof kommt es zum Abschied von meinem treuen Kameraden. So weiß ich wenigstens, daß mein Pferd gut untergebracht ist. Der Karabiner verschwindet. Mit einer Art Kleinbahn lande ich in Danzig. Auch diese Stadt wirkt gespenstisch. Wie sollte es anders sein? Der Bahnhofsplatz ist geziert mit Flak. Der Hauptbahnhof öde, verlassen. Plötzlich taucht im Treppenaufgang zu einem Bahnsteig ein Bannführer auf. Hält mich an. »Du willst doch sicher nicht die Stadt verlassen? Wir brauchen jeden Mann!«
»Jawohl!«

Ich habe immer wieder gelesen, daß die Landverbindung nach Westen zu diesem Zeitpunkt, also Anfang Februar, bereits unterbrochen war. Dieses entspricht nicht der Wahrheit. Es ist, zugegeben, nach fast vier Jahrzehnten äußerst schwierig, wahrheitsgemäß zu berichten. Im Zweifelsfalle darf und muß ich jedoch allen meinen Landsleuten raten, über Erlebtes zu berichten und nicht Zuschriften in einer landsmannschaftlichen Zeitung als Grundlage einer authentischen Berichterstattung zu verwenden.

Der Bannführer entfernt sich. Natürlich werde ich mithelfen, die Stadt zu verteidigen.
Der offene Güterzug setzt sich langsam in Bewegung. Die hohen Wände und die Masse Mensch schützen vor der Kälte. Zoppot, Gotenhafen, Lauenburg und Stolp. Vorläufig Endstation. Es ist der 4. Februar 1945. Im Wartesaal findet sich auf dem Fußboden noch ein Plätzchen. Am nächsten Morgen fährt der Zug bis Kolberg, und von dort geht es in einem Lazarettzug bis Stettin.
Das Schlimmste ist überstanden.
In Königsberg und im Kessel, mit dem Rücken zum Haff, kämpfen die deutschen Soldaten einen aussichtslosen Kampf. Das bereits besetzte Heimatland ist ein einziges Straflager.
Wie mag es Siegfried ergehen? Meiner Mutter, Tante Hertha und Hänschen, der Oma? Sicher werden sie den bolschewistischen Mordbanden längst entronnen sein. Sie waren nicht...

Durch Labiau gingen wir so rasch wie nur möglich. Hier wimmelte es von Russen. Einige Kilometer nordostwärts fanden wir zwischen den Orten Grabenhof und Hindenburg eine ansehnliche Kartoffelmiete. Hier am Kanal gab es keine Verkehrsstraßen und somit auch weniger Russen.
März 1945. Im besetzten Ostpreußen hofften wir immer noch auf die Wunderwaffe, die die Roten zurückwerfen konnte. Es gab keine Möglichkeit der Information. Kein Radio, nichts. Zeitbegriffe interessierten uns nicht. Es gab Wichtigeres. Überleben gegen Kälte, Hunger, Krankheiten. Überleben gegen die roten Horden. Unsere Heimat wurde förmlich zertrampelt. Elementare Rechte des Menschen existierten nicht. Wir sollten offenbar ausgerottet werden. Unser Ostpreußen! Jeder konnte mit uns machen, was ihm beliebte.
Leicht zu lesen heute. Spätere Generationen können höchstens vor einer Wiederholung warnen. Begreifen können sie niemals. Es ist nicht nachvollziehbar. Das Aufheben sämtlicher Werte des Menschen wurde – auch und gerade hier – praktiziert!
Wir alle waren gezeichnet. Es herrschte Typhus. Läuse plagten uns. Die Krätze quälte uns besonders nachts. Durchfall hatte jeder. Noch konnte man auf Gehöften kleine Mengen Getreide finden, das wir mühsam mit Kaffeemühlen zu Mehl mahlten. Fett gab es nicht.

Die Sonnenstrahlen gaben uns neuen Lebensmut.
In Haffwerder nisteten wir uns in einem Haus ein. Ein Schneidermeister hatte guten Kontakt zu den Russen. Er nähte vorwiegend Reithosen mit roten Biesen für die Bolschewisten. Milch, Brot, Butter und Quark als Gegengabe. Er lebte gut, und wir erholten uns auch. Gelegentliche Arbeiten trugen zu unserem Lebensstandard bei. In den umliegenden Häusern wurde Vieh für den nächsten Transport nach Rußland gesammelt. Parterre je fünf Viecher in einem Zimmer. Der Mist flog durch die Fenster.
Wir Jungs strolchten natürlich in der Umgebung herum. In einem Dorfkrug entdeckten wir hinter dem Tresen eine Frauenleiche. Sie war völlig nackt. Vom Hals bis zum Unterleib eine schwarzverkrustete Schnittwunde. In der Scheide steckte ein Holzlöffel. Es stank entsetzlich.
Auf den Feldern lagen Kadaver von Pferden und Kühen, Leichen russischer Soldaten, Frauen und Kinder. Oft sahen wir Leichen hinter den Häusern. Es waren Menschen, die im Winter vor den Russen aus dem Hause liefen und von hinten erschossen wurden.
Eine Mutter lag so mit ihrem Kind, die Hände ineinander verschlungen.
Am Kurischen Haff lagen viele, von Seegras fast zugewachsen, deutsche Soldaten in voller Winteruniform. Bei einem fand ich noch lesbar seine Personalien. Er stammte aus Berlin. Im Dezember 1945 konnte ich seinem Sohn, 15 Jahre alt, vom Tod seines Vaters berichten. Dieser Junge war Waise. Seine Mutter und Geschwister umgekommen bei Luftangriffen.
Vergraben der Leichen war ein sinnloses Unterfangen. Nicht einmal die Russen begruben ihre eigenen.
An einem sonnigen Tag machte ich mit meinem Freund zusammen einen Abstecher zum Kirchdorf Möwenort direkt am Haff. Wir gingen quer über feuchte Wiesen. Wir paddelten in einem Holztrog über einen Graben und sahen dann plötzlich drei Rotarmisten, stehend. Nur die Haare waren über der Wasseroberfläche sichtbar. Mit einem Brett stießen wir die Leichen zur Seite, wobei sie sich wie Marionetten bewegten. Im glasklaren Wasser konnten wir die Winteruniform, Kartentasche umgehängt und die Maschinenpistole erkennen.

Das Dorf Möwenort war völlig öde. Leichen wie überall. Fauchende Katzen liefen scheu herum. Die Türe der Kirche offen, vor dem Altar hatten die Bolschewisten biwakiert. Die Bänke dienten als Feuerholz, Scherben von Flaschen bedeckten den Boden. Ein verwester Schäferhund auf den Stufen zum Altar.
Sommer.
Der süßliche Gestank der Leichen und Tierkadaver wird unerträglich. Ich mußte mit zum Fischen, wenn der Herr Ortskommandant mit Kumpanen Lust verspürte. Kutsche mit Trakehner Apfelschimmel davor. Die Herren warfen Eierhandgranaten in das Wasser, und mit einem Korb mußte ich so die Ernte einholen.
Sie gehörten zu Hause bestimmt alle einem Anglerverein an.
In Friedrichsgraben wollte man nicht fischen. Aufgedunsene Pferde- und Kuhkadaver, Teile von Menschen. Dieses Wasser war für uns reserviert zum Trinken!
Haffwerder. Mein Freund und ich sonnten uns an einem Strohhaufen. Plötzlich Explosion und Rauch im nahen Bauernhaus. Russen und ein gut versorgtes polnisches Mädchen wohnen dort. Die Polin stürzt aus der Türe und versucht, ihre herausquellenden Gedärme aus dem aufgerissenen Leib zurückzuhalten. Wir und einige deutsche Frauen eilten hinzu und versuchten zu helfen. Auf dem Fußboden eines Zimmers lag ein Iwan, aus mehreren Wunden blutend. Der Polin war nicht mehr zu helfen. Der Russe wurde verbunden. Draußen herangaloppierende Pferde. Der Ortskommandant. Er besieht sich die Polin, Gang in das Nebenzimmer. Je eine Pistole holt er seinem Landsmann aus den Stiefelschäften. Wir werden Zeuge, wie er unseren Kopfverband vom Russenhaupt reißt, seine MP vom Rücken nimmt, Lauf in beide Hände. Der Kolben saust auf das Haupt des Soldaten, bricht ab. Wir hauten ab.
Später hörten wir, daß Herr Iwan besoffen eine Eierhandgranate abgezogen hatte und verlor. Die Wucht der Explosion traf das Polenmädchen. Von beiden hörten wir nichts mehr.
Es kommt der Herbst.
An den Vorbereitungen der Russen konnten wir erkennen, daß das Vieh gen Osten getrieben werden sollte. Zeit uns abzusetzen. Mit einem Ruderboot errreichen wir Gilge, und dort eine Familie, die uns aufopfernd beherbergte. Gilge ist ein idyllischer Ort, lebt vom Fisch-

fang. Russische Besatzung nicht zahlreich. Nach einer Woche setzen wir mit einem Segelboot nach Rossitten über. Besatzung Russen. Seekrank erreichen wir diesen bekannten Ort.
Über Sarkau Fußmarsch nach Cranz. Neben vielen Russen leben hier noch verschiedene Deutsche. Groß die Hungersnot.
Kanzlerstraße Nr. 8! Das Haus steht leer. Die Fenster zerschlagen. In unserer Villa »Vergißmeinnicht« hausen Deutsche. Wir bleiben aber nur wenige Tage. Das nächtliche Schreien der vergewaltigten Frauen schreckt uns ab. Immer noch!
Und Alexander Solschenizyn schreibt hierzu.
... »Durch die Wand gedämpft – ein Stöhnen:
Lebend finde ich noch die Mutter.
Waren's viel auf der Matratze?
Kompanie? Ein Zug? Was macht es!
Tochter – Kind noch, gleich getötet.
Alles schlicht nach der Parole:
Nichts vergessen! Nichts verzeihen!
Blut für Blut! – und Zahn für Zahn.
Wer noch Jungfrau, wird zum Weibe,
und die Weiber – Leichen bald.«
Wir siedelten um in ein altes Steinhaus am Südrand von Cranz. Die Deutschen hier waren in sichtbar schlechterer Verfassung als wir. Immer noch Handwagen mit gerollten Teppichen...
Eßbares nur in der Nähe von Militärküchen in den Abfallgruben. Kartoffelschalen und verfaulte Kohlblätter als Delikatesse. Das Haustier Hund ausgerottet. Längst von uns aufgefressen. Es bleibt nur die Flucht nach Westen. Die verspätete Flucht. Von den Feldern holen wir Ähren, Obst von den Bäumen. Ackerbohnen rösten wir. Brot gibt es nicht, selbst die Russen haben es kaum. Die Felder geben nichts her. Total verwachsen.
Anfang Oktober geht es los. Richtung Königsberg. Drei Tage für 35 Kilometer. Physisch und psychisch kaputt.
Immer wieder werden wir geplündert. Statt Schuhe trage ich nur noch Sackleinen mit Draht umwickelt.
Quer durch Königsberg. Es leben noch viele Deutsche hier. Sie helfen uns, bis zum Güterbahnhof Ponarth durchzukommen. Die Stadt ist schwerlich wiederzuerkennen.

Leere Güterwagen, und tatsächlich setzen sie sich in Richtung Westen in Bewegung.
Heiligenbeil dicht an der jetzigen polnischen Grenze. Spuren der Schlacht um die Heimat unverkennbar. Überall im Gelände verrottete Panzer und Fahrzeuge. November. Drei Wochen liegen wir hier fest! Hungersnot total. Es ist schwierig, in den polnisch verwalteten Teil zu gelangen. Wir essen den letzten Hund, das Maskottchen einer russischen Einheit. Ein Dackel. Der noch vorhandene Ehering meiner Mutter inspiriert einen Rotarmisten, nachts das Häufchen Mensch durch das Niemandsland gen Westen zu führen.
Braunsberg. Schlimmer kann es ja nicht mehr werden. Schlimmer? Es gibt hier Geschäfte! Eine neue Welt. Die Reichsmarkscheine im Wert von 900 Mark, eingenäht in meine Kaninchenfelljacke, bewirken Wunder. Brot im Bäckerladen! Für Geld!
Ein polnischer Eisenbahner setzt uns für 100 Reichsmark in einen Güterzug nach Posen. Ankunft. Drei polnische Soldaten, oder das was man damals als solche bezeichnete, filzen uns. Sie reißen meine Felljacke auseinander. Nach dieser langen Zeit, nach diesen unglaublichen Strapazen. Jetzt noch! Sie fragten mich brüllend etwas. Ich konnte es nicht verstehen. Ein Gewehrkolben saust in meinen Rücken. Sie lassen mich liegen und verschwinden.
Die letzte Strecke bis nach Berlin nicht mehr so dramatisch. Güterwagen mit Stroh, verkrüppelte deutsche Soldaten als Mitfahrer.
Dem Tod in vielfältigster Form entronnen springen wir verlaust und stinkend im Dezember 1945 auf einen Bahnsteig des Ostbahnhofs in Berlin, noch nicht wissend, daß die Familie am Heiligabend zusammenfinden sollte.
Zu diesem Zeitpunkt wußte ich noch nichts von meinem Bruder Udo und von meinem Vater...

Stettin am 5. Februar 1945.
Die Oder liegt hinter mir. In der Nähe von Wismar, genau in Fichtenhusen, verkrieche ich mich. Kurz nach Kriegsende versuche ich, in meine Heimat zu kommen, da ich das sichere Gefühl habe, meinen Bruder, meine Mutter und alle anderen noch dort zu finden. Mein Gefühl betrog mich nicht.
Mitten durch die russischen Linien bis nach Stettin. Es ist Sonn-

abend, der 23. Juni 1945. Ich bin beim Russen, dem ich mit so viel Glück entronnen war. Über die Oder komme ich aber trotz aller Versuche nicht. Vielleicht wäre ich heute russischer Staatsbürger oder tot. Russische »Soldaten« plünderten mich total aus. Bei Polen, die selbst kaum etwas hatten, erhielt ich Beistand.
Zurück und wieder durch die russischen Linien. Posten erwischten mich, schossen. Es klappte aber.
Alles Schreckliche steht wieder auf beim Blick zurück. Beim Blick zurück weder im Zorn noch in Freud. Beim Blick zurück zum grausamen Abschied aus unserer Heimat. Der Heimat, die uns niemand entreißen kann. Ganz gleich, wer heute dort wohnt. Möge es nie passieren, daß Menschen in Hessen, im Rheinland oder in Niedersachsen einmal in die gleiche Lage kommen.
»Warum haben wir aufeinander geschossen?« fragen sich Lew Kopelew und Heinrich Böll.
»Ich will frei sein von jeder wie auch immer gearteten Abhängigkeit des Geistes. Nie wieder werde ich einem Götzen dienen, nie wieder höheren Mächten gehorchen, um derentwillen man die Wahrheit verbergen, andere und sich selbst betrügen, Andersdenkende verfluchen oder verfolgen muß.« Lew Kopelew. –
Auch Kopelew und Solschenizyn müssen heute mit ihrer Schuld leben!

Gerda Bambolat

Ein Brief der Erinnerung

Ich bin 68 Jahre alt und aus dem Kreis Goldap. Am 9. April 1948 sah ich Ostpreußen zum letzten Mal.
Beim Einmarsch der Sowjets wurden wir im Januar 1945 im Kreis Rößel, wo wir uns auf der Flucht seit Oktober 1944 befanden, eingeholt. Unsere Pferde wurden uns weggenommen, das Gepäck wurde geplündert, und als wir kein Stück Brot mehr hatten, wurden wir zu härtester Arbeit gezwungen.
Letzte Station war Kolchos Nr. 10 in Jurgaitschen (Jürgenfelde), Kreis Darkehmen. Eine ehemalige Domäne mit modernsten Einrichtungen in den Ställen. Es war aber alles kaputt, und so mußte alles mit der Hand gemacht werden. Da kein Strom war, mußten wir stundenlang mit der Hand Jauche pumpen; die lief einfach bergab vom Hof herunter. Als Beleuchtung dienten offene Fettpfannen, die im Stall auf den einzelnen Pfeilern brannten und einen fürchterlichen Qualm verursachten, daß man tränende, rote Augen bekam und kaum noch atmen konnte.
Die Fütterung einiger hundert Kühe war ein großes Problem. Wo früher über dem Futtergang elektrische Wagen (von der Decke hängend) entlangfuhren, mußten wir uns nun wie unter Raubtieren bewegen, mit unseren Gabeln voll Heu. Bis man zum hinteren Ende kam, war nichts mehr drauf. Genauso erging es uns mit den Ölkuchen, die wir zuvor zerklopfen, einweichen und in Eimern austragen mußten. Da die Vorrichtung zum Absperren der Freßluken ebenfalls nicht funktionierte, steckten die Rinder ihre Hälse von beiden Seiten des Futterganges bis zur Mitte und rissen mit gierigen Zungen unsere letzten Kittel kaputt, kippten die Eimer um, ehe man sie in die Tonkrippen schütten konnte.
Die mächtigen Silos auf dem Hof waren voll, und wir mußten mit langen Leitern hochsteigen und abräumen, dann das Futter durch die Luke nach draußen werfen, soviel wie für die Fütterung ge-

braucht wurde, und das triefende, nasse Zeug in Kiepen auf dem Rücken in den Stall tragen und versuchen, es in langen Krippen zu verteilen. Durch die Dämpfe im Silo wären wir bald ums Leben gekommen; vor Schwindel und Kopfschmerzen konnten wir die Leitersprossen nicht mehr sehen. – Es waren Wasserkräne an den Krippen, aber zur Tränke mußten wir die Tiere an den Teich treiben. Im Winter mußten wir Löcher in das Eis hacken und das Wasser mit Eimern in lange Holztröge, die am Rand aufgestellt waren, schütten. Es war immer wie ein Tropfen auf den heißen Stein, wenn alle Tiere anfingen zu schlürfen. Ein Chaos war dann wieder im Stall beim Anbinden, da jede Kuh ihre Nummer hatte und auf den gleichen, numerierten Platz mußte. Es gab manche Tränen, wenn sie uns auf die Füße traten.

Vor dem Melken (mit der Hand) mußten die Euter mit warmem Wasser gewaschen werden. Eine alte Frau mußte stundenlang einen großen Kessel befüllen und anheizen. Von jeder Kuh mußte die Milch gesondert zum »Podium« getragen werden. Die Nummer mußte auf »russisch« genannt werden, und es wurde eingetragen, wieviel Liter gemessen worden waren. Das besorgte ein russisches Mädchen, und der Brigadier sah zu. Dann wurde »nachgemolken«; oder man bekam den Vorwurf, die Kuh zu wenig gefüttert zu haben.

Die meisten Kühe hatten Krätze, und wir mußten sie mit bloßen Händen einseifen, bevor der »Tierarzt« sie mit einer gelben Flüssigkeit anpinselte. Zitternd vor Schmerzen standen sie dann da; großflächig waren ihnen die Haare ausgegangen. Eine junge Mitarbeiterin nahm ein wenig von dieser Flüssigkeit mit in ihre Unterkunft, um ihre Beulen an den Beinen und Armen zu betupfen. Am nächsten Tag war sie tot. Medikamente für uns Deutsche gab es nie. Ihr Vater starb bald darauf, aus Gram um seine zwanzigjährige Tochter, an Herzversagen. Sie ruhen beide in Heimaterde, auf dem kleinen Dorffriedhof in Jurgaitschen in einfachen Kästen aus ungehobelten Brettern. –

Der alte Julius hatte Nachtwache im Stall und kein Schuhwerk. Er trat auf einen rostigen Nagel und bekam Wundstarrkrampf. Auch ihn haben wir dort beerdigt. Dann Herrn Bernecker; sowie Herrn Sinnbecker, der nicht mehr arbeiten konnte und deshalb auch nicht die paar Gramm Brot bekam, um die wir gegen Mitternacht draußen anstehen mußten, wenn die Arbeit beendet war.

Wir nährten uns von Melde und Nesselsuppe. Wenn es wenigstens Kartoffeln gegeben hätte; aber am Kartoffelacker standen Posten und schossen wild drauf los, wenn jemand bei Dunkelheit versuchte, einige aus dem Boden zu kratzen. Es gab eine Zeitlang Sauerkohlsuppe, aber es war nichts drin zum Sattwerden, nur klares Wasser und ein paar Kohlfusseln.

Um auf die Arbeit im Stall zurückzukommen: Oft gab es hohen Besuch aus Moskau. Dann wurden die Gänge gescheuert, mit frischem Sägemehl bestreut, die Kühe gewaschen, – um uns »Kultur« beizubringen, mußten wir in weißen Kitteln melken, die wir extra wegen des Herrenbesuchs empfangen hatten.

Für den Dung gab es ebenfalls elektrische Loren an der Decke, die man früher durch Schaltung bis nach draußen bringen und kippen konnte. Da es nun aber mit Handbetrieb gemacht wurde, war draußen alles verbaut und gehäuft bis unter die Dachrinnen; dort lagen Berge von Mist und es gab keinen Platz mehr! Die wenigen ausgemergelten Pferde wurden täglich über die entlegensten Dörfer gejagt, um von Bauerngehöften Stroh und Heu zu holen.

Im Sommer war das Vieh draußen, oft in mannshohen Disteln; nachts von lauernden Wölfen umringt. Da half nur ein Feuer, bis zum Morgengrauen. Schrecklich das Melken draußen, wo die Tiere kreuz und quer durcheinander liefen und ständig in Bewegung waren.

Ich erinnere mich, daß wir einmal den Stall tünchen mußten. Werkzeug: Lange Leitern, ein Eimer *Chlor*kalk und Grasbüschel zum Eintauchen statt Pinsel mit Stiel. Als wir fertig waren, pellte die Haut von den Händen ab und die Kleider hatten verätzte Stellen. –

Im Frühjahr 1945 war in Bergental, Kreis Rößel, mit vielen anderen, auch mein Vater verschleppt worden; vier Wochen später verstarb er im Ural, nach Meldung des Roten Kreuzes.

Wir selber mußten damals das erbeutete Vieh treiben, über Porwangen und Podlaken, Kreis Rastenburg. Dort tranken wir von dem Leitungswasser auf dem Gutshof und bekamen Typhus. Später stellte sich heraus: Der Behälter der Wasserturbine war mit Abfällen vom Geschlachteten verseucht, Ochsenköpfe und dergleichen. Oft

trieb man uns, verendete Pferde und Rinder zu vergraben. Man hat den Gestank noch in der Nase. Einige Frauen mußten Soldaten in weißen Tarnanzügen in der Kiesgrube verscharren, wo sie gelegen hatten.
Anfangs hatten wir noch auf eine Befreiung aus diesem Kessel gehofft; aber dann, als ein Güterzug mit Tannen und russischen Fahnen geschmückt durch Bergental fuhr und Kamele über den Rand der offenen Wagen schauten, ahnten wir, daß die Russen schon in Königsberg waren und wir unserem Schicksal überlassen waren.
Unsere Märsche mit dem Vieh, das ständig die Böschungen hinunterraste, wenn es irgendwo etwas Grünes im Feld witterte, schienen uns endlos und ohne festes Ziel; sie führten uns vorbei an Gerdauen und Insterburg, bis wir endlich kurz vor Trempen, Kreis Darkehmen, in Jürgenfelde Halt machten. –
Der Abtransport im April 1948 geschah zwar auf Lastwagen in Richtung Insterburg, aber man setzte uns für einen Tag und eine Nacht an eine Bahnstrecke, wo wir im Regen schlotternd warteten, bis der Güterzug kam. Wir wurden in dunklen, verschlossenen Waggons in vierzehn Tagen bis nach Görlitz gebracht. Meine Mutter, die während unserer Fußmärsche einen kleinen Wagen mit Russengepäck fahren mußte und einen bockigen Hengst vorgespannt hatte, der nicht ziehen wollte, sondern öfter alles zerriß und zerbrach, kam nur noch bis Görlitz ins Krankenhaus. Dort verstarb sie Ende April 1948.
Damals habe ich gedacht: Nur fort aus dem Elend, noch einmal in Freiheit leben ...
Heute habe ich Heimweh nach Ostpreußen, wie es zu meiner Kindheit war. Alles heil und gut, – eine sonnenbeschienene Landschaft, unser Goldap-Flüßchen mit Kalmus und Libellen in den schönsten Farben. Ich werde alles so in Erinnerung behalten.
...
(1982)

Walter Jegutzki

Bericht aus schwerer Zeit

Mein Heimatdorf Plöwken, kaum 2 Kilometer Luftlinie von der polnischen Grenze entfernt, lebt in meinen Gedanken weiter. So wie es früher war, vor Kriegsbeginn, soll es weiterleben. Dort verlebte ich glückliche Kindertage, auf dem väterlichen Hof, auf den Weiden hinterm Haus. Die polnische Grenze und die Bewohner dahinter waren nichts Besonderes für uns Kinder. Der Matlaker Wald auf der polnischen Grenzseite, der uns die Sicht zum dahinterliegenden Matlaker See versperrte, war düster und unheimlich, aber so sind alle Wälder in Kindertagen. Polnische Händler zeigten sich selten bei uns, und wenn wir welche sahen, dann erkannten wir sie höchstens an der Kleidung und an der Sprache. Erst später sollte ich die Erfahrung machen, daß es Verhaltensunterschiede gibt zwischen unseren Völkern.
Die Schulzeit verlief wie bei vielen meiner Altersgenossen. Ich erinnere mich gern an diese Zeit; an die Lehrer in meinem Heimatdorf: Herrn Fischlin und Herrn Oskierski und an die Oberrealschule in der Treuburger Bahnhofstraße, die man auch Horst-Wessel-Schule nannte. Als ich in Treuburg zur Schule ging, wohnte ich bei meiner Schwester in Stosnau, sie war dort Hilfslehrerin. Es war einfacher, mit der Bahn von Stosnau nach Treuburg zu kommen als von Plöwken. Mein Heimatdorf lag abseits der Bahnlinien. Es war ein einfaches und harmonisches Leben, und ich genoß es, behütet und beschützt durch die liebende Hand der Eltern und eingebettet in die Gemeinschaft der Dorfbewohner.
Zwölf Jahre war ich alt, als der Krieg mit zerstörerischer Gewalt alles vernichtete, was uns wert und heilig war. Ich wußte nicht, was mir bevorstand, daß ich Jahre durchmachen müßte voller Blut, Tränen und Not.
Im August 1944 mußten wir zum ersten Mal flüchten. Wir und alle Nachbarn packten. Mutter kramte alle wichtigen Papiere, Fotos und

Briefe zusammen, Briefe von meinem Bruder Willi, der in Kriewoy-Rok in der Ukraine gefallen war. Decken, Kissen und Eingemachtes wurden mitgenommen. Bis hinter die Bahnlinie Treuburg-Goldap sollten wir fliehen. Von Treuburg aus hatte man den Dorfbewohnern Schareiken als Aufnahmeort zugewiesen. Die Wagen aus Königsruh und Deutscheck wurden nach Stosnau geleitet. Weil meine Schwester aber in Stosnau war, ließen wir uns auch dort nieder; ich bei meiner Schwester und meine Mutter beim Bauern Bergers, der auf dem Abbau in Richtung Erlental seinen Hof hatte. Die Fremdarbeiter, Polen, Franzosen und Russen mußten das Vieh in Stosnau zusammentreiben. Nach einiger Zeit fuhren meine Mutter und auch andere Flüchtlinge in ihre Dörfer zurück, um nach dem Rechten zu sehen, denn von der Front hörte man gute Nachrichten. Die Oberrealschule war geschlossen. Ich brauchte nicht zur Schule und verbrachte aufregende und faule Tage bei meiner Mutter. Meinen Vater, vom 1. Weltkrieg her war er Feldwebel, hatte man zum Volkssturm eingezogen.

Dann begann die zweite Flucht. Es war schon Oktober, als wir erneut packten und über Treuburg, Lötzen und Rhein nach Ukta im Kreis Sensburg treckten. Dort wurden wir Plöwker auf die einzelnen Höfe verteilt. Unsere Familie bekam einen Platz bei einem Gastwirt im Nachbarort Wigrinnen am Beldahnsee. Hier in dieser schönen Landschaft verlebten wir die letzten angenehmen Tage – den letzten ostpreußischen Spätherbst und Winteranfang. Sorge und Ungewißheit zerrten an den Nerven der Älteren, wir Jungen fanden damals alles aufregend und neu. Zu essen war genügend vorhanden, der See lag friedlich vor uns, die Geschäfte waren geöffnet, nur die Soldaten, die durch die Straßen zogen, die Pionierkolonnen und Artillerie, paßten nicht zur friedlichen Umwelt.

Die Fremdarbeiter mußten noch einmal zurück. Sie wurden zum Ernteeinsatz befohlen, den der Volkssturm organisierte. Das Korn sollte nicht verderben und wurde gedroschen. Oberleutnant Motzkuhn hatte das Kommando über das Gebiet von Merunen, Plöwken und Deutscheck. Unser Hof in Plöwken war so groß, daß wir 5 fremde Menschen für die Landarbeit zugewiesen bekommen hatten: 2 Russen, einen Polen und zwei russische Frauen.

In Wigrinnen waren wir mit unserem Nachbarn v. Kulessa zusam-

men, der auch bei uns blieb, als es weiterging. Ganz plötzlich, etwa am 25. Januar, mußten wir weiterflüchten. Die Front war durchbrochen worden, die russischen Truppen waren schon tief eingedrungen und standen damals schon im westlichen Teil von Ostpreußen. Ihr Ziel war Elbing; wir wußten es aber nicht. Wir hörten den Geschützdonner in der Ferne, und als wir auf der Hauptstraße nach Nikolaiken waren, wurden unsere Wagen bereits mit Gewehrfeuer belegt. Wir hasteten vorwärts weiter, weiter. Granaten sahen wir im Feld krepieren und zerschossene Wagen und fortgeworfene Sachen lagen am Wegrand. Es war kalt, aber wir spürten es kaum, die Aufregung und Angst machten uns gefühllos. Erst als die gefährliche Wegstrecke hinter uns lag und die Schüsse kaum noch zu hören waren, kamen wir zur Besinnung.
Die Straßen waren verstopft, wir versuchten auf Feldwegen auszuweichen, kamen mal schnell voran, mal mußten wir lange warten, weil die Straßen für Militärfahrzeuge freigehalten werden mußten. Auf den Straßen sah man Soldaten, Fahrzeuge aller Art, Volkssturmmänner und Flüchtlinge; die einen zogen nach Süden, die anderen nach Norden. Auch unsere Fremdarbeiter waren noch bei uns, ehe sie sich irgendwo auf dem Weg ins Ungewisse absetzten. So zogen wir über Sensburg und Rößel nach Bischofstein und weiter nach Heilsberg, dann zurück zum Dorf Lautern, gut 20 Kilometer südöstlich von Heilsberg.
Wir waren nicht schnell genug vorangekommen, die vielen Stockungen auf den Straßen, die Kälte und die Pferde, die von den Strapazen erschöpft waren, verhinderten unsere Rettung. Hier im »Heilsberger Dreieck«, wie man später in den Kriegsberichten schreibt, ereilte uns unser Schicksal. Wir alle, Flüchtlinge aus den verschiedensten Teilen des Landes, Frauen, Kinder und Greise, wir rannten um unser Leben, versteckten uns in Scheunen und Häusern, verkrochen uns und hatten Angst. Aber die Russen fanden uns alle. Sie nahmen uns ab, was ihnen begehrenswert erschien, Schmuck, Uhren, gute Kleidung, Lebensmittel, Taschen, Wagen und die Pferde.
Aus Plöwken waren wir noch zu sechs Personen: Frau v. Kulessa mit ihrem Sohn Paul und ihrer Tochter Martha, meine Mutter, meine Schwester Elisabeth und ich. Alle Männer wurden zusammengetrieben und abgeführt. Am Nachmittag holten die Russen auch mich

und Paul v. Kulessa, der ein Jahr älter war als ich, ab. Noch einmal durchsuchte man uns. Wir mußten die Hände heben und warten – endlos lange mußten wir warten. Dann trieb man uns in Lautern zusammen. Der Ort liegt an der Straße von Bischofstein nach Seeburg. Hier fließt ein kleiner Fluß und die Brücke über den Fluß hatten die zurückgehenden Pioniere gesprengt.
Zwei Wochen mußten wir an der Brücke arbeiten. Wir mußten mit primitivsten Mitteln und ohne Verpflegung, ohne ausreichendes Material und ohne Sachkenntnis in der bitteren Kälte diese verdammte Brücke befahrbar machen. Auf uns 40 »Mann« entlud sich hier an der Brücke der ganze Haß, die aufgestaute Wut der Russen. Sie drangsalierten uns, schlugen und traten auf uns ein. Mit Knüppeln und Gewehrkolben ließen sie uns spüren, daß sie die Macht über uns hatten. Wenn sie uns nicht zu dieser Arbeit gebraucht hätten, wären wir diesem Inferno nicht entronnen. Zu essen bekamen wir nichts. Auf dem Weg zum Schlafplatz – einem leeren Raum ohne Möbel, ohne Waschgelegenheit – fanden wir einige Essensreste, gefrorene Kartoffeln und Rüben. Die Bewacher waren keine Menschen, sie hatten keine Gefühle, kein Mitleid. Unter den Gequälten waren auch französische Kriegsgefangene und Italiener, denen erging es nicht besser. Nicht alle haben diese 14 Tage an der Brücke überlebt. Einige wurden erschossen, erschlagen oder starben an Hunger und Kälte. Sie wurden seitlich am Weg von uns begraben.
Endlich ließ man uns laufen. Aber nur die ganz Jungen kamen frei. Nur fort von hier – nur fort von diesem schrecklichen Ort. Wir wollten zu unseren Müttern, die wir im Kreis Sensburg vermuteten, nachdem wir sie in Seeburg nicht gefunden hatten. Ich schlug mich mit Paul durch in Richtung Sensburg und weiter nach Niedersee und Wigrinnen, 60 Kilometer südwärts. Wir hatten Angst, wieder aufgegriffen zu werden, wir hatten Hunger und waren immer auf der Suche nach etwas Eßbarem. Ich weiß nicht mehr, wieviel Tage wir unterwegs waren. In Wigrinnen traf ich tatsächlich meine Mutter wieder. Sie erzählte mir, daß man meine Schwester Lieschen abgeholt hätte, man hat sie in ein Arbeitslager im Ural verschleppt. Meine Schwester Edith, die damals in Stosnau als Hilfslehrerin gearbeitet hatte, ist noch rechtzeitig mit dem Zug über Rößel nach Kamin in Pommern entkommen. Mein Vater schaffte die Flucht, zusammen

mit seinen Kameraden des Volkssturms, über das zugefrorene Haff und über die Nehrung in den Westen. Keiner wußte damals vom anderen.
Nach einigen Wochen, vielleicht war es Ende März oder auch Anfang April, wir hatten uns so gut es ging eingerichtet und hofften auf Normalisierung der Verhältnisse, kamen Russen ins Haus und nahmen uns gefangen. Wir wurden in ein Lager gesperrt und mußten in der Landwirtschaft arbeiten. Kühe zusammentreiben, Vieh füttern, melken, Stroh und Heu transportieren usw. Paul v. Kulessa wurde nach Rußland verschleppt. Daß ich damals nicht mitgenommen wurde, ist reiner Zufall gewesen. Die russischen Bewacher behandelten uns schlecht, das Essen war knapp und kaum genießbar.
Eines Tages, wir hatten die Hoffnung aufgegeben, daß man uns besser behandeln würde und daß wir nicht mehr hungern müßten, entschlossen wir uns nach Hause zu gehen. Wir wollten nach Plöwken. Das Leben hier war zu kärglich, die Not und die tägliche Suche nach etwas Eßbarem hatten uns zermürbt. Mit Gastwirt Kampf aus Dullen und dem Bauern Szodruch aus Plöwken verabredeten wir uns und machten uns heimlich auf den Weg. Als ich einmal in der Johannisburger Gasanstalt arbeiten mußte, hatte ich ein Handwagengestell gefunden, das hatten wir zurechtgebastelt und unsere Habseligkeiten darauf verpackt. Wertstücke hatten wir nicht mehr, aber einige Wäschestücke, eine alte Decke, etwas hartes Brot, das wir uns vom Mund abgespart hatten. Auch die Sachen von Kampf und Szodruch waren dabei.
Ohne Zwischenfall kamen wir nach Dullen, wo wir uns von Herrn Kampf verabschiedeten. Herr Szodruch, der bis nach Plöwken mitwollte, war eines Tages plötzlich verschwunden, und wir wissen nicht, wo er geblieben ist. Uns wurde später erzählt, daß er in Plöwken erschlagen worden ist.
In unser Haus und auf dem Hof waren inzwischen Polen eingezogen. Man gab uns sehr deutlich zu verstehen, daß wir unerwünscht waren. Zwei Tage duldete man uns im Haus, gab uns aber nichts zu essen und achtete darauf, daß wir uns nichts von unseren eigenen Sachen aneigneten, obwohl das meiste, was wir hatten zurücklassen müssen, sowieso den plündernden Russen in die Hände gefallen war. Traurig machten wir uns auf den Weg ins Ungewisse. In

Seedranken hatten die russischen Soldaten eine Straßensperre errichtet, in die wir unachtsam hineinliefen. Die Reise war zu Ende. Man verlangte Papiere, Ausweise, verhörte uns, nahm uns den Handwagen ab und transportierte uns schließlich mit weiteren Menschen, die die Russen dort oder in der Nähe aufgegriffen hatten, auf das ehemals schöne Gut Elisenhöhe.

Das Gutshaus war abgebrannt; man hatte zwei Insthäuser als Gefangenenlager hergerichtet. Früher wohnten hier vier Arbeiterfamilien, nun hatte man in jeden Raum 10 Menschen hineingepfercht, Frauen und Männer getrennt. Ein Stacheldrahtzaun war um das Lager herumgezogen worden. Die Räume waren kahl und leer. Mit der Zeit besorgten wir uns einige zerbrochene Möbelstücke, eine Kiste, einen Hocker. Ein gemeinsames Lager aus Stroh – keine Strohsäcke – war für die Nacht da. Man registrierte und durchsuchte uns wieder gründlich und horchte uns aus nach Parteileuten und wichtigen Persönlichkeiten. In diesem Lager waren unter anderem: Frau Levuhn mit ihren beiden Söhnen Heinz und Gerd aus Treuburg, Helmut Chitralla aus Erlental, eine Frau aus Monethen. Mehr Frauen als Männer lebten hier, und Jungen ab acht Jahren hielt man hier eingesperrt.

Die Verpflegung war genauso schlecht wie in Wigrinnen. Jeder bekam einen Löffel voll Zucker pro Tag, und für 10 Mann gab es ein rundes Fladenbrot. Man hatte eine Frau eingeteilt zum Kochen. Weil aber kaum etwas Kochbares da war, gab es täglich eine dünne Suppe, in der etwas schwamm, was nach Kartoffeln, Rüben oder Kohl roch und schmeckte. Das Lager wurde streng bewacht. Schläge gab es oft und reichlich. Obwohl nun eigentlich der erste Haß verflogen sein sollte, behandelten uns die Russen wie Sklaven, deren Leben nichts wert ist. So stell' ich mir das Leben eines mittelalterlichen Galeerensträflings vor. Frauen wurden vergewaltigt, man schlug uns blutig und peinigte uns, wie man es sich nicht schlimmer vorstellen kann. An der Straße, die nach Albrechtsfelde führt, keine 200 Meter von der Chaussee Treuburg–Lyck entfernt, liegen die verscharrten Leichen derer, die die Qualen nicht überstanden. Keine Grabkreuze zeigen an, wo diese Mitmenschen ruhen, die die Rechnung des verlorenen Krieges bezahlen mußten. Ohne Geistlichkeit und Gesang wurden sie in die Mulde geworfen, ohne Blumen und ohne Gebete. In der Liste des »Kapitans« wurde ein Name gestrichen, und die Arbeit ging weiter.

Auf dem Gut residierten nicht nur die »Inspektoren«, die das Lager bewachten und das Gut verwalteten, sondern auch der oberste Herrscher unseres Heimatkreises. Ein Kapitän – wir sagten der »Potporutschnik«. Er war wohl im Range eines Oberstleutnant. Ich weiß nicht, was dieser Titel aussagt. Es ist auch nicht wichtig.

Die Arbeit war für uns ausgemergelte Menschen schwer und hart. Vom Gut, dessen Stallungen und Wirtschaftsgebäude vom Feuer verschont waren, mußten wir alle Geräte, Maschinen, Motoren abtransportieren. Alles wurde nach Rußland verfrachtet. Auch aus anderen Betrieben des Kreises und aus der Stadt wurde alles abmontiert und verladen. Selbst die Eisenbahnschienen der Reichsbahn und der Kleinbahn wurden nicht verschont. Die Frauen, so auch meine Mutter, mußten das vorhandene Vieh versorgen und landwirtschaftliche Arbeiten verrichten. In den Ställen waren Pferde und Kühe untergebracht. Es waren nicht die Gutspferde, sondern vermutlich aufgegriffene Pferde der Treckzüge, die überrollt waren.

Mitte September 1945 sollte alles Vieh fortgetrieben werden. Meine Mutter und einige andere Frauen teilte man als Treiberkolonne ein. Ich wollte nicht von ihr getrennt werden, und so versuchte ich so lange auf die Verantwortlichen einzureden, bis man mich dem Begleitkommando zuordnete. Über Reimannswalde zogen wir in Richtung Goldap. Rechts und links vom Vieh die treibenden Frauen, ab und zu ein bewachender Russe mit übergehängtem Gewehr. Ich mußte einen Begleitwagen kutschieren, auf dem die Russen ihr Gepäck und andere Sachen verstaut hatten.

Bei Goldap wurde ich dann doch von meiner Mutter getrennt, da half kein Bitten und Betteln. Sie mußte mit den Tieren weiter nach Nordenburg, und mich zwang man, den Wagen nach Insterburg zu bringen. Natürlich ließ man mich nicht aus den Augen. Meine Mutter wurde später nach Treuburg gebracht, und mich steckte man in einen Gefangenentransport von etwa 2000 Gefangenen, der über Eydkuhnen nach Kaunas in Litauen abging. Von dort, ich war nur kurze Zeit in dieser Stadt, ging es weiter mit einem anderen Transportzug ins Innere von Rußland. Beim Aufenthalt auf dem Bahnhof in Minsk teilte man mich einem Arbeitskommando von fünf Männern zu, das den Auftrag hatte, die auf dem Transport gestorbenen Gefangenen zu verscharren. Und da die Russen den kurzen Aufenthalt auf dem Bahnhof nicht voraussahen, oft standen die Züge stundenlang auf den Bahnhöfen, blieben wir zurück und wurden ins Durchgangslager Minsk eingeliefert, das außerhalb der Stadt lag.

Wie in allen Lagern begann die Empfangsprozedur mit Durchsuchungen, Verhören und Schlägen. Viele Soldaten und Zivilisten sind durch dieses Lager gegangen, Männer, Frauen und Jugendliche. Uns Jungen hat man oft oberflächlicher »gefilzt«, aber die Älteren mußten sich ausziehen, auch die Frauen. Wir hörten von Vergewaltigungen und von Erschießungen. Ein eingesetztes Militärgericht fällte ohne »Federlesen« hohe Urteile. 20 Jahre Zwangsarbeit war eine normale Strafe für jemand, der bezichtigt wurde, in der NSDAP gewesen zu sein. Es wurde nicht viel nachgefragt nach der Vergangenheit; die Aussage eines anderen Gefangenen oder eines Russen oder Polen genügte zur Urteilsfindung.

Eines Tages wurde ich der Verpflegungskolonne zugeteilt, die Lebensmittel von der Stadt ins Lager bringen mußte, und weil ich mit Pferden von Hause aus umgehen konnte, pflegte ich die Tiere. Sie waren schwach und kraftlos und hatten zu leiden unter den lieblosen Begleitrussen. Das Futter wurde knapp zugeteilt, und es gab nur Stroh und etwas Heu; ganz selten etwas Melasse. Hafer und Stroh waren auch nicht vorhanden.

Später holte man mich zum Minenräumkommando. Auch hier durfte ich die Pferde pflegen und transportierte Material und Minen. Unsere Gruppe bestand aus 45 Pionieren, 4 Jungen und 6 Pferden; dazu kamen 60 sowjetische Soldaten und drei Offiziere. Auch die Russen sollten arbeiten, aber sie bewachten uns nur und faulenzten. Ihr Vergnügen war es, in der Gegend herumzuschießen. Sie machten uns das Leben schwer, bewachten uns streng und bedrohten uns mit ihren Maschinenpistolen, wenn wir nicht schnell genug arbeiteten. Während der Räumarbeit an den Minen hatten wir sogar Sprechverbot.

Meine Aufgabe war es, die gefundenen und entschärften Minen zu sammeln und zum Sprengen zusammenzufahren. Es waren viele verschiedene Minenarten, sogar russische Holzminen waren darunter, und nicht alle Minen waren ordnungsgemäß entschärft. An einer

Brücke fand man große Holzminen, die zwar gezündet, aber aus irgendeinem Grund nicht explodiert waren. Als diese unförmigen Dinger verladen waren, ließ ich die Pferde besonders vorsichtig gehen und begleitete den Wagen zu Fuß. Zur Mittagszeit löste ich das Pferdegeschirr, damit die Tiere am Wegrand etwas weiden konnten, setzte mich auf einen Stein und löffelte meine dünne Mittagssuppe. Plötzlich raste ein Militärfahrzeug vorbei, daß der Dreck spritzte. Die Pferde scheuten, der Wagen kippte und die Minen explodierten mit lautem Knall. Obwohl ich mich in den flachen Graben warf, als ich das Unheil kommen sah, habe ich doch schwere Verletzungen am Bein und an der Schulter abbekommen. Auch Russen und Mitgefangene wurden dabei verwundet. Außer den Pferden war aber niemand tödlich verletzt. Zwei Stunden lagen wir blutend und unversorgt, ehe Sanitäter kamen und uns ins Lazarett brachten. Hier flickte man mich zusammen und war freundlich zu mir, aber bereits nach zwei Tagen verlegten sie mich ins Lager zurück, wo ich langsam meine Wunden ausheilen konnte.
Zum Minenräumkommando brauchte ich nicht zurück. Ich wurde den Tischlern zugeteilt, die außerhalb des Lagers Reparaturarbeiten an Möbeln und Häusern durchführen mußten. Weil ich mich recht geschickt anstellte, erhielt ich mit der Zeit etwas mehr Freiheitsraum. Russische Frauen, bei denen wir Reparaturarbeiten machten, steckten uns gelegentlich etwas Eßbares zu, oder wir stahlen uns Lebensmittel, wenn wir eine Gelegenheit dazu fanden, und schmuggelten diese ins Lager zu den hungernden Mitgefangenen. Robert H., der auch aus einem Dorf unseres Kreises stammte, war oft mit mir zusammen. Einmal fanden wir in einer Hofecke einen Bottich mit eingelegten Gurken. Wir aßen und aßen »bis zum Gehtnichtmehr« und verstauten noch einige so gut es ging. Robert steckte einige unter seinen Hut, und als wir am Lagertor kontrolliert wurden – lief ihm der »Schweiß« von der Stirn –, die Gurken waren allzu saftig. Zwar rebellierten nach dieser Tour unsere Mägen, die eine so saure und reichliche Kost nicht gewohnt waren, aber das satte Gefühl tat uns gut bei der dauernden Hungerei. Karl N., ein anderer Mitgefangener, schaffte es einmal, einen ganzen Beutel voll Gerste ins Lager zu schmuggeln.
Einige sind aus diesem Lager geflohen, wurden aber meist wieder

eingefangen und hart bestraft. Die GPU-Leute schlugen uns bei jeder Gelegenheit. Oft gingen Transporte nach Sibirien ab. Auch zwischendurch wurden wir verhört und nach politischen Personen gefragt. Auch Ungarn und andere waren außer uns Deutschen in diesem Lager. Bevor das Lager aufgelöst wurde, erlebten wir eines Tages eine Inspektion, die von der UN eingesetzt war. Kanadier, Amerikaner, Schweden und Schweizer gehörten dieser Kommission an, aber es änderte sich nichts danach. Kranke und alte Frauen wurden entlassen und »nach Hause« geschickt. Der Rest, etwa 95% der Gefangenen, kam mit langen Transportzügen ins Innere von Rußland.

Auch die Tischlerei sollte geräumt werden. Als wir nachts den Stall, in welchem Material gelagert war, aufräumen sollten, bin ich mit Wolfgang Schulze aus Berlin geflohen. Wir wollten nicht nach Sibirien und traten den Weg ins Ungewisse an, Richtung Treuburg. Nachts schlichen wir entlang der Straße und tags suchten wir einen Schlafplatz im Wald oder in abseits gelegenen Scheunen auf. Obwohl es bereits Mai war, froren wir und hatten immer Hunger. Das mitgenommene harte Brot war bald aufgegessen. Gelegentlich konnten wir uns etwas Eßbares erbetteln, aber wir wagten es nur an abgelegenen Gehöften, wo keine Hunde waren, oder bei alleinstehenden Häusern zu klopfen. Sehr selten hatten wir Erfolg, die Polen sind hartherzig. Auf den Feldern war zu dieser Jahreszeit nichts zu finden. Nur in den Scheunen fanden wir manchmal Getreide oder Kartoffeln. Wir verirrten uns, trafen geflohene Soldaten, verließen diese, wenn es zu gefährlich wurde und richteten uns bei der Wanderung nach der Sonne. Als wir schon ganz kraft- und willenlos geworden waren, seit Tagen hatten wir nichts Eßbares gefunden, ergriff man uns in dem polnischen Dorf Rabalin, Kreis Suwalki. Man sperrte uns in einen Keller und begann mit Verhören und Schlägen. Vier Tage lang versuchte man Dinge von uns zu erfahren, die wir nicht wußten. Uns war alles gleichgültig, wir wollten nur schlafen und essen. Mit einem Auto brachte man uns anschließend in den Kreis Treuburg nach Legahof, in das dort bestehende Lager. Hier lebten etwa 20 bis 25 Personen zu jener Zeit. Unter ihnen war auch Siegfried Moldenhauer aus Lindenhof, Wolfgang Schulz aus Berlin, Siegfried Rapski aus Treuburg, Horst Hegner aus Duneiken, Kar-

powski – ein Volksdeutscher aus Suwalki, ein Helmut aus Duneiken und ein Feyer, der auch aus dem Kreis Treuburg stammte.
Wir verrichteten landwirtschaftliche Arbeiten. Ich wurde wie so oft als Kutscher eingesetzt, wir pflügten, säten und ernteten. Das Lager war im Haupthaus eingerichtet, zwei Stuben hatte man abgetrennt, in denen man uns abends einschloß. Hier war es nicht anders als im Lager Elisenhöhe. Man schlug uns, besonders dann gab es reichlich Schläge, wenn die russischen Posten getrunken hatten, und dies kam oft vor. Das Essen war schlecht, und es gab oft Verhöre. Ich erinnere mich an den Bürgermeister von Erlental, Paprottka, er war ein alter Mann und hat aus Not und Verzweiflung ungute Aussagen gemacht. Später fiel er in Ungnade und ich habe ihn tot in Nori gesehen. Es war eine schwere Zeit damals, und jeder versuchte auf seine Weise sein Los erträglicher zu gestalten. Ein Bauer aus Königsruh wurde erschossen und eine Postangestellte vom Postamt in Treuburg.
1947 zogen die Russen aus Südostpreußen ab, und die Polen übernahmen die Verwaltung und die Gefangenen. Es änderte sich nichts. Das Essen wurde nicht besser, unsere zerlumpte Kleidung wurde nicht erneuert, wir bekamen weiterhin Schläge und Fußtritte – nur waren es jetzt polnische Stöcke und Stiefel. Die Wachmannschaft war nun nicht mehr so militärisch, es folgte ein polnischer Schlendrian. Als das Lager Elisenhöhe aufgelöst wurde, steckte man uns in die alten Baracken, die in der Grenzstraße nach Treuburg standen. In der Zeit des III. Reiches sollen hier arme Leute drin gewohnt haben. Hier erging es uns etwas besser, nicht viel besser, aber wir waren für jede menschliche Regung dankbar. Es gab hier keinen Stacheldraht mehr, und ab und an huschte ein Lächeln über unser Gesicht. Lachen konnten wir erst sehr viel später, als alle Strapazen überwunden waren. Es kam auch schon mal ein Brief aus dem Westen an, und der Wunsch wurde wach, die zerschundene und kaputte Heimat zu verlassen.
Alle, die im Lager lebten, hatten nicht für Polen optiert. Wir erhielten pro Arbeitstag Marken im Wert von 15 Zlotych, die wir sammelten, um uns davon zusätzliche Lebensmittel zu kaufen. Ein Kilo Mehl kostete 100 Zlotych. Uns fehlte dringend Kleidung und Schuhwerk. Wir konnten nichts ergänzen, nur was wir in Kellern und auf

Dachböden fanden, flickten wir uns zusammen, trugen ungleiche Schuhe und sahen aus wie Lumpensammler.

Unsere Stadt sah traurig aus. Nicht nur die Polen, die aus allen Teilen ihres Reiches gekommen waren, hatten das Bild verändert, und die Trümmer und Schutthaufen, sondern auch die Natur, das Wetter und die Luft waren anders. Oder waren wir durch das Leid und die Not so verändert, daß wir es so trostlos empfanden? Zwar regte sich zaghaft ein geschäftliches Leben im Ort, es gab Markttage, Kleinhandwerker etablierten sich am Markt und in den Straßen, aber gegenüber unserem früheren Treuburg war der Ort ungemütlich, trostlos und tot. Außerhalb des Lagers lebten noch einige Deutsche, die wir auch gelegentlich sprechen konnten: Dorß aus Plöwken wohnte in Treuburg, Frau Markowski aus Treuburg wohnte in der Memeler Straße, in Schönhofen lebte Ottilie Szodruch.

Wir wurden zu Arbeitstrupps zusammengestellt und mußten verschiedene Arbeiten verrichten: Gräben ausheben, Wasserrohre verlegen, Schutt beiseiteräumen, zerstörte Häuser abreißen, Transportarbeiten verrichten und Ziegel klopfen. Die Mauersteine der zerstörten Häuser wurden vom Schmutz und Mörtel gereinigt, auf Haufen gestapelt und auf LKWs verladen. Die Wagen fuhren nach Suwalki, wo die Steine auf Güterwagen umgeladen werden mußten. Von dort kamen sie nach Warschau. Die Bahnstrecken im Kreis waren noch unbrauchbar. Erst 1948 verlegte man je einen Schienenstrang von Treuburg nach Lyck und nach Suwalki.

Ich wurde zur Betreuung von Pferden und für Transportarbeiten eingeteilt. Einmal in der Woche mußte ich nach Raczki fahren, um Pferdefutter und Lebensmittel für die Gefangenen zu holen. Für die Strecke von kaum 25 Kilometer brauchte ich immer zwei Tage. Die Pferde mußten wie wir leiden, sie bekamen kein ordentliches Futter. Schon viele Tiere waren verendet. Als dann UNRA-Pferde aus Amerika geliefert wurden, schwere Kaltblüter, die nicht an Strapazen und Futtermangel gewöhnt waren, gingen die meisten in kurzer Zeit ein. Im folgenden Frühjahr waren nur noch drei solcher Pferde nachgeblieben. Die Polen, die uns bewachten, verstanden nichts von der Landwirtschaft und von der Tierhaltung. Es leuchtete ihnen nicht ein, daß Pferde nicht von Stroh allein leben können. Auch das Interesse am lebenden und toten Gut fehlte ihnen, weil alles was sie

umgab Staatseigentum war. Sie waren brutal zu den Pferden, traten und schlugen sie mit Peitschen und Knüppeln, genauso wie es die Russen mit ihren Gewehrkolben getan hatten.
Eines Tages kamen polnische Soldaten mit Lastwagen an. Wir sollten nach Oberschlesien mitfahren, um dort Steinkohle zu laden, die nach Treuburg gebracht werden sollte. Weil wir Hunger hatten, ohne Essen losfahren sollten und befürchteten, daß wir auch unterwegs nichts zu essen bekommen würden, weigerten wir uns standhaft aufzusteigen. Da war Herr Kargoll aus Erlental dabei, Gustav aus Teichwalde und Horst Hegner aus Duneiken. Die Soldaten wurden wütend und sperrten uns im Stall ein. Dann wurden wir dem »Porutschnik« im Rathaus vorgeführt – der tobte und schrie uns an. Mit Gewehrkolben schlug man auf uns ein, und der Offizier hatte einen Knüppel, mit dem er uns bearbeitete. Da half kein Erklären und kein Bitten, man sperrte uns in Einzelzellen und gab uns drei Tage lang nichts zu essen. Nach dieser Strafe mußten wir unseren Abstimmungsstein vergraben. Es wurde eine Grube gegraben neben dem Sockel und dort ruht das Dokument, das beweist, daß dort von 28627 Bewohnern nur 2 Polen waren. – Deutsche lebten hier und keine Polen. – Mit Erde bedeckten wir den Stein, stampften den Boden fest und wurden wieder ins Rathaus zur UB geführt, wo man uns weiter verhörte. Die UB ist Polens Geheimpolizei. Karl und Gustav brachte man nach Minjmassojets ins Straflager; Heinz Hegner und mich verschickte man auf eine Kolchose in Pultusk. Hier wurde ich von Heinz Hegner getrennt. Ich hörte später, daß er optiert hätte und später doch in den Westen entlassen wurde.
Es schlossen sich weitere Lager und Arbeitsplätze in Polen an: Kelzie in der Nähe von Lemberg, Norrie, Bialystok und Tschenstochau. Von Norrie versuchte ich zu fliehen, wurde wieder ergriffen. In Kelzie arbeitete ich in einer Fabrik, die Dachpfannen aus Zement herstellte.
Als ich auf der Kolchose bei Warschau arbeiten mußte, gelang es mir mit einem Jungen aus Lehnarten, der dort im Insthaus gewohnt hatte, Warschau zu erreichen, und wir fragten uns zur britischen Botschaft durch. Ich erinnere mich noch heute daran, wie wir in der Pius-Ulica von den Engländern freundlich aufgenommen wurden, wie unsere Personalien aufgeschrieben wurden und ich meine Anga-

ben machte in der Hoffnung, nun endlich zu meinen Angehörigen in den Westen zu kommen. Ich erhielt ein Formular, das ich an meine Angehörigen in den Westen schicken sollte. Ich wollte zu meinem Vater, der in Holstein lebte, oder zu meiner Cousine in Volmarstein. Es waren noch viele Leute in der Botschaft, deutsche Internierte wie wir. Der Traum dauerte nicht lange. Als wir polnische Polizisten ins Haus kommen sahen, konnten wir uns noch in einer Kammer verstecken. Aber kein Engländer war da, als man die Leute rausholte, keiner stand ihnen bei, niemand beschützte sie.

Noch einmal kam ich in den Kreis Treuburg zurück. Nach Nordental, zusammen mit Moldenhauer und Wolfgang Schulz. Damals bin ich viel im Kreisgebiet herumgekommen: Nach Gelitten, nach Neumühl, Heinrichstal, Bolken usw.

Ich habe erfahren, daß die Polen Herrn Hugo Lottermoser, der auf dem Abbau von Königsruh nach Plöwken auf seinem Hof hauste, erschlagen haben.

Es war eine traurige, erlebnisreiche, erbarmungslose Zeit. Den ganzen Haß, die Wut der Sieger habe ich und mit mir viele Treuburger Landsleute ertragen müssen. Ich habe Not und Elend gesehen, die sich unsere heutige Welt nicht vorstellen kann.

Über Hundsfeld in Schlesien, wo ich zufällig meine Mutter wiederfand, kam ich am 4. 7. 1950 frei und in den Westen. Mein Leben lang werden mich die schrecklichen Bilder meiner Jugendtage in der Heimat verfolgen.

E. B.

Unter Russen und Polen 1945

Als uns im Januar 1945 der Fluchtbefehl erreichte, tobte der Kampf bereits um Mohrungen, und die Vorhuten stießen schon auf unser Heimatstädtchen Pr. Holland vor, durch das unser Weg führen sollte. Ich entschloß mich nur zögernd, den Hof zu verlassen, denn bei dem hohen Schnee und der eisigen Kälte war an ein Fortkommen mit bepackten Wagen kaum zu denken. Außerdem war die Treckstraße vollkommen verstopft. Mein Mann war gefallen, meine Kinder noch klein, fünf und acht Jahre; als evtl. Kutscher waren nur Ausländer da, und vor mir standen 13 Mütter mit ihren teils kranken Kindern, die auf meine Anordnungen warteten. Wir sagten uns, dann lieber zu Hause sterben, wenn es sein müßte, als zu sehen, wie die Kinder auf der Landstraße erfrieren. – Was wußten wir damals wohl, was Krieg im Lande heißt. – Doch wir kamen nicht mehr viel zum Überlegen. Berittene Truppen forderten uns auf, sofort den Hof in Richtung Braunsberg zu verlassen.
Nun überstürzten sich die Ereignisse. Die Straße war voller Treckwagen und zurückflutendem Militär. Wir kamen nur mit leichtem Handgepäck bis Mühlhausen, da war der Russe schon da. Die Treckkolonne wurde beschossen, alles auseinandergesprengt, keiner fand den anderen mehr, aus den Orten wurde das Feuer erwidert, der Kampf tobte um uns, wir waren mitten drin. Ich lag im Schnee, die Kinder neben mir, zwischen Russen und stöhnenden Verwundeten, ich glaubte, den Verstand zu verlieren.
In einer kleinen Kampfpause wurden die gefangengenommenen Landser sowie jüngere Zivilisten auf den Treckwagen sofort erschossen, wir Frauen und die Alten einzeln zum Verhör geführt. Ein älterer Herr, Finanzbeamter aus Osterode, lag noch mit Genickschuß da, als ich zum Dolmetscher geholt wurde; sicher hatte er nicht die gewünschte Auskunft gegeben. Auf meine Bitte, meine Kinder und mich zu erschießen, wurde mir zynisch geantwortet: »Wir brauchen

gesunde Frauen.« – Was das bedeutete, haben wir später erfahren. – Ich wurde sofort verdächtigt, Lehrerin zu sein und die Kinder antikommunistisch unterrichtet zu haben. In dieser Angelegenheit bin ich viermal vorgeführt worden, sicher aus Spaß an seelischer Quälerei.

Als sich der Kampf weiterzog, wurden wir in ein Dorfgasthaus gebracht (Sammellager) und sortiert. Alle jungen Mädchen, kinderlose Frauen und Männer unter 60 Jahren, die nicht sichtbar krank waren, wurden abgeführt. Man sagte uns, zu Aufräumungsarbeiten am Bahnhof. Damals glaubten wir es noch. Wir haben sie nie wiedergesehen. Mein Kindermädchen, 15 Jahre, die man auch mitnahm, ist vor zwei Monaten aus Sibirien zurückgekehrt. Nicht alle Kommissare handelten so human, an anderen Orten wurde keine Rücksicht auf die Kinder genommen, die Mütter wurden mitgeführt, die Kinder blieben allein.

Uns anderen wurde geheißen, nach Hause zu gehen und die Arbeit unverzüglich aufzunehmen. Wir wanderten die leichenbedeckten Straßen entlang, die weinenden Kinder an der Hand, an Trümmern und brennenden Orten vorbei. Zu Hause derselbe trostlose Anblick, alles zertrümmert und zerstört, dazwischen schnüffelnde Russen, die uns gleich unser Handgepäck durchsuchten. Hier konnten wir unmöglich bleiben, hier war es auch für mich als Besitzerin des Gutes zu gefährlich. Wir gingen auf ein kleines Anwesen, wo sich immer mehr Wandernde einfanden, einer suchte die Nähe des anderen, keiner wollte allein bleiben.

Nun begann die Schreckenszeit, es blieb uns nichts erspart. Wir wurden zusammengetrieben, 20–30 Personen in einem Raum. Von hier aus wurden wir zur Arbeit geholt, hier tobten nachts die Horden mit den Frauen ohne Rücksicht auf die Kinder oder holten sie sich mit Gewalt in ihre Quartiere. Wir versteckten uns im Heu und Stroh auf den Schuppen, lagen draußen im Schnee in den Unterständen, unter Friedhofshecken und Grabumrandungen. Dann wurden die Kinder bedroht: »Wo ist Mutter? Wenn Ihr nicht sprecht, schießen wir.« Wir hörten dann ihr angstvolles Schreien.

Am Tage wurden wir zur Arbeit geholt zum Viehtreiben, Getreideschippen, Waschen, Melken, später Kartoffeln einmieten und Leichen beerdigen. Dabei war uns strengstens untersagt, den Toten

Papiere abzunehmen. So wurden bei uns Tausende in den Wäldern, auf den Wiesen und an den Gräben beerdigt, deren Angehörige nie mehr etwas von ihnen erfahren werden. Wenn wir abends heimgingen, wurden wir von anderen Arbeitskolonnen aufgegriffen, an andere Orte zur Arbeit gebracht und kamen dann nach Tagen erst heim. So kam es oft, daß Frauen ihre Kinder ganz verloren. Wer sich widersetzte, bekam Schläge mit dem Kolben oder einem Stock, den die Posten meistens bei sich trugen. Wir waren ja vogelfrei, jeder konnte mit uns tun, was er wollte. Wir waren seelisch vollkommen zermürbt.

Wir hatten kaum noch etwas anzuziehen, alles wurde uns fortgenommen, verlaust und zerlumpt gingen wir zur Arbeit. Aus alten gefundenen Lumpen nähten wir uns Sachen, niemals Ruhe vor Plünderern und Horden. Dazwischen Kommissare, die Frauen für die Arbeitslager suchten, sie hatten es besonders auf etwas Korpulente abgesehen, von denen sie annahmen, daß sie Besitztum gehabt hatten und nicht gearbeitet hatten. Da ich verhältnismäßig klein und schlank war, fiel man dabei nie auf mich. Nur einmal war einem suchenden Kommissar irgendwie meine Herkunft bekannt geworden, und nur dadurch, daß ich bei ihm in der Küche arbeitete und zu seiner Zufriedenheit kochte, entging ich dem Arbeitslager.

Der Sommer kam, und wir durften uns jetzt etwas auf die leerstehenden Häuser verteilen. Die Arbeitskommandos wurden von festen Kommandanturen abgelöst. Wir arbeiteten nun beim Vieh, auf den Feldern oder in den Küchen. Bestellt wurden die Felder nur, wo eine Kommandantur Vieh hatte, auch da nur etwas Kartoffeln, Rüben, evtl. Hafer, alles andere blieb brach liegen. Die Lebensmittel wurden immer knapper, selbst den Russen. Das Getreide war fortgeschafft. Vieh gab es wenig, alles war abgetrieben, die Kartoffeln verladen. Wir hatten uns heimlich welche gepflanzt, die wir auf dem Friedhof versteckt hatten. Ich hatte Glück, auf einer Polizei-Kommandantur Arbeit zu finden, wo ich auch etwas Verpflegung für die Kinder mitbekam. Die Hungersnot nahm zu, die alten Leute, die nicht arbeiten konnten, siechten dahin und starben an Unterernährung. Meine Kinder gingen, während ich zur Arbeit war, von meinen eigenen Feldern Ähren stehlen zu Brot, ebenso Obst, um eine Suppe zu bekommen. – Plötzlich brach Typhus aus, die Menschen starben wie die Fliegen. Auch ich lag mit meinen Kindern krank, kein ordentliches Essen, keine ärztliche Hilfe, keine Pflege; es war eine fürchterliche Zeit.

Allmählich zog sich der Russe zurück und überließ das Gebiet bis Braunsberg den Polen. Alles, was wir noch hatten, wurde beschlagnahmt, sogar unsere mühselig gezogenen Kartoffeln. Dieses dreckige verstohlene Gesindel, das hier herbeiflutete, hatte nichts und fand nicht viel; gehässig und verschlagen beraubten und belogen sie einander, von uns hatten sie nur noch die Arbeitskraft, die sie auch weidlich ausnützten.

Wir hörten von Transporten ins Reich. Jeder wollte raus aus dem Elend. Der Winter stand vor der Tür, zu essen und anzuziehen hatten wir fast nichts, die Kinder wurden immer elender. Nur war es nicht so einfach, Papiere zur Ausreise zu bekommen. Wer konnte die Bedingungen erfüllen, und jedes Mal waren es andere.

Zuerst kamen nur Alte und Kranke in Frage und erst diejenigen aus den Städten. Dann wurden wieder einzelne Ortschaften systematisch erfaßt und abtransportiert. Wir warteten und hofften und mußten noch bleiben. Wir hörten von den ausgeplünderten Transporten, den erfrorenen Kindern unterwegs und trotzdem [war] unser einziger Gedanke »fort von hier«. Viele versuchten es auf eigene Faust, wurden von der Polizei ergriffen, mißhandelt und zurückgebracht.

Ich hatte Arbeit in der Bahnmeisterei Güldenboden als Wirtin gefunden, bekam etwas Geld und konnte so für die Kinder und an Lebensmitteln etwas kaufen. Für 1½ Tage Arbeit = 1 kg Brot. »Hatte man uns im Reich vergessen? Wußte man nicht, daß es hier noch deutsche Menschen gab, die hungerten und darbten?« – so waren unsere Fragen. Deutsch durften wir nicht sprechen, wir wurden angespien. »Deutsches Schwein« war unsere Anrede.

Der Sommer kam, nichts änderte sich. Es hieß, sofern die Ernte eingebracht ist, werdet ihr abtransportiert. Welche Ernte? Die Felder lagen brach, nur um die Häuser herum wurden etwas Kartoffeln und Getreide angebaut für den eigenen Bedarf. Das UNRRA-Getreide, das zur Saat geliefert wurde, wurde von den polnischen Bauern zum größten Teil zu Schnaps gebrannt oder verbacken. Nur längs der Straßen wurde geackert, sinnlos, in zu später Jahreszeit; evtl. kon-

trollierende Kommissionen sollten den Eindruck haben, alles wäre unter Kultur, überall würde gearbeitet, wie man mir sagte.
Die Polen überboten sich beinahe an Gehässigkeit uns gegenüber, vornehmlich die Frauen, jeden Tag Verleumdungen, Beschimpfungen, Schikanen. In dieser Zeit wurde ich auch wegen Spionage verhaftet, ebenso meine älteste Tochter, 9 Jahre. Es war uns strengstens verboten, irgendwelche Bücher oder sonst etwas Schriftliches zu besitzen; man entdeckte bei mir alte Kochbücher und einige Seiten aus einem Volksschulatlas, was die Kinder gefunden hatten. Die Verhöre waren furchtbar, schlimmer noch die Angst um die Kinder. Da ich Arbeit hatte, kam ich nicht ins Lager, sondern wurde bald freigelassen.
Plötzlich wurden alle Deutschen aus polnischen Diensten entlassen, wir standen wieder vor einem Winter. Ohne Arbeit, ohne Brot, ohne Brand, ohne warme Kleidung. Da gab uns der polnische Bürgermeister frei, auf eigene Gefahr hin zu versuchen, das Sammellager Stettin zu erreichen. Vielen glückte es, auch mir, vielen mißlang der Versuch, sie kamen zurück ins Arbeitslager.

Aus: Dokumentation der Vertreibung der Deutschen aus Ost-Mitteleuropa. Bd. I, 2., Bonn o. J. (1954)

B. L.

Unter russischer Herrschaft in Gumbinnen und Umgebung

Ich wurde als Jahrgang 1893 im Oktober 1944 von Gumbinnen aus Soldat und am 9. Mai 1945 bei Berlin-Pankow von den Russen gefangengenommen. Nach dem Durchgang durch viele Gefangenenlager in Brandenburg und Pommern glückte es mir, im Juni 1945 nach sechs Wochen Gefangenschaft wegen akuter Bindehautentzündung entlassen zu werden. Wohin aber nun? Ich hatte Gumbinnen als meinen Heimatort angegeben, und prompt erhielt ich einen Entlassungsschein und auch einen Fahrschein nach Gumbinnen. Nach einer Eisenbahnfahrt mit vielen Beschwernissen stand ich am 1. Juli 1945 auf dem zerstörten Bahnhof von Gumbinnen.
Es war in den frühen Morgenstunden zwischen 3.00 und 4.00 Uhr. Kein Mensch war zu sehen. Öde, leer, verlassen, mit Schutt und Schmutz überhäuft waren die Straßen. Ich kam durch die Königstraße, über die Holzbrücke, die die Russen in der Verlängerung der Poststraße über die Pissa gebaut haben, bis zum Königsplatz. An dem Denkmal Friedrich Wilhelm I. standen zur Sicherung des Königsplatzes zwei russische Posten mit Gewehren. Ich zog mich zurück. Die Russen sahen mich nicht.
Ich trabte durch die Poststraße–Dammstraße nach der Wilhelmstraße, um nach meiner Wohnung in der Parkstraße zu gelangen. Auch hier fand ich nichts als leere Räume. Es wurde unheimlich. Noch immer hatte ich außer den beiden Posten keinen Menschen gesehen. Ich suchte deutsche Landsleute. Ich marschierte weiter nach Preußendorf (Pruszischken). Ich mußte weit durch das wenig zerstörte Preußendorf laufen, bis ich auf dem Grundstück Gärtnerei Wengrofski die ersten deutschen Landsleute sehen und sprechen konnte. Es waren der alte Fleischermeister Schönke mit Schwiegertochter und Enkelkindern, Frau Hinz, Franz Schätzki, Rudolf Fischer, Frau Schneider aus Thuren, Frau Hundsdörfer mit Kindern und Fritz Gruber aus Preußendorf. Ungefähr 18 bis 20 Landsleute hatten auf

diesem Grundstück eine Bleibe gefunden. Ich wurde hier freundlich aufgenommen und erhielt zum ersten Mal seit Wochen ein warmes Essen. Hier blieb ich wohnen.
Preußendorf war von russischen Soldaten belegt. Die Soldaten hatten fast alle bewohnbaren Häuser für sich in Anspruch genommen. Auf einem Grundstück war eine Schlächterei eingerichtet. Täglich wurden hier zehn bis fünfzehn Rinder geschlachtet. Die Russen hatten in Preußendorf einen großen Teil des von den Deutschen zurückgelassenen Viehs gesammelt. Es wurde also ohne Maß und Ziel geschlachtet. Von den geschlachteten Rindern nahmen die Russen nur das Beste. Minderwertige Teile und besonders die inneren Teile wie Leber, Herz usw. warfen sie weg. Diese Abfälle wurden in Lauf- und Schützengräben geworfen und mit Erde beschüttet. Und hier sei auf die Gutmütigkeit vieler russischer Soldaten hingewiesen. Wir Deutschen durften uns fast täglich von diesen frischen Fleischabfällen holen, soviel wir wollten. Die russischen Soldaten kamen auch zu uns. Wir mußten ihre Wäsche waschen, und wir erhielten dafür und für andere Verrichtungen Brot, Lebensmittel. In Preußendorf haben wir nicht gehungert.
1946 mußten wir auf Befehl der russischen Wehrmacht Preußendorf räumen, wir sollten nach Gumbinnen ziehen. Die Stadt war mit der Zeit wieder belebter geworden. Einige Hundert russische Zivilisten hatten sich dort niedergelassen, und auch Deutsche hatten sich mehr und mehr wieder eingefunden. Die Russen nahmen Wohnung in den unzerstörten Häusern, und Deutsche, die man dort antraf, mußten das Feld räumen und sich eine andere Bleibe suchen. Manche Deutsche sind dauernd im Umzug gewesen.
Ich wohnte fast drei Jahre lang mit etwa 20 Landsleuten Meelbeckstraße 12. Es war die frühere Wohnung des Schuhmachermeisters Zielasko. Dieses Haus war sehr zerfallen, darum haben uns die Russen hier nicht herausgeholt. So wohnten in allen Teilen der Stadt, wo immer sich die Gelegenheit bot, deutsche Landsleute. In alten oder verfallenen Häusern, überall, wo sie glaubten, nicht von Russen vertrieben zu werden, hatten sie sich eingerichtet. In der Poststraße und in der Langen Reihe hausten 150 bis 200 deutsche Landsleute. In manchen Räumen hatten drei bis fünf Familien zwangsläufig ein Unterkommen gefunden.

In den Jahren 1947/48 waren ständig etwa 1000 Deutsche in Gumbinnen. Es waren nicht alles frühere Gumbinner, der größte Teil davon waren Landsleute, die aus anderen Orten Ostpreußens hierher gekommen waren. In den größeren Städten Königsberg, Insterburg u. a. wurde den Deutschen das Leben recht schwer gemacht. Wer es ermöglichen konnte, zog nach einer kleineren Stadt in der Nähe der litauischen Grenze. Hier lebte es sich durch die nähere Verbindung mit Litauen und Lettland leichter. Wenn man von dort mit Hamsterrucksäcken kam, brauchte man nicht Insterburg oder gar Königsberg zu passieren, wo die Miliz besonders streng mit der Kontrolle war.

Die Zivilrussen, die unsere Stadt bevölkerten, kamen aus allen Gegenden Rußlands. Sie kamen in einem Aufzug, der bei uns nur Kopfschütteln hervorrufen konnte. Zerlumpt, verdreckt stachen sie von uns Deutschen, die wir auch nicht mehr sehr gepflegt aussahen, recht merklich ab. Sie bezogen also die Häuser und Wohnungen, die man uns vorenthielt, brauchten für die ganze Familie nur einen Wohnraum, während in den anderen Räumen ihr Vieh und sonstige mitgebrachte Dinge untergestellt wurden.

Mit der Zunahme der russischen Zivilbevölkerung begann auch ein wirtschaftliches Leben wieder in Gumbinnen aufzukommen. Zum Verkauf von Lebensmitteln und allen anderen Bedarfsartikeln wurden Magazine (Verkaufsläden) aufgemacht. 1948 waren in Gumbinnen 10 bis 15 Magazine, dazu kamen noch 20 bis 30 Restaurationsbetriebe, die sich über die ganze Stadt verteilten. Für Rubel bekam hier jeder, was er brauchte.

Neben diesen staatlichen Verkaufsstellen gab es in Gumbinnen noch einen Schwarzen Markt. 1946 bis 1947 war er auf dem Turnplatz in der Hindenburgstraße. 1948 wurde er in einen Schuppen der Holzhandlung Birnbacher, Königstraße, verlegt. Hier verkauften die Zivilrussen ihre Erzeugnisse: Milch, Butter, Eier, Gemüse usw., und hier hat mancher Deutsche seine letzten Sachen verkauft, um sein Leben zu erhalten. Eine noch größere Verkaufsstelle dieser Art war der Schwarze Markt in Wirballen.

Hier kauften und verkauften Deutsche, Russen und Litauer. Aus ganz Ostpreußen kam man nach dort, um Sachen besser zu verkaufen und um Lebensmittel bedeutend billiger einzukaufen. Die Deutschen brachten zum Teil eigene, zum Teil gefundene oder ausgegra-

bene Sachen aus den Ruinen der Häuser und Gärten. Auf diesem Markt wurde alles angeboten: Forken, Spaten, Handwerkszeug, Nägel, Haushaltsgegenstände, Töpfe, Pfannen, Porzellan, Bekleidungsstücke, Anzüge, Frauenkleider, Schuhe. Alles ging zu verkaufen und wurde von den Litauern gerne gekauft. Besonders gefragt waren landwirtschaftliche Geräte: Eggen, Pflüge, Wagenräder, Maschinen. Lieferanten dieser Sachen waren viele Deutsche von den Kolchosen, die sich für den Erlös Arbeitskleider kauften.
Die Litauer boten dagegen: Butter, Eier, Fleisch, Gemüse, Kartoffeln, alles wesentlich billiger als in den Städten Ostpreußens. Der Markt fand zweimal in der Woche statt. Es war stets ein Auftrieb von 150 bis 200 Bauernwagen. Ein Personenzug, ein sogenannter Arbeitszug, der morgens von Insterburg nach Wirballen und mittags wieder zurückfuhr, begünstigte den Einkauf in Wirballen. Der Zug mit fünf bis sechs Wagen für Personen und zwei bis drei Wagen für Güter war an Markttagen von Deutschen und Zivilrussen überfüllt. Oft ging es den Deutschen schlecht. Brauchte die russische Miliz (Polizei) Schnaps, nahm sie den Deutschen ihre Sachen ab und vertrieb sie vom Markt. Auch auf dem Markt selbst mußte der Deutsche sehr aufpassen. Es wurde unheimlich viel gestohlen. Mit Rasierklingen wurden Taschen, Rucksäcke, oft auf dem Rücken des Trägers, aufgeschnitten. Neulinge kamen selten ohne Lehrgeld ab.
Im allgemeinen kümmerte sich der Russe um uns Deutsche nicht. Wir kamen nur dann mit ihm in unsanfte Berührung, wenn er unsere Wohnungen, unsere Kleider oder andere Sachen brauchte, dann waren sie sein Eigentum. Wie wir lebten, ob wir hungerten, darbten, verkamen oder starben, war ihm gleichgültig. Anfang 1946 fand eine Registrierung der Deutschen statt, die jedoch nicht vollständig durchgeführt wurde. Erst im Jahre 1947 wurde der Paßzwang für alle Deutschen eingeführt. Von nun an fanden rege Kontrollen statt. Diese Paßkontrollen wurden durch die Miliz in den Wohnungen vorgenommen, vielfach am späten Abend oder des Nachts. Solange sich noch nicht genug Zivilrussen in Gumbinnen angesiedelt hatten, waren die Deutschen von den russischen Militär- und Zivilkommandanturen als Arbeiter gefragt. Die deutschen Männer und Frauen wurden mit Waschen, Aufwarten, Entrümpeln der Straßen und anderen Arbeiten beschäftigt. Wer Spezialist war, wur-

de gesucht. Spezialisten waren: Maurer, Maler, Schneider u. a. Die verdienten Rubel reichten in der ersten Zeit kaum dazu aus, um Brot zu kaufen. Später wurde die Bezahlung besser. Spezialisten haben verschiedentlich sogar sehr gut verdient. Wer aber nicht mehr arbeiten konnte, wer nichts mehr zu verkaufen hatte, unseren alten und kranken Landsleuten ging es sehr schlecht. Sie darbten dahin, bis der Tod sich ihrer annahm. Die meisten sind an Entkräftung und Hungertyphus gestorben.

Sehr viel haben wir uns gegenseitig geholfen. Es war für alle schwer, die Zeiten des Hungers und der Kälte zu überstehen. Viele, allzu viele deutsche Landsleute sind den Strapazen des Elends erlegen. So zählen wir unter diese Opfer Kaufmann Birnbacher und Viehhändler Conrad und noch viele andere Gumbinner.

Ich selbst habe meinen Lebensunterhalt damit verdient, indem ich für die Magazine (Verkaufsläden) Brennholz beschaffte. Jeden Tag habe ich aus Hausruinen Holz geholt und sechs bis acht Körbe kleingemacht. Als Anfang 1948 immer mehr Zivilrussen zuzogen, wurde ich nicht mehr gebraucht. Ich bin dann auf Fahrt nach Litauen gegangen.

Und wie gestaltete sich sonst unser Leben? In kurzer Zeit waren wir gezwungen, uns völlig umzustellen. Was uns früher unmöglich gewesen wäre, jetzt ging es. Der Fußboden war unser Bett, ein Mantel oder eine alte Decke unser Deckbett. Unsere Wäsche, unsere Kleider waren zerrissen, unsere Schuhe gingen auseinander. Zum Waschen und Rasieren fehlte uns die Seife. Die Haare beschnitten wir uns gegenseitig. Läuse, Wanzen und besonders Flöhe waren ständig mit uns und um uns. Mit allen Mitteln versuchten wir, uns selbst und, wenn es möglich war, unsere Unterkünfte sauber zu halten. Die aufdringlichen Gäste fanden sich trotzdem immer wieder bei uns ein.

Wir besuchten uns gegenseitig, um uns auszusprechen und besonders um Pläne zu schmieden, wie man fortkommen konnte. Wir wollten unser Leben ja nicht beim Russen beschließen. Wir nahmen teil an Gebetsstunden, die in größeren Wohnungen abgehalten wurden. In unseren Gesprächen bei unserer Arbeit mußten wir vorsichtig sein, man konnte zu leicht auffallen. Dann waren wir bei Tag und Nacht nicht sicher. Die GPU oder NKWD konnte jeden zum Verhör, zur Untersuchung holen: »Du Spion, du Faschist?« Und einige sind nicht wiedergekommen.

Eine Verbindung mit der Außenwelt, mit Deutschland, gab es im Jahre 1945 noch nicht. Wir wußten nichts und hörten nichts. 1946 kam dann die erste Post aus Deutschland. Sie wurde in dem früheren Eisenbahngebäude, Meiserstraße 5 (Medizinaluntersuchungsamt), verteilt. Postverteilerin war Fräulein Gross, früher Stallupöner Straße. Ende 1947 wurde Fräulein Gross abgebaut. Die eingehende Post wurde auf einen Tisch im Postraum gelegt, und jedermann konnte darin suchen und seine Post und die seiner Bekannten mitnehmen. Dabei ist sehr viel Post verlorengegangen und nicht an die richtige Stelle gekommen. Die Post war durchschnittlich drei Monate unterwegs, bis sie in Gumbinnen den Empfänger erreichte. Aber nur ein Teil meiner deutschen Leidensgenossen war so glücklich, Post zu erhalten. Die meisten waren ja irgendwo mit ihren Angehörigen, Verwandten und Bekannten auseinandergekommen. Es wußte ja einer vom andern nichts.

Ich habe in der ersten Zeit sehr viele fremde Post von Bekannten erledigt und viele Schreiben beantwortet, die Anfragen nach Angehörigen enthielten. Später mußte ich dies einstellen, da mir das Papier und die Rubel für das Porto fehlten.

Es kamen viele sehr eigenartige Anfragen an die Gumbinner doch gar nicht mehr vorhandenen deutschen Behörden wie Stadtverwaltung, Polizei, Amtsgericht usw. Und nicht nur Private, sogar deutsche Behörden aus Westdeutschland forderten Urkunden und Bescheinigungen an. Bei der Polizei fragte man an, ob die Möbel in dem und dem Haus noch wohlverwahrt wären, von der Kirchenverwaltung wollte man wissen, ob die Gräber betreut würden, und das Grundbuchamt sollte Auskunft geben über gewisse Grundstücke und Ländereien.

Ich bin über hundertmal in Litauen und Lettland gewesen. Es waren Bettelfahrten, die wir Deutschen nach dort unternahmen, unternehmen mußten, um unser Leben zu fristen. Wir fuhren nach und durch Litauen natürlich schwarz in Personen- und Güterzügen. Bei Personenzügen auf Trittbrettern oder flach auf das Dach gelegt, bei Güterzügen versteckt hinter Eisen, Kohlen, Kisten und Ballen. Wir fuhren im Sommer, wir fuhren im Winter bei 20 bis 25 Grad Kälte. Das

Wasser lief aus den Augen, uns froren Hände und Füße an. Es war nicht so einfach, bei dieser Kälte stundenlang fast ohne Bewegung, um nicht das Zugpersonal oder die Miliz auf den einzelnen Stationen auf uns aufmerksam werden zu lassen, durchzuhalten, bis unsere Station kam, wo wir absprangen, meistens im Dunkel der Nacht. – Wir mußten fahren. Entweder du hältst durch oder gehst vor die Hunde. Zu Hause war nichts zu essen, und viele warteten, daß man etwas mitbrachte. Die Fahrten waren ein Spiel mit dem Tode. Wen die russische Miliz fand, [der] wurde oft rücksichtslos vom fahrenden Zuge geworfen. Ich bin jedesmal – Gott sei Dank – reich beschenkt und dort richtig sattgemacht wieder zurückgekommen. Die Litauer und Letten haben uns geholfen, wo sie konnten. Trotz Verbote und drohender Verfügungen der Russen – Geldstrafen standen darauf und Ausweisungen nach Sibirien sollten stattfinden, falls Deutschen in Lettland und Litauen Verpflegung und Unterkunft gegeben wird – half man uns.

Immer wurden Mittel und Wege gefunden, wenn wir bittend vor ihrer Tür standen, uns zu helfen. Es sind auch viele Deutsche für immer nach Litauen gegangen. Ich fand im Sommer 1948 noch sehr viele Deutsche: Männer, Frauen und Kinder, die bei den litauischen Bauern Unterkunft und Arbeit gefunden hatten. Die Kinder hatten schon vielfach ihren deutschen Vatersnamen vergessen. Es gibt auch Fälle, wo Litauer deutsche Kinder als eigene angenommen haben. So lebten heute viele Deutsche in den Staaten Litauen und Lettland. Viele, sehr viele Deutsche sind durch Litauer und Letten vom Hungertode gerettet worden.

Wir gedenken in tiefer Dankbarkeit dieser Hilfe, wir werden sie nicht vergessen und wollen es auch unseren Nachkommen einprägen, wie Litauer und Letten uns in dieser Notzeit geholfen haben.

Aus: Dokumentation der Vertreibung der Deutschen aus Ost-Mitteleuropa. Bonn o. J. (1954)

Erich Zastrau

Unter Russen und Polen und späte Ausreise in die Bundesrepublik

Wittingen/Masuren, Sonntag, den 21. 1. 1945

Mutter packte mit verweintem Gesicht die letzten Sachen, die ihr wert erschienen, auf die Flucht mitgenommen zu werden. Am Samstag hatte uns Bürgermeister Preuß den endgültigen Räumungsbefehl erteilt.
Unser Ziel sollte Stargard in Pommern sein. Vater war seit dem frühen Herbst beim Volkssturm, stationiert im nahegelegenen Prostken. Er kam, sobald er dienstfrei hatte, immer nach Hause, so auch diesen Sonntag. Wir hatten vier Pferde, so daß wir mit zwei Wagen aufbrechen konnten. Zur Hilfe hatten wir einen Zivilrussen, der den zweiten Wagen fahren sollte. Bei der Abfahrt meinte Mutter traurig: »Dieses ist ein Abschied für immer«, woran ich zweifelte, denn in der HJ hieß es: Kein Rotarmist betritt deutschen Boden – was ich als 17jähriger auch glaubte.
Bis Prostken begleitete uns Vater. Am Dorfeingang Prostken trat uns Bürgermeister Braun entgegen, winkte meinen Vater zu sich und gab uns Zeichen, wir sollten weiterfahren. Warum er das tat, blieb mir unerklärlich; dies war der letzte Augenblick, in dem ich meinen 49jährigen Vater im Leben gesehen habe.
Nun ging die Fahrt bei eisiger Kälte – über 20°C Frost – weiter. Zwischen Neuendorf und Walden, es war schon dunkel, hatten wir die erste Panne. Unser Russe mit dem zweiten Wagen war verschwunden. Ich fand ihn weit hinten mit Pferden und Wagen im tiefen Straßengraben. Mit Hilfe einiger Soldaten schafften wir alles nach oben, nur der Russe wollte nicht mehr mitmachen. Durch Schimpfen und Drohen erreichte ich, daß er weiterfuhr. Weiter ging es durch Lyck, Richtung Arys. Der nächste Ort war Klein-Mühle, dort trafen wir die ersten Wagen mit Nachbarn. Wir entschlossen uns, in einer Scheune zu übernachten. Am nächsten Morgen ging es

weiter. Wir waren fünf Wagen aus Wittingen und versuchten, uns so leidlich zusammenzuhalten. Die Straße war hoffnungslos verstopft. Soldaten auf Wehrmachtsfahrzeugen rieten uns, so schnell wie möglich zu fahren, was völlig unmöglich war. Unser Russe ist dann endgültig samt Pferden und Wagen verschwunden.

In den nächsten Tagen kamen wir durch Arys und fuhren Richtung Nikolaiken. Zeitweise hörten wir Gefechtslärm, so daß wir glaubten, daß der Russe dicht hinter uns sei. Nach Nikolaiken durften wir nicht; wir passierten Rhein, Talhausen und Bussen, bis wir spät abends, am Samstag, den 27. 1. 1945, Grunau erreichten. Die Pferde und auch wir waren übermüdet und am Ende unserer Kräfte. Trotz des völlig überfüllten Dorfes übernachteten wir dort. Die Pferde fanden in einer Scheune und wir in einem großen überfüllten Raum in einem Haus eine Ecke, in der wir uns niederlegen konnten. Am Sonntag, den 28. 1. 1945, früh morgens, wurden wir unsanft von polnischen und russischen Zivilisten geweckt. Die schrien: »Hitler kaputt, russisch Soldat im Dorf!«

Mit uns in diesem Raum waren zwei Polizeibeamte. Diese sprangen sofort auf und liefen auf die Straße. Ich selbst lief hinter das Haus, um im Schutze einer Hecke auf die Straße zu sehen. Dort fuhren langsam zwei LKW's voller erdbrauner Gestalten. Ich sah, wie einer die MP anlegte und auf die beiden Polizisten schoß – sie stürzten tot zu Boden. Die Russen durchsuchten die Leichen und fuhren weiter. Erst als ich mich von dem Schock erholt hatte, kam mir der Ernst der Lage voll zum Bewußtsein. Nachmittags erschienen wieder Russen, die uns nach Uhren und Waffen untersuchten und uns zu verstehen gaben, nach Hause zu fahren. Uns war klar, daß ein Weiterfahren zwecklos war. Nachmittags kam noch ein Wagen aus Wittingen zu uns. Diesen Wagen fuhr Liesbeth Cup, die ihren toten Vater, den die Russen in Wilkendorf erschossen hatten, mit sich führte. Sie erzählte uns auch, daß dort ihre Schwester und viele andere den Tod gefunden hatten.

Liesbeth war seelisch und körperlich am Ende ihrer Kräfte. Den toten Vater legten wir in einen Splittergraben und deckten ihn mit Schnee zu.

Am Montag beschlossen wir Wittinger, den Heimweg anzutreten. Jetzt waren es sechs Wagen, nur leider kamen wir nie an. Es waren:

Frau Hutschenreiter, Erna, Hilde und Bruno, das Ehepaar Steinke, Herr Denker, Frau Scheyko mit Mutter und Sohn, Liesbeth Cup sowie Mutter und ich.
Nach fünf Tagen erreichten wir alle mit einer restlichen Habe und nur drei Wagen, die von ein paar mageren, zerschundenen Kleppern gezogen wurden, auf Seitenstraßen ein Dorf, in dem man noch keine Russen kannte und wo Ruhe herrschte, die uns am nötigsten war: Jauer, Kreis Lötzen.
Daß dieser Ort, mit kurzen Unterbrechungen, meine Bleibe bis Ende des Jahres 1963 werden sollte, konnte ich damals noch nicht ahnen. Wir quartierten uns auf einem Gehöft ein, dessen Eigentümer geflüchtet war. Die Ställe waren noch voll Vieh, das wir mitversorgten. Die ersten Russen sahen wir hier, als sie das gesamte Vieh holen kamen. Von nun an war es für uns, die Jugend, ratsam, sich möglichst wenig sehen zu lassen.
Dann, eines Sonntags Anfang März, standen in aller Frühe doch die Russen auf dem Hof. Es gab kein Entrinnen, denn sie kamen gezielt, anscheinend durch einen Tip »guter« Menschen, uns Jugend zu holen. Erna, Hildegard und Bruno Hutschenreiter, Liesbeth Cup und ich mußten mit. Mutter und Frau Hutschenreiter, die ja gleich drei Kinder hergeben mußte, weinten und baten, aber es nützte nichts. Ein kurzer Abschied von Mutter, die haltlos weinte, als wenn sie es ahnte, daß dies ein Abschied für immer war.
Ich habe sie nie mehr wiedergesehen.
Nach einer Übernachtung in Hoverbeck wurden wir über Sensburg nach Rastenburg getrieben. Wir kamen müde und erschöpft an. Zu essen oder zu trinken gab es nichts; dafür wurden wir streng bewacht.
Im Gerichtsgebäude wurden wir von den Mädchen getrennt. Bruno und ich haben hier seine beiden Schwestern sowie Liesbeth Cup zum letztenmal gesehen; sie sind alle drei irgendwo weit in Rußland gestorben.
Wir beide wurden dann in einen völlig mit Menschen aller Altersgruppen überfüllten Raum hineingestoßen. Zweimal am Tag gab es für je zwei Mann eine Schale Suppe und eine Scheibe Brot. Wir teilten uns diese, und so kamen wir zwar nicht mit der Suppe, aber ohne Streit gut aus. Einmal am Tag wurden wir unter strenger

Bewachung in einen Garten hinausgelassen, um unsere Notdurft zu verrichten. Nur nachts wurden immer einige hinausgerufen und zum Verhör geführt. Bald waren auch wir an der Reihe. Bruno habe ich erst 20 Jahre danach in Krefeld wiedergesehen; nach mehrjähriger Gefangenschaft in Sibirien wurde er in die Bundesrepublik entlassen.

Ich wurde von einem Russen in ein Wohngebäude geführt und mußte mit dem Bewacher im Korridor warten. Im Zimmer wurde gerade ein Mädchen verhört. Ich konnte dies im Korridor mithören – mir standen die Haare zu Berge: nur ein Brüllen, Schlagen, Kleiderreißen und dazwischen die Schreie und das Jammern des Mädchens. Als dieses erlosch, wurde die Tür aufgerissen, und das leblose, fast unbekleidete Mädchen wurde an den Armen in einen dunklen Nebenraum geschleppt; ein paar Kleidungsstücke flogen hinterher. Dann wurde ich, natürlich voller Angst, hineingerufen. Ein Offizier verhörte mich, und nach Angabe meiner Personalien erzählte ich diesem eine frei erfundene Geschichte, die mich als armen Hütejungen bei den Bauern darstellte. So kam ich mit ein paar saftigen Hieben mit der Nagajka davon. Der Posten erhielt einen Zettel und führte mich zurück in einen anderen Raum. Am dritten Tag wurden hier sieben Mann wahllos herausgegriffen, darunter auch ich. Man gab jedem von uns einen Sack, und mit zwei Mann Bewachung ging es auf die Straße in ein Wohngebiet. Hier wurde jedem von uns ein Hauseingang angewiesen und klargemacht, in den Keller zu gehen und Kartoffeln, soviel jeder tragen konnte, einzusammeln und dann in fünf Minuten wieder auf der Straße zu sein.

Ich ging in den mir angewiesenen Eingang; aber als ich die offenstehende Tür des Hofeingangs sah, dachte ich: Jetzt oder nie, und lief da hinaus auf einen kleinen Hof, durch Gärten auf eine andere Straße, diese entlang, dann in ein Haus und in den Keller, in dem ich mich versteckte. Dort saß ich bis zum Einbruch der Dunkelheit. Dann wagte ich mich hinaus, aber es war nicht so ruhig, wie ich angenommen hatte, so blieb ich bis zum nächsten Tag. Als es wieder hell war, was für mich eine Ewigkeit bedeutete, stieg ich hinaus. Ich ging ein Stück voller Angst die Straße entlang, als ich plötzlich auf eine Gruppe Frauen stieß, die mit Räumungsarbeiten beschäftigt waren und von zwei polnischen Zivilisten beaufsichtigt wurden.

Diese rieten mir dringend, bei ihnen zu bleiben, da überall russische Streifen gingen und jeden einzelnen arbeitsfähigen Menschen mitnähmen. Nur in der Bankmannstraße, die von einer Kommandantur bewacht wurde, dürften sich Zivilpersonen aufhalten und wohnen.
Diesen Rat befolgte ich und meldete mich beim Bürgermeister Schulz. Er hatte viel Verständnis und riet mir, dazubleiben. Er brachte mich in einem Barackenraum, der schon von zwanzig älteren Männern bewohnt war, unter. Hier gab es auch täglich etwas Verpflegung, was mir im Moment am wichtigsten war; nur mußten wir jeden Morgen zur Arbeit antreten.
Eines Tages hieß es, alle männlichen Jugendlichen von 14 bis 21 Jahren müßten um 16 Uhr vor der Kommandantur erscheinen, um Vieh zu treiben. Nichts Gutes ahnend blieb ich in der Baracke, als plötzlich die Tür aufgerissen wurde und der stellvertretende Bürgermeister erschien, mich am Kragen faßte und zu den schon anwesenden Jungen vor die Kommandantur brachte. Diese waren schon in vier Glieder angetreten und wurden von sechs russischen Soldaten bewacht, die mich sofort in Empfang nahmen. Eine panische Angst überkam mich, wieder in die Hände des NKWD geraten zu sein, denn es gab ja dann nur ein Ziel, und das hieß Sibirien. Ich hatte nur einen Gedanken: Schnell weg von hier, machte kehrt und lief. Ich kam nicht weit, da schrie ein Posten: »Stoj bude Trelacz!« (Stehenbleiben, ich schieße). Ich schaute mich um und sah, daß er das Gewehr auf mich anlegte. So blieb ich stehen.
Man kommandierte mich zurück. Ich aber sagte, daß ich mir nur meine Jacke aus der Baracke holen wollte, denn in Sibirien sei es kalt. Ein Offizier erschien und lachte und befahl dem Posten, mit mir zu gehen. Vor der Baracke schrie der Posten: »Schnell zurück!« Er selbst blieb draußen. Ich zog die Jacke an und erzählte den anwesenden Männern, es gehe anscheinend nach Rußland, aber ohne mich, und öffnete das Fenster, um hinauszuspringen. Es lag von der Straße nicht einsehbar. In dem Moment wurde ich von hinten gepackt und zurückgerissen, so daß ich lang auf den Boden fiel. Ich schaute auf und sah einen der Männer, der schrie: »Du haust nicht ab, sonst holen die uns!« Er war im Begriff, mich hinauszubefördern. Ich sprang auf, rannte dem Mann mit dem Kopf in den Leib, daß er auf

den Kanonenofen fiel, den wir zur Beheizung hatten. Das Chaos war perfekt, da der Ofen voll Glut war. Ich sprang durchs Fenster und lief in Richtung Friedhof, der in der Nähe lag und mir vorübergehend Schutz bot. Dort versteckte ich mich und wartete die Dunkelheit ab. Dann entschloß ich mich, zurückzugehen, um mir die restlichen Kleidungsstücke zu holen, trotz der Annahme, daß mich bei den Männern nichts Gutes erwartete. Aber sie lachten nur und bewunderten meinen Mut, daß ich den Russen so unmittelbar aus den Händen entglitten war und sich niemand um mich gekümmert hatte. So blieb ich, weil mir der Weg nach Jauer, wo ich meine Mutter noch vermutete, zu gefährlich erschien. Erst am nächsten Abend traute ich mich hinaus, um Wasser zu holen. Plötzlich kam ein Pole mit dem Gewehr auf mich zu und schrie: »Du Hitlerschwein bist gestern ausgerückt, aber dafür gehst du heute!« Dann schlug er mich mit dem Gewehrkolben nieder. Danach befahl er mir, aufzustehen und führte mich ab. In dem Moment erschien Bürgermeister Schulz und sprach den Polen auf polnisch an. Es entstand eine heftige Diskussion, von der ich nichts verstand, da ich damals die polnische Sprache noch nicht im geringsten beherrschte. Dann faßte mich der Bürgermeister an den Arm, zog mich mit und meinte: »Die Polen haben hier noch nichts zu sagen.«
Diesem Menschen bin ich heute noch dankbar, denn er kann mein Lebensretter gewesen sein. Von allen meinen Altersgenossen ist im darauffolgenden halben Jahr nicht einer zurückgekehrt.
Ich fing kurz danach in der Schuhmacherei zu arbeiten an, die speziell zur Anfertigung neuer Stiefel für russische Offiziere eingerichtet war. Somit hatte ich mich jeder weiteren Gefahr, verschleppt zu werden, entzogen.
Erst später im Herbst, als dieser Teil Ostpreußens der polnischen Verwaltung übergeben wurde und die Russen abzogen, aber wir Schuhmacher samt Werkstatteinrichtung mit sollten, verließ ich nachts heimlich Hals über Kopf Rastenburg. Der Weg führte mich sofort nach Jauer in dem Glauben, meine Mutter noch anzutreffen. Aber leider, es waren noch alle Wittinger da, nur sie nicht. Man erzählte mir, daß schon im März die Russen auch sie mitgenommen hatten. So entschloß ich mich, dort zu bleiben, um auf die 47jährige Mutter zu warten. Wir wohnten auf demselben Gehöft, dessen

Eigentümer von der Flucht nicht zurückgekehrt waren, und trösteten uns mit Frau Hutschenreiter gegenseitig, die auch vergeblich auf die Rückkehr ihrer Kinder wartete.
Der Krieg war nun seit einem halben Jahr zu Ende. Resignation, Wut und Trostlosigkeit füllten mein Dasein. Nur eine Hoffnung hielt mich aufrecht, und mit dieser lebten wohl die meisten verbliebenen Menschen: Das war die Normalisierung der im Moment herrschenden Zustände und vor allem die Rückkehr der Geflüchteten und Verschleppten sowie ein Lebenszeichen der Männer, die Soldaten waren und deren Schicksal niemand wußte.
Hier in Jauer hatten zu dieser Zeit polnische Soldaten den gesamten wirtschaftlichen Ablauf unter Kontrolle und Aufsicht. Es wurde gedroschen und das Getreide mit LKW's abtransportiert. So verging der Winter; die Soldaten verschwanden, und man überließ den Menschen nur die leerstehenden Gebäude.
Mit dem Frühjahr 1946 erwachte nicht nur das Leben in der Natur, sondern auch in den Menschen. Nur selten hatte ein Bauer das Glück, im Besitz eines Pferdes zu sein. Und diese wurden dann voll ausgelastet. Der überwiegende Teil der Menschen begab sich mit Spaten an die Ackerbestellung, so auch wir Wittinger. Langsam entwickelten sich die Behörden; ein polnischer Bürgermeister wurde eingesetzt, ein Amtsvorsteher (Wojt) in Rhein und die Kreisverwaltung in Lötzen (Starostwa). Somit wurde auch die Meldepflicht eingeführt. Vor allen Dingen wurde die Einbürgerung aller Deutschen als polnische Staatsbürger verlangt.
Das war der »wunde Punkt«; ich verweigerte dieses, was mir in den nächsten Jahren viele Schwierigkeiten und Unannehmlichkeiten einbrachte. Je höher die Sonne stand und je länger die Tage wurden, desto größer wurde mein Heimweh nach Wittingen. So wagte ich in diesem Frühjahr zum erstenmal den Weg dorthin, in der Annahme, dort zu bleiben, denn ich glaubte immer noch, im Elternhaus und auf dem Hof geborgen und sicher zu sein, das noch Vorhandene zu erhalten und auf die Eltern warten zu können, oder eine Nachricht von ihnen oder meinem Bruder Eckhard, der Soldat war, zu finden. Leider blieb dies nur eine Hoffnung.
Selbst der Weg dorthin war ein kleines Abenteuer. Den größten Teil ging es zu Fuß, von Lötzen gelang es mir, heimlich und verstohlen

mit dem Zug nach Lyck zu fahren, denn wir Deutschen hatten nur wenige Rechte und nicht das, mit der Eisenbahn zu fahren. Nach zwei Tagen in Prostken angelangt, wirkte der Anblick dieses heimischen Ortes auf mich schockierend. Das ganze Zentrum war ein Trümmerhaufen, der Viadukt über das Bahngelände war verschwunden, der Ort wirkte tot und verlassen. So lief ich quer über das verlassene Bahngelände, von dem sogar fast alle Schienen entfernt waren, nach Wittingen. Der Anblick meines Elternhofes versetzte mir den nächsten Schock. Das Wohnhaus war niedergebrannt und die Wirtschaftsgebäude wurden von Polen abgerissen.

Meine Füße wurden schwer, ich setzte mich in den Straßengraben – und weinte. Plötzlich sprach mich ein Pole an, ich sollte nach Prostken gehen, hinter der Schule in einem Haus wohnten noch Deutsche. Das tat ich dann und fand dort das Ehepaar Teike und Frau Schiemann mit Tochter aus Wittingen. Von ihren Höfen hatten die Polen sie vertrieben, hier durften sie im Korridor und der anschließenden Veranda wohnen; ihr Lebensunterhalt war verzweifelnd. Bewunderswert war der Mut, ja sogar Humor des Herrn Teike, der trotz dieser trostlosen und verzweifelten Lage, sowie seiner körperlichen Behinderung nach einem Schlaganfall, mich aufzumuntern verstand. So kehrte ich nach Jauer in den Kreis Lötzen zurück, in diesen Ort, der abseits von jedem Geschehen in einer von Seen umgebenen idyllisch schönen Gegend Masurens liegt. Der Hof, auf dem wir wohnten, lag direkt am See. Ich machte mich ans Fischen. Ich setzte Reusen und stellte Netze, so daß von dieser Zeit Fisch neben Brot und Kartoffeln unser Hauptnahrungsmittel war. Dem bereitete die Wasserschutzpolizei 1947 ein Ende, indem sie mir das Boot und die Netze beschlagnahmte. Ende des Jahres 1946 traf die erste Briefpost ein, und auch die ersten Männer kehrten aus der Gefangenschaft zurück. Durch diese ehemaligen Soldaten und die Briefe erfuhren wir auch von dem Zustand, der im Westen Deutschlands herrschte. Erstaunlich war es, wie der Mut und die Energie in den Menschen wuchs. An das Verlassen der Heimat hat damals niemand gedacht.

Die deutschen Bauern schafften sich mit sehr viel Mühe und noch mehr Unkosten Vieh und Pferde an. In diesen beiden Nachkriegsjahren wurden auch die Schulen mit polnischen Lehrern besetzt. Die meisten hatten allem Anschein nach sehr wenig pädagogische Ausbildung. Sie bemühten sich auch, den deutschen Kindern sowie der Jugend die polnische Sprache beizubringen, denn es hieß: »Ihr seid Polen hiesiger Herkunft.«

In dieser Zeit wurden auch Geschäfte eröffnet, es waren überwiegend Genossenschaftsläden. Es gab zwar nur die allernötigsten Bedarfsartikel, die nur spärlich gekauft wurden, denn wir hatten ja auf dem Lande keine finanziellen Einnahmen.

Auch in diesem Sommer 1947 besuchte ich Lyck und Prostken. Teikes und Schiemanns waren noch da, außer ihnen war niemand mehr zurückgekehrt. Die Prostker Ruinen verschwanden zusehends, dafür wuchs, anscheinend aus den Prostker Steinen, das polnische Dorf »Bogusze«, das unmittelbar hinter der ehemaligen deutsch-polnischen Reichsgrenze lag, die dicht bei Prostken verlief. Der Verbleib meiner Eltern und des Bruders blieb weiter im Ungewissen. Erst bei einem weiteren Besuch übergab mir Frau Teike ein Lebenszeichen meines Bruders, eine Gefangenenkarte aus Frankreich, die in Prostken angekommen war.

Als alleinstehendem jungen Menschen wurde meine Existenz in Jauer immer bedenklicher. 1948 zog ich nach Pfaffendorf bei Sensburg. Im Frühjahr 1949 fand automatisch die Einbürgerung aller Deutschen statt; wir erhielten polnische Personalausweise und hatten somit behördlicherseits die gleichen Rechte wie die Polen. Ich fand bald eine Arbeitsstelle in Sensburg, zuerst als Lagerarbeiter, später als Traktorist in einer staatlichen Maschinen- und Traktorenstation.

In diesem Jahr erfuhr ich, daß Vater bei Rößel gefallen und Mutter in Rußland verstorben war. Es waren keine amtlichen Bestätigungen, nur Aussagen von Menschen, die das am Rande des Geschehens mitbekommen hatten. Das blieb leider die traurige Wahrheit und für mich der schwerste Schicksalsschlag, denn ich hatte nie die Hoffnung aufgegeben, die Eltern wiederzusehen.

1951 bescherte mir das Schicksal zum wiederholten Male die Rückkehr nach Jauer. Der Grund war Herta, die meine Frau wurde, sowie eine vergebliche Wohnungssuche in Sensburg. Wir heirateten und gründeten unseren eigenen Haushalt in einem kleinen Häuschen, dessen Eigentümerin gestorben war. Wir schafften uns ein Pferd und eine Kuh an und betrieben eine kleine Landwirtschaft, von deren Erträgen wir unsere Grundnahrungsmittel bestritten, denn mein Verdienst reichte nicht aus, um unseren Lebensunterhalt sicherzustellen.

Inzwischen hatte ich einen kleinen beruflichen Aufstieg. Ich wurde Brigadier einer Traktorenbrigade. Wir arbeiteten ausschließlich in den landwirtschaftlichen Produktionsgenossenschaften (Kolchosen), die in den Jahren 1951–52 in fast allen Dörfern eingerichtet wurden. Die Bauern mußten diesen durch einen »freiwilligen« Zwang beitreten und sämtliche verfügbaren Arbeitskräfte sowie lebendes und totes Inventar zur Verfügung stellen. Somit war die Landwirtschaft, nach einer kurzen Wiederbelebung in den Nachkriegsjahren, zum Scheitern verurteilt.

Eine bedeutende politisch-wirtschaftliche Wende trat 1956/57 ein – durch den Regierungswechsel Bierut–Gomolka. Es durften alle Kolchosen aufgelöst werden; das war ein Aufatmen im ganzen Lande. Der Mut und die Energie für eine sinnvollere Arbeit kehrte schnell in die Menschen zurück; viele mußten wieder von vorne anfangen.

In diesem Jahr fing auch die Familienzusammenführung an, und viele verließen nach und nach ihre Heimat. Frau Hutschenreiter, Frau Rogowski und Frau Scheyko waren schon lange fort. Jetzt durften Herr Denker zu seiner Frau und das Ehepaar Steinke zu ihren Kindern in den Westen fahren. Außer mir waren es wohl die letzten Wittinger, die die Heimat endgültig verließen. Inzwischen hatte ich noch Familie Bojarski und Frau Gerber aus Wittingen in (Sybba) Walden gefunden, denn in all den Jahren besuchte ich, sowie ich Zeit und Gelegenheit hatte, die alte Heimat. Teikes und Schiemanns hatten schon lange Prostken verlassen.

Mir und meiner Familie erlaubte man die Ausreise nicht. Inzwischen waren eine Tochter und ein Sohn geboren.

Eine Besuchsreise in den Westen gestattete man uns. Ich durfte mit meiner Frau im Spätsommer 1957 fahren. So sah ich meinen Bruder nach dreizehn Jahren in Dortmund wieder.

Diese Reise war für uns beide ein Erlebnis. Wir lernten Deutschland von einer uns völlig unbekannten Seite kennen. Diese komplikationslose und freie Lebensweise in der Bundesrepublik faszinierte uns. Wir mußten nach sechswöchigem Aufenthalt als polnische

24 Nachdem die Rote Armee die Landwege versperrt [hatt]e, war nur noch die Flucht über See möglich. Hundert[tau]sende wurden von der deutschen Marine aus Pillau, [Dan]zig, Gotenhafen und anderen Häfen an der Ostsee in [Sich]erheit gebracht.

An den Kais blieben viele Bauernwagen mit dem größten Teil der Habe, die Pferde und anderes Vieh zurück.

In Gotenhafen im Januar 1945. Im Vordergrund eine Wehrmachtseinheit.

25/26   Die Marine setzte alles an Schiffen ein, was noch verblieben war, um so viele Flüchtlinge wie möglich retten.
Eng gedrängt stehen die Menschen an Deck eines der k nen Räum- und Schnellbote.

Das Lazarettschiff Pretoria ist mit unzähligen Flüch gen im Hafen von Kopenhagen eingetroffen.

Auch per Bahn sind Tausende gerettet worden, oft im ... Augenblick. Hier trifft ein Flüchtlingszug aus dem ... in Berlin ein.

28 *Die Flüchtlingslager in Westdeutschland (hier eins in Uelzen) waren in vielem unzureichend. Aber die Deutschen des Ostens waren froh, dem Schlimmsten entronnen zu sein.* ▷

Staatsbürger wieder zurück. Der Hauptgrund war allerdings unsere wartenden Kinder in Ostpreußen.

Nun kannten wir nur noch ein Ziel: die Ausreise der ganzen Familie zu erlangen. Auf diese mußten wir noch 6 Jahre warten. Ich wechselte im Herbst 1958 meine Arbeit und wurde Verkäufer im einzigen Kolonialwarengeschäft in Gr. Jauer.

Es vergingen die Jahre, und alle Bemühungen zur Verbesserung des Lebensstandards schlugen kaum an. So nahm die Resignation ihren Lauf. Immer mehr Familien stellten Anträge, um die Ausreise in die Bundesrepublik zu erlangen.

Die verflossenen Jahre waren ein Kampf um die Heimat und die eigene Scholle gewesen, der mit einer Niederlage endete. Im Jahre 1963 erhielten auch wir die Ausreisegenehmigung... Unser Ankunftsort war Dortmund, in der Nähe meines Bruders. Ich fand eine Arbeit im Hoesch-Konzern. Diese sowie das Einrichten der neuen Wohnung, die wir bald erhielten, nahm mich voll in Anspruch. Vor allem dank der unermüdlichen Mithilfe meiner Frau kamen wir schnell aus dem Gröbsten, so daß wir bald an den Traum, das Errichten eines eigenen Heimes, dachten.

Das gelang uns im schönen Siegerland nach vieler Mühe, Arbeit und so manchen Entbehrungen.

Aus: Hagen-Lycker Brief Nr. 40 (1982)

IV
Verschleppung und Vertreibung

Pfarrer Gerhard Fittkau

Verschleppung nach Rußland

Unter dem Krachen der von den deutschen Nachhuten gesprengten Munition und Fahrzeuge zelebrierte ich am Vorabend des russischen Einmarsches auf dem Schreibtisch unseres größten, eben mit den Männern des Volkssturms in das Dorf zurückgekehrten Bauern einer großen Schar von Flüchtlingen die letzte heilige Messe vor unserer »Befreiung« durch die Rote Armee am 1. und 2. Februar. Durch die stark mit sibirischen und mongolischen Typen durchsetzten Truppen wurden sämtliche Gehöfte in unbeschreiblicher Weise verwüstet, die Kirche geschändet, die hl. Gefäße geraubt, alles Weibliche, dessen die Bestien habhaft wurden, viehisch immer wieder vergewaltigt und 25 harmlose Dorfbewohner und Flüchtlinge ermordet, darunter unser ehemaliger 71jähriger Küster, unser 65jähriger Glöckner und die 23jährige Organistin. Vier Opfer der wilden Mordgier waren über 80 Jahre alt, eins seit Jahren gelähmt, vier waren junge Mädchen von 15–23 Jahren. Ein schwerkranker Invalide wurde wiederholt mißhandelt und endlich erschossen. Mehrere Soldaten, die sich ohne Widerstand gefangen gaben, wurden grausam hingemordet. In den Nachbardörfern ist es nicht gelinder zugegangen, in vielen aber noch schlimmer. So wurden allein in unserer Gegend sechs über 60jährige Pfarrer erschossen. Auf Vorstellung wegen der grauenhaften Vergewaltigungen gab ein höherer Kommissar Bescheid, dies sei die von Stalin befohlene Antwort auf Hitlers Rassenpolitik.
Während die »Kulturr-Soldaten«, wie sich die Rotarmisten immer wieder stolz bezeichneten, alles, was ihnen vom Vieh bis zum Küchengerät brauchbar erschien, von den Höfen schleppten, suchte ich mit Hilfe einer Grauen Schwester – ihre Tracht hatten die Russen zu Fußlappen geschnitten – unsere Toten unter die harte, blutgetränkte Erde zu bringen. Wir richteten die Leichen nach Art der Karthäusermönche her und konnten die letzten sogar auf dem Friedhof begraben. Der hl. Raphael hat uns dabei – einmal stand ich

bereits fertig zum Erschießen auf dem Strohhaufen – aus mancher Gefahr errettet. Er blieb auch weiter mein treuer Begleiter.
Nach der pflichtgemäßen Registrierung auf der Kommandantur in Wernegitten mußte ich zunächst mithelfen, das letzte den Bauern geraubte Brotgetreide auf einen großen Haufen in der Schulklasse zu schütten. Dann erhielt ich mit den drei Nachbarpfarrern zusammen den Auftrag, die auf der dortigen Feldmark noch umherliegenden über 40 Leichen zu bergen und zu bestatten.
Am 22. Februar wurden wir schließlich durch die GPU verhaftet und nach 14tägiger Traktur in verschiedenen Kellern (auf einem Raum von knapp 15 qm über 56 Mann zusammen und erhielten zehn Tage lang keine ausreichende Gelegenheit, unsere Notdurft zu verrichten) und nach drei je dreistündigen Verhören, die mit den üblichen Methoden einen Gestapoagenten oder Kapitalisten aus mir machen wollten, am 6. März mit ca. 2000 Leidensgefährten in Insterburg mit unbekanntem Ziel verfrachtet.
Mit 46 Männern jeden Alters von 14–73 Jahren in einen finstern, schmutzigen, eiskalten Waggon gepreßt, erhielten wir während der 21tägigen Fahrt nur fünfmal einen Schlag (½ l) warmen Graupen- oder Fischsuppengebräus. Sonst nur, wenn es den Wachen einfiel, geringe Mengen kalten Wassers und für die meisten unverdaulichen Dörrbrotes aus gröbstem Maisschrot. Wir hatten 7 Tote im Waggon, auf dem ganzen Transport waren es mindestens 350. Die Leichen wurden zunächst neben dem Fahrdamm aufgeschichtet, später in mitgeführten Waggons zu Bergen übereinandergeworfen. In Moskau wurden wir zum ersten Mal entlaust und standen dabei stundenlang nachts auf kalten, nassen Fliesen in ungeheizten Räumen.
Kurz geschoren und am ganzen Körper in ekelhafter Weise abgeschabt, wankten die Überlebenden zu Beginn der Karwoche in ein Zwangsarbeitslager in der arktischen Tundra am nördlichen Eismeer und der sibirischen Grenze. Etwa 260–280 »Internierte«, Kriegsgefangene, russische und polnische Zwangsverschleppte, in der Hauptsache aber ostpreußische Zivilisten, sollten dort schwere Erd- und Holzarbeiten für einen Kanalbau verrichten. Die Arbeit begann bezeichnenderweise in der Frühe des ersten Osterfeiertages. – Gemeinsame religiöse Andachten wurden nach den ersten Versuchen von der Lagerleitung auf Anzeige von Spitzeln aus der Arbeitsabtei-

lung verboten. Mit instinktiver Sicherheit gelangten die minderwertigen und verbrecherischen Elemente der Gefangenen auf die wichtigeren Posten im Lager und in der Küche. Verpflegung und Unterkunft waren so, daß schon im ersten Monat ein Viertel der Belegschaft starb und mehr als ein Drittel arbeitsunfähig wurde. Mit dem zweiten Schub Ende Mai kam auch ich in ein etwa 300 Kilometer weiter nördlich gelegenes Lazarett, ein früheres Arbeitslager. Ohne ernstliche Pflege, aber aufmerksam von einem Spezialisten für Avitaminosen und Hungerkrankheiten beobachtet, siechten wir elend dahin. Mitte August lebten nur noch 20% der Verschleppten.
Zum Skelett abgemagert, mit schweren Ödemen und am ganzen Körper mit Geschwüren und zu Borken verdichteten Ekzemen bedeckt, wurde ich durch das stille Wohlwollen des tatarischen Chefarztes und eines polnischen Professors auf die wiederum vier Wochen dauernde Heimfahrt geschickt. In Moskau verkaufte ich für 15 Kartoffeln und ¼ l Öl meinen Rock und meine Weste an einen wolgadeutschen Dolmetscher. Eine verschleppte ermländische Ordensschwester erkannte mich und verband mich so gut, daß ich die Reise überstand. Mit letzter Kraft gelangte ich Ende September in das St.-Gertrauden-Krankenhaus der Katharinerinnen in Berlin, nachdem mich im Entlassungslager zu Frankfurt/Oder ein ermländischer Neupriester bestens betreut und für die Weiterfahrt ausgestattet hatte. Der Elendszug der kranken, mittellosen »Heimkehrer« wurde mit einem ¾ Brot, 1 Pfund Grütze, 15 g Konserven, 1 Löffel Kaffeeschrot und Zucker sowie mit einem hektographischen russischen Entlassungsschein von den humanen Kultursoldaten auf die Straße gejagt mit der Versicherung, daß niemand mehr in die Heimat jenseits der Oder zurückkehren dürfe.
Nach neunwöchiger Pflege durch unsere treuen Schwestern konnte ich in die britische Zone weiterreisen, wo inzwischen meine Eltern und Geschwister eine neue Heimat gefunden hatten. Mit ihnen preise ich Gottes Weisheit und Güte, die auf wundersamen Wegen schließlich doch über alle menschliche Grausamkeit und über allen verbrecherischen Wahn triumphieren.

Aus: Dokumentation der Vertreibung der Deutschen aus Ost-Mitteleuropa. Band I, 2. Bonn o. J. (1954)

Hildegard Rauschenbach

Verschleppt nach Sibirien

Im Oktober 1944 sind wir von Dickschen erst einmal zum Kreis Wehlau geflüchtet. Dort bekamen wir ein Quartier zugewiesen und waren da bis 22. Januar 1945.
Dann begann die große Flucht. Wir waren im Schneetreiben unterwegs. Die Wehrmacht wollte durchfahren, aber die Flüchtlingstrecks verstopften die Wege. Trotz des Chaos fuhren wir weiter. Wenn man heute vielleicht fragt, warum wir nicht früher gefahren sind, kann ich nur sagen, daß wir das nicht durften. Erlaubt wurde die Fahrt nur Wagen mit offizieller Genehmigung. Wir sind dann zwei Tage gefahren, ohne zu übernachten. Dann waren wir abgeschnitten vom Reich. Die Russen waren bereits im Vormarsch. Es hieß, die Flüchtlingstrecks sollten Quartiere aufsuchen und weitere Order abwarten.
Ich war mit meiner Mutter, meinem Vater und einem behinderten Nachbarn zusammen. Nach vier Tagen bekamen wir Bescheid, daß wir weiterfahren könnten. Das Haff war inzwischen zugefroren. Die Feldgendarmerie hat uns auf Umwegen weitergeleitet. Die Straßen wurden für die Wehrmacht gebraucht. Unter beschwerlichen Umständen kamen wir bis zum Haff. Am Abend langten wir in Heiligenbeil an und mußten dort überflüssiges Gepäck abladen. Es hieß, wir müßten nach Pillau fahren, wo wir verschifft werden sollten. Vor Heiligenbeil standen unvorstellbar viele Güter, die sich stapelten: Rundfunkgeräte, Fahrräder, geschlachtete Schweine, Betten, Truhen mit Aussteuer. Kilometerweit stapelte sich dieses abgeladene Gut. Wir luden auch alles ab, was wir nicht gebrauchen konnten und behielten nur das Nötigste. Dann kamen wir aufs Haff und dachten, wir fahren nach Pillau; wir fuhren die ganze Nacht. Am anderen Morgen waren wir nicht in Pillau, sondern auf der Nehrung bei Kahlberg. Wir fuhren unter Tiefflieger- und Artilleriebeschuß weiter bis Stutthof. Dort waren wir schon auseinandergerissen.

In Stutthof kamen wir an Land. Es hieß, wir kämen nach Danzig. Aber Danzig war hoffnungslos überfüllt.
Dann hieß es, die Russen seien in Pommern durchgekommen. Wieder mußten wir Quartiere beziehen. Wir bekamen eine Unterkunft bei einem kleinen polnischen Bauern. Das war der 5. März 1945. Nach fünf Tagen kamen die Russen. Wir saßen beim Frühstück und sahen zwei Reiter im Galopp ankommen. Ich sagte zu meinem Vater: »Das sind Russen, die haben Pelzmützen auf.« Er meinte: »Das sind doch keine Russen.« Dieser erste Russe, dem ich begegnet bin, wollte ein Pferd haben. Seines ließ er stehen und nahm ein Pferd aus dem Stall des Bauern. Auch wir wurden unsere Pferde los. Nach den beiden Reitern kamen vier russische Soldaten. Zwei von ihnen kamen zu uns ins Zimmer. Die anderen sah ich nicht mehr. Plötzlich hörten wir Poltern und Schreien auf dem Boden über uns. Dann kam der junge Ehemann angerannt und rief »O Jesus, Maria und Josef.« Er weinte. Meine Mutter sah mich angstvoll an.
Am Abend quartierte sich eine Funkerabteilung ein. Wir hatten uns schlafen gelegt. Es dauerte nicht lange, als ein Russe kam und sich zu mir ans Bett setzte. Meine Eltern lagen im Nebenbett. Dann ging der Russe hinaus und der nächste kam. So ging das weiter. Ich wollte mir am nächsten Morgen das Leben nehmen. Ich hatte von meinem Bruder einen russischen Trommelrevolver bekommen. Diesen Revolver hatte ich auf dem Bauernhof versteckt. Als ich ihn am anderen Morgen holen wollte, war der Stein daneben aufgehoben. Ich bekam einen Schrecken und dachte, wenn ich mich erschieße, werden meine Eltern erschossen.
Eine qualvolle Woche verging, die Russen kamen und gingen, einer sagte es dem anderen. Ich habe versucht, mich alt zu machen. Ich habe mich im Strohhaufen versteckt. Dann haben sie mit der Heugabel nach mir gestochert.
Eines Abends lag ich im Bett, da kamen wieder Russen. Ich war fest entschlossen, mich zu wehren. Ein Russe zog seinen Revolver, und ein anderer stand dabei und gab mir zu verstehen, daß der Revolver nicht geladen sei. Da zog der andere einen weiteren Revolver heraus. Er zielte auf mich. Meine Mutter bettelte: »Hildchen, bitte, laß dich nicht erschießen.«
Meine Rettung kam an meinem Geburtstag, am 15. März. Drei

russische Offiziere wurden an diesem Tag bei uns einquartiert. Sie haben jeden Soldaten vom Hof gejagt und ließen mich in Ruhe. Sie luden mich zum Essen ein. Von ihnen lernte ich die ersten russischen Brocken. Dann mußten sie weg. Ein einzelner Offizier kam statt dessen. Ich war mutig geworden und dachte, das geht nun so weiter. Gleich am ersten Tag sollte ich dem russischen Offizier einen Hosenknopf annähen. Er wurde zudringlich. Ich stieß ihn weg, so daß er über das Bett fiel. Wütend stand er auf und schrie: »Patrouille Sibir.« Ich verstand ihn. »Wenn die nächste Patrouille kommt, gehst du nach Sibirien.«

Am anderen Tag kam die nächste Patrouille. Ich sehe noch heute das Gesicht des Offiziers vor mir. Hämisch lächelnd stand er da und wippte mit den Stiefelspitzen. Ich wurde dann mitgenommen. Wir kamen zu einer Sammelstelle, nicht weit von uns. Meine Eltern mußten auch mitgehen. Sie durften aber sofort wieder zurück, weil sie zu alt waren. Ich mußte dableiben.

Einem jungen Offizier gefiel ich. Ich mußte die Nacht über bei ihm bleiben. Das ging einige Tage so. Inzwischen waren sechzehn oder siebzehn Mädchen auf den Hof gekommen. Sie wurden von den Soldaten die ganze Nacht lang vergewaltigt. Dann hieß es, wir würden abtransportiert. Der Dolmetscher stellte mich vor die Wahl: »Willst du bei dem Offizier bleiben? Wenn die Truppe zurückgeht, kannst du wieder zu deinen Eltern. Oder willst du nach Rußland?«

Ich wollte nach Rußland. Meine Entscheidung war richtig. Damit hatte ich eine Überlebenschance gehabt. Meine Freundin, die bei einem Nachbarn war, wurde von der Patrouille nicht mitgenommen. Sie mußte mit ihrer Mutter zurück nach Ostpreußen. Dort ist sie qualvoll an Unterernährung und an den Folgen der vielen Vergewaltigungen gestorben.

Wir kamen zu einem Auffanglager, wurden vernommen. Eine Akte wurde angelegt. Dann sind wir in drei Tagen einhundertzwanzig Kilometer bis nach Graudenz marschiert. Von dort aus fuhren wir mit dem Zug nach Sibirien. Das dauerte drei Wochen. Je weiter wir nach Osten kamen, desto kälter wurde es. Die Viehwaggons bereiften innen. In jedem Waggon waren vierzig Frauen.

Das Schlimmste auf dieser Fahrt war der Durst. Als wir losfuhren, hatten wir einen kleinen Becher mit Lokomotivwasser bekommen.

Das war als Trink- und Waschwasser gedacht. Als Essen bekamen wir einmal am Tag eine Rübenschnitzelsuppe. Hunger hatten wir später nicht mehr. Der Durst war stärker.

In der Nähe von Schadrinsk in Südsibirien stiegen wir aus. Das ist etwa zweihundert Kilometer von Swerdlowsk entfernt. In dem Lager lebte man in Bunkern und Baracken. In den Erdbunkern waren auch schon deutsche Soldaten gewesen. Die Hälfte dieser Bunker war in die Erde hineingebaut; das Dach war mit Erde beworfen. In diesem Lager befand sich ein Tümpel – ganz grün, mit Schierling bewachsen. Wir stürzten uns darauf und tranken das Wasser. Typhus brach aus. Ein Drittel der 1400 Menschen ist gestorben. Sie wurden morgens mit Autos aus dem Lager gefahren und in eine Grube geworfen. Dann kam Erde darüber, Bretter und Chlor.

Nach sechs Wochen kam ich auf einen Bauernhof. Wir waren dort vierhundert Frauen und lebten in einem ehemaligen Schweinestall.

In Südsibirien ist es im Winter sehr kalt und im Sommer sehr heiß. Wegen der Mückenplage hatten die Mädchen offene Beine. Sie wurden aber trotzdem auf das Feld geschickt. Da war eine Lagerärztin, die im Krieg ein Bein verloren hatte. Sie war sehr hart. Als krank galt bei ihr nur, wer 40 Grad Fieber hatte. Ich hatte bei ihr einen Stein im Brett. Das schien an meinem Namen zu liegen: Mischke. Das heißt auf Russisch »Mäuschen«. Wenn sie mich sah, klopfte sie mir auf die Schulter und rief: »O Mischka!« Manchmal stieß sie mich an und kreischte dann »Mischka, Mischka«.

Wir mußten frühmorgens um drei Uhr zur Arbeit, und zwar zum Rübenpflanzen. Wir haben die kleinen Pflanzen oft vor Hunger gegessen. Um zehn Uhr vormittags durften wir dann Schluß machen. Wir bekamen eine grüne Graupensuppe und durften vier Stunden ausruhen. Das war wegen der Hitze und Mücken kaum möglich. Wir kriegten unser Brot, dann mußten wir wieder aufs Feld bis zehn Uhr abends. Wir waren ausgemergelt. Beim morgendlichen Antreten kam einmal die Küchenchefin und fragte, ob hier eine Frau Mischka heißt. Da habe ich mich gemeldet und kam in die Küche. Dort wurde auch für die Offiziere und Wachmannschaften gekocht. Durch diese Arbeit habe ich mich erholt; ich konnte den ganzen Sommer über dort bleiben.

Im Herbst, nach der Ernte, wurde das Lager aufgelöst. Wir kamen in das Stammlager nach Schadrinsk zurück. Mit dreißig Mädchen arbeitete ich in einer Autofabrik. Wir gehörten zu einer Transportabteilung, die alles Notwendige für die Fabrikation heranholen mußte: vom Bahnhof und von Magazinen. Die fertigen Produkte mußten wir dann wieder zum Bahnhof bringen. Dadurch kamen wir an viele Dinge, die dringend gebraucht wurden, wie Nägel, Salz, Soda, Farbe. Das verkauften wir bei den Russen. Wir wurden nicht mehr so streng bewacht und hatten daher Kontakt mit der Zivilbevölkerung. Aus diesen Möglichkeiten entwickelten wir das »Klingeln« – wie wir das Betteln nannten. Die russischen Menschen haben uns viel geholfen, obwohl sie selbst nur wenig zu essen hatten. Es kam auch vor, daß einige abweisend waren, wenn der Bruder oder der Sohn im Krieg gefallen war. Die meisten sagten: »Ach, Mädchen, ihr tut uns so leid. Wann fahrt ihr nach Hause?« Sie nahmen großen Anteil an unserem Leben. Sie haben uns oft eine Kartoffel gegeben. In der harten Zeit fragten wir nach Kartoffelschalen. Manchmal bekamen wir ein Stück Brot.

Dinge, die wir in der Fabrik »geklemmt« – also gestohlen – hatten, haben wir verkauft. Dadurch konnten wir uns auf dem Basar etwas kaufen. Das hat unser Leben erleichtert. Ich glaube, mit dem Essen aus der Lagerküche wäre wohl niemand von uns nach Hause gekommen.

Ein Erlebnis mit einer russischen Frau hat mich besonders berührt. Am Heiligen Abend mußten wir nochmals hinausfahren, um Sand zu holen. Das war vierzig Kilometer vom Lager entfernt. Wir hatten unseren Arbeitstag um vierzehn Uhr beendet. Und da wir zur Transportabteilung gehörten, hieß es: »Wer will freiwillig in den Sand?« Wir schauten uns an und überlegten. Da sagte der Kommandant: »Ihr habt danach zwei Tage frei.«

Vier Mädchen machten freiwillig mit. Wir fuhren mit dem Lastwagen. Auf einmal sahen wir auf der Straße Erbsen liegen. Wir klopften auf das Autodach, damit der Fahrer anhielt. Wir wollten die Erbsen auflesen. Wir gingen nie ohne Beutel zur Arbeit. Außerdem hatten wir lange, weite Hosen an, die banden wir unten an den Beinen zusammen, und wenn wir etwas Nützliches fanden, steckten wir es in die Hosenbeine. Das Auto war mit den Erbsen plötzlich abgesackt.

Wir halfen, es wieder flottzumachen und durften uns die Beutel füllen. Vergnügt sind wir in den Sand gefahren. Bei einer Russenfrau wärmten wir uns auf. Im Sommer hatten wir bei ihr manchmal Wasser geholt. Sie hatte ein kleines, karg eingerichtetes Zimmer und saß an ihrem Spinnrad. Der Samowar summte, und sie holte uns noch eine Bank von draußen. Vor dem Fenster fing der Wald an. Es schneite.
Ich erzählte der Frau auf Russisch von Weihnachten, und wie wir es zu Hause feierten. Ich sprach vom Gänsebraten und von den bunten Tellern. Als ich ihr von unseren Weihnachtsliedern erzählte, bat sie uns, wir sollten doch welche singen. Wir sangen sehr gerne. So schlecht es uns auch gehen mochte, der Hunger konnte noch so groß sein, wir haben gesungen.
Die Frau wollte uns gerne etwas zu essen geben, aber sie hatte selbst nichts. Da holte sie uns heißes Wasser aus dem Samowar und gab jedem ein Stückchen Zucker. Wir haben die leergetrunkenen Becher mit Erbsen gefüllt und sie ihr gegeben.
Dann fuhren wir zurück zum Lager. Die anderen Mädchen haben auf uns gewartet, und dann fing unsere Weihnachtsfeier an. Wir hatten uns aus dem Wald einen Baum geholt. Es gab nur Kiefernbäume. Den Baum hatten wir mit allen möglichen Dingen, die wir uns aus der Fabrik mitgebracht hatten, geschmückt. Wir verteilten unsere selbstgebastelten Geschenke, zum Beispiel Brieftaschen, Briefpapier, Bleistifte oder Geldbörsen. Geld hatten wir jedoch keines.
Durch unsere Transportabteilung kamen wir an Blechrollen, die mit Mullbinden umwickelt waren. Wir haben sie abgewickelt und uns Hemden und Fußlappen daraus genäht. Aus den Binden haben wir auch die Fäden gezogen, sie dreifach gewickelt, und Pullover, Unterröcke und Unterwäsche gestrickt. Die anderen Sachen, wie Brieftaschen wurden aus Wachstuchplättchen – mit Garn aneinandergebunden – gemacht.
Meinen einundzwanzigsten Geburtstag werde ich nie vergessen. Wir durften an unseren Geburtstagen unseren kranken Freundinnen die tägliche Brotration ins russische Krankenhaus bringen. Ich wollte also mein Brot hinbringen. Der Natschalnik kam morgens in die Baracke und sagte: »Hol dir vom Sägewerk einen Sarg, nimm einen Schlitten und bring die Tote vom Waldlager aus dem Krankenhaus

heraus.« Zuerst waren wir wütend, daß nun unsere gemeinsame Klingeltour nicht möglich war. Wir haben das Pferd eingespannt. Ich lieferte das Brot ab und fragte nach der toten Njemka. So hießen wir Deutschen... Ein Krankenwärter schloß mir die Totenkammer auf. Im Halbdunkel konnte ich zuerst nichts erkennen. Dann sah ich lauter Leichen, die seziert worden waren. Wir haben unsere Tote in die Holzkiste gepackt und sind mit ihr ins Lager zurückgefahren.

Im August 1948 kam plötzlich die Nachricht, daß das Lager aufgelöst werden würde. Wir haben das zuerst nicht geglaubt. Dann fuhren wir los und kamen am 22. August in Frankfurt an der Oder an. Mit offenen Waggontüren fuhren wir nach Hause. Wir haben auf der ganzen Fahrt gesungen, bis wir heiser waren.

Da ich nicht wußte, wo meine Eltern waren, gab ich einen Suchantrag beim Roten Kreuz ab. Ich fuhr ins Heimatlosenlager und erhielt dort die Nachricht, daß meine Eltern in Kleinmachnow bei Berlin lebten.

Ich bekam zwanzig Mark Handgeld. In Pirna holte mich meine Mutter ab. In der Erinnerung war sie für mich immer rundlich und klein gewesen. Entgegen kam mir ein altes, dünnes, verhutzeltes Frauchen. Ich war erschüttert. Sie erzählte, daß beide Brüder gefallen seien, während ich in Rußland gewesen war.

Ich war sehr glücklich, daß ich zu Weihnachten das erstemal wieder satt wurde. In den ganzen dreieinhalb Jahren während der Lagerzeit in Rußland war ich nie satt geworden.

Aus: Geflohen und vertrieben. Herausgegeben von Rudolf Mühlfenzl. Königstein/Ts. 1981

Anna Bodschwinna

Ausweisung aus dem Kreis Mohrungen

Am 30. November 1945 begann unsere Elendsfahrt, die alles bisher Erlebte an Grausamkeit übertraf. Schon der Weg zum Bahnhof hätte kaum unmenschlicher gedacht werden können. Wir wurden – und das ist keine Übertreibung – mehr als zwölf Kilometer durch Feld und Wald, über Stock und Stein getrieben, wie eine Herde Vieh. Hinter dem Zug gingen und fuhren Polen, die uns fortwährend mit Peitschen bedrohten. Die alten und kranken Leute sowie die schwachen, unterernährten Kinder hatten die größte Mühe, mitzukommen, und viele waren schon unterwegs dem Zusammenbrechen nahe.
Unterwegs wurde ich wiederholt von den Polen aufgefordert, in Goldbach zu bleiben und für Polen zu optieren. »Kehren Sie um«, sagte der Pole immer wieder zu mir, »es ist schade um die Kinder«. Er malte mir die Zustände in Deutschland in den schrecklichsten Farben aus, um mich zum Optieren zu bewegen, aber ich war nur von dem einen Wunsch beseelt, sobald wie möglich nach Westdeutschland zu kommen.
Am Tage unserer Austreibung war die Erde leicht gefroren und die Sonne schien strahlend hell vom Himmel herab, als wollte sie uns über den Abschied von der Heimat trösten.
In Mohrungen angekommen, wurden wir vor die »polnische Kommandantur« geführt, wo wir bis zum Abend im Freien warten mußten. Während wir vor der Kommandantur standen, wurden wir von der polnischen Bevölkerung angestaunt, fotografiert, belacht und verspottet. Da ich etwas Polnisch kann, konnte ich auch aus den Gesprächen der Polen entnehmen, wie sie sich über unser Unglück freuten.
Am Abend dieses Tages wies man uns eine Baracke (es handelte sich wahrscheinlich um die ehemaligen RAD-Baracken) an, in der wir die Nacht verbringen sollten. Wir saßen die ganze Nacht frierend auf

dem nackten Fußboden der Baracke, ununterbrochen von plündernden polnischen Soldaten belästigt. Den meisten Frauen wurden ihre Mäntel weggenommen. Die noch übriggebliebenen jungen Mädchen – 14- bis 16jährige Kinder – wurden von Polen vergewaltigt.

Am Nachmittag des nächsten Tages wurden wir in der polnischen Kommandantur auf das Gründlichste untersucht. Alles, was den Polen gefiel, nahmen sie uns weg; wenn ihnen ein Kleidungsstück gefiel, das wir auf dem Leibe trugen, so mußten wir dasselbe ausziehen. Ich mußte einen gestrickten Unterrock ausziehen, in den ich unsere sämtlichen Unterlagen eingenäht hatte. Als ich den Polen bat, er möge mir wenigstens meine für ihn wertlosen Papiere zurückgeben, antwortete er mit einem höhnischen Gelächter. Das Brot, das wir uns für die Reise aufgespart hatten, wurde uns zum größten Teil schon vor Antritt der Fahrt gestohlen.

Noch kurz vor der Abfahrt versuchte man, uns zum Optieren zu bewegen. Besonders meine Mutter wollten die Polen – wahrscheinlich wegen ihres polnisch klingenden Namens – zurückbehalten. Erst nach langem Bitten und Flehen wurde ihr die Ausreise erlaubt, jedoch nicht, ohne daß man sie vorher ihres Gepäckes restlos beraubte.

Gegen Abend des 1. Dezember 1945 wurden wir in einen bereitstehenden Güterzug, der aus ungefähr 50 zum Teil sehr schadhaften Wagen bestand, verladen. Im Laufe des Abends kamen noch viele Leute aus Liebstadt dazu, die buchstäblich in die Eisenbahnwagen hineingetrieben wurden. Darunter befanden sich die teilweise alten und kranken Insassen des Liebstadter Altersheimes. Die ganze folgende Nacht wurden wir von polnischen Soldaten und Zivilisten ausgeplündert. Außerdem fürchteten wir bis zur Abfahrt des Zuges, daß die arbeitsfähigen Leute noch herausgeholt werden sollten. So verlief unsere letzte Nacht auf ostpreußischem Heimatboden unter Zittern und Zagen.

Am Vormittag des nächsten Tages setzte sich unser Zug endlich in Bewegung. In unserem Güterwagen befanden sich etwa 98 Personen, und es ist wohl nicht übertrieben, wenn ich sage, daß wir zusammengepfercht wie in einem Heringsfaß waren. Schon in Allenstein hatten wir in unserem Wagen die ersten Toten, die wir auf den Gleisen liegenlassen mußten.

Im folgenden beklagt sich Vfn. über die Rücksichtslosigkeit mancher Leidensgefährtinnen, deren Verhalten sie auf die unerträgliche, drangvolle Enge zurückführt, die in dem Güterwagen herrschte.

An jedem Morgen unserer Reise hatten wir einen oder mehrere Tote, die einfach auf der Strecke liegengelassen werden mußten. Es sind viele, viele Tote auf der Strecke liegengeblieben, die unsren Elendszug bezeichneten. Wegen der großen Engigkeit in unserem Wagen waren die Toten oft in den schrecklichsten Stellungen der Glieder und des Körpers erstarrt und halb zerdrückt, so daß man sie nur mit Grauen ansehen konnte. Aber allmählich stumpften wir auch gegen diesen Anblick ab, und bald gehörten die Leichen am Morgen zu den gewohnten täglichen Bildern.

Unser Zug stand mehr, als er fuhr. So dauerte es mehr als vierzehn Tage, bis wir in die russische Zone kamen. In den Nächten fuhren wir selten. Wenn wir irgendwo hielten, wurden wir regelmäßig ausgeplündert, obwohl eigentlich kaum noch etwas bei uns zu plündern war. Nacht für Nacht konnte man das Geschrei der von den Plünderern heimgesuchten Wagen bald näher, bald ferner hören, bis wir selbst an der Reihe waren, und man uns unser letztes Stückchen Brot wegnahm.

Wir wußten nie, wo wir uns eigentlich befanden, da die Namen der Stationen in polnischer Sprache geschrieben waren. Lange befürchteten wir, daß man uns womöglich in das Innere Polens bringen wollte, um uns dort irgendwo vollends verhungern zu lassen, bis wir endlich merkten, daß wir in Richtung Westen fuhren.

Wir hatten schon nach wenigen Tagen nichts mehr zu essen. Ab und zu erhielten wir auf unsere Bitte von einem polnischen Lokomotivführer etwas warmes Wasser – das war oft alles, was wir zu uns nahmen. Die Nächte waren in der entsetzlichen Engigkeit des Wagens schrecklich. Man konnte weder stehen noch sitzen, geschweige denn liegen. Man wurde gedrückt und gestoßen, ja, es gab sogar Schlägereien und Zänkereien zwischen den halbverhungerten, überreizten Menschenwracks. Am meisten hatten die Schwerkranken zu leiden. Der Typhus herrschte im ganzen Zug, und die Zahl der Toten wuchs von Tag zu Tag. Die hygienischen Zustände in dem Wagen kann man sich wohl unschwer vorstellen. Einige Leute hatten Nachtgeschirre mitgebracht, die durch die Klappe des Wagens nach draußen ausgeleert werden mußten. Die Außenwände des Zuges waren verschmiert und überfroren.

Ich erinnere mich an eine besonders schwerkranke Frau aus Goldbach, die Nacht für Nacht in den wildesten Fieberphantasien lag und die sich bis zu ihrem Ende schrecklich quälen mußte. Sie war nur wenig bekleidet und muß sehr gefroren haben. Zu essen hatte sie schon lange nichts, und es gab ihr auch keiner etwas. In den Nächten wurde die Ärmste in die äußerste Ecke gedrückt, weil sie sich nicht wehren konnte. Für sie war der Tod eine Erlösung von schrecklichen Qualen.

Auch unsere Goldbacher Wirtin war schon in der ersten Zeit unter den Toten. Ihre beiden 16- und 14jährigen Töchter blieben schwer typhuskrank allein zurück. Auch sie hatten kaum etwas zu essen. Aber man konnte damals einander beim besten Willen nicht helfen.

Es war mir gelungen, eine in den Mantelsaum meiner jüngsten Tochter eingenähte goldene Armbanduhr als einziges Wertstück zu retten. Da wir schon seit Tagen nichts mehr gegessen hatten, wollte ich in Stargard versuchen, für die Uhr Lebensmittel zu bekommen. Ich nahm meine ältere Tochter mit und machte mich zusammen mit ihr und einer anderen Frau aus unserem Wagen auf den Weg. Es gelang mir auch, für die Uhr etwa sechs Pfund Weißbrot zu bekommen. Als wir in die Nähe des Platzes kamen, auf dem unser Zug gestanden hatte, sahen wir diesen davonfahren und hörten das verzweifelte Weinen der Kinder, deren Mütter nicht im Zug waren. Uns erfaßte eine entsetzliche Angst. Was sollte werden, wenn wir zurückblieben, was würde mit den Kindern geschehen?

Alle Zurückgebliebenen liefen, so schnell es ihr ausgemergelter Zustand erlaubte, aber trotz aller Anstrengungen hätten wir den Zug natürlich nie mehr erreicht. Die Polen, an denen wir vorüberkamen, lachten laut über die Angst der gehetzten, verängstigten Menschen. Einer versuchte sogar, mir ein Kleid, das ich in der Hand hielt, zu entreißen. Schließlich rief uns ein polnischer Eisenbahner, dem wir offenbar doch leid taten, zu, daß der Zug am Stellwerk stehenbleiben würde. Wir kamen völlig aufgelöst wieder in unseren Wagen. Meine kleinere Tochter hatte verzweifelt geschrien und immer wieder nach ihrer Mutti gerufen. Auch meine Mutter hatte künftig Angst, wenn ich mich aus dem Wagen wagte. Wenn ich in Zukunft aus dem Wagen ging, mußte ich entweder alle mitnehmen oder ich mußte abwarten, bis alles schlief.

Nach ca. vierzehn Tagen kamen wir in der russischen Zone an. Auch hier waren wir noch mehr als eine Woche unterwegs, bis wir endlich im Flüchtlingslager Blankenburg/Harz zur Ruhe kamen. Verpflegt wurden wir während dieser Zeit nur ein einzigesmal in Wriezen. In Stendal wurden unsere Kranken ausgeladen und sollten in Krankenhäusern untergebracht werden. Nachdem die Ärmsten stundenlang auf dem Bahnsteig im strömenden Regen gelegen hatten, wurden sie zu guter Letzt wieder in den Zug eingeladen. In Stendal wurden fünf Wagen abgehängt, für mehr Leute war dort wahrscheinlich keine Unterkunft vorhanden.

Damals mußte ich so manchesmal während der Nacht aussteigen und in den Warteräumen und auf den Bahnsteigen betteln gehen, sonst wären wir wahrscheinlich doch noch völlig verhungert. Ich kann sagen, daß ich bei diesen Gelegenheiten viel Hilfsbereitschaft erfahren habe. An den Gesichtern der Leute, die mir begegneten, konnte ich sehen, daß sie über unseren Anblick erschüttert waren.

So langten wir endlich, nach dreiwöchiger Reise, völlig erschöpft und krank im Flüchtlingslager Blankenburg/Harz an. Eigentlich muß es als ein Wunder angesehen werden, daß wir überhaupt noch am Leben waren. Viele Überlebende sind schon in den ersten Tagen im Lager gestorben. Wenn wir mit unseren Beschwerden zum Arzt gingen, sagte der immer: »Ja, ihr dürft nicht vergessen, daß ihr alle halb verhungert gewesen seid.« Meine Mutter wurde immer kränker und kränker und verfiel zusehends. Ich selbst war auch, ebenso wie meine Kinder, so heruntergekommen, daß ich kaum noch hoffte, jemals gesund zu werden.

Obwohl die Zustände und die Behandlung im Flüchtlingslager Blankenburg nicht gerade ideal waren, fühlten wir uns dort in der ersten Zeit wie im Himmel. Es war schon eine unbeschreibliche Wohltat für uns, in den Nächten ruhig und ungestört schlafen zu können und jeden Tag unser Essen – und wenn es noch so schlecht war – zu bekommen.

Im Februar 1946 bekam ich dann durch Zufall Nachricht von meinem Mann, der in Schleswig-Holstein gelandet war. Nun hielt mich in

Blankenburg nichts mehr. Mit dem nächsten Transport in die Westzone fuhr ich mit. Auch diese Reise ging nicht ohne große Schwierigkeiten vor sich, zumal meine Mutter damals schon schwerkrank war und nicht mehr gehen konnte. Sie ist am dritten Tage nach unserer Ankunft in der neuen Heimat gestorben. Trotz allem ist es mir ein Trost, daß ich sie nicht irgendwo an der Strecke habe liegen lassen mußten und daß ich die Stätte ihres Grabes weiß.

Aus: Dokumentation der Vertreibung der Deutschen aus Ost-Mitteleuropa. Band I, 2. Bonn o. J. (1954)

Hildegard Aminde

Vertreibung aus Ostpreußen

Am 23. Oktober 1945 kamen polnische Förster, die in Baarwiese in dem Anderseschen Sägewerk stationiert waren, und brachten uns die Ausweisungsorder. Diese verzögerte sich noch um einige Tage. Inzwischen kam meine Schwester noch für zwei Tage in Urlaub. Wir bestürmten sie, mit uns zu kommen, sie wollte aber nicht. Die Polen hatten die Nachricht verbreitet, wir kämen nicht nach Deutschland, sondern nach Kongreßpolen. Mein Schwager wollte versuchen, sich mit Graf zu Fuß bis zur Weichsel durchzuschlagen. Er ist zwar bis Stuhm gekommen, aber von dort erst im Sommer (Juni 1947) mit einem Transport hinaus. Meine Schwester kam im März 1946, wie sie ging und stand, heimlich. Sie sollte noch zwei weitere Jahre dort verpflichtet werden. Sie ging zum Bahnhof, und polnische Eisenbahnbeamte steckten sie in einem Güterzug in eine Kartoffelkiste, so kam sie nach Berlin.
Wir mußten am 27. Oktober 1945 fort. Mitnehmen durften wir nur 30 Pfund Lebensmittel. Bei uns (Hedi und mir) erschien die Miliz, und wir mußten uns sogar einer Leibesvisitation unterziehen. Bei den anderen Leuten waren sie humaner. Die Waldarbeiter hielten sie zurück, die brauchten sie zur Arbeit, sagten sie. Am Spätnachmittag ging es endlich los bis Baarwiese. Dort blieben wir, in dem Gemeinschaftshaus von Anders, die Nacht. Dort wurden wir angeblich registriert. Jeder erhielt so einen dreckigen Zettel, auf dem der Name stand. Der Zweck dieser ganzen Geschichte aber war nur, den armen Menschen ihre wertvollsten Sachen zu klauen. Die ganze Nacht hörte man unaufhörlich Gejammer und Geschrei. Uns nahmen sie nichts mehr weg, uns hatten sie ja schon zu Hause gründlichst untersucht. Hedi und ich hatten nur jeder einen kleinen Rucksack.
Es waren da nun aus allen umliegenden Dörfern Tausende von Menschen zusammengeströmt.

Am nächsten Morgen begann der Marsch nach Osterode. Es war ein herrlicher Morgen! Nie in meinem Leben werde ich dieses Bild vergessen. Der Nebel hob sich über dem großen Drewenzsee. Oben strahlende Sonne und blauer Himmel. Die Birken strahlten goldüberrieselt, und die Wälder leuchteten in diesen herrlichen Herbstfarben, wie sie nur einmal der ostpreußische Herbst hervorbringt! Es war, als wollte uns der Herrgott diese einmalige Schönheit recht tief in die Seele brennen, daß wir unser geliebtes Ostpreußen in der Fremde nicht vergäßen!
Dazu auf der Chaussee dieser kilometerlange, nicht abreißende Elendszug, aus der Heimat getrieben!
In Osterode trieben sie uns alle auf den Hof einer Fabrik. Einen großen Teil der Menschen, angebliche Masuren, hielten sie unter großen Versprechungen mit Gewalt zurück. Wieder mußten wir eine »Kontrolle« durchlaufen. Was ihnen irgendwie wertvoll schien, wurde auf große Haufen geworfen. Sie zogen den Menschen sogar die Kleider vom Leibe. Wir waren an einen menschlichen »Kontrolleur« geraten und kamen ungeschoren davon. Endlich saßen wir im Zug, sogar in einem Personenwagen. Spät abends am 31. Oktober 1945 fuhren wir endlich ab. Gegen 2.00 Uhr waren wir in Deutsch Eylau. Da hielten wir zwischen lauter Lokomotiven, das war Absicht. Banden durchliefen systematisch den ganzen Zug und plünderten. Sie warfen die Säcke durch die Fenster oder Türen, draußen standen andere, die die Sachen in Empfang nahmen. Viele Leute hatten hinterher gar kein Brot mehr. Wir fuhren zwar unter russischer Bewachung, ein Kommandant und seine Soldaten, die kümmerten sich aber nicht darum. Wenn die Menschen um Hilfe riefen, dann ließen alle umstehenden Maschinen Dampf ab oder pfiffen, es war der reine Hexensabbat! Als sie alles ausgeräubert hatten, fuhr der Zug am anderen Morgen weiter. Immer wieder wurde geplündert, denn unser Zug stand mehr, als er fuhr.
Später haben wir dann unsere Wagen von innen verrammelt, da wurde es besser. Wir fuhren über Thorn, Küstrin. Dort wollten die Polen unsern ganzen Transport ins Lager schleppen. Das ließ aber unser russischer Kommandant nicht zu; so sind wir Schlimmem entkommen. Dann ging's nach Berlin, wir sollten erst in Postdam ausgeladen werden. Da wollten sie uns aber nicht haben. Nirgends

wollten sie uns haben. Menschen starben in dem Zug und wurden einfach an den Bahndamm gelegt.

Am 10. November 1945 landeten wir dann endlich in Rostock. Am nächsten Tag kamen wir in einen Fliegerhorst zwischen Damgarten und Ribnitz. Wir lagen in alten Baracken vom Arbeitsdienst, in den schönen Gebäuden des Flugplatzes waren Russen. Es war sehr primitiv. Wir lagen nur auf Brettern ohne Stroh. In den nächsten Tagen brach Typhus aus, und wir bekamen sechs Wochen Quarantäne. Wenn morgens der Wagen mit Brot aus Ribnitz kam, nahm er auf der Rückkehr gleich die nackten Toten mit. Na ja, wir waren ja nicht mehr verwöhnt, aber dann wurde die Sache doch zur Anzeige gebracht. Wir waren da bis zum 14. Dezember 1945, da durften wir diese gastlichen Hallen verlassen. Wir gingen nach Salzwedel zu einem bekannten Arzt. Dort fand ich Nachricht von meinem Bruder vor, der nach einer kurzen Gefangenschaft in Bayern gelandet war. Im März 1946 sind wir dann hier in die englische Zone gegangen.

Aus: Dokumentation der Vertreibung der Deutschen aus Ost-Mitteleuropa. Band I, 2. Bonn o. J. (1954)

V

Die Tragödie Ostpreußens in der Geschichtsschreibung

Herbert Michaelis

Die letzte und schrecklichste Phase des Krieges

Mit dem Einbruch der Roten Armee in Deutschland begann die letzte und schrecklichste Phase des Krieges. Nun bekam die deutsche Bevölkerung im vergeltenden Gegenschlag alle die Leiden zu spüren, die die nationalsozialistische Herrschaft den unterworfenen Völkern zugefügt hatte.
Es war eine Auswirkung des Nationalsozialismus wie des Unmenschlichen in ihm und seines Angriffes auf die Grundlagen des Zusammenlebens der Völker, daß er eine Welle der Vergeltung und der Rache entband, in der wie in ihm selber die erschreckendste Unmenschlichkeit rauschhaft und hemmungslos zutage trat und sich in Handlungen von so barbarischer Wildheit, Niederträchtigkeit und Gemeinheit niederschlug, daß sie in ihrer Verleugnung aller sittlichen Grundsätze des Verdikts nicht weniger bedürfen als die Schandtaten der nationalsozialistischen Verursacher. Der Appell an das Unmenschliche zur Bekämpfung der Unmenschlichen stürzte fast die ganze Welt in ein Chaos der Barbarei, der sittlichen Verwilderung und der das Recht verachtenden Willkür. Die blinde Wut der Rache und Szenen unritterlichen Kampfes kennzeichneten den Krieg auf allen Schauplätzen in Europa und in Asien. Zu den erregendsten und beschämendsten Feststellungen gehört es, daß Staatsmänner in den Sog der Leidenschaften der Massen gerieten oder diese selber entfachten. Es zeigte sich, daß auch der Kampf für die Humanisierung der Welt den Bund mit dem Verbrechen einging oder in seine Nähe geriet. In diesem Zusammenhang wird der allerdings von ihm bestrittene Aufruf Ilja Ehrenburgs, in dem er die Soldaten der Roten Armee »zum Töten und Zerstampfen« anfeuerte und sie aufforderte, den »Rassenhochmut der deutschen Frauen« mit Gewalt zu brechen und sie als rechtmäßige Beute zu nehmen, einen dauernden Platz der Schande einnehmen. Stalin suchte die Vergewaltigungen im Gespräch mit Milovan Djilas als Soldatenspaß zu verharmlosen. Es

lassen sich die dokumentarischen Nachweise für erteilte Befehle zur Gewalttat häufen. Wenn auch dem Grade nach sehr verschieden, so war doch keiner der Gegner von Anwandlungen enthemmter und zugleich widersinniger Rache frei. Das Gift, das zu vernichten eine ganze Welt zu den Waffen gegriffen hatte, hatte die Kämpfer selber infiziert. Der »Abfall von den eigenen Idealen«, in der letzten Kriegsphase in gesteigertem Maße greifbar, gehörte auch für die westlichen Siegermächte zu den erschreckendsten Erfahrungen. Auch sie wurden in die »Niederlage der abendländischen Gesittung« (Rothfels) einbezogen...

Um sich vor den barbarischen Drangsalierungen und Gewalttaten der aufgeputschten sowjetischen Soldaten zu retten, suchte sich die deutsche Bevölkerung bei eisiger Kälte durch die Flucht nach dem Westen zu retten. Da die Partei vorbereitende Evakuierungsmaßnahmen verboten hatte, erfolgte die Flucht in letzter Minute und in regelloser chaotischer Verwirrung und unter unvorstellbaren Schwierigkeiten. In Ostpreußen gelang es einem großen Teil der Bevölkerung, über See mittels improvisierter, aufopfernder Hilfsleistungen der Kriegsmarine oder über das Eis des Frischen Haffs zu entkommen. Endlose Bauerntrecks zogen nach Mitteldeutschland und über die Sudeten nach Böhmen hinein. Tausende starben vor Entkräftung und Verzweiflung an den Landstraßen oder wurden von den sowjetischen Truppen überholt und qualvollen Belästigungen ausgesetzt. Auch mit der Eisenbahn wurden flüchtende Menschen nach Innerdeutschland gebracht... Insgesamt fielen von 11,9 Millionen Ostdeutschen 4,4 Millionen östlich von Oder und Neiße in die Hand der Russen (Zipfel). In der Zahl der barbarischen Untaten der alliierten Gegner dominierten die schweren Luftangriffe auf Dresden am 13. und 14. Februar 1945, durch die in der von obdachlosen Flüchtlingen angefüllten Stadt etwa 100 000 Menschen qualvoller Vernichtung anheimfielen. Die systematische Bombardierung deutscher Kulturstätten sollte abseits von aller Kriegsnotwendigkeit das deutsche Volk in seinem Wesenskern zerstören und auf einen primitiven Zustand hinunterdrücken.

Aus: Herbert Michaelis, Der Zweite Weltkrieg. In: Handbuch der Deutschen Geschichte, Band 4/II. Konstanz 1965

Günter Böddeker

Nemmersdorf

Der Treck rumpelte über die Straße, die von der Kreisstadt Gumbinnen in Ostpreußen nach Südwesten führte. Frauen und Kinder auf den Leiterwagen hatten sich unter die Planen verkrochen. Dichter Regen fiel. Aus Südwesten wehte starker Wind.
Die knarrenden und polternden Geräusche der Pferdewagen wurden überlagert von fernem rollendem Donner. In den Städten und Dörfern, die die Menschen verlassen hatten, tobte die Schlacht.
Es war der 20. Oktober 1944. Die Rote Armee stürmte in Ostpreußen vor. Sie drückte mit vielfacher Überlegenheit die deutsche Front ein, zerschmetterte die Verteidigungsstellungen, zerschlug die deutschen Einheiten, die sich ihr entgegenstellten.
Die Männer, die Frauen und die Kinder im Treck hofften, hinter der Angerapp, die im Osten Ostpreußens von Süden nach Osten strömt, Schutz zu finden. Der Fluß, so glaubten sie, würde die Russen und ihre Panzer aufhalten und den Flüchtlingen einen hinreichenden Vorsprung verschaffen.
So war das Ziel des von Nordosten kommenden Trecks die Brücke, die im Ort Nemmersdorf über die Angerapp führte.
Diese Brücke aber war an jenem Tag auch das Ziel einer anderen Kolonne: Sie kam aus Südosten und bestand aus acht stählernen Fahrzeugen: russische Panzer der II. Gardearmee unter General Galitsky. Der deutsche Widerstand kümmerte die Russen wenig. Die Tanks rasselten weiter, immer weiter nach Westen.
Im Morgengrauen schob sich der Treck in Nemmersdorf hinein. Die Wagen füllten die ganze Breite der Hauptstraße. Es regnete noch immer. Die Flüchtlinge entschlossen sich zu einer Pause. Es war ein verderblicher Entschluß. In dieser Stunde am 21. Oktober 1944 erreichten auch die Russen den Ort Nemmersdorf. Seit jenem Tag steht der Name Nemmersdorf für alle Schrecken, die deutsche Zivilisten von der Roten Armee erlitten.

In das Gescharre und Gestampfe der Pferde vor den Wagen der Flüchtlinge mischte sich plötzlich das Gerassel von Ketten. Aus dem Schleier von Regen und Dunst dröhnte das Panzerrudel heran. Die stählernen Kolosse wälzten sich ohne Halt durch die Hauptstraße, über den Flüchtlingstreck hinweg, von seinem Ende bis zu seinem Anfang – und noch einmal von seinem Anfang bis zu seinem Ende. Dann kletterten die Panzerbesatzungen aus den Luken.

Die Russen konnten Nemmersdorf in jenen Tagen nicht halten. Die Soldaten der 4. deutschen Armee, die unter dem Befehl des Generals Hoßbach standen, kämpften den Ort Nemmersdorf wenig später wieder frei.

Nemmersdorf war der erste deutsche Ort, in dem der Roten Armee deutsche Zivilisten in größerer Zahl in die Hände gefallen waren. Es war der Ort, in dem Rußlands Rache für mehr als drei Jahre deutscher Gewaltherrschaft erstmals explodierte. Mehr als 60 Frauen und Kinder mußten sterben.

Für die Ereignisse von Nemmersdorf gibt es eine Reihe von Zeugenaussagen. Die Wissenschaftliche Kommission der Bundesregierung zur Geschichte der Vertreibung der Deutschen aus Ost-Mitteleuropa hat für ihre Dokumentation den Bericht des Volkssturmmanns Karl Potrek aus Königsberg ausgewählt, der zu den Einheiten gehörte, die nach Nemmersdorf vorstießen. Er schrieb: »Meine Volkssturmkompanie erhielt den Befehl, in Nemmersdorf aufzuräumen. Schon kurz vor Nemmersdorf fanden wir zerstörtes Flüchtlingsgepäck und umgeworfene Wagen. In Nemmersdorf selbst fanden wir den geschlossenen Flüchtlingstreck. Alle Wagen waren durch die Panzer völlig zerstört und lagen am Straßenrand oder im Graben. Das Gepäck war geplündert, zerschlagen oder zerrissen, also vollständig vernichtet. Dieser Flüchtlingstreck war aus der Gegend Ebenrode und Gumbinnen. Ich stellte dieses beim Aufräumen fest. Im Straßengraben fand ich ein Männerjackett. Aus der Brusttasche ragte ein Stück weißes Papier heraus. Nicht Neugierde, sondern tiefstes Mitleid mit diesen armen Menschen ließ mir keine Ruhe, nachzusehen, was es war. Es ist gut, daß ich es getan habe. Es war ein Briefumschlag mit der Aufschrift: Schmiedemeister Grohnwald, Gumbinnen. In dem Umschlag steckten fünf Zwanzigmarkscheine. Diese steckte ich in den Umschlag zurück in der Hoffnung, daß der

Besitzer doch noch einmal zurückkommt. Das ganze Flüchtlingsgut wurde gesammelt und in die Dorfkirche getragen. Von den Flüchtlingen selbst haben wir nichts gefunden. Am Dorfrand in Richtung Sodehnen-Nemmersdorf steht auf der linken Straßenseite ein großes Gasthaus ›Weißer Krug‹, rechts davon geht eine Straße ab, die zu den umliegenden Gehöften führt. An dem ersten Gehöft, links von dieser Straße, stand ein Leiterwagen. An diesem waren vier nackte Frauen in gekreuzigter Stellung durch die Hände genagelt. Hinter dem ›Weißen Krug‹ in Richtung Gumbinnen ist ein freier Platz mit dem Denkmal des Unbekannten Soldaten. Hinter diesem Platz steht wiederum ein großes Gasthaus ›Roter Krug‹. An diesem Gasthaus stand längs der Straße eine Scheune. An den beiden Scheunentüren waren je eine Frau, nackt in gekreuzigter Stellung, durch die Hände genagelt. Weiter fanden wir dann in den Wohnungen insgesamt 72 Frauen einschließlich Kinder und einen alten Mann von 74 Jahren, die sämtlich tot waren, fast ausschließlich bestialisch ermordet bis auf nur wenige, die Genickschüsse aufwiesen. Unter den Toten befanden sich auch Kinder im Windelalter, denen mit einem harten Gegenstand der Schädel eingeschlagen war. In einer Stube fanden wir auf einem Sofa in sitzender Stellung eine alte Frau von 84 Jahren vor, die vollkommen erblindet gewesen und bereits tot war. Dieser Toten fehlte der halbe Kopf, der anscheinend mit einer Axt oder mit einem Spaten von oben nach dem Halse weggespalten war. Diese Leichen mußten wir auf den Dorffriedhof tragen, wo sie dann liegen blieben, weil eine ausländische Ärzte-Kommission sich zur Besichtigung der Leichen angemeldet hatte. So lagen diese Leichen dann drei Tage, ohne daß diese Kommission erschien. Inzwischen kam eine Krankenschwester aus Insterburg, die in Nemmersdorf beheimatet war und hier ihre Eltern suchte. Unter den Ermordeten fand sie ihre Mutter von 72 Jahren und auch ihren alten schwachen Vater von 74 Jahren, der als einziger Mann zu diesen Toten gehörte. Diese Schwester stellte dann fest, daß alle Toten Nemmersdorfer waren. Am 4. Tage wurden dann die Leichen in zwei Gräbern beigesetzt. Erst am nächsten Tage erschien die Ärzte-Kommission, und die Gräber mußten noch einmal geöffnet werden. Es wurden Scheunentore und Böcke herbeigeschafft, um die Leichen aufzubahren, damit die

Kommission sie untersuchen konnte. Einstimmig wurde dann festgestellt, daß sämtliche Frauen wie Mädchen von 8 bis 12 Jahren vergewaltigt waren, auch die alte blinde Frau von 84 Jahren. Nach der Besichtigung durch die Kommission wurden die Leichen endgültig beigesetzt.«

Andere Augenzeugen haben diesen Bericht über die Oktober-Greuel in Ostpreußen ergänzt: Generalmajor Erich Dethleffsen, damals Stabschef in der 4. deutschen Armee in Ostpreußen, erklärte am 5. Juli 1946 vor dem Internationalen Militärgerichtshof in Nürnberg: »Als im Oktober 1944 russische Verbände in der Gegend Groß Waltersdorf (südostw. Gumbinnen) die deutsche Front durchbrachen und vorübergehend bis Nemmersdorf vorstießen, wurde in einer größeren Anzahl von Ortschaften südlich Gumbinnen die Zivilbevölkerung – zum Teil unter Martern wie Annageln an Scheunentore – durch russische Soldaten erschossen. Eine große Anzahl von Frauen wurde vorher vergewaltigt. Dabei sind auch etwa 50 französische Kriegsgefangene durch russische Soldaten erschossen worden. Die betreffenden Ortschaften waren 48 Stunden später wieder in deutscher Hand. Die Vernehmungen lebengebliebener Augenzeugen, ärztliche Berichte über die Obduktion der Leichen und Photographien der Leichen haben mir wenige Tage später vorgelegen.«

Oberleutnant Dr. Heinrich Amberger, Kompaniechef im 2. Regiment »Hermann Göring«, gab unter Eid zu Protokoll: »Am Straßenrand und in den Höfen der Häuser lagen massenhaft Leichen von Zivilisten, die augenscheinlich nicht im Lauf der Kampfhandlungen durch verirrte Geschosse getötet worden, sondern planmäßig ermordet waren. Unter anderem sah ich zahlreiche Frauen, die man, nach der Lage der verschobenen und zerrissenen Kleidungsstücke zu urteilen, vergewaltigt und danach durch Genickschuß getötet hatte, zum Teil lagen daneben auch die ebenfalls getöteten Kinder.«

Neben den ausländischen Ärzten waren auch Journalisten aus neutralen Ländern von den Deutschen in die zurückeroberten ostpreußischen Gebiete gebeten worden. Der Korrespondent der in Genf erscheinenden Zeitung »Courrier« schrieb am 7. November 1944 in seinem Blatt: »Der Krieg in Ostpreußen, der sich im Dreieck

Gumbinnen-Goldap-Ebenrode abspielt, steht im Augenblick im Vordergrund des Geschehens, seit Goldap von den Deutschen wieder eingenommen worden ist. Die Lage wird nicht nur durch die erbitterten Kämpfe der regulären Truppen, durch das Übermaß an eingesetztem Material auf beiden Seiten und dadurch gekennzeichnet, daß die neugeschaffene deutsche Miliz mit eingesetzt wird, sondern leider auch durch allzu bekannte Methoden der Kriegsführung: Verstümmelung und Hinrichtung von Gefangenen und die fast vollständige Ausrottung der deutschen bäuerlichen Bevölkerung, soweit sie in ihrem Gebiet geblieben war, am Spätnachmittag des 20. Oktober ... Die Zivilbevölkerung ist sozusagen aus dem umkämpften Gebiet verschwunden, denn die meisten Landbewohner sind mit ihren Familien geflohen. Mit Ausnahme einer jungen deutschen Frau und eines polnischen Arbeiters ist alles von der Roten Armee vernichtet worden. Dreißig Männer, zwanzig Frauen, fünfzehn Kinder sind in Nemmersdorf den Russen in die Hände gefallen und umgebracht worden. In Brauersdorf habe ich selbst zwei Landarbeiter französischer Herkunft gesehen, ehemalige Kriegsgefangene, die ebenfalls massakriert worden waren. Einer konnte identifiziert werden. Nicht weit davon dreißig deutsche Gefangene, die dasselbe Schicksal erlitten hatten. Ich verschone Sie mit der Schilderung der Verstümmelungen und dem entsetzlichen Anblick der Leichen auf offenem Feld. Es sind Eindrücke, die auch die lebhafteste Phantasie übersteigen.«

Aus: Günter Böddeker, Die Flüchtlinge. München 1980.

Major Dieckert
General Grossmann

Flüchtlingselend

Die Hauptschuld an dem schrecklichen Los der Bevölkerung Ostpreußens trug der Oberpräsident, Gauleiter und Reichsverteidigungskommissar Erich Koch. Die Masse der ihm unterstellten und von ihm abhängigen Parteileiter gehorchte ihm blind. Vielleicht glaubten sie auch seinen hochtrabenden Worten, die die gefährliche Lage der Provinz nicht berücksichtigten oder nicht berücksichtigen wollten. Im Grunde ihres Herzens jedenfalls dachten Koch und seine Kreaturen anders und handelten für sich persönlich entsprechend. Seine Wertgegenstände schaffte der Gauleiter in zwei Waggons nach Westen; für sich stellte er einen gepanzerten Kraftwagen, einen »Fieseler Storch« und zwei Eisbrecher bereit, um sich selbst jederzeit retten zu können.

Den Antrag von Generaloberst Reinhardt, infolge der Entwicklung der Lage ganz Ostpreußen zum Operationsgebiet zu erklären, um dadurch Einfluß auf die notwendige Räumung der Provinz zu bekommen, lehnte Hitler ab. An der Stellung des Reichsverteidigungskommissars dürfe nichts geändert werden. So blieb den militärischen Dienststellen nichts anderes übrig, als zu warnen, zu raten und zu mahnen. Doch die Forderung, rechtzeitig für eine planmäßige Räumung der Provinz Vorbereitungen zu treffen, lehnte Koch brüsk als Feigheit und Sabotage am Widerstandswillen des Volkes ab. Er hatte die Befehlsgewalt bis dicht hinter die Front und bedrohte jede Vorbereitung oder gar Räumung mit den schwersten Strafen. Bei dem festen Rückhalt, den er bei Hitler hatte, waren alle anderen Dienststellen machtlos.

Rechtzeitige Räumungsbefehle gab es nicht. Oft widersprachen die Anordnungen einander. In Ortelsburg war ein Räumungsplan für Trecks vorhanden. Der Kreisleiter weigerte sich, ohne Befehl des Gauleiters Koch den Abmarsch anzuordnen. Als er schließlich gegeben wurde, kam er zu spät. Den Weg nach Allenstein sperrten die

Russen am 21. Januar. Als sie am 19. Januar bereits im Südteil des Kreises Osterode standen, verbot der Kreisleiter jedes Absetzen der Bevölkerung. Erst in der Nacht vom 19. zum 20. Januar gestattete er die Flucht. Für Rastenburg und für die ländlichen Gemeinden gab der Kreisleiter trotz dringender Vorstellungen verantwortungsbewußter Männer bis zum Spätnachmittag des 26. Januar keinen Räumungsbefehl. Am gleichen Tage erreichte der Russe das Westufer der Seen bei Lötzen.

Es war fast überall das gleiche. Nur die Evakuierung des gefährdeten Ostteiles der Kreise wurde gestattet, während für den anderen Teil »die Lage nicht ernst sei und keine Gefahr« bestände. Meist erfolgte einige Stunden später der Packbefehl, während der Räumungsbefehl abzuwarten war. Er kam, wenn überhaupt, zu spät. Und statt eines planmäßigen Verlassens der Ortschaften und Gehöfte und statt des Abtransportes mit der Eisenbahn begann die panikartige Flucht. Leider kam es öfter vor – im Kreise Rössel taten es zehn Gemeinden vollzählig – daß Teile der Bevölkerung resignierten und in ihren Heimen blieben. Viele sagten sich, wir haben kein Fahrzeug und den Strapazen eines kilometerlangen Fußmarsches mitten im Winter sind wir nicht gewachsen. Vielleicht dachten sie auch, es wird schon nicht so schlimm werden; die Russen sind doch auch Menschen.

Wenn wenigstens die Männer zu Hause gewesen wären! Aber diese standen irgendwo weitab beim Volkssturm. Die ganze Last der Flucht lag auf den Schultern der Frauen. Hals über Kopf mußten die Wagen und Schlitten beladen werden, und dann führten Frauen, Greise, treue Kriegsgefangene und halbwüchsige Jungen die Trecks.

Da die Räumung meist aus dem Ostteil des Kreises in den Westteil oder aus dem Südteil in den Nordteil und dann in den nächsten Kreis befohlen wurde, sammelten sich dort immer größer werdende Massen von Flüchtlingen und Trecks. Näherten sich die Russen, so strebten diese Tausende von Menschen in kopfloser Flucht weiter nach Westen, nach Norden. Mehrere Wagenkolonnen fuhren nebeneinander und kamen auf den vereisten Straßen ineinander. Oft brausten russische Flugzeuge heran, warfen Bomben und schossen mit Bordwaffen in diese Zusammenballungen. Tote und verwundete Menschen und Tiere sowie umgestürzte und zerschmetterte Wagen bildeten ein unentwirrbares Knäuel menschlichen Elends. – Fahrzeuge der Wehrmacht belegten ebenfalls die Straßen, sei es mit Munition und Verpflegung in Richtung Front, sei es mit Verwundeten nach hinten fahrend. Sie nahmen nach Möglichkeit Flüchtlinge mit. Das Durcheinander war groß. Auch durch Einsatz von Verkehrsregelungsorganen konnte der flüssige Ablauf der Bewegungen nicht überall schnell erreicht werden.

Hier die Flucht aus dem Kreise Wehlau als ein Beispiel für viele: Nach wie vor blieben Vorbereitungen für eine Räumung untersagt und nur im geheimen überlegten sich maßgebende Dienststellen, was im Falle der Gefahr zu tun sei, um wenigstens das Leben der Bevölkerung zu retten. Die »Fürsorge« für diese lag in den Händen der Partei.

Nach dem russischen Panzerdurchbruch am 18. Januar zwischen Breitenstein und Schillen klaffte zwischen dem XXVI. und IX. Korps eine breite Lücke, die nicht zu schließen war. Die feindlichen Panzerteile konnten ungehindert vorstoßen. Unaufhörlich ergoß sich der Flüchtlingsstrom in den Kreis Wehlau. Der erste Einbruch in das Kreisgebiet erfolgte nicht von Osten, sondern von Nordosten her. Vergeblich hatten Teile der bewährten 5. Panzer-Division versucht, den Gegner aufzuhalten. Sie mußten am 21. Januar mit anderen Kampfverbänden auf das Südufer des Pregels zurückgehen. Der Pregel war zugefroren und für Infanterie und leichte Fahrzeuge passierbar, nicht aber für Panzer. Die zurückflutenden Wehrmachtsteile waren keine kampfkräftigen Verbände mehr, sondern nur Trümmer der noch vor Tagen kriegsstarken Divisionen. Besonders schwer hatte die Infanterie gelitten, die, in Eis und Schnee nun seit einer Woche Tag und Nacht am Feinde stehend, ohne Schlaf und warme Verpflegung, vor Erschöpfung kaum noch weiter konnte. Für eine Ablösung fehlten die Kräfte. Immer wieder versuchten tatkräftige Führer, die Versprengten zu sammeln und mit »Alarmeinheiten« sich dem übermächtigen Feind entgegenzustellen. Flüchtlingstrecks und Trosse behinderten den Verkehr und den Marsch der Kampftruppen.

Obgleich der Gegner am 20. Januar an der Nordostgrenze des Kreises Wehlau stand, war immer noch kein Räumungsbefehl von der Gauleitung zu erreichen. Landrat v. Bredow gab, vermutlich aus eigenem Verantwortungsgefühl, die Treckerlaubnis für seine Schloßberger. Wahrscheinlich schlossen sich ihnen aus den zunächst bedrohten Kirchspielen große Teile der Kreisbevölkerung an, da der Kampflärm sich näherte und die Soldaten dringend zur Flucht rieten. Für manche war es schon zu spät. So wurde ein Treck aus dem Kreise Schloßberg noch vor Wehlau überrollt. In der Nacht vom 20. zum 21. Januar brachen russische Panzerverbände in mehreren Stoßkeilen in den Nordostteil des Kreises ein, ohne nennenswerten Widerstand zu finden. Sie überrannten am 21. Januar mittags eine Angerburger Volkssturm-Panzerjagdstaffel (8,8 cm Geschütze) in Pelkeninken, nordostwärts Taplaken, ohne das diese dazukam, auch nur einen Schuß abzugeben. Am Abend stand der Gegner vor Taplaken und nördlich. Die Brücke über den Pregel bei Taplaken konnte noch gerade rechtzeitig gesprengt werden.

Der 21. Januar, ein Sonntag, war der schwarze Tag für die Einwohner der Stadt Wehlau. Seit dem 19. Januar kamen immer mehr Flüchtlingstrecks von Nordosten durch die engen Straßen der Stadt gezogen. Anweisungsgemäß sollte die Reichsstraße 1 (Insterburg-Königsberg) möglichst für die Wehrmacht freigehalten werden, so daß der Hauptfluchtweg über Wehlau-Allenburg nach Friedland führte. Nachtüber lagerten große Trecks auf den Schanzenwiesen, auf denen sonst die Pferdemärkte stattgefunden hatten. Am Sonntagmorgen konnte die Kreisleitung noch keinen Räumungsbefehl erwirken. Doch bald nach 10.00 Uhr läuteten die Glocken Sturm, und es kam der Befehl, Wehlau beschleunigt in Richtung Süden zu räumen. Nur die dafür bestimmten Beamten und Angestellten der Behörden, vor allem der Post, hätten noch zu bleiben. Im Laufe des Tages würden noch Züge eingesetzt werden für diejenigen, die auf Fahrzeugen keinen Platz mehr fänden.

Die Stadt glich an diesem Tage einem Ameisenhaufen. Die Straßen waren völlig verstopft, und besonders an der Allerbrücke gab es Stauungen. Für ein stilles Abschiednehmen von der liebgewordenen Heimat fehlte die Zeit. Hastig mußten die notwendigsten Gegenstände zusammengerafft werden, und dann begann die sorgenvolle Suche nach einer Fahrgelegenheit. Wer Glück hatte, wurde von einem Wehrmachtsfahrzeug mitgenommen. Andere stapften Schritt für Schritt, einen Handwagen mit Koffern und Taschen beladen hinter sich herziehend, den beschwerlichen Weg entlang. Mittags verkehrte noch ein fahrplanmäßiger Zug nach Königsberg. Auf dem Bahnsteig standen am Nachmittag Hunderte, die noch mit dem Zug fortwollten. Nach dringendsten telefonischen Vorstellungen des Kreisbürodirektors Strehlau – der Landrat war Soldat – in Königsberg lief endlich am späten Abend noch ein Güterzug ein und nahm die Harrenden in drangvoller Enge mit. Eine besondere Anerkennung verdienten die Beamten der Bahn und Post für ihre Pflichttreue.

Superintendent Zachau hielt am Sonntagnachmittag einen letzten Gottesdienst in der alten Pfarrkirche und segnete seine Konfirmanden ein. Eine Trauerfeier in der Friedhofskapelle für sechs Verstorbene, meist Flüchtlinge, damit diese noch in der Heimaterde eine würdige Bestattung fänden, war der Abschluß.

Für Tapiau wurde erst am Abend der Räumungsbefehl ausgegeben. Da weder Züge noch Fahrzeuge zur Verfügung standen, marschierte alles, bis auf die zurückbleibenden Bettlägerigen, zu Fuß nach Königsberg, wo nur noch hundert Männer und Frauen ankamen, wie Maschinenmeister H. Ewert erzählt. Den Einwohnern von Taplaken, soweit sie nicht auf Fahrzeugen der Domäne unterkommen konnten, hatte die Kreisleitung für den 21. Januar einen Lastkraftwagen zugesagt. Sie warteten an der inzwischen leer gewordenen Reichsstraße 1 mit ihrem Handgepäck. Das versprochene Fahrzeug kam nicht. Immer näher hörte man den Gefechtslärm. Schließlich brauste am Spätnachmittag aus Richtung Insterburg ein Lastkraftwagen der Wehrmacht heran. Dieser nahm in größter Eile, da die Russen dicht hinter ihnen waren, nur die Menschen mit. Das Gepäck mußte zurückbleiben. – Wie hier bemühte sich die Wehrmacht überall, den Flüchtlingen zu helfen, sonst wäre beim völligen Versagen der Parteigewaltigen das Unheil in dieser kalten Winternacht viel größer geworden.

Niemand verläßt gern seine Heimat, und so ist es nicht verwunderlich, wenn viele, insbesondere die Landbevölkerung, auch noch nach der Räumungserlaubnis bis zur letzten Stunde warteten, immer in der Hoffnung, daß vielleicht doch noch eine Wendung zum Besseren eintreten würde. Dann wurde noch einmal das notgedrungen zurückbleibende Vieh gefüttert und losgebunden, die Scheune mit den Futtervorräten geöffnet, und dann ging es in eine ungewisse Zukunft. In den letzten Tagen und Nächten vor dem Aufbruch wurden noch Wertsachen vergraben, in deren Aufspüren sich später die Russen als Meister erwiesen.

Die Straßen waren derart verstopft, daß nach einem Bericht der Marsch von Wehlau nach dem 15 km entfernten Allenburg 20 Stunden dauerte. Noch schlimmer sah es nördlich der Straße Taplaken-Tapiau aus. Hier wurden infolge des schnellen Vordringens des Russen ganze Trecks überrollt, wobei sich grauenhafte Szenen abspielten. Hierüber berichtet Erziehungsdirektor *Otto Meyhöfer*, Altwalde: »Wir mußten die Reichsstraße 1, die freigehalten werden sollte, bei Oppen kreuzen und kamen so in den nördlichen Bogen Poppendorf-Grünhayn-Friedrichstal-Tapiau. Da auch die Straße von Friedrichstal nach Tapiau gesperrt war, standen die Trecks zu vielen Tausenden in diesem Bogen und auf den Anfahrtsstraßen zu ihm. Bis nachmittags 14 Uhr waren wir, uns schrittweise vorschiebend, bis Grünhayn gelangt. Russische Artillerie schoß über unsere Trecks hinweg, unsere Artillerie antwortete aus Richtung Tapiau, wir standen also zwischen den Fronten. Es war zum Glück diesig mit leichtem Schneefall, so daß die russischen Flieger uns nichts antun konnten. Gegen 15 Uhr ging ich mit meiner Tochter und drei Bürogehilfinnen nach vorn, um nach dem Grund der Verstopfung zu sehen; als wir zu Fuß in Tapiau eintrafen, kamen uns schon Leute von den Trecks nachgelaufen und erzählten, daß russische Panzer die Trecks überfallen hätten. Es hätte hierbei Tote und Verwundete gegeben. Plötzlich wären auch in Grünhayn Panzer aufgetaucht und hätten wahllos in die Trecks hineingeschossen. Diese Trecks, hauptsächlich mit der Bevölkerung des Kirchspiels Grünhayn, sind also alle in die Hände der Russen gefallen, soweit sie nicht weiter nördlich über die Deime gegangen sind.«

Wenn der Räumungsbefehl auch nur einen Tag früher erteilt und der Abtransport in geregelten Bahnen gelenkt worden wäre, hätte sich all dieses Leid vermeiden lassen. Das alles geht letzten Endes auf das Schuldkonto des brutalen Gauleiters Koch. Dieser hat sich später noch gerühmt, Hunderttausenden der ihm anvertrauten Ostpreußen die Flucht über das Haff ermöglicht zu haben.

Die Fluchtwege führten entweder nach Königsberg und in das

Samland oder zu den Weichselbrücken, um von dort nach Pommern und Mecklenburg zu kommen. Wer aber bis zum 15. März nicht Stettin erreicht hatte, fiel den Russen bei ihrem Vorstoß zur Ostsee zum Opfer. Dann flohen manche nach Danzig, Gotenhafen zurück. – Als die Russen durch ihren Vorstoß auf Elbing den Weg nach Westen gesperrt hatten, gab es eine gewaltige Stauung der Bewegungen. Alle Straßen waren überfüllt mit Flüchtlingswagen, wandernden Menschen und herumlaufendem Vieh, ein trostloses Bild einer Volksaustreibung! Trecks kamen noch aus dem Osten. Sie wußten nicht, daß die Russen bei Elbing sperrten. Andere fuhren nach Osten in Richtung Königsberg. Wieder andere strebten nach Norden zum Eis des Haffs und zur Frischen Nehrung. Bei diesem heillosen Durcheinander, das die Straßen verstopfte, kehrte ein Teil der Flüchtlinge entmutigt in seine Heimat zurück, z. B. aus 45 Gemeinden des Kreises Sensburg die Hälfte.

Auf dem Fluchtweg nach Königsberg treckten die Flüchtlingskolonnen von Dorf zu Dorf und versuchten für die Nacht in einem Haus unterzukommen. Die unterwegs Gestorbenen und die Opfer durch Bomben und Bordwaffenbeschuß legte man an die Straßenränder oder ließ sie im Dorf zurück. Totes Vieh und zerbrochene Wagen säumten die Wege. Andere Flüchtlinge fuhren bei der scharfen Kälte auf gedrängt vollen Lastwagen. Kleinstkinder wurden erdrückt oder waren erfroren. Wieder andere eilten mit ihrem kleinen Bündel auf dem Rücken nach Westen. Die Angst und der Schrecken von Nemmersdorf trieb sie zu höchster Eile an. Doch kräftig und gesund mußte man sein, sonst überstand man nicht diesen Elendsmarsch. Die Alten gingen mit stumpfem, hoffnungslosem Blick, die bleichen Frauen mit tiefliegenden Augen und die Kinder mit alten Zügen, die furchtbaren Bilder tief ins Herz gegraben, dahin. Viele machten ihrem Leben ein Ende, weil ihre Kraft und Energie zu Ende war, oder weil ihnen die weitere Flucht aussichtslos erschien.

Wer nun glücklich Königsberg oder das Samland erreicht hatte, bemühte sich, nach Pillau und von dort auf ein Schiff zu kommen. Am 27. Januar machte die Gauleitung bekannt, daß ein eventueller russischer Panzervorstoß aus Richtung Tapiau rechtzeitig gemeldet werden würde. Dann hätte sich die Bevölkerung sofort in Richtung Pillau in Marsch zu setzen. Hierauf begann sofort in überhasteter Eile eine planlose Flucht der verängstigten Menschen aus der überfüllten Stadt. Pferde- und Motorfahrzeuge in mehreren Kolonnen nebeneinander, dazwischen Menschen mit Handwagen und Fahrrädern, wälzten sich in Richtung Pillau. An den Eisenbahnzügen hingen die Flüchtenden wie Trauben. Der letzte Zug ging am 30. Januar früh ab. Ein russischer Panzer stoppte ihn westlich von Königsberg. Wie die wilden Tiere hausten die Russen. Wer noch konnte, floh nach Königsberg zurück. Königsberg war am 30. Januar eingeschlossen.

Als Königsberg am 19. Februar freigekämpft war, versuchten etwa 100 000 Flüchtlinge nach Pillau zu kommen. Rund 30 000 kehrten trotz Verbots zurück, da sie die Hoffnung, einen Platz auf einem Schiff zu erhalten, aufgegeben hatten, und die Verhältnisse in Pillau fürchterlich waren. Aber auch wer in Pillau ein Schiff erreicht hatte, wurde in der Regel in Gotenhafen (bis Ende März) und später in Hela an Land gesetzt. Viele kamen von dort nicht weiter und fielen den Russen in die Hände. Zu Tausenden hatten die Ostpreußen ihre Wagen im Samland, im Heiligenbeiler Kessel, auf der Frischen Nehrung, im Danziger Gebiet, in der Tucheler Heide oder in Pommern stehen lassen müssen. Nur wenigen gelang es – wie einem Treck aus Schloßberg – die Oder rechtzeitig zu überqueren. Ein Treck aus Bladiau, 11 km nordostwärts Heiligenbeil, hatte glücklich Güstrow in Mecklenburg erreicht. Aber auch diejenigen, die soweit gekommen waren, mußten dann in Westpommern oder in Mecklenburg ihre Einverleibung in die »Ostzone« über sich ergehen lassen.

Auch im Heiligenbeiler Kessel strömten von allen Seiten Massen von Flüchtlingen zusammen, stauten sich an der Küste und bildeten für die russische Luftwaffe ein leicht erkennbares und lohnendes Ziel. In Eis und Schnee bei Kältegraden über -20°C froren und hungerten die armen Menschen, wollten weiter und wollten über das Eis des Haffs, wenn sie auch dort schutzlos dem schneidenden Wind und den Fliegerangriffen der Russen ausgesetzt waren. Weshalb stockte die Fahrt an der Küste? Es gab doch Eisstraßen von Rosenberg, Dtsch. Bahnau, Wachtbude, Alt und Neu Passarge und Frauenburg. Die Heeresgruppe hatte doch diese Eisstraßen erkundet, mit Rampen versehen und mit Stangen und nachts mit Lampen kenntlich gemacht. Sie endeten in Pillau, Narmeln und Strauchbucht. Dauernd überwachte man sie, da durch Bombentreffer und Artillerie-Einschläge Umgehungen neu festgelegt und bezeichnet werden mußten. Welchen Grund gab es nun für diesen Stopp? In Elbing auf der Schichauwerft lagen die Torpedoboote T. 37, T. 38 und T. 39 fast fertig. Sie durften den Russen auf keinen Fall in die Hände fallen. Um sie in Sicherheit zu bringen, hatten Eisbrecher eine Fahrrinne quer durch das Haff gebrochen und Schlepper die Torpedoboote nach Pillau gebracht. Die Flüchtlinge, die mit diesen Booten hatten mitfahren können, waren geborgen. Den vielen aber, die von der Haffküste über das Eis fahren oder gehen wollten, sperrte die etwa 30 m breite Fahrrinne den Weg.

Sobald die Boote die Fahrrinne passiert hatten, bauten Pioniere Brücken darüber. Am 28. Januar ging der Marsch wieder rascher vonstatten und der Flüchtlingsstrom floß ab. Bereits in der zweiten Hälfte des Januar erreichten die ersten Flüchtlingstrecks aus Ostpreußen das Gebiet von Danzig. Bei grimmiger Kälte waren sie über das Eis der Nogat und Weichsel gesetzt. Die Bewohner des Großen Werders und der Niederung starrten mit entsetzten Augen auf diese Züge des Elends und bange Sorge befiel sie. Bis Ende Februar hielt das Eis, dann wurde es zu brüchig. Etwa 450 000 Flüchtlinge flohen über das Eis.

Ein furchtbares Los erwartete alle diejenigen, die in die Hände der Russen fielen, sei es, daß sie aus irgendeinem Grunde in ihrer Wohnung geblieben waren, sei es, daß sie auf der Flucht von den Sowjets überholt wurden. Viele Männer erschlugen die Russen, vor allem die, die sich schützend vor ihre Frauen und Töchter stellten. Tags und besonders nachts holten sie sich Frauen, auch junge Mädchen und bis zu 70 Jahre alte Frauen. Einer nach dem anderen vergewaltigte diese armen Wesen. In 54 Gemeinden des Kreises Rössel ermordeten die Russen mindestens 524 Personen. 26 Bauern, in einen Rübenkeller geworfen, sprengte man in die Luft. In Groß-Rosen verbrannten 28 Menschen in einer Scheune, in die sie getrieben waren. Dasselbe Schicksal erlitten andere in einer Kirche. In Kronau, Kreis Lötzen, ermordeten die Russen 52 Personen, darunter 18 französische Kriegsgefangene; aus einem Treck aus Lyck bei Nikolsberg 97; bei Schlagakrug, Kreis Insterburg, 32 Kinder, die von den Trecks getrennt waren. Ebenso erging es allen Volkssturmmännern, die als solche erkannt wurden.

Alle Wohnungen und Häuser plünderten die Russen aus. In die dicht an der Grenze gelegenen Ortschaften drangen die Litauer und Polen ein und holten sich alles, was ihnen brauchbar erschien. Möbel, Einrichtungsgegenstände, landwirtschaftliche Maschinen usw. Häuser brachen sie ab, um Baumaterial zu gewinnen. Alles war jetzt ihr Eigentum.

Die Flüchtlinge, die nicht die Freiheit und den Westen erreicht hatten, kehrten freiwillig oder auf Befehl in ihre Heimat zurück. Auf dem Rückweg, der oft schon nach Tagen oder Wochen erfolgte, mußten sie wieder alle nur möglichen Drangsalierungen, Wegnahme von Wagen und Pferden, soweit diese noch vorhanden waren, Überfälle, Beraubungen und Vergewaltigungen erleiden. In ihrem Heim, falls es nicht zerstört war, saßen dann bereits die Litauer oder Polen, die sich in den Gehöften als Herren breitmachten. Die deutschen Bauern mußten mit ihren Familien auf ihrem Hof für die Fremden als Knecht arbeiten.

Wahllos erfolgten auch Verschleppungen nach Rußland. Wer den endlosen Marsch dorthin nicht durchhalten konnte, den erlöste eine Kugel von seinen Schmerzen und seinem Elend. Aus dem Kreise Mohrungen verschleppte man etwa 50 % der dort verbliebenen oder zurückgekehrten Bevölkerung. Viele nahmen sich das Leben, da sie diese Mißhandlungen und dieses Vegetieren nicht mehr ertragen konnten.

Um den Russen zu entgehen, versuchten Ströme von Flüchtlingen ein rettendes Schiff nach dem Westen zu erreichen. Ihr Hauptziel war Pillau. Dieses Städtchen hatte früher etwa 10 000 Einwohner gehabt, jetzt waren vielleicht 100 000 Menschen dort, die ein Dach über dem Kopf und Essen haben wollten. Ununterbrochen trafen Verwundetentransporte ein, die möglichst schnell mit Lazarettschiffen und mit anderen geeigneten Transportern weitergeschickt wurden. Manchmal lagen 35 000 Verwundete in Pillau, die auf die Fahrt nach dem Westen warteten und bis dahin untergebracht, versorgt und verpflegt werden mußten. Dazu die harte Kälte und die Bomben des Feindes! Ein sehr schwerer Fliegerangriff verwandelte am 5. Februar die Stadt in einen Trümmerhaufen. Häuser brachen zusammen, und Mauern begruben die armen Menschen unter sich. Wer weiß, wie viele hierbei den Tod fanden!

Trotz dieser dauernden Fliegerangriffe, die in der Hauptsache dem Hafen galten, schickte die Kriegsmarine ein Schiff nach dem anderen dorhin, um die Not soweit irgend möglich zu lindern. Einsatzbereit und aufopferungsvoll arbeiteten die Matrosen, brachten die Verwundeten an Bord und nahmen von den armseligen Elendsgestalten der Flüchtlinge jedesmal mehr mit, als sie eigentlich durften. Während die Fähren von Pillau über das Seetief laufend Trecks auf die Nehrung übersetzten, die auf der einzigen Landbrücke Danzig erreichen wollten, brachten sie ebenso viele Flüchtlinge zurück, die auf ein Schiff von Pillau nach dem Westen hofften.

Die Orte Pillau, Neuhäuser, Fischhausen, Tenkitten und Peyse waren mit Massen von Menschen belegt und konnten keinen mehr aufnehmen. Ganz West-Samland glich einem riesigen Heerlager. In Palmnicken lagerten zum Beispiel 18 000 Ostpreußen. Jedes Haus, jeder Bodenraum und Speicher wurden belegt. Die Pferde trieb man schon Mitte März auf die Weide, nur um Raum in den Ställen zu schaffen. Die Verpflegung dieser Massen stieß auf Schwierigkeiten. Schließlich richtete man sechs große Küchen ein, die täglich je 2500 bis 3000 Portionen Essen zubereiten konnten.

Unermüdlich bemühte sich die Marine, die Flüchtlinge zu retten. Alle nur irgendwie geeigneten Kriegs- und Handelsschiffe setzte sie ein. Aus Memel, von der Samlandküste, von Pillau, von der Frischen Nehrung, aus Danzig, Gotenhafen, Oxhöft, Hela, von der Küste Pommerns, aus Leba, Stolpmünde, Kolberg und Stettin fuhren Schiffe mit verängstigten Menschen ab. Überall warteten sie auf das rettende Schiff. Kurz vor Mitternacht zum 9. Mai 1945 stachen die letzten Seefahrzeuge vollgepackt mit Flüchtlingen in See zum rettenden Westen.

Dank und Anerkennung allen Seeleuten, allen Kapitänen und Kommandanten für ihren Einsatz zur Rettung der unglücklichen Menschen! Und einen besonderen Dank dem »Admiral der östlichen Ostsee« Admiral von Buchardi und seinem Nachfolger Admiral Thiele.

Endlich wurden zum Abtransport der Flüchtlinge die großen KdF-Schiffe »Wilhelm Gustloff« (25 480 BRT) und »Robert Ley« (27 000 BRT) sowie die »Cap Arkona« (27 000 BRT), die »Hansa«, »Deutschland« und »Hamburg«, schließlich noch die »Pretoria«,

»Ubena«, »Potsdam«, »Berlin«, »General v. Steuben« und die »Monte Rosa« eingesetzt. Einige von ihnen fuhren bereits als Lazarettschiffe. Diese großen Dampfer konnten ganz andere Mengen mit einer Fahrt (bis zu 12 000) aus den bedrohten Gebieten abfahren als die bisher eingesetzten kleinen Schiffe. Aber auch diese wurden für den Abtransport weiter verwendet, und kein Fahrzeug fuhr mehr leer nach Westen zurück. In allen Häfen begann der Sturm auf diese großen Schiffe, die eine schnelle und warme Überfahrt den armen, geplagten Menschen versprach. Doch diese großen Schiffe mit ihren hohen Aufbauten bildeten ein leicht erkennbares und lohnendes Ziel für die russischen U-Boote, die zu dieser Zeit, durch keine Minensperre eingeschlossen, frei in der Ostsee wirken konnten. Auch die feindliche Luftwaffe war zu fürchten, da sie durch Bomben und Bordwaffen unmittelbar die Schiffe angreifen oder durch Abwerfen von Minen die Fahrtroute verseuchen konnten. Flak-, U-Boot- und Minenschutz war dringend erforderlich. Wo sollte aber die Kriegsmarine die hierfür notwendigen zahlreichen Geleitboote nehmen? Die vorhandenen waren schon vorher Tag und Nacht im Einsatz.
In Gotenhafen harrten Zehntausende in Schneesturm und Eiseskälte an den Kaianlagen auf einen Platz in einem Schiff. Die »Wilhelm Gustloff« lag im Hafen. Am 30. Januar 1945 legte das Schiff mit Soldaten, Marinehelferinnen und Flüchtlingen, die sich glücklich fühlten, mitgenommen zu sein (im ganzen wohl 5000 Menschen) ab und dampfte nach dem Westen. Nur das kleine Torpedoboot »Löwe« begleitete den Riesen. Nach den durch Lautsprecher bekanntgegebenen Anordnungen über Alarm, Anlegen von Schwimmwesten usw. warteten alle voller Hoffnung auf den Morgen, der sie gerettet an Land entlassen sollte.
Da schreckte sie plötzlich kurz nach 21.00 Uhr auf der Höhe von Stolp ein dumpfer Schlag auf, das Licht erlosch. Eine Sekunde später ein zweiter Schlag, Lärm auf den Gängen und dann der dritte Einschlag. Geschrei in den unteren Decks. Stickiger Qualm wälzte sich durch das Schiff. Drei Torpedos hatten den Schiffsleib aufgerissen. Das Schiff legte sich nach Backbord über. Eine Panik brach aus. Wer fiel, wurde niedergetreten. Der Boden neigte sich, alles drängte und schrie und wollte an Deck. Furchtbare Szenen! Vereiste Planken erschwerten das Erreichen des erhöhten Steuerbords. Toben, Schrei-

en, Schlagen, Heulen der angstgepeinigten Masse, Kampf um die Rettungs- und Schlauchboote. An der schrägliegenden »Gustloff« klebten die Menschen wie Fliegen, ließen sich am Schiffsleib hinunter und schwammen in dem eiskalten Wasser. Notsignale stiegen in den Himmel. Hilfe eilte herbei. Gurgelnde Hilfeschreie ertrinkender Menschen. Das große Schiff neigte sich zur Seite, dreimal heulte das Nebelhorn und kenternd sank die »Gustloff« auf den Grund der Ostsee. Ein Wasserschwall und nichts mehr als Stille! Über allem sah der Mond auf das unsagbare Elend. Nur 904 Menschen von den insgesamt rund 5000 konnten gerettet werden.

In Pillau hatte die »General v. Steuben«, durch weißen Anstrich und das Rote Kreuz als Lazarettschiff kenntlich, 3000 Schwerverwundete an Bord und fuhr nach dem Westen. Etwa um Mitternacht zum 10. Februar wurde das Schiff vor der pommerschen Küste durch Torpedos eines russischen U-Bootes getroffen und sank innerhalb von 20 Minuten mit etwa 2700 Menschen. Die beiden Geleitfahrzeuge konnten nur 300 Flüchtlinge und Besatzungsmitglieder bergen. Die Rettung der Schwerverwundeten war bei dem schnellen Untergang des Schiffes unmöglich.

Die »Consul Cords« aus Rostock, ein sehr alter Handelsdampfer von 900 BRT, lag zur Reparatur in der Schichauwerft in Königsberg. Obgleich die Reparatur noch nicht beendet war, bekam der Kapitän den Befehl, mit Flüchtlingen auszulaufen. Seine Einwendungen, daß sein Schiff nicht seetüchtig sei, machten keinen Eindruck. Mit etwa 1200 Flüchtlingen fuhr der Kapitän ab. Am nächsten Tage zeigte die Maschine einen erheblichen Schaden, so daß nach Ansicht des Kapitäns das Schiff sich nur 1 bis 2 Stunden über Wasser halten konnte. Eng zusammengepfercht, auch im Kohlenbunker, hausten die Flüchtlinge. Glücklich wurde Hela erreicht, wo der Kommandant bereitwillig half, die Flüchtlinge unterbrachte und gut verpflegte.

Nach vier Tagen war der Schaden behoben, und am 30. Januar fuhr der Dampfer weiter nach Kolberg, das in der Nacht vom 31. Januar zum 1. Februar erreicht wurde. Nach 17 Tagen fuhr die »Consul Cords« mit Flugzeugmotoren und Getreide in Richtung Warnemünde. Sie sollte eigentlich außer der Besatzung nur 45 Personen mitnehmen, aber schließlich waren 285 Personen an Bord. In der Nacht vom 16. zum 17. Februar hatten die Engländer Minen in die Fahrtroute geworfen. Am 17. Februar stach die »Consul Cords« in See, da die Wasserstraße minenfrei sein sollte. Bei mildem Wetter und ruhiger See verlief die Fahrt zunächst glatt. In der Nacht zum 19. Februar erhielt der Kapitän vom Feuerschiff den Befehl zu stoppen und auf einen Geleitzug zu warten. Wegen der geringen noch vorhandenen Kohlenmengen bat der Kapitän, weiterfahren zu dürfen. Es wurde gestattet. Zwei Stunden vor Warnemünde gab es eine furchtbare Explosion, das Schiff war auf eine Treibmine gestoßen und sank in acht Minuten. Nur 30 Personen konnten gerettet werden. Auch der Kapitän fand den Tod.

Am 11. April lagen die »Moltkefels« (7862 BRT) und das Lazarettschiff »Posen« (1062 BRT) vor Hela auf Reede. Beide Schiffe hatten etwa 4500 Menschen, darunter Verwundete, an Bord, als gegen Abend mehrere Wellen russischer Schlachtflieger einen schweren Bombenangriff gegen die beiden Schiffe durchführten und beide trafen. Die »Posen« sank und die »Moltkefels« brannte. Herbeieilende Boote retteten 3500 Menschen.

Der 16. April brachte, gemessen an der Zahl der Todesopfer, das schwerste Unglück. Die »Goya« (5230 BRT) stach abends von Hela aus mit 385 Leicht- und Schwerverwundeten, 1500 Soldaten und 3500 Flüchtlingen in See. Kurz vor Mitternacht trafen zwei Torpedos eines U-Bootes das Schiff vor Rixhöft. Es brach auseinander und sank. Die Sicherungsfahrzeuge und die zu Hilfe heranfahrenden Schnellboote konnten nur 165 Menschen bergen. 5220 fanden den Tod.

Aus: Major Dieckert, General Grossmann, Der Kampf um Ostpreußen. Ein authentischer Dokumentarbericht. München 1960.

Arno Surminski

Der Schrecken hatte viele Namen

Anfang Februar 1945 überholt eine Brigade der Roten Armee einen Flüchtlingstreck in Ostpreußen. Die Wagen halten im Schnee. Soldaten in weißen Tarnanzügen nähern sich und befehlen abzusteigen. Ein jüngerer Soldat entdeckt am Rockaufschlag eines älteren Mannes das Abzeichen der NSDAP. Er tritt näher, betrachtet belustigt das Hakenkreuz, lacht laut, sagt schließlich »Chitler kapuut« und reißt das Abzeichen aus dem Stoff. Er läßt es in seiner Tasche verschwinden, nimmt es mit als Souvenir für sein russisches Dorf. Danach fragt er den Mann, ob er Waffen besitze. Der bejaht und zieht einen kleinen Revolver aus der Jackentasche. Der Soldat greift nach der Waffe, wirft sie weit von sich in den Schnee, geht seiner Wege. Nichts geschieht...
... Eine Stunde später in einem Haus hinter der Frontlinie. Die Flüchtlinge haben sich in einem Raum versammelt. Russische Soldaten gehen ein und aus, um die Deutschen zu sehen. Ein älterer Soldat hat einen deutschen Jungen auf den Knien, füttert ihn mit erbeuteten Sahnebonbons und summt dazu russische Kinderlieder. Er spielt mit ihm, wie Väter mit ihren Kindern Hoppereiter spielen...
... Drei Tage später. 50 Kilometer hinter der russischen Front. Etwa 30 Männer in Zivilkleidung marschieren auf der Chaussee nach Osten. Vorn ein Posten mit Maschinenpistole, hinten ein Posten mit Maschinenpistole. Einer der Männer humpelt, kann der Kolonne kaum noch folgen. An einer Wegbiegung tippt ihm der russische Posten auf die Schulter, befiehlt ihm, in den Graben zu gehen. Dort muß er sich in den Schnee setzen, darf sitzenbleiben, während die anderen weiterziehen. Er ist frei...
Ich halte es für richtig, mit diesen angenehmen Erlebnissen zu beginnen. Nein, es wurde nicht nur gemordet, vergewaltigt und gebrandschatzt. Es gab Fälle, in denen sich Offiziere schützend vor

deutsche Frauen stellten und russische Soldaten Lebensmittel an deutsche Kinder verteilten, natürlich keine Schokolade oder Corned beef-Dosen wie die Sieger im Westen, sondern oft nur trocken Brot, weil sie selbst nicht mehr besaßen. Kein Zweifel, in jenen Tagen, als die Welt aus den Fugen zu geraten drohte, hat es rührende Beispiele von Menschlichkeit gegeben. Nur kamen sie so schrecklich selten vor. Während der alte Mann mit dem NS-Abzeichen und dem Revolver in der Jackentasche unbehelligt blieb, wurden andere für nichts und wieder nichts erschossen, weil sie im Wege standen, weil sie Deutsche waren. Während ein Soldat Kinderlieder vorsang und Sahnebonbons verteilte, vergewaltigten andere im Raum nebenan deutsche Frauen. Und wie ist es jenem Wachtposten ergangen, der aus Mitleid einen humpelnden Gefangenen im Schnee sitzen ließ? Nach einem Kilometer kamen ihm Bedenken. Ihm wurde klar, daß die Gefangenen gezählt waren, daß er sein Soll abliefern mußte. Deshalb griff er sich in der nächsten Ortschaft mit vorgehaltener Maschinenpistole einen anderen Deutschen und stellte ihn als Ersatz in die Kolonne.

In der Rückschau nach 35 Jahren drängt sich vor allem ein Eindruck in den Vordergrund: die Selbstverständlichkeit, mit der herzliche Menschlichkeit und fassungsloses Grauen nebeneinander hergingen, als wären es Zwillingsschwestern. Es war alles möglich. Das Schicksal des einzelnen hing von Zufällen ab, nicht von Schuld oder Verdienst.

Altkommunisten mußten ebenso sterben wie NS-Mitglieder. Landarbeiter hatten wenig bessere Überlebenschancen als Gutsbesitzer. Französische Kriegsgefangene, die auf ihre Befreiung warteten, gingen an dieser Befreiung zugrunde. Aus Versehen? Aus Übereifer? Mit Absicht? Es ist kaum noch zu ergründen. Jedenfalls war es keine Zeit, in der viel gefragt, geprüft oder erwogen wurde. Was über den deutschen Osten hereinbrach, vollzog sich mit der Gewalt eines Naturereignisses... Stürme fragen auch nicht, welchen Baum sie entwurzeln dürfen.

Mit den Sammelbegriffen Flucht oder Vertreibung werden wir den Ereignissen des Kriegsendes nicht völlig gerecht. Jene Zeit war differenzierter, der Schrecken hatte viele Namen. Es gab die Flucht und später die Vertreibung. Ein Kapitel für sich war das Zusammentreffen der Zivilbevölkerung mit der Front und schließlich ein heute fast verdrängter Komplex: die Verschleppung.

Die Flucht
Von ihr ist zu sagen, daß es eine rein deutsche Angelegenheit war. Zwar wurde sie durch das Näherrücken der Roten Armee ausgelöst, aber die Deutschen waren unter sich. Was auf der Flucht geschah, ist von den Deutschen zu verantworten. Das begann schon mit dem Zeitpunkt der Flucht. Hätte die deutsche Führung die Flucht früher zugelassen, Frauen mit Kleinkindern und alte Leute schon Weihnachten 1944 in den Westen geschickt, wäre das Unglück in Grenzen geblieben. Die Hinhaltetaktik der deutschen Führung hat die Leiden der Zivilbevölkerung erheblich vergrößert. Oft blieb die Flucht bis zum letzten Augenblick verboten; nicht wenige Trecks zogen entgegen dem ausdrücklichen Verbot der Behörden los. Es war keine Seltenheit, daß Flüchtlingstrecks in das Niemandsland zwischen die Fronten gerieten, weil sie zu spät aufgebrochen waren. Offensichtlich sollte die Zivilbevölkerung in Frontnähe gehalten werden, um zur Stabilisierung der Front beizutragen. Man erwartete eine größere Kampfbereitschaft der Soldaten, wenn es nicht um menschenleere Höfe ging, sondern um Frauen und Kinder. Die Verzögerungstaktik führte dazu, daß die Flucht in den tiefsten Winter fiel. An den Straßen standen Kinderwagen mit steifgefrorenen Säuglingen. Die verschneiten Felder gaben für Mensch und Tier keine Nahrung her. Endlose Rinderherden zogen brüllend über den Schnee – hinter ihnen die schwarzen Punkte der verendeten Tiere. Da die Nebenstraßen unpassierbar waren, mußte der Flüchtlingsstrom auf die Hauptstraßen, traf dort mit Militärkolonnen zusammen, geriet unter Bomben und Tieffliegerbeschuß. In den Chausseebäumen hingen Bettzeug und Wäsche, im Straßengraben lagen die Reste zerrissener Pferde. Angesichts des Durcheinanders von Militärkolonnen und Flüchtlingstrecks war es fast unvermeidlich, daß die Zivilbevölkerung bei den Luftangriffen in Mitleidenschaft gezogen wurde.
Ohne es zu wissen, haben die Fliehenden selbst zur Verschlimmerung ihrer Lage beigetragen. Viele glaubten bis zuletzt, als der Kanonendonner schon hörbar war, an den Endsieg. Den Krieg in der Nähe ihres Heimatdorfes hielten sie für einen vorübergehenden

Einbruch. Der rührende Glaube, es werde wieder zurückgehen, das Heimatdorf werde freigekämpft, war so verbreitet, daß es vielfach zu einer Flucht auf Raten kam. Die Flüchtlinge von der Grenze zogen 100 Kilometer ins Binnenland und warteten ab. Kam die Front näher, zogen sie weiter, nun begleitet von denen, die ihnen Unterkunft gewährt hatten. So schwoll der Strom an, eine Riesenwelle wälzte sich vor der Front her.
Viele Flüchtlinge, die schließlich doch in die Mühlen des Krieges gerieten, wären unbehelligt durchgekommen, wenn sie die einmal begonnene Flucht nicht immer wieder unterbrochen hätten, weil sie auf die Rückkehr hofften. Die rührende Anhänglichkeit der Bevölkerung im Osten an die vertraute Umgebung, an die zurückgelassenen Tiere, die Gebäude und Felder, ja sogar an die Friedhöfe, hat viel zu diesem Zögern beigetragen. Wir können uns heute kaum noch vorstellen, was es für die seßhafte Bevölkerung des Ostens bedeutet hat, auf die Flucht zu gehen. Viele dieser Menschen kannten nur den eigenen Ort und die Kreisstadt; sie brachten es nicht über sich, einfach in die Eisenbahn zu steigen und davonzufahren. Für die Bewohner der Provinz Ostpreußen wirkte sich zusätzlich die Erfahrung des Jahres 1914 verhängnisvoll aus. Damals waren die Zarenarmeen von deutschen Truppen aus Ostpreußen hinausgedrängt worden. An die Erinnerung an die nur »vorübergehende Russenzeit« von 1914 klammerten sich viele auch im eisigen Winter 1945.

Die Front
Überrolltwerden von der Front war der zweite Akt des Dramas. Die einen traf es unterwegs, weil die russischen Panzer schneller waren als die Flüchtlingswagen. Andere wurden zu Hause von der Front erreicht, weil sie nicht auf die Flucht gegangen waren. Die meisten flüchteten zwar, aber gelegentlich ist es auch vorgekommen, daß einzelne Familien oder die Bewohner ganzer Dörfer zu Hause blieben. Das hatte verschiedene Gründe. Einige wollten wohl flüchten, wurden aber überrascht, kamen nicht mehr rechtzeitig davon. Andere blieben aus freiem Entschluß. Ältere Menschen fühlten sich den Strapazen einer Winterflucht nicht gewachsen. Einige blieben aus Gottvertrauen, weil sie meinten, Beten helfe mehr als Fliehen. Oder man hatte ein gutes Gewissen: Ich habe nichts Böses getan, was

kann mir schon passieren? Das war die Denkweise einfacher Menschen, die in ihren Häusern den Krieg abwarteten. Oft ließen sich gerade diejenigen, die schon immer Gegner des Nazi-Regimes gewesen waren, von dieser Denkweise verführen. Ihre Skepsis gegenüber den Parolen der NS-Propaganda führte dazu, daß sie auch die Furcht der deutschen Zivilbevölkerung vor der Roten Armee für maßlos übertrieben hielten. Auch war man sich keiner Schuld bewußt. Gerade im Osten hatte die einfache Bevölkerung von den Verbrechen der Deutschen kaum eine Ahnung. Bis zum bitteren Ende glaubten diese Menschen, auf der guten Seite zu stehen.
Je weiter östlich die Dörfer lagen, desto furchtbarer waren die Folgen für die zurückgebliebenen Bewohner. Es ist keine Übertreibung, wenn behauptet wird, daß es in einigen dieser Dörfer nach dem Durchzug der Roten Armee mehr Tote als Lebende gab. Erst mit dem weiteren Vordringen der Front nach Westen änderte sich das allmählich.
Welches Schicksal die von der Front überrollte Zivilbevölkerung erwartete, hing nicht zuletzt von der Menge des Alkohols ab, die an die sowjetischen Soldaten ausgegeben worden war oder die sie in deutschen Depots erbeutet hatten. Die Rolle, die der Alkohol in diesem Drama gespielt hat, ist nicht hoch genug einzuschätzen. Alkohol war offenbar Stimulans und Betäubungsmittel zugleich. Die häufigen Brandstiftungen und die brutalsten Formen der Vergewaltigung gehen zu einem guten Teil auf dieses Konto. Vergewaltigung. Das Wort hat nicht nur die Frauen traumatisch geprägt, auch die Kinder, die es mitansehen mußten. Dieses unaufhörliche Suchen nach Frauen. Das Abklappern aller Verstecke in Scheunen und Ställen. Das nächtliche Poltern an Türen und Fenstern. »Frau komm« wurde zum geflügelten Wort, später spielten es sogar die Kinder. Noch nie machten sich so viele Frauen alt und häßlich wie damals.
Das Vergewaltigungstrauma wog um so schwerer, als die Moral- und Sexualauffassungen andere waren als heute. Eine verheiratete Frau, die von einem fremden Mann, dazu noch von einem feindlichen Soldaten, vergewaltigt wurde, fühlte sich entehrt im wahrsten Sinne des Wortes. Obwohl schuldlos, war es für sie eine Schande. Nur so sind die zahlreichen Selbstmorde vor oder nach Vergewaltigungen zu erklären. Auch die Fälle, in denen sich Männer vor ihre Frauen

stellten, um die Vergewaltigung zu verhindern und die in aller Regel mit dem Tod des Mannes endeten, haben hier ihren Ursprung. Nach damaliger Erziehung und Moralauffassung galt es als ehrenhaft, sich in dieser Weise vor seine Frau zu stellen. Uns steht es heute nicht zu, über das Verhalten jener Menschen abfällig zu urteilen.

Vergleichsweise harmlos war dagegen die Bekanntschaft mit den Uhren- und Schmucksammlern. Mit fast kindlichem Eifer durchsuchten die sowjetischen Soldaten deutsche Westentaschen, überprüften Mantelfutter, Unterwäsche und Stiefelinhalt. Begehrt waren vor allem Uhren, die die Soldaten in möglichst großer Zahl am Arm trugen: die Trophäen der kleinen Sieger. Das Wohlstandsgefälle zwischen Ost und West mag den Hang zum »Sammeln« verstärkt haben. Uhren waren für die einfachen Soldaten aus dem Innern der Sowjetunion und dem fernen Asien kostbare Raritäten, die zweifellos einen anderen Stellenwert besaßen als für die Besatzungssoldaten aus England oder Amerika.

Viele russische Soldaten kannten nur ein Leben unter einfachsten Verhältnissen. Nur trocken Brot zu essen war aus russischer Sicht sicher keine Zumutung. In Ställen oder Scheunen zu schlafen, darin erblickten die fremden Soldaten noch keine Herabsetzung. Meilenweit zu Fuß durch den Winter zu marschieren, empfanden sie nicht als Schikane. Zur Zwangsarbeit abgeholt zu werden war nichts Ungewöhnliches. Die verwöhnteren Deutschen litten unter Dingen, die für die Soldaten der Roten Armee »normal« waren. In diesem Zusammenhang darf nicht vergessen werden, daß Ostdeutschland bis 1945 nur wenig vom Krieg gespürt hatte. Die Luftangriffe betrafen hauptsächlich das mittlere und westliche Deutschland. Die Ernährungslage unterschied sich in den landwirtschaftlichen Regionen des Ostens kaum von der Vorkriegszeit. In diese fast heile Welt brach ohne Übergang der Krieg ein. Der Kontrast war ungeheuerlich.

Fassungslos standen wir damals vor den sinnlosen Zerstörungen, die in jedem Haus anzutreffen waren. Zertrümmerte Türen, eingeschlagene Fenster, umgeworfene Möbel, aufgeschlitzte Betten, Fotografien mit ausgeschossenen Augen, tote Katzen im Küchenschrank, verblutete Schweine im Schlafzimmer. Die Rote Armee könnte längst in Berlin sein, wenn sie sich nicht so sehr mit dem Mobiliar aufhalten würde, lautete eine bittere Redensart jener Tage. Unermeßliche Werte gingen zu Bruch, Dinge übrigens, die in dem vom Krieg heimgesuchten Rußland dringend gebraucht wurden. Bis heute kann ich es nicht begreifen, daß niemand dieser Zerstörungswut Einhalt gebot. Wenn schon nicht, um den Deutschen ihr schönes Mobiliar zu erhalten, dann wenigstens aus purem Eigennutz, um diese Werte nach Rußland zu schaffen. Erst später sind aus den weniger zerstörten westlichen Gebieten Güterzüge und Lastwagenkonvois mit Stühlen, Schränken und Badewannen nach Osten gefahren.

Die Verschleppung
Sie war das eigentliche Drama hinter der Front. Sie vollzog sich in einer unterkühlten, unblutigen Weise, was die Grausamkeit keineswegs milderte. Es gibt zwei Formen des Schreckens. Die eine ist die Folge von Affekthandlungen, sie kommt gewissermaßen aus dem Rausch der Beteiligten, die andere ist das Ergebnis kühl berechnender Schreibtischarbeit. Zur letzteren Kategorie gehört die Verschleppung. Sondereinheiten hinter der russischen Front fingen die Zivilbevölkerung auf, sammelten und verhörten sie. Die meisten Männer, die Flucht und Front überlebt hatten, aber auch zahlreiche arbeitsfähige Frauen wurden davon erfaßt. Sie marschierten unter Bewachung ins nächste Sammellager, in dem Transporte nach Rußland vorbereitet wurden. Sinn dieser Aktion war es offenbar, deutsche Arbeitskräfte zum Aufbau des zerstörten eigenen Landes heranzuziehen. Außerdem sollte die Entfernung der Männer wohl sicherstellen, daß keine Partisanentätigkeit hinter der Front aufflackerte. Die Verschleppung erfolgte zu einer Zeit, als die Menschen glaubten, das Schlimmste sei vorüber. Es herrschte schon wieder Ruhe, man lebte zurückgezogen auf den Höfen, vom direkten Krieg war kaum noch etwas zu spüren. Plötzlich tauchten kleine Trupps Soldaten auf. In Begleitung einer Dolmetscherin gingen sie von Haus zu Haus. Es folgten Verhöre, Fragen nach dem Beruf und nach Parteizugehörigkeit. Gutsbesitzer, Bauern und Parteimitglieder waren am stärksten gefährdet, was nicht bedeutet, daß die übrigen verschont blieben. Nur Krankheit oder sehr hohes Alter konnten einen Mann davor bewahren, verschleppt zu werden. Erschütternde Szenen haben sich weit hinter der Front abgespielt, von niemandem bemerkt, in keiner Zeitung, in keiner Chronik erwähnt.

Zahlreichen Soldaten der russischen Sondereinheiten sah man es an, daß es ihnen weiß Gott keinen Spaß machte, Monate nach dem eigentlichen Kriegsgeschehen in Häuser einzudringen und Familien auseinanderzureißen: Es tut uns leid, daß wir deinen Vater holen müssen, aber Befehl ist Befehl. Es gehört zu den schrecklichsten Erfahrungen, die nicht nur wir Deutschen, sondern alle Teilnehmer des Zweiten Weltkrieges gemacht haben, gemacht haben sollten, daß übergeordnete Befehle die Menschen zu Handlungen bringen können, die sie aus eigenem Antrieb nie getan hätten.
Die Verschleppungen vollzogen sich in einer beängstigenden Lautlosigkeit. Es gibt über sie kaum Fotomaterial und keine dokumentarischen Berichte. Tausende sind spurlos vom Erdboden verschwunden. Verschleppte hatten geringere Überlebenschancen als die regulären deutschen Kriegsgefangenen, denn die meisten von ihnen waren alt und kränklich, überlebten nicht einmal den Transport nach Rußland. Erschütternd zu sehen, wie viele dieser Menschen im festen Glauben an ihre Unschuld ins Verderben gerieten. Sie dachten noch in den hergebrachten Maßstäben. Wer niemand geschlagen, getötet, betrogen oder bestohlen hat, ist nicht schuldig. Daß es ein Verbrechen sein kann, eine bestimmte Meinung gehabt und einer bestimmten Partei angehört zu haben, war für die einfachen Menschen des Ostens unvorstellbar.

Die Vertreibung
Zu den Kapiteln, die in der warmen Stube beschlossen, aber von den Menschen draußen in Eis und Schnee ausgebadet werden mußten, gehört die Aussiedlung der verbliebenen Deutschen aus den Ostgebieten. Hauptsächlich in der zweiten Jahreshälfte 1945 und 1946 fand sie statt, also schon nach dem Krieg. Unmittelbar verantwortlich für die Aktionen waren die Länder, denen die deutschen Ostgebiete zugeteilt worden waren. Verantwortlich im höheren Sinne waren alle Sieger, die diesen Beschluß gefaßt hatten.
Im Winter 1945/46 bin ich mit einem Transportzug von Ostpreußen nach Berlin gefahren. Der Zug brauchte für 600 Kilometer zehn Tage. Er bestand aus geschlossenen Güterwagen, von denen jeder mit etwa 80 Personen besetzt war. Ich erinnere mich nicht, in den zehn Tagen einen Arzt oder eine Krankenschwester gesehen zu haben,

geschweige denn eine Gulaschkanone. Die Notdurft wurde in den Wagen verrichtet, die Toten wurden an den Bahndamm gelegt. An mehreren Stellen hielt der Zug auf freier Strecke, um Banditen das Ausplündern zu erlauben.

Not macht hart
Der Glaube an das sogenannte Gute im Menschen wurde in jener Elendszeit einer schweren Prüfung ausgesetzt. Es ist leider nicht so, wie gutmeinende Theoretiker es sich vorstellen, daß die Menschen in Notzeiten zusammenrücken, um sich zu helfen und zu stützen. Vielmehr gewinnt in Endzeiten der Wolfsinstinkt die Oberhand; es zeigt sich, wie dünn die Oberflächentusche der Zivilisation ist. Der Respekt vor dem Eigentum anderer ging verloren, nicht nur im Verhältnis Sieger/Besiegter, sondern auch unter den Besiegten. Jeder nahm sich, was greifbar war, Denunzianten gingen um. Wer will, mag noch ein gewisses Verständnis aufbringen für Menschen, die denunzieren, um die eigene Haut zu retten. Völlig unbegreiflich ist mir bis auf den heutigen Tag, warum Mitmenschen »uneigennützig« verraten wurden, nur um ihnen Schaden zuzufügen. Vergewaltigte Frauen haben den Soldaten gesagt, daß im Nachbarhaus auch Frauen versteckt sind. Warum soll es anderen besser gehen als mir? Wenn ich leide, sollen die anderen auch leiden, selbst wenn es mein Leiden nicht mindert.

Das leere Land
Das Fehlen jeder verläßlichen Ordnung war einer der nachhaltigsten Eindrücke: Fast ein Jahr lang bestand in weiten Gebieten des Ostens so etwas wie Vogelfreiheit. Die Rote Armee war hindurchgezogen, hatte ein weitgehend entvölkertes Gebiet hinterlassen und nur in den Städten Kommandanturen errichtet. Das flache Land war kaum bewohnt. Je weiter man nach Osten kam, desto weniger Menschen gab es. Weder Gesetze noch Befehle erreichten die Überlebenden. Es gab keine Zeitungen, kein Geld, keine Lebensmittelzuteilungen, keinen Arzt, kein Krankenhaus. Jeder war auf sich allein gestellt. Hin und wieder tauchten bewaffnete Banditen auf, um zu stehlen, was die Menschen zusammengetragen hatten. Vermutlich wird man bis in die Zeit des Dreißigjährigen Krieges zurückgehen müssen, um

auf Verhältnisse zu stoßen, die denen vergleichbar waren, die 1945 im Osten herrschten. Daß die verbliebenen Ostdeutschen das Jahr 1945 überhaupt überlebt haben, verdanken sie den in den Kellern der verlassenen Häuser zurückgelassenen Einkellerungskartoffeln des Herbstes 1944. Auch war das Wintergetreide noch vor der Flucht gesät worden und konnte im Sommer 1945 ungerührt von allem Elend wachsen und reifen. Vieh war dagegen so gut wie keines vorhanden; die letzten Herden wurden im Mai 1945 nach Osten getrieben. Nicht einmal Kaninchen oder Hühner gab es.
Im Rückblick auf jene Zeit will es mir scheinen, als seien unsere humanen Tugenden nur die Früchte geordneter Verhältnisse. Das sogenannte Gute verfällt in dem Maße, in dem jede verläßliche Ordnung aufhört.

Die Wind-Sturm-Theorie
Wie ist es zu dieser Katastrophe im deutschen Osten gekommen? Der Anstoß zu den Ereignissen des Winters 1945 wurde im Sommer 1941 gegeben, als Deutschland die Sowjetunion überfiel. Der Kanonendonner, der im Juni 1941 an der deutschen Ostgrenze deutlich vernehmbar war, kehrte im Januar 1945 an die Grenze zurück. In der Zwischenzeit war der Haß eskaliert. Die NS-Propaganda hatte die Bewohner Osteuropas zu barbarischen Untermenschen erklärt, 1945 wurde dieser Überheblichkeitswahn auf grausame Weise bestraft.
Die häufigste Erklärung für das Drama gipfelt in der Feststellung: Wer Wind sät, wird Sturm ernten. Der Satz soll besagen, daß die Schrecken, mit denen die Rote Armee in Ostdeutschland Einzug hielt, nur eine Antwort auf jene Schrecken waren, die die Deutschen nach Rußland getragen hatten. Allein mit dieser Formel dürfen wir uns nicht zufrieden geben, sie wäre zu bequem. Schließlich gab es im Zweiten Weltkrieg auch andere Sieger, bei denen die Deutschen ebenfalls Wind gesät hatten, ohne gleich Sturm zu ernten. Außerdem ist da noch der Anspruch der Sieger des Zweiten Weltkrieges, die bessere, die menschlichere Seite vertreten zu haben. Wer mit solchen Ansprüchen in die Geschichte eingehen will, muß es sich gefallen lassen, daß seine Taten gewogen und geprüft werden.
Die Rote Armee des Zweiten Weltkrieges war eine fast geschlagene Armee, die plötzlich das Blatt wenden und als Sieger in feindliches

Land einrücken konnte. Wie wir heute aus Tagesbefehlen und Flugblättern wissen, ist die Kampfmoral der Soldaten mit dem Versprechen auf Beute, Frauen und Alkohol angefacht worden. So wie der deutschen Führung jedes Mittel recht war, um ein paar halbwüchsige Hitlerjungen zum Durchhalten zu bewegen, sind auch drüben bösartige Mittel eingesetzt worden. Wer Frauen als Beute verspricht, kann den einrückenden Soldaten später, wenn es um die Beute geht, nicht Disziplin und Ordnung vorschreiben. Versagt hat die politische Führung der Sowjetunion, die so auf den Sieg fixiert war, daß sie keinen Gedanken daran verschwendete, auf welche Weise dieser Sieg errungen wurde.

Viele Soldaten der Roten Armee waren sich nicht der Tatsache bewußt, etwas von der Norm Abweichendes, Unrechtes gegenüber der deutschen Zivilbevölkerung zu tun. Um das zu verstehen, ist ein Blick in die Geschichte der Sowjetunion erforderlich. In den Wirren von Revolution und Bürgerkrieg sind Millionen russischer Menschen umgekommen. Danach folgten entsetzliche Hungersnöte und politische Säuberungen. Zwangsarbeit, also das, was die Deutschen nach dem Kriege als Verschleppung erfahren mußten, war für die russischen Menschen nichts Ungewöhnliches. Der Archipel Gulag wurde schon in Friedenszeiten zu einer furchtbaren Realität. Das Leben der Sowjetmenschen war in der Stalinzeit wohlfeil, was übrigens auch die russischen Kriegsgefangenen erfahren mußten, die von der Roten Armee aus deutscher Hand befreit wurden. Ihr Schicksal war nicht viel angenehmer als das der Deutschen. Wenn schon dem eigenen Volk ein solcher Blutzoll abverlangt wird, wie sollte da Anlaß bestehen, Direktiven über die angemessene Behandlung der deutschen Zivilbevölkerung herauszugeben? Warum den Feind mehr schonen als die eigenen Leute?

Die Weltrevolution verloren
Die Sowjetunion hat in der Zeit ihres größten militärischen Triumphes ihre schwerste moralische Niederlage erlitten. Wie eine unsichtbare Wand des Mißtrauens liegen die Ereignisse von 1945 zwischen der Sowjetunion und den europäischen Ländern. Es sind übrigens nicht die Deutschen allein, die mit Schaudern an die Befreiung im Jahre 1945 zurückdenken. Nichts hat der weltrevolutionären Bewe-

gung des Kommunismus so geschadet wie diese Erinnerung, die als Cordon sanitaire an der russischen Grenze liegt und den Ideen, die aus dem Osten kommen, bis heute jede Glaubwürdigkeit nimmt. Millionen Menschen stellen folgende simple Überlegung an: Wenn ein System, das die Menschheit befreien und beglücken will, mit einer solchen Brutalität über andere Menschen herfällt, kann an ihm etwas nicht stimmen.

Unverständlich bleibt, warum die Sowjetunion im Jahre 1956, als sie mit Stalin abrechnete, nicht bereit war, die düsteren Seiten des Sieges von 1945 aufzuarbeiten. Es hätte einen glaubwürdigen Neubeginn gegeben, wenn die neue Führung die Übergriffe des Jahres 1945 eingeräumt und bedauert hätte, statt an dem Propagandabild des als Befreier umjubelten Sowjetsoldaten festzuhalten, ein Bild, das Karikatur bleiben muß, solange es Augenzeugen gibt. Müßig zu fragen, wie die Weltgeschichte verlaufen wäre, wenn es in der sowjetischen Führung des Jahres 1945 einen Kopf gegeben hätte mit der Fähigkeit, über den Tellerrand des voraussehbaren Sieges gegen Hitlerdeutschland hinauszuschauen. Was wäre geschehen, wenn die Rote Armee die Nazi-Propaganda eindrucksvoll widerlegt hätte, wenn sie als eine Armee des humanen Kommunismus in Europa eingezogen wäre? Die Landkarte Europas hätte heute ein anderes Gesicht.

Warum nicht schweigen?
Warum setzen wir uns 35 Jahre danach mit Dingen auseinander, die irreparabel sind, die keinen Toten zum Leben erwecken können? Vielleicht sollte zunächst gesagt werden, worum es dabei nicht gehen kann: Es hat nichts mit dem Wachhalten eines Revanchegedankens zu tun, auch geht es nicht um die Wahrung irgendwelcher deutschen Rechtspositionen. Nicht einmal zur Aufrechnung mit deutschen Untaten während des Zweiten Weltkrieges ist die Erinnerung an das Kriegsende 1945 im Osten geeignet. Letztlich geht es um ein persönliches und ein allgemeingültiges Anliegen. Um mit dem Persönlichen zu beginnen: Ich habe ein schlechtes Gewissen bei dem Gedanken, daß Hunderttausende, die spurlos verschwunden sind, ohne Postskriptum aus den Listen der Lebenden gestrichen sein sollen. Die zahllosen Menschen, die unbeachtet im Straßengraben

verwesten, die irgendwo aus dem Zug geworfen oder in Massengräber gelegt wurden und bis zum Schluß nicht begreifen konnten, was sie verbrochen hatten, sie verdienen es, wenigstens erwähnt und nicht um des lieben Friedens willen vergessen zu werden. Der zweite Grund ist allgemeiner Natur. Was damals geschah, spielte sich außerhalb der geläufigen Denkkategorien ab. Noch heute stehen die Überlebenden fassungslos davor. Wir dürfen deshalb nicht aufhören zu fragen: Was ist da schiefgegangen? Welche Sicherungen sind damals durchgebrannt? Nur so können wir Dämme errichten, damit dergleichen nicht wieder vorkommt. Über diese Dinge zu sprechen, gehört auch zur Friedensforschung.

Aus: Grube/Richter, Flucht und Vertreibung. Hamburg o. J.

ANHANG

Zu den Beiträgen und ihren Quellen

Der Herausgeber dankt allen, die durch Hinweise und vielfältige Hilfen zum Zustandekommen dieses Sammelbandes beitrugen. Vor allem seien Ewald Rathke, Bremen, und Achim Tutlies, Hamburg, genannt.
Er dankt den Verfassern und Verlagen, die er wegen ihrer Rechte an Texten ansprach und die die Genehmigung zum Abdruck erteilten.
Er dankt insbesondere dem Bundesministerium des Innern in Bonn, das die Erlaubnis erteilte, Berichte aus der bereits in den fünfziger Jahren erschienenen, vom damaligen Bundesministerium für Vertriebene herausgegebenen umfangreichen Dokumentation zur Vertreibung der Deutschen aus dem Osten zu übernehmen; erst dadurch wurde er in die Lage versetzt, ein möglichst umfassendes Bild der Vorgänge in den Jahren um 1945 in Ostpreußen zu geben. (Der Titel des Werkes, im weiteren Verlauf dieses Quellenverzeichnisses kurz »Dokumentation« genannt, lautet: »Dokumentation der Vertreibung der Deutschen aus Ost-Mitteleuropa. In Verbindung mit Adolf Diestelkamp, Rudolf Laun, Peter Rassow und Hans Rothfels bearbeitet von Theodor Schieder.« Bonn, o.J. [1954].)

Zu den einzelnen Beiträgen:

Marion Gräfin Dönhoff: Nach Osten fuhr keiner mehr.
Aus ihrem 1962 im Eugen Diederichs Verlag, Düsseldorf/Köln, erschienenen Werk »Namen, die keiner mehr kennt«. Mit Genehmigung des Verlags.

Paul Bernecker: Flüchtlinge im Raum Heiligenbeil.
Erstmals erschienen in der »Dokumentation« 1954. Das Original des Berichts stammt aus dem Jahr 1950.

Else-Marie Schlewski: Letzte Tage in Allenstein und Flucht nach Dänemark.
Erstveröffentlichung mit Genehmigung der Verfasserin. Frau Schlewski war Lehrerin in Allenstein.

Herbert Reinoß: Achtunddreißig Jahre danach: Was blieb in Erinnerung?
Erstveröffentlichung.

Otto Lasch: Endkampf und Untergang Königsbergs.
Aus Laschs Buch »So fiel Königsberg. Kampf und Untergang von Ostpreußens Hauptstadt«, erschienen 1959 bei Gräfe und Unzer in München. Mit Genehmigung des Verlags.

Hans Graf von Lehndorff: Königsberg unter den Russen.
Aus »Ostpreußisches Tagebuch«, erschienen 1967 im Biederstein Verlag in München. Mit Genehmigung des Verlags.

Tagebuch-Aufzeichnungen einer Mutter.
Diesen Bericht veröffentlichte Günter Perlwitz, Kassel, im Bartensteiner Heimatbrief. Mit seiner Erlaubnis ist er auch hier wiedergegeben.

L. Sternberg: Überrollung des Trecks und Rückkehr in die Heimat.
Aus der »Dokumentation«. Frau Sternberg stammt aus Groß-Nappern im Kreis Osterode.

Joachim Palapies: Flucht als Vierzehnjähriger.
Aus dem von Rudolf Mühlfenzl herausgegebenen Werk »Geflohen und vertrieben«, erschienen 1981 im Athenäum Verlag, Königstein/Ts. Mit Genehmigung des Verlags.
Joachim Palapies, damals vierzehn, und Heinz Palapies (siehe den folgenden Beitrag) sind Brüder aus Labiau.

Heinz Palapies: Zurück nach Ostpreußen.
Wie der vorstehende Bericht seines Bruders Joachim aus dem im Athenäum Verlag erschienenen Werk »Geflohen und vertrieben«. Mit Genehmigung des Verlags.

Udo und Siegfried Goerges: Unser – und nicht nur unser – grausamer Abschied.
Erstveröffentlichung. Mit Genehmigung von Udo Goerges.

Gerda Bambolat: Ein Brief der Erinnerung.
Frau Bambolat schrieb diesen Brief am 6. 4. 1983 an den Herausgeber dieses Sammelbandes, nach der Lektüre seiner Anthologie »Ostpreußen. Porträt einer Heimat«. Mit Genehmigung der Verfasserin.

Walter Jegutzki: Bericht aus schwerer Zeit.
Erstveröffentlichung. Mit Genehmigung des Verfassers.

E. B.: Unter Russen und Polen 1945.
Aus der »Dokumentation«. Dort zur Autorin: »Erlebnisbericht der E. B. aus dem Kreis Pr. Holland i. Ostpr.« Das Original ist von Februar 1950.

B. L.: Unter russischer Herrschaft in Gumbinnen und Umgebung.
Aus der »Dokumentation«. Dort zum Autor: »Erlebnisbericht des B. L. aus Gumbinnen i. Ostpr.« Nach einer beglaubigten Abschrift seines Berichts aus dem Jahr 1952.

Erich Zastrau: Unter Russen und Polen und späte Ausreise in die Bundesrepublik.
Erstmals erschienen im Hagen-Lycker Brief Nr. 40. Mit Genehmigung des Verfassers.

Gerhard Fittkau: Verschleppung nach Rußland.
Aus der »Dokumentation«. Dr. Gerhard Fittkau stammt aus Süßenberg im Kreis Heilsberg.

Hildegard Rauschenbach: Verschleppt nach Sibirien.
Aus dem 1981 im Athenäum Verlag erschienenen Werk »Geflohen und vertrieben«. Mit Genehmigung des Verlags.

Anna Bodschwinna: Ausweisung aus dem Kreis Mohrungen.
Aus der »Dokumentation«. Frau Bodschwinna kam aus Prostken im Kreis Lyck.

Hildegard Aminde: Vertreibung aus Ostpreußen.
Aus der »Dokumentation«. Die Verfasserin des Berichts war Angestellte in Allenstein.

Herbert Michaelis: Die letzte und schrecklichste Phase des Krieges.
Aus Herbert Michaelis: Der Zweite Weltkrieg. In: Handbuch der Deutschen Geschichte. Neu herausgegeben von Leo Just. Akademische Verlagsgesellschaft Athenaion, Wiesbaden. Erschienen Konstanz 1965. Mit Genehmigung des Verlags.

Günter Böddeker: Nemmersdorf.
Aus Böddeker, Die Flüchtlinge. Erschienen bei Herbig in München, 1980. Mit Genehmigung des Verlags.

Major Dieckert/General Grossmann: Flüchtlingselend.
Aus Dieckert/Grossmann, Kampf um Ostpreußen. Erschienen im Gräfe und Unzer Verlag in München. Mit Genehmigung des Verlags.

Arno Surminski: Der Schrecken hat viele Namen.
Aus dem Werk Grube/Richter, Flucht und Vertreibung. Erschienen im Hoffmann und Campe Verlag, Hamburg. Mit Genehmigung des Verlags.